U0829621

权威·前沿·原创

皮书系列为
“十二五”“十三五”“十四五”国家重点图书出版规划项目

BLUE BOOK

智库成果出版与传播平台

法治政府蓝皮书
BLUE BOOK OF LAW-BASED GOVERNMENT

中国法治政府发展报告（2021）

ANNUAL REPORT ON CHINA'S LAW-BASED GOVERNMENT (2021)

主　编 / 中国政法大学法治政府研究院

社会科学文献出版社
SOCIAL SCIENCES ACADEMIC PRESS (CHINA)

图书在版编目（CIP）数据

中国法治政府发展报告．2021／中国政法大学法治政府研究院主编．－－北京：社会科学文献出版社，2022．3
（法治政府蓝皮书）
ISBN 978－7－5201－9871－4

Ⅰ．①中… Ⅱ．①中… Ⅲ．①国家机构－行政管理－研究报告－中国－2021 Ⅳ．①D630．1

中国版本图书馆 CIP 数据核字（2022）第 042900 号

法治政府蓝皮书
中国法治政府发展报告（2021）

主　　编／中国政法大学法治政府研究院

出 版 人／王利民
组稿编辑／刘骁军
责任编辑／易　卉
文稿编辑／张　娇
责任印制／王京美

出　　版／社会科学文献出版社·集刊分社（010）59367161
地址：北京市北三环中路甲 29 号院华龙大厦　邮编：100029
网址：www.ssap.com.cn
发　　行／社会科学文献出版社（010）59367028
印　　装／天津千鹤文化传播有限公司

规　　格／开 本：787mm × 1092mm　1/16
印 张：27.5　字 数：413 千字
版　　次／2022 年 3 月第 1 版　2022 年 3 月第 1 次印刷
书　　号／ISBN 978－7－5201－9871－4
定　　价／168.00 元

读者服务电话：4008918866

版权所有 翻印必究

本书是北京市社会科学基金研究基地项目“中国法治政府年度发展报告（2021）”的研究成果，项目编号：【20JCB030】

《中国法治政府发展报告（2021）》
编　委　会

顾　　问　马怀德

主　　编　赵　鹏

编　　委　马怀德　应松年　赵　鹏　杨伟东

撰 稿 人　（按撰写章节顺序排名）

马怀德　孔祥稳　章志远　马琳昆　赵　鹏
崔俊杰　徐曦昊　宋华琳　张　红　李诗勤
张　莉　田依芾　王青斌　郭晓丽　李红勃
孙　君　展鹏贺　张　斌　马颜昕　戴嘉丽
毕洪海　母安琪　曹　鎏　李　月　刘　艺
林　华　高林皓　金　麟　钟　蕊　尹少成
王　海　成协中　王　杰　王春蕾　于　昊

编辑人员　王春蕾　王　晶

主要编撰者简介

顾问　马怀德

中国政法大学校长，教授，博士生导师，校学术委员会主席，享受国务院颁发的政府特殊津贴。兼任中国法学会行政法学研究会会长，中国监察学会副会长，最高人民法院特邀咨询委员，最高人民检察院专家咨询委员。研究方向：行政法学。出版学术专著、合著二十余部，包括《国家赔偿法的理论与实务》《行政法制度建构与判例研究》等。发表论文百余篇，包括《公有公共设施致害的国家赔偿》《公务法人问题研究》《透视中国的行政审批体制：问题与改革》等。

主编　赵　鹏

中国政法大学法治政府研究院院长，教授，博士生导师。兼任中国法学会行政法学研究会理事、政府规制专业委员会副秘书长、中国法学会网络与信息法学研究会理事，曾在哈佛大学法学院担任访问学者。出版专著《风险社会的行政法回应：以健康、环境风险规制为中心》等，在《中国法学》《法学研究》《中外法学》《清华法学》等刊物上发表多篇有影响力的论文，多篇论文获《人大复印报刊资料》《中国社会科学文摘》转载。

摘要

2021年是“十四五”规划和第二个百年奋斗目标的开局之年，也是全面建设社会主义现代化国家新征程起步之年。进入“十四五”时期，法治政府建设的系统性要求增强，实效性要求突出，平衡性要求凸显，智能化趋势明显。“十四五”规划实施以来，中国法治政府建设以习近平法治思想为指导，在完善行政组织体系、深入推进“放管服”改革、全面推进严格规范公正文明执法、推进行政法法典化、建设数字化政府等多方面取得了重要成就。2021年行政法理论界围绕法治政府建设，在行政程序法、行政行为法、行政组织法、行政争议解决等领域继续研究，聚焦一系列热点问题，研究体系和研究视野不断拓宽和丰富。

在国家治理与行政法治层面，《法治中国建设规划（2020—2025年)》开启了新时代行政立法法典化进程，“行政法总则模式”是当前法典化的最优路径选择。数字政府在变革行政程序的同时，也对行政程序法治带来了一定的挑战，需遵从正当程序原则，从内外部程序两个方面完善有关制度。“放管服”改革以行政效能为基本原则，推动了公共服务优化和监管方式创新，法治原则要求立法需主动适应“放管服”改革发展需要。行政备案被日益广泛运用于行政管理各个领域，未来应通过制定行政备案条例明确行政备案及其范围，解决当前行政备案制度存在的问题。国家级开发区突破了传统的行政机构设置路径，形成了中央部委直接管理、横跨地方多级政府多重治理体系的复杂身份，现有的派出机构、派出机关、法律法规授权组织等概念均无法准确定位其法律性质，可考虑将其界定为“法定机构”。在部门行政法领域，报告选取了卫生法治和教育法治两个主题展开研究。药品上市许可持有人制度的发展，成为中国医药事业发展的有力推手。教育现代化和依法治教，使教育法典编纂成为完善教育法律体系、推进教育法治化的必然要求。在科技发展与法治政府领域，《个人信息保护法》的出台对行政方式数字化转型下个人信息的收集利用提出了新的要求。监管沙盒是监管科技创新的一种手段，不仅需要监管理念层面的转变，也需要进一步明确通用科技监管沙盒的基本框架。在行政争议解决方面，报告重点关注了2021年地方行政复议体制改革评估、妇女权益保障类检察公益诉讼机制的构建和行政协议案件中法院裁判观点的评述等。在北京市法治政府建设方面，回顾了“十三五”时期北京市法治政府建设的主要成就，提出“十四五”时期北京市法治政府建设展望；报告全面总结了北京市2020年至2021年行政法治的发展，深入研究了北京市“两区”建设的法治保障问题，并首次就北京市法治政府建设年度报告的发布情况进行了评估。

目　录

Ⅰ　总报告

Ⅱ　专题报告

一　国家治理与行政法治

二　部门行政法

皮书数据库阅读使用指南

总报告

General Report

B.1

“十三五”时期法治政府建设的主要成就与“十四五”时期法治政府建设展望

马怀德　孔祥稳*

摘　要：“十三五”时期，中国法治政府建设在完善行政组织体系、推进政府职权法定化、健全行政立法体制机制、深入推进“放管服”改革、规范重大行政决策等多个方面取得了重要成就。进入“十四五”时期，法治政府建设的系统性要求增强，实效性要求突出，平衡性要求凸显，智能化趋势明显。各级国家机关应以习近平法治思想为指导，着力推进行政法法典化、持续深化“放管服”改革、完善综合执法改革的配套机制、全面推进严格规范公正文明执法、加快社会信用立

* 马怀德，中国政法大学校长，教授、博士生导师，主要研究方向为行政法学；孔祥稳，对外经济贸易大学法学院院长助理，助理教授，主要研究方向为行政法学。

法进程、完善政府数据开放的顶层设计和整体安排、加快《行政复议法》和《国家赔偿法》的修改，深入推进法治政府建设。

关键词：依法行政　法治政府建设　“十四五”　习近平法治思想

党的十八大以来，以习近平同志为核心的党中央高度重视法治建设，从坚持和发展中国特色社会主义的全局和战略高度定位法治、布局法治、厉行法治，坚持依法治国、依法执政、依法行政共同推进，法治国家、法治政府、法治社会一体建设，开创了法治中国建设的新局面。法治政府建设作为全面依法治国的重点任务和主体工程，对法治国家和法治社会建设发挥着重要的引领和先导作用。“十三五”时期，以《法治政府建设实施纲要（2015—2020 年）》为指引，中国法治政府建设各项工作全面提速、有力推进，取得重大进展，法治政府建设进程明显加快，各级政府依法行政水平明显提高。

“中国特色社会主义实践向前推进一步，法治建设就要跟进一步。”[①]“十四五”时期是中国在全面建成小康社会、实现第一个百年奋斗目标之后，乘势而上开启全面建设社会主义现代化国家新征程、向第二个百年奋斗目标进军的第一个五年。立足于把握新发展阶段、贯彻新发展理念、构建新发展格局的历史方位和时代背景，法治政府建设也在这一时期拉开新篇章，进入新阶段。系统总结“十三五”时期法治政府建设取得的主要成就与经验，结合《法治中国建设规划（2020—2025 年）》《法治社会建设实施纲要（2020—2025 年）》《法治政府建设实施纲要（2021—2025 年）》等规划的部署，展望“十四五”时期法治政府建设的方向，具有重要意义。

① 习近平：《推进全面依法治国，发挥法治在国家治理体系和治理能力现代化中的积极作用》（2020 年 2 月 5 日），《论坚持全面依法治国》，中央文献出版社，2020，第 272 页。

一 “十三五”时期法治政府建设的主要成就

“十三五”时期，各级党政机关以习近平法治思想为指导，围绕《法治政府建设实施纲要（2015—2020年）》的规划部署，深入推进依法行政，在完善行政组织体系、推进政府职权法定化、健全行政立法体制机制、深入推进“放管服”改革、规范重大行政决策、推进严格规范公正文明执法、强化政务公开、完善行政复议制度、完善行政诉讼架构、丰富法治政府建设的动力等多个方面取得了重要成就，法治政府建设持续向纵深拓展。

（一）推进行政机构改革，完善政府治理体系

党的十九大对深化机构和行政体制改革做出了重要部署，要求统筹考虑各类机构设置，科学配置党政部门及内设机构权力、明确职责。以此为依据，党的十九届三中全会通过了《中共中央关于深化党和国家机构改革的决定》和《深化党和国家机构改革方案》。国务院着眼于构建职责明确、依法行政的政府治理体系的总体要求，形成了《国务院机构改革方案》，并报经十三届全国人大一次会议表决通过。本次党和国家机构改革是改革开放以来规模最大、范围最广、利益调整最为深刻的一次，既可视为以往机构改革的延续和拓展，同时也可视为在新的历史阶段和新的发展要求下，国家机构基于适应国家治理体系和治理能力现代化需要而进行的一次调整和重构。

行政组织法是行政管理科学性和合法性的集中反映和基本保障，同时也是中国行政法律制度中较为薄弱的环节。[①] 本次机构改革力图通过组织结构的再造，促进现代化政府治理体系的形成，采取了在原有部门基础上组建新部门、新设部门、党政机构合并设立或合署办公、调整机构职责、调整机构隶属关系等多种改革措施。改革后，国务院正部级机构减少8个，副部级机构减少7个，机构设置更加符合实际、科学合理、更

① 应松年：《完善行政组织法制探索》，《中国法学》2013年第2期。

有效率。[1] 改革本身也从多个方面推进了行政组织法治的完善。

第一，本次改革组建了自然资源部、生态环境部、农业农村部、文化和旅游部、国家卫生健康委员会、应急管理部等国务院组成部门。这是基于自然资源、生态环境等工作在新发展阶段的重要价值，以行政任务为导向进行的组织革新，有利于更好更全面履行政府职能。第二，本次改革重新组建了司法部，整合了原司法部和国务院原法制办公室的职责，这是中国政府法制工作的重大变革，有利于打破行政立法、行政执法与司法行政、普法宣传等工作间的隔阂，更好统筹相应领域的法制工作。[2] 第三，本次改革组建了国家市场监督管理总局、中国银行保险监督管理委员会，对市场监管、金融监管权力进行了重新配置，将对相应领域的监管和执法工作产生深远影响。第四，本次改革组建了退役军人事务部、国家医疗保障局等机构，强化了给付行政的组织保障。第五，本次改革组建了国家国际发展合作署、国家移民管理局等机构，有利于统筹推进国内法治和涉外法治。此外，本次机构改革中，党政机构的合并设立、合署办公促进了党政职能的融合和责任的融合，[3] 这也对传统行政法的结构调整提出了挑战，要求行政法要给出及时、有效的回应。[4]

（二）权责清单制度迅速推进，政府职权更加明晰

权责清单制度是中国近年来法治政府建设的一项有益探索，其通过清单管理的模式，促进了公共权力运行的“可视化”，有利于进一步明确政府权力的范围，厘清政府与市场、社会的边界。[5] “制定权力清单”的相关要求在党的十八届三中全会和十八届四中全会中就已明确提出。2015 年 3 月，

---

① 王勇：《关于国务院机构改革方案的说明——2018 年 3 月 13 日在第十三届全国人民代表大会第一次会议上》，《中华人民共和国全国人民代表大会常务委员会公报》2018 年第 2 期，第 270 ~ 276 页。

② 黄学贤、李凌云：《政府法制机构与原司法行政机关整合：动因、问题及对策》，《苏州大学学报》（法学版）2019 年第 2 期。

③ 金国坤：《党政机构统筹改革与行政法理论的发展》，《行政法学研究》2018 年第 5 期。

④ 林鸿潮：《党政机构融合与行政法的回应》，《当代法学》2019 年第 4 期。

⑤ 王湘军、李雪茹：《从“碎片化”到“整体化”：清单管理制度健全路径探论》，《行政论坛》2019 年第 2 期。

中共中央办公厅、国务院办公厅印发了《关于推行地方各级政府工作部门权力清单制度的指导意见》，要求将地方各级政府工作部门行使的各项行政职权及其依据、行使主体、运行流程、对应的责任等，以清单形式明确列示出来，向社会公布，接受社会监督。2015 年 12 月，国务院办公厅印发《国务院部门权力和责任清单编制试点方案》，要求在国家发改委、民政部等试点部门以清单形式列明试点部门的行政权责及其依据、行使主体、运行流程等，推进行政权责依法公开。2015 年 12 月发布的《法治政府建设实施纲要(2015—2020 年)》明确要求“大力推行权力清单、责任清单、负面清单制度并实行动态管理”。2018 年 2 月，《中共中央关于深化党和国家机构改革的决定》将权责清单制度与机构编制法定化相衔接，要求全面推行政府部门权责清单制度，实现权责清单同“三定”规定有机衔接，规范和约束履职行为，让权力在阳光下运行。

行政权力清单制度的推进，对中国行政组织法的发展具有多方面的意义。其一，中国的行政职权并非严格实行立法保留，而是存在大量由行政法规、规章来规范的行政权力，导致行政机关职权依据分布多层化、复杂化。通过编制权责清单，实际上是在以法律汇编和法律清理的方式，推进县级以上地方各级人民政府职权划分的清晰化和明确化，有利于职权法定原则的实现。[①] 其二，权责清单制度的推进包括梳理、清理、公开等多个环节，经过系统的梳理和清理程序后，对外公开的权责清单有效增加了行政权力的透明度，便于社会公众进行有效监督。其三，权力清单和责任清单的同步推进有利于行政权力和责任的统一。其四，权责清单制度本身是在“放管服”的大框架下展开，其内容与简政放权具有重要联系。在实施过程中，可通过动态调整等方式系统推进政府职能的优化。

（三）行政立法体制机制更加健全，行政规范性文件法治化程度提升

行政立法作为政府活动的基础，其质量水平直接关系到行政决策、行政

① 马岭、苏艺：《全面推行政府权责清单制度的法治意义》，《学习与探索》2018 年第 11 期。

执法和行政司法的结果。[①]“十三五”时期，中国行政立法的体制机制进一步完善，立法程序进一步优化。2017 年 12 月，国务院通过了《国务院关于修改〈行政法规制定程序条例〉的决定》和《国务院关于修改〈规章制定程序条例〉的决定》，对《行政法规制定程序条例》《规章制定程序条例》进行了系统性修改。上述两部行政法规是《立法法》的重要配套法规，对行政立法工作发挥着极为重要的规范作用。本次修订结合 2015 年 3 月修改的《立法法》相关内容和中央有关文件，从加强党对政府立法工作的领导、落实“放管服”改革相关精神、完善立改废释程序等多个方面入手，完善了行政法规和规章的制定程序，更好体现了科学立法、民主立法、依法立法的要求。

相较于行政处罚、行政许可、行政强制等行政行为，制定行政规范性文件从动议、草案提出、制定、发布到实施全过程受到的规制和监督相对乏力，导致实践中行政规范性文件超越权限、违法减损当事人权利和增加当事人义务等问题频发。[②] 行政规范性文件本身也成为中国法治政府建设的“瓶颈”。“十三五”时期，行政规范性文件监督力度不断加强，立体化、多元化的监督机制逐渐形成。在行政自我规制方面，国务院办公厅于 2018 年 5 月和 12 月分别印发《国务院办公厅关于加强行政规范性文件制定和监督管理工作的通知》《关于全面推行行政规范性文件合法性审核机制的指导意见》，从行政规范性文件的法律依据、制发程序、检查监督、合法性审核的具体要求等多个方面作出了规范，有效减少了越权文件、违法文件的出台。在司法审查方面，2018 年出台的行政诉讼法司法解释从审查方式、审查标准、处理方式等多个角度对 2014 年《行政诉讼法》规定的行政规范性文件附带性审查制度进行了细化规定，增强了可操作性。[③]

---

① 马怀德：《新时代法治政府建设的意义与要求》，《中国高校社会科学》2018 年第 5 期。

② 李富莹：《加强行政规范性文件监督的几点建议》，《行政法学研究》2015 年第 5 期。

③ 李稷民：《论我国行政规范性文件司法审查的构造——解读 2018 年〈行政诉讼法〉司法解释带来的变革》，《学习与探索》2019 年第 1 期。

（四）深入推进“放管服”改革，营商环境持续优化

“十三五”时期，党中央、国务院把转变政府职能作为全面深化改革的重要组成部分，大力推进简政放权、放管结合、优化服务，深化行政审批制度改革，改善营商环境，取得了显著成效。与之前曾进行的历次行政审批制度改革相比，这一时期更注重用法治思维和法治方式推进改革，将各项改革全面纳入法治轨道，彰显了法治政府品格；[①] 在改革内容上也更加强调权力调整的动态性、整体性、系统性，对于优化政府职责、转变监管方式、深入推进国家治理体系和治理能力现代化具有明显的积极意义。[②] 经过这一时期的改革，各级行政机关取消、下放了大量行政审批事项，以“双随机、一公开”监管为基本手段、以重点监管为补充、以信用监管为基础的新型监管机制基本形成，传统上“重审批、轻监管”的路径依赖得到有效改观，市场主体活力得到激发。

为进一步提升营商环境的法治化水平，国务院在2019年出台了《优化营商环境条例》。条例以行政法规的形式，确认了先照后证、证照分离、“双随机、一公开”、市场准入负面清单等50余项重要改革举措，有效巩固和深化了“十三五”时期“放管服”改革的成果。[③]《优化营商环境条例》的制定和颁布也代表了通过专门立法优化营商环境的探索之路。目前，已有多个省市颁布了专门的优化营商环境地方立法，在遵循上位法的同时结合本地区情况进行创新引领设计，[④] 营商环境建设开始呈现地方法治竞争的样态。[⑤] 相较于传统立法，优化营商环境的立法有着多重特点，如与国家宏观政策联系紧

---

① 马怀德：《“放管服”改革促进法治政府建设》，《光明日报》2016年6月20日，第10版。

② 成协中：《“放管服”改革的行政法意义及其完善》，《行政管理改革》2020年第1期。

③ 卢均晓：《贯彻落实〈优化营商环境条例〉营造国际一流营商环境》，《中国市场监管研究》2019年第12期。

④ 腾宏庆、苏红：《我国营商环境立法的比较研究——以〈广州市优化营商环境条例〉为例》，《中国司法》2021年第5期。

⑤ 苟学珍：《地方法治竞争：营商环境法治化的地方经验》，《甘肃行政学院学报》2020年第4期。

密，直接体现国家政策要求；具备较多的改革要求，属于引领改革的一类立法；具有较强的综合性和系统性，涉及营商环境的多方面问题等。此类立法与既有立法如何耦合，其实施效果如何评估等问题值得后续关注。

（五）出台《重大行政决策程序暂行条例》，科学民主依法决策的能力和水平不断提高

决策权是国家公权力的最重要表现形式之一，也是使用最为广泛的权力，其行使关乎经济社会发展和公共利益，也影响着公众合法权益。[①] 由于行政决策跨越内部行政和外部行政、抽象行政和具体行政，对其进行有效规范的难度相对较大。[②] 在出台统一规范之前，国务院主要通过一系列指导性文件提出并逐步完善重大行政决策的制度框架。各地方积极发挥先行先试作用，基于程序主义的进路，或是将重大行政决策寓于综合性行政程序规则之中，或是针对重大行政决策制定专门的程序性规则来对重大行政决策进行规范，展现出了一定的成效，也为制定统一的重大行政决策立法积累了经验。[③]

在此基础上，国务院于 2019 年 4 月公布了《重大行政决策程序暂行条例》，对重大行政决策的概念进行了界定，把公众参与、专家论证、风险评估、合法性审查、集体讨论决定确定为重大行政决策的法定程序，明确了重大行政决策启动、公布、执行、调整的相关要求，并明确对重大行政决策实行终身问责。《重大行政决策程序暂行条例》的颁布直接回应了当前法治政府建设中的突出难题，同时也着眼于推进国家治理体系和治理能力现代化的总体大局，通过对行政决策这一源头性行政权的治理，对法治政府建设发挥着“以点带面”的杠杆和牵引作用。[④]

---

① 马怀德：《完善权力监督制约关键在于决策法治化》，《中国党政干部论坛》2015 年第 3 期。

② 李洪雷：《科学决策、民主决策、依法决策——贯穿〈重大行政决策程序暂行条例〉的红线》，《中国司法》2019 年第 7 期。

③ 王万华、宋烁：《地方重大行政决策程序立法之规范分析——兼论中央立法与地方立法的关系》，《行政法学研究》2016 年第 5 期。

④ 韩春晖：《国家治理体系现代化的制度样本——评析〈重大行政决策程序暂行条例〉》，《行政管理改革》2020 年第 1 期。

（六）推进严格规范公正文明执法，行政执法法治化水平逐渐提升

行政执法是行政机关实施的与社会民众联系最为密切、接触最为频繁的行政活动，其规范化程度直接影响着民众对法治政府建设状况的评价。[①] 党的十八大以来，推进严格规范公正文明执法，确保法律得到公正、有效实施成为行政执法领域制度建设的方向。“十三五”时期，行政执法改革的相关部署主要围绕两个方面展开：其一是推进综合行政执法体制改革，通过执法权的重塑建立健全权责统一、权威高效的行政执法体制；其二是完善行政执法的程序要求，强化严格规范公正文明执法的制度约束。

综合行政执法体制改革是理顺执法体制的重要举措。2004 年《国务院关于印发全面推进依法行政实施纲要的通知》中就提出了推进综合执法试点的相关要求。2015 年印发的《中央编办关于开展综合行政执法体制改革试点工作的意见》就全国范围内的改革试点进行了部署。在前期改革基础上，2018 年《深化党和国家机构改革方案》提出“一个部门设有多支执法队伍的，原则上整合为一支队伍。推动整合同一领域或相近领域执法队伍，实行综合设置”，并明确要求组建市场监管、生态环境保护、文化市场、交通运输、农业综合行政执法队伍。以此为依据，中共中央办公厅、国务院办公厅在 2018 年先后印发了上述领域的综合行政执法改革指导意见，就队伍整合、人员编制、执法保障等做出具体部署。[②] 再加上 2015 年发布的《中共中央、国务院关于深入推进城市执法体制改革改进城市管理工作的指导意见》对于城市管理综合执法的部署，社会治理主要领域的综合行政执法改

① 马怀德：《新时代法治政府建设的意义与要求》，《中国高校社会科学》2018 年第 5 期。

② 中共中央办公厅、国务院办公厅《关于深化文化市场综合行政执法改革的指导意见》（中办发〔2018〕59 号）；中共中央办公厅、国务院办公厅《关于深化农业综合行政执法改革的指导意见》（中办发〔2018〕61 号）；中共中央办公厅、国务院办公厅《关于深化市场监管综合行政执法改革的指导意见》（中办发〔2018〕62 号）；中共中央办公厅、国务院办公厅《关于深化交通运输综合行政执法改革的指导意见》（中办发〔2018〕63 号）；中共中央办公厅、国务院办公厅《关于深化生态环境保护综合行政执法改革的指导意见》（中办发〔2018〕64 号）。

革部署已经基本完成。

2018 年 11 月，中央全面深化改革委员会第五次会议审议通过《关于全面推行行政执法公示制度执法全过程记录制度重大执法决定法制审核制度的指导意见》，该意见于 2018 年 12 月由国务院办公厅正式印发。行政执法“三项制度”通过提升透明度、要求全过程留痕、强化法律控制等方式，对行政执法的关键环节进行把控，其实施对促进严格规范公正文明执法具有基础性、整体性和突破性的作用，对于切实保障人民群众的合法权益、维护政府的公信力及营造更加公开透明、规范有序、公平高效的法治环境具有重要意义。[①] 后续的《行政处罚法》等法律的修改也充分吸收了行政执法“三项制度”的改革成果。

（七）《政府信息公开条例》全面修订，政务公开持续强化

自 2008 年起实施的《政府信息公开条例》有力推进了法治政府建设进程，为加强民主监督、预防腐败提供了制度保障，对规范市场经济秩序、维护社会稳定发挥了重要作用，为群众生产、生活和经济社会活动提供了便捷服务。[②] 近年来，中国法治政府建设迅速推进，互联网、大数据技术高速发展，社会公众的权利意识也逐渐提高，对政府信息公开制度提出了新的要求。2016 年 2 月，中共中央办公厅、国务院办公厅印发《关于全面推进政务公开工作的意见》，提出了扩大政务开放参与、提升政务公开能力等要求，《政府信息公开条例》的修订由此进入快车道。国务院在 2017 年 6 月公布了条例修订草案的征求意见稿，并于 2019 年 4 月通过了修订后的《政府信息公开条例》，新条例自 2019 年 5 月 15 日开始施行。

新《政府信息公开条例》扩大和加强了主动公开的范围和深度，明确规定了“以公开为常态，不公开为例外”的基本原则，取消了依申请公开的“三需要”门槛，重新厘定了政府信息公开的例外事项，体现出中国信

---

① 袁雪石：《行政执法三项制度的背景、理念和制度要义》，《中国司法》2019 年第 2 期。

② 马怀德：《政府信息公开制度的发展与完善》，《中国行政管理》2018 年第 5 期。

息公开制度从保障“知的需要”到保障“知的权利”的价值重塑;[①] 同时，新法完善了依申请公开的程序规定，就政府信息公开申请的处理决定进行了类型化，对不合理利用政府信息公开申请权的行为作出了针对性规定，加大了条例相关规定落实的监督和保障。新条例中的这些制度举措大幅提升了政府信息公开制度的可操作性，有效回应了实践中的突出问题，推动了中国政务公开水平的持续提升。

（八）行政复议体制改革方案印发，行政复议制度改革方向明晰

行政复议是行政系统内部纠错的重要机制，也是公民、法人和其他组织寻求救济、解决行政争议的重要依托。能否更好发挥行政复议制度的作用，关系到中国行政监督机制和行政争议解决机制的完善，也关系到法治政府建设的整体推进。自《行政复议法》颁布以来，中国行政复议制度取得了长足发展，但同时也表现出功能定位不全面、公正性不足、管辖过于分散、和解与调解手段运用不畅等一系列问题。这些问题的存在影响了复议制度的权威性，导致了行政纠纷解决体系的整体失衡。[②] 近年来，学界广泛呼吁对行政复议制度进行系统性调整，将行政复议建设成为中国解决行政争议的“主渠道”,[③] 各地也按照中央部署开展了对行政复议体制改革的探索，取得了积极成效。[④]

在总结研判前期改革经验的基础上，2020 年 2 月 5 日，中央全面依法治国委员会第三次会议审议通过《行政复议体制改革方案》，提出要优化行政复议资源配置，推进相关法律法规修订工作，发挥行政复议公正高效、便民为民的制度优势和化解行政争议的主渠道作用。《行政复议体制改革方

① 蒋红珍：《面向“知情权”的主观权利客观化体系建构：解读〈政府信息公开条例〉修改》,《行政法学研究》2019 年第 4 期。
② 应松年：《对〈行政复议法〉》修改的意见》,《行政法学研究》2019 年第 2 期。
③ 应松年：《把行政复议制度建设成为我国解决行政争议的主渠道》,《法学论坛》2011 年第 5 期。
④ 刘莘、陈悦：《行政复议制度改革成效与进路分析——行政复议制度调研报告》,《行政法学研究》2016 年第 5 期。

案》的印发为行政复议制度改革明确了方向，也为《行政复议法》的修改奠定了基础。以该方案为指引，司法部在综合各方面意见的基础上研究起草了《中华人民共和国行政复议法（修订）（征求意见稿）》，并面向社会公开征求意见。①

（九）行政公益诉讼制度全面推开，行政诉讼架构更加完善

党的十八届四中全会提出“探索建立检察机关提起公益诉讼制度”，直接推动了学界讨论已久的行政公益诉讼制度成功落地。2015 年 5 月 5 日，中央深改组第十二次会议审议通过《检察机关提起公益诉讼改革试点方案》，明确提出“要牢牢抓住公益这个核心，重点是对生态环境和资源保护、国有资产保护、国有土地使用权出让、食品药品安全等领域造成国家和社会公共利益受到侵害的案件提起民事或行政公益诉讼，更好维护国家利益和人民利益”。在上述精神指引下，2015 年 7 月 1 日通过了《全国人民代表大会常务委员会关于授权最高人民检察院在部分地区开展公益诉讼试点工作的决定》，授权最高人民检察院在北京等 13 个省、自治区、直辖市开展为期两年的公益诉讼试点工作。

2017 年 5 月 23 日，中央深改组第三十五次会议认为，正式建立检察机关提起公益诉讼制度的时机已经成熟。2017 年 6 月 27 日，全国人大常委会通过修法决定，在《行政诉讼法》中增加公益诉讼条款。自此，行政公益诉讼制度入法，并在全国范围内推开。最高人民法院、最高人民检察院于 2018 年 3 月颁布了《最高人民法院、最高人民检察院关于检察公益诉讼案件适用法律若干问题的解释》，明确了行政公益诉讼的具体程序。

通过立法确立行政公益诉讼制度，是对传统行政诉讼制度和检察监督制度的拓展与更新，也是对行政权、检察权、审判权之间相互关系的重新配置，带有鲜明的中国特色。《行政诉讼法》构建的传统行政诉讼制度具有较

---

① 《关于〈中华人民共和国行政复议法（修订）（征求意见稿）〉的说明》，载司法部网站，http：//zqyj. chinalaw. gov. cn/readmore？ listType = 1&id = 4060，最后访问时间：2021 年 10 月 5 日。

强的保护私人利益的主观诉讼色彩，对公共利益的保护有所欠缺，导致国家和社会公共利益受损时难以通过司法途径获得保护。由检察机关提起行政公益诉讼制度，有效弥补了以“主观诉讼”为主的行政诉讼构造下对公益维护的缺失，对于监督推动各级行政机关依法行政、强化新时代行政检察监督工作发挥了重要作用。①

（十）以督查和示范创建作为重要抓手，法治政府建设的压力和动力机制不断丰富和健全

“徒法不足以自行”。法治政府建设作为一个系统性工程，需要各方主体形成合力，协同推进。“十三五”时期，中国法治政府建设的压力机制和动力机制不断丰富和健全，法治政府建设的合力正在形成。尤其是中央全面依法治国委员会的成立进一步强化了党对法治政府建设工作的集中统一领导，有利于压实责任、激发动力，不断完善和发展法治政府建设的推进机制。

2019 年 5 月，中共中央办公厅、国务院办公厅印发了《法治政府建设与责任落实督察工作规定》，该规定以明确任务、压实责任、保障效果的方式，通过对党政领导干部等“关键少数”的重点关注，形成了从党政主要负责人到全体党政机关工作人员的责任闭环体系，为法治政府建设提供了强有力的推动力。自该规定颁布以来，中央全面依法治国委员会办公室（简称“中央依法治国办”）组织了多轮法治政府建设实地督查，有力确保了法治政府建设真正进入地方党政工作的核心议程，得到足够的重视和关注。

2019 年 5 月，中央全面依法治国委员会办公室印发了《关于开展法治政府建设示范创建活动的意见》，并在全国范围内组织开展了法治政府建设示范创建活动。法治政府建设示范创建活动以激发法治政府建设的内生动力为目的，通过树立法治政府建设的示范和标杆，引导各地区各部门找差距、补短板，以创建促提升，以示范带发展，实现各地区法治政府建

① 马怀德：《新时代行政公益诉讼制度的发展与实践》，《人民论坛·学术前沿》2019 年第 5 期。

设进程的整体推进。通过督查与示范相结合的方式，中国法治政府建设呈现出既重视正向激励和引导，也重视反向督促和问责的立体化保障机制，形成推进法治政府建设的有效合力，有力确保了法治政府建设全面提速向纵深推进。

二 “十四五”时期法治政府建设面临的新形势与新要求

“十四五”时期是中国开启全面建设社会主义现代化国家新征程、向第二个百年奋斗目标进军的第一个五年。在法治现代化的新征程中，法治政府建设既要延续“十三五”时期的良好势头，也要立足新发展阶段，贯彻新发展理念，构建法治政府建设的新格局，以更好回应当前面临的新形势和新挑战。

（一）系统性要求增强

习近平总书记多次指出，全面依法治国是一个系统工程，必须统筹兼顾、把握重点、整体谋划，更加注重系统性、整体性、协同性。[①]“十三五”时期，我们始终坚持将法治建设与中国特色社会主义制度发展完善和国家治理现代化相统筹，始终坚持依法治国、依法执政、依法行政共同推进，法治国家、法治政府、法治社会一体建设，相关措施的系统性、整体性大幅增强。“十四五”时期，法治建设在统筹推进“五位一体”总体布局、协调推进“四个全面”战略布局中的地位日益凸显，法治国家、法治政府、法治社会一体建设的战略也得到进一步强化，这对于“十四五”时期法治政府建设的系统性提出了更高要求。

首先，应当更加重视法治政府建设在“一体建设”中的系统性功能，

① 习近平：《在中央全面依法治国委员会第一次会议上的讲话》（2018 年 8 月 24 日），《论坚持全面依法治国》，中央文献出版社，2020，第 229 页。

确保法治政府建设更好发挥“率先突破”和“示范带动”的作用。法治中国建设的各个领域和环节构成一个相互关联的整体，法治政府建设作为其中的重点任务和主体工程，会对其他领域的法治建设产生重要影响。例如，法治社会建设与法治政府建设始终处于深度互动、相互影响的状态——承担法律实施最主要任务的行政机关不仅可以通过执法来树立法治权威，还可以深入地发挥动员社会、教育群众的作用，使法治这种现代治理方式深入地植入中国社会。[①] 这就要求法治政府建设的各项目标、制度、举措要符合法治中国建设的整体部署，与法治国家、法治社会建设相协调。事实上，《法治政府建设实施纲要（2021—2025 年）》之所以要对“提升行政决策公信力和执行力”“健全社会矛盾纠纷行政预防调处化解体系”等内容做出细致部署，其本质也在于通过对上述制度的建设，引导全社会形成尊重法治、信仰法治、依法行权的文化，从而推动法治社会建设。

其次，法治政府建设作为全面推进依法治国的一个子系统，其内部的各项制度和举措也应当进一步强化系统性。在主要法律制度基本齐备后，如何调处不同法律制度之间的关系，推进法律规范之间的良好衔接成为当前法治政府建设的重要任务。例如，《行政处罚法》修订过程中，关于地方立法权限的讨论引发了学界和实务界对“行政三法”与地方立法关系的高度关注。[②] 再如，法律适用层面，实践中长期存在着《行政处罚法》和《道路交通安全法》等具体领域法律适用的争议；[③] 新冠肺炎疫情应对过程中也出现了《传染病防治法》和《突发事件应对法》的适用争议。[④] 解决

① 马怀德：《论习近平法治思想中的法治政府理论》，《政法论坛》2020 年第 6 期，第 20 页。

② 乔晓阳：《如何把握〈行政处罚法〉有关规定与地方立法权限的关系——在第二十三次全国地方立法工作座谈会上的讲话》，《地方立法研究》2017 年第 6 期；余凌云：《地方立法能力的适度释放——兼论“行政三法”的相关修改》，《清华法学》2019 年第 2 期。

③ 马英娟：《再论全国人大法律与全国人大常委会法律的位阶判断——从刘家海诉交警部门行政处罚案切入》，《华东政法大学学报》2013 年第 4 期。

④ 王锴、司楠楠：《新的一般法与旧的特别法的冲突及其解决——以〈突发事件应对法〉与〈传染病防治法〉为例》，《首都师范大学学报》（社会科学版）2020 年第 3 期。

这些争议，需要进一步提升行政法律规范的系统性。同时，近年来大量的法治政府建设制度安排也需要提升系统性，如综合行政执法体制改革与乡镇、街道行使执法权需要统筹安排，“双随机、一公开”与行政执法“三项制度”和信用监管之间需要有序衔接等。“十四五”时期，“改单兵突进为协调发展、改碎片化建设为体系化建构”,① 应当成为法治政府建设的新任务。

（二）实效性要求突出

自 1999 年《国务院关于全面推进依法行政的决定》颁布以来，党中央、国务院出台了一系列法治政府建设方面的专门文件，对法治政府建设的基本要求、时间规划、责任承担等进行了明确。这种通过法治规划引导法治建设的道路，与中国独特的现代化之路有着紧密联系。对于后发法治国家而言，通过制定法治规划，明确法治建设的目标、路线、举措，能够实现顶层设计和基层实践的结合，强化政治动员和方向把控能力，提升法治建设的效率。② 实证研究显示，在经济发展动因之外，政治推动也对地方政府法治水平的提升起到加速作用。③ 但另一方面，这一模式也可能因为法治基础较为薄弱、外部压力缺失等，出现建立制度易、落实制度难等现象，甚至出现法治政府建设的形式主义。④

“十四五”时期，法治政府建设已从搭建基本制度的初步阶段，迈入了追求制度实效的纵深阶段，提升实效性、防止制度空转和形式主义成为这一阶段最为重要的任务。这一要求突出表现在以下两个方面。

第一，各级行政机关及其工作人员是否能够真正运用法治思维和法治方式深化改革、推动发展、化解矛盾、维护稳定，需要在复杂的社会治理实践

① 章志远：《新发展阶段法治政府建设的时代特色——〈法治政府建设实施纲要（2021—2025 年）〉法理解读》,《法治研究》2021 年第 5 期。

② 马怀德：《迈向“规划”时代的法治中国建设》,《中国法学》2021 年第 3 期。

③ 王敬波：《我国法治政府建设地区差异的定量分析》,《法学研究》2017 年第 5 期。

④ 赵鹏：《从评估数据析法治政府建设中形式主义表现及其根源》,《中国政法大学学报》2014 年第 4 期。

中得到更加充分的检验。例如，只有在面对重要工作、紧急情况时，仍然能够坚持运用法治思维和法治方式应对，既有效处置重大事件，又最大限度降低对个体合法权益和整个经济社会运行的负面影响，使得法律保护的各种价值得以兼顾，才说明法治政府建设有足够的成效，也才能真正展示法治政府建设的治理能效。[①]

第二，法治政府建设应当更加充分和直接地体现出其对于行政权力运行的规范作用，增强社会公众的“获得感”和“满意度”。“十三五”时期，《法治政府建设实施纲要（2015—2020 年）》确立的法治政府建设目标为“职能科学、权责法定、执法严明、公开公正、廉洁高效、守法诚信”。《法治政府建设实施纲要（2021—2025 年）》则以习近平法治思想为指导，将法治政府建设的目标定位为“职能科学、权责法定、执法严明、公开公正、智能高效、廉洁诚信、人民满意”，增加了“人民满意”这一要求。同时，新纲要还在“健全行政决策制度体系”“健全行政执法工作体系”等部分具体提出了“增强公众参与实效”“着眼提高人民群众满意度，着力实现行政执法水平普遍提升，努力让人民群众在每一个执法行为中都能看到风清气正、从每一项执法决定中都能感受到公平正义”等具体要求，对“人民满意”的目标进行了具体化。这反映出“十四五”时期的法治政府建设需要更多关注社会公众对法治政府建设的真实感受，将民众是否感受到行政权力规范化带来的实际收效作为判断法治政府建设成效的重要标准。

（三）平衡性要求凸显

在转型期经济社会发展不平衡的大背景下，各地区各领域法治建设成效往往也呈现出差异性和不平衡性，其中又以法治政府建设表现得尤为明显。从现实情况来看，中国法治政府建设在区域和层级两个方面都表现出差异

---

① 赵鹏：《“创新”语境中法治政府建设的双重任务》，载 21 经济网，http://www.21jingji.com/article/20210813/herald/aa4623d20686d893bf5df2e90a4a46b2.html，最后访问时间：2021 年 10 月 6 日。

性。在区域上，东部经济发达地区的法治政府建设成效整体上好于中西部地区，体现出经济发展与法治政府建设水平的正相关关系。其原因在于市场经济高度发达地区的法治意识往往更高，尤其是权利意识更强。社会对政府依法行政的要求更高，自然促进政府法治水平的提升。① 在层级上，高层级政府的法治政府建设情况相对较好。低层级政府由于社会治理和经济发展压力大，法治政府建设在政治议程中的排序可能并不靠前，运用法治思维和法治方式开展工作、解决问题所面临的障碍更多；同时，基层也面临更突出的资源匮乏问题，如在人才上，“越往基层，法治人才匮乏的现象越明显”，② 在物质保障上，基层的执法装备、车辆、设备也普遍不足，导致了基层在法治政府建设上相对滞后。

党的十九大指出，人民日益增长的美好生活需要和不平衡不充分的发展之间的矛盾构成了现阶段社会的主要矛盾。法治建设领域亦有此表现。区域法治水平差距的加大存在影响国家法治平衡和统一的可能性，也会加剧经济和社会发展的不平衡。③ 而不同层级政府法治水平的差异可能影响法治政府建设的整体效果。尤其是与公民接触最为频繁、直接供给公共服务最多的基层人民政府，如果法治建设进展迟缓，可能会导致法治政府建设出现“木桶效应”。

正是基于上述原因，《法治政府建设实施纲要（2021—2025 年）》才将“坚持统筹推进，强化法治政府建设的整体推动、协同发展”作为法治政府建设的基本原则，并明确提出了“各地区各层级法治政府建设协调并进”的目标。“十四五”时期，法治政府建设既要鼓励更多地方实现“率先突破”，发挥“以点带面”的示范效应，也要关注对法治政府建设薄弱地区和欠发达地区的推动和督促；既要确保国务院各部委和各省级人民政府及其工作部门实现高标准高要求推进，也要关注基层法治政府的建设效果。从这个意义上说，中央依法治国办首先在市县开展法治政府建设示范创建活动，

① 王敬波：《我国法治政府建设地区差异的定量分析》，《法学研究》2017 年第 5 期。
② 王青斌：《当前乡镇法治政府建设的难点与路径选择》，《人民论坛》2019 年第 29 期。
③ 王敬波：《我国法治政府建设地区差异的定量分析》，《法学研究》2017 年第 5 期。

“待积累一定经验、条件比较成熟后，再扩展到国务院各部委和各省级政府”符合当前法治政府建设的总体需要。① 总之，“十四五”时期应当通过向法治政府建设的“重点”与“难点”倾斜资源与力量，促进各地方各层级法治政府建设的协调发展。

（四）智能化趋势明显

“十四五”时期，科技和创新是国家发展的重要命题。“十四五”规划纲要将创新放在社会主义现代化建设全局的核心位置，提出“坚持创新驱动发展，全面塑造新发展优势”，反映出科技和创新在“十四五”时期的重要地位。《法治政府建设实施纲要（2021—2025 年）》也正是基于科技和创新的重要价值，将“智能高效”作为法治政府建设的目标之一，并提出了“健全法治政府建设科技保障体系，全面建设数字法治政府”的相关要求。

中国政府所承担的职能包括宏观调控、市场监管、公共服务、社会管理、环境保护等多个方面，全面履行政府职能需要面对“履职质量”和“履职效率”之间的内在张力。互联网、大数据、人工智能等现代化数字技术的普遍应用是解决这一问题的重要方式。当前实践中，已出现利用自动化系统进行行政审批、利用远程技术展开非现场监管等尝试。“十四五”时期，应当进一步发挥数字技术对于政府治理过程的优化、提升作用，利用数字化技术改善行政权力运行的流程和方式。同时，在单纯的效率提升之外，数字法治政府的建设还要注重数字技术与法治价值的契合，防止数字技术的应用对行政法治价值带来负面影响。例如，对于自动化行政程序，一方面要高度重视其对于行政效率的提升作用，另外一方面也要关注其对正当程序等法律基本原则可能产生的遮蔽效应，通过完善相应的技术设计和法律程序设

① 《中央依法治国办负责人就〈关于开展法治政府建设示范创建活动的意见〉答记者问》，载中国政府网，http：//www.gov.cn/zhengce/2019-05/23/content_5393912.htm，最后访问时间：2021 年 10 月 7 日。

计来防控数字技术的法治风险。[①] 此外，建设“智能高效”的法治政府，也意味着政府要运用更加多元化的手段，回应监管对象的智能化趋势，积极回应创新所带来的法治挑战。[②]

三 “十四五”时期法治政府建设的主要任务

习近平总书记在中央全面依法治国工作会议上强调，走中国特色社会主义法治道路，“既要立足当前，运用法治思维和法治方式解决经济社会发展面临的深层次问题；又要着眼长远，筑法治之基、行法治之力、积法治之势，促进各方面制度更加成熟更加定型，为党和国家事业发展提供长期性的制度保障”。[③] “十四五”时期的法治政府建设，应当坚持长远与当下相结合，全面推进与重点突破相结合，按照《法治中国建设规划（2020—2025年）》《法治政府建设实施纲要（2021—2025年）》等法治规划的布局有序展开。

（一）推进行政法法典化，进一步完善行政法律体系

中国行政法律体系的构建具有鲜明的中国特色。以《行政诉讼法》和《国家赔偿法》等救济法为先导，在适应市场经济快速发展的背景下，先行对实体行政中几项重要行政行为制定了单项的小法典，形成了《行政处罚法》《行政许可法》《行政强制法》这“行政三法”，并制定了《政府信息公开条例》等重要的行政法规。[④] 总体来看，中国行政法律制度框架体系初

① 刘东亮：《技术性正当程序：人工智能时代程序法和算法的双重变奏》，《比较法研究》2020年第5期；谢明睿、余凌云：《技术赋能交警非现场执法对行政程序的挑战及完善》，《法学杂志》2021年第3期；展鹏贺：《数字化行政方式的权力正当性检视》，《中国法学》2021年第3期。

② 孔祥稳：《面向人工智能风险的行政规制革新——以自动驾驶汽车的行政规制为中心而展开》，《行政法学研究》2020年第4期。

③ 习近平：《以科学理论指导全面依法治国各项工作》（2020年11月16日），《论坚持全面依法治国》，中央文献出版社，2020，第2~3页。

④ 应松年：《中国行政法发展的创新之路》，《行政法学研究》2017年第3期。

具规模，但“实践发展永无止境，立法工作也永无止境，完善中国特色社会主义法律体系任务依然很重”。[①]“十四五”时期，应当坚持科学立法、民主立法、依法立法，着力实现政府立法质量和效率并重并进，增强针对性、及时性、系统性、可操作性。

《法治中国建设规划（2020—2025 年）》明确提出：“对某一领域有多部法律的，条件成熟时进行法典编纂。”《法治政府建设实施纲要（2021—2025 年）》也提出要“加强规范共同行政行为立法，推进机构、职能、权限、程序、责任法定化”。推进行政法的法典化是“十四五”时期完善行政法律体系的核心任务。当前中国行政法律体系依然存在系统性不足和重要法律缺位、滞后等问题，行政法律规范之间的重复、冲突、不协调、不衔接等问题随着法律规范的丰富而渐趋突出，行政组织法和行政程序法等重要法律规范的缺位也一直未能得到弥补。[②] 通过行政法的法典化，一方面能够解决分散型、碎片化的发展进路导致的体系性缺失问题，[③] 另一方面也能够以通用性、基础性的规则供给统一行政法的实施，降低实施成本，[④] 同时亦可通过行政法的法典化来构建完整有序的行政法体系，整合不同价值追求，兼顾多元利益，从而推进行政法的健康发展。[⑤]

推进行政法法典化的路径，学界形成了制定行政程序法、制定行政法通则、制定完整的行政法典以及制定行政法总则等不同主张。[⑥] 制定行政程序法的主张学界已提出多年，这一路径的现实条件也最为充分。但行政程序法典对实体规则的可容纳量有限，“受程序法之名的影响与限制，依据这一方

① 习近平：《关于〈中共中央关于全面推进依法治国若干重大问题的决定〉的说明》（2014 年 10 月 20 日），《论坚持全面依法治国》，中央文献出版社，2020，第 95 页。

② 马怀德：《我国的行政法律制度》，《中国人大》2020 年第 14 期。

③ 章志远：《中国特色行政法法典化的模式选择》，《法学》2018 年第 9 期。

④ 薛刚凌：《行政法法典化之基本问题研究——以行政法体系建构为视角》，《现代法学》2020 年第 6 期。

⑤ 薛刚凌：《行政法法典化之基本问题研究——以行政法体系建构为视角》，《现代法学》2020 年第 6 期。

⑥ 钟瑞华、李洪雷：《论我国行政法法典化的意义与路径——以民法典编纂为参照》，《行政管理改革》2020 年第 12 期。

案作出的立法，在体系结构、规范容量等方面又难以凸显实体性规定的重要性”。[①] 全国人大常委会2021年度立法工作计划已提出“研究启动环境法典、教育法典、行政基本法典等条件成熟的行政立法领域的法典编纂工作”。其中“行政基本法典”应当理解为行政法领域的一般性、通用性规则，“十四五”时期可先从制定行政法通则或行政法总则入手，在条件成熟时进一步编纂包括各分编在内的行政法典。

（二）持续深化“放管服”改革，完善行政许可法律制度

“放管服”改革既是当下行政体制改革的重要内容，也是法治政府建设的基本要求。“十四五”时期，应当进一步延续并巩固“十三五”期间“放管服”改革的成果，依据《优化营商环境条例》和《法治政府建设实施纲要（2021—2025年）》的部署，分级分类推进行政审批制度改革，持续优化行政审批服务流程。同时要进一步加强对改革实际效果的监督，坚决防止以备案、登记、行政确认、征求意见等方式“明减暗增”变相设置行政许可事项，减损改革红利。

同时需要注意的是，“放管服”改革的制度目标并不仅仅是单纯的下放审批权力，减少许可数量，其核心目的是解决由计划经济向市场经济转轨所遗留的“重审批，轻监管”的问题，推动行政规制模式的整体转型，也即《法治政府建设实施纲要（2021—2025年）》所提出的“推动政府管理依法进行，把更多行政资源从事前审批转到事中事后监管上来”。从这个意义上说，行政审批制度改革必须与事中事后监管的强化形成有效的衔接，共同完成监管体制转型升级的重任。但由于当前行政许可评价程序的失效，事前许可与事中事后监管之间还缺乏常态化的衔接机制，事中事后监管手段与事前许可的比较优劣，以及各类手段之间的执法效能并未得到充分有效的评估，[②] 统筹事前、事中、事后各个环节的监管体系也就尚未

---

① 钟瑞华、李洪雷：《论我国行政法法典化的意义与路径——以民法典编纂为参照》，《行政管理改革》2020年第12期。

② 卢超：《事中事后监管改革：理论、实践及反思》，《中外法学》2020年第3期。

能够完全形成。

造成这一问题的原因与《行政许可法》实施效果不佳有重要关系。由于《行政许可法》中存在较多模糊和宽泛的表述，加之欠缺有效的外部激励和制约，“无法对政府自我革命形成足够的持续的动力、压力和制约力”,[①] 导致其约束力不足，实施效果不够理想。“十四五”时期，应当推动《行政许可法》的全面修改，完善行政许可法律制度。一方面，应当在充分吸收近年来“放管服”改革成果的基础上，将告知承诺、容缺受理、先证后核等制度纳入行政许可法的调整范围，以法治方式巩固改革成果，同时也避免改革举措架空现行有效的法律。另一方面，应当完善规制影响评价制度的设计,[②] 并强化其制度刚性，促进《行政许可法》从静态的、单向的行政许可控制法转变为动态的、系统性的规制改革法。

（三）进一步理顺行政执法体制，完善综合执法改革的配套机制

《法治政府建设实施纲要（2021—2025 年）》提出，要继续深化行政执法体制改革，“完善权责清晰、运转顺畅、保障有力、廉洁高效的行政执法体制机制，大力提高执法执行力和公信力”。“十三五”时期，综合行政执法改革已取得重要成果，市场监管、生态环境保护、文化市场、交通运输、农业综合、城市管理等领域的综合行政执法队伍已基本组建完毕，上述领域曾经存在的执法队伍结构分散、力量不足、多头执法、重复执法、执法扰民等问题得到初步解决。

“十四五”时期是综合行政执法改革的又一关键时期——既需要推动各项改革措施迅速落实，避免出现“中梗阻”；又需要妥善处理好改革中出现的新问题，确保执法工作的稳定性和延续性。在“十三五”时期的改革基础上，“十四五”时期的综合行政执法改革还必须解决好以下几个方面的问题。

---

① 沈岿：《解困行政审批改革的新路径》，《法学研究》2014 年第 2 期。

② 成协中：《“放管服”改革的行政法意义及其完善》，《行政管理改革》2020 年第 1 期。

一是进一步理顺综合行政执法权的纵向配置，处理好省、市、县三级执法队伍设置的问题。从执法资源向基层下沉的考虑出发，省一级原则上不设执法队伍，省级机关更多发挥规则供给、业务指导、统筹协调和督查督办等"非执法类"职能，将"执法类"职能更多配置到低层级地方政府；① 设区市与市辖区原则上只设一个执法层级，具体是保留市级执法队伍，抑或是保留区级执法队伍，在坚持"高效利用执法资源，同时不弱化执法力量"的原则下，由各行业和各地方根据实际情况自主决定；县（市、区、旗）一般实行"局队合一"体制，但"局队合一"的具体制度内涵还需进一步确定，如明确"局队合一"是否赋予全局的业务科室、执法队、基层所办案权等。②

二是进一步处理好综合行政执法机构与乡镇街道的关系。修订后的《行政处罚法》在第 24 条第 1 款规定，"省、自治区、直辖市根据当地实际情况，可以决定将基层管理迫切需要的县级人民政府部门的行政处罚权交由能够有效承接的乡镇人民政府、街道办事处行使"。该条文对于下放的条件、程序作了规定，但留给各省份的裁量空间较大。各地需要因地制宜、因事制宜向乡镇街道下放执法权，防止"一旦出现上面不切实际、胡乱下放，下面承接不住、胡乱执法的情况，将激化人民群众和基层政府的矛盾，引发大量的行政争议"。③ 在下放权力的同时，还要建立健全乡镇街道与上级相关部门之间的案件移送、协调合作、指导监督等制度安排，确保实现"放得下、接得住、管得好、有监督"。

三是要进一步完善综合行政执法改革的配套机制，如划清业务机构与执法机构的职责边界，解决实践中存在的监管和执法"两张皮"和推诿扯皮问题；④

① 李利平、吕同舟：《省以下地方政府纵向职责配置的新趋势及配置模式探索——基于对五个领域综合行政执法改革的观察》，《行政管理改革》2020 年第 11 期。

② 王瑞萍：《坚持问题导向　推进综合执法能力现代化》，《中国市场监管研究》2021 年第 1 期。

③ 应松年、张晓莹：《〈行政处罚法〉二十四年：回望与前瞻》，《国家检察官学院学报》2020 年第 5 期。

④ 中国市场监管学会调研组：《关于市场监管综合行政执法改革有关情况的调研报告》，《中国市场监管研究》2020 年第 4 期。

再如完善综合行政执法的保障机制，解决综合行政执法人员的身份、编制等问题，强化装备、设备配套，提升执法人员的能力和素质。

（四）以新《行政处罚法》的实施为契机，全面推进严格规范公正文明执法

十八大以来，“严格规范公正文明”成为行政执法的整体性目标。这一目标既是法治政府建设坚持“以人民为中心”思想的具体体现，也是习近平法治思想中公平正义观的内在要求。《法治政府建设实施纲要（2021—2025年）》就明确提出，要“努力让人民群众在每一个执法行为中都能看到风清气正、从每一项执法决定中都能感受到公平正义”。“严格”“规范”“公正”“文明”是一个统一整体，不可割裂理解。① 在行政执法中，既要做到严格执法，杜绝执法不作为，提升执法公信力，同时也要确保执法在法治框架下推进，符合法律要求，实现规范执法；既要做到公正执法，彰显行政执法在促进社会公平正义实现上的重要作用，同时也要体现人文关怀，考虑执法对象的切身感受，实现文明执法。

2021 年 1 月，全国人大常委会通过了新修订的《行政处罚法》。作为规范行政活动的基础性法律，《行政处罚法》的全面修改将对执法实践产生重大影响。尤其是本次修法以习近平法治思想为根本遵循，充分体现和巩固了近年来法治政府建设、行政执法领域的重大改革成果，就提升行政处罚制度的系统性、整体性、协同性作出了重要规定，为推进严格公正文明执法注入了新的法治力量。② “十四五”时期，各级行政机关应当以贯彻实施新《行政处罚法》为契机，进一步提升行政执法的法治化程度，全面推进严格规范公正文明执法。

第一，在严格执法方面，新《行政处罚法》增加了行政处罚的定义，同时补充列举了行政处罚种类，更好适应了实践需要。新法同时完善了违法

① 马怀德：《论习近平法治思想中的法治政府理论》，《政法论坛》2020 年第 6 期。

② 许安标主编《中华人民共和国行政处罚法释义》，中国民主法制出版社，2021，第 21 ~22 页。

行为追责期限制度，规定涉及公民生命健康安全、金融安全且有危害后果的，追责期限由 2 年延长至 5 年。基于新冠肺炎疫情防控期间的执法经验，新法还规定在重大突发事件中，为了控制、减轻和消除突发事件引起的社会危害，对违反突发事件应对措施的行为可依法快速、从重处罚。此外，从强化执法监督的考虑出发，新法强化了对行政机关有该制止违法行为不制止、该立案不立案、该处罚不处罚、该移送司法机关不移送等情形的追责力度。

第二，在规范执法方面，新《行政处罚法》进一步完善了执法程序，根据实践发展更新了简易程序的适用条件，完善了行政处罚的普通程序，扩大了听证的范围，并明确规定了听证程序中的“案卷排他”要求。同时，新法充分吸收了行政处罚“三项制度”改革的成果，在第 39 条、第 48 条规定了执法公示制度，在第 47 条规定了执法全过程记录制度，在第 58 条规定了重大执法决定法制审核制度，推进了行政执法“三项制度”改革的法定化。尤其是新法在第 41 条规范了电子技术手段在行政处罚中的应用，适应了数字化时代的现实需求。

第三，在公正执法方面，新《行政处罚法》第 29 条明确了“从一重”的要求，规定对同一个违法行为违反多个行政法律规范的情形，由相应机关按照罚款额度最高的规定处以罚款。① 新法同时还系统完善了从轻或减轻处罚的情形，并在第 31 条增加了对智力残疾人在不能辨认或不能控制自己行为时有违法行为不予处罚的规定，在第 33 条增设了“首违不罚”“无主观过错不罚”等制度，② 确立了行政处罚的责任主义立场，③ 这有利于实现过罚相当，确保当事人在具体的行政执法决定中感受到公平正义。

第四，在文明执法方面，新法在第 42 条第 2 款规定，执法人员应当文明执法，尊重和保护当事人合法权益。同时，新法还通过对执法程序的完

---

① 马怀德：《〈行政处罚法〉修改中的几个争议问题》，《华东政法大学学报》2020 年第 4 期。

② 相关讨论参见张红、岳洋《行政处罚“首违不罚”制度及其完善》，《经贸法律评论》2021 年第 3 期；尹培培《论新〈行政处罚法〉中的“主观过错”条款》，《经贸法律评论》2021 年第 3 期。

③ 王贵松：《论行政处罚的责任主义》，《政治与法律》2020 年第 6 期。

善，更好体现了法律程序在尊重当事人主体地位上的价值功能。如新法在第55条规定“执法人员在调查或者进行检查时，应当主动向当事人或者有关人员出示执法证件。当事人或者有关人员有权要求执法人员出示执法证件。执法人员不出示执法证件的，当事人或者有关人员有权拒绝接受调查或者检查”。各级执法机关应当全面贯彻落实《行政处罚法》的上述规定，推进严格规范公正文明执法。

（五）加快社会信用立法进程，推进社会信用体系法治化

2012年，党的十八大报告中提出“深入开展道德领域突出问题专项教育和治理，加强政务诚信、商务诚信、社会诚信和司法公信建设”。以这一精神为指导，国务院在2014年发布了《社会信用体系建设规划纲要（2014—2020年）》，对社会信用体系建设的总体思路和具体措施进行了系统部署。近年来，伴随着信息技术的飞速发展，中国社会信用体系建设取得了长足发展。尤其是以失信联合惩戒为核心的信用奖惩机制，在社会治理中发挥了重要的功能。

但与此同时，社会信用体系推进过程中缺乏法治约束的情况也日渐凸显。尤其是作为社会信用体系核心机制的失信联合惩戒引发了高度关注。学界对其“法治分散”“德治集中”“规制强化”的特征进行了分析，[①] 指出失信联合惩戒可能违反依法行政、尊重保障人权、不当联结禁止、比例原则、公平原则等公法基本原则，[②] 存在违法建立双惩制、以行政权力为民事违约兜底、冲击法人独立人格、突破公法与私法区隔、削弱行政裁量的法律约束等问题。[③] 基于全面推进依法治国的要求，“十四五”时期，应当加快推动社会信用体系建设法治化，尤其是将守信激励、失信惩戒等信用规制措

① 戴昕：《理解社会信用体系建设的整体视角：法治分散、德治集中与规制强化》，《中外法学》2019年第6期。

② 沈岿：《社会信用体系建设的法治之道》，《中国法学》2019年第5期。

③ 彭錞：《失信联合惩戒制度的法治困境及出路——基于对41份中央级失信惩戒备忘录的分析》，《法商研究》2021年第5期。

施纳入法治轨道，确保其形式合法性和实质合法性。《法治社会建设实施纲要（2020—2025年）》在对社会信用体系建设做出部署的同时，也明确提出要“推动出台信用方面的法律”。

对于失信联合惩戒的法治化路径，曾有观点主张将符合行政处罚特征、带有制裁性质的失信惩戒行为纳入《行政处罚法》调整。[①] 尤其是有多位研究者均提出，应当将“列入黑名单并公布”等措施明确规定为行政处罚的具体种类，适用《行政处罚法》的规则进行调整。[②] 然而，新修订的《行政处罚法》虽然规定了限制开展生产经营活动、限制从业等与失信惩戒措施在外观上极为相似的处罚措施，却并未明确行政处罚与失信惩戒的关系。[③] 未来，一方面需要在行政行为类型化框架下进一步澄清社会信用体系建设中各类措施的性质，确保失信联合惩戒不会逾越《行政许可法》和《行政处罚法》等成文法的规定；另一方面也应当考虑加快制定专门的“社会信用法”，对社会信用体系做出整体性的制度安排。在这个过程中应当处理好社会信用机制和传统法律实施机制的关系，避免出现社会信用体系对传统法律机制的挤压和替代。

（六）完善政府数据开放的顶层设计和整体安排，推进数字政府建设

大数据时代，由数据驱动的数字经济发挥着改造传统经济面貌，引领科技和产业革新的重任。政府所掌握的公共数据体量巨大、效能丰富，因而成为数据开放和共享中的重要环节。从近年来的顶层设计可以看出，中国正在探索一条以公共数据为先导，促进数据规模化、创新性应用的道路。中共中央办公厅、国务院办公厅于2016年印发的《关于全面推进政务公开工作的意见》明确指出，“优先推动民生保障、公共服务和市场监管等领域的政府

---

① 田林：《行政处罚与失信惩戒的立法方案探讨》，《中国法律评论》2020年第5期。

② 胡建淼：《“黑名单”管理制度——行政机关实施“黑名单”是一种行政处罚》，《人民法治》2017年第5期；张晓莹：《行政处罚视域下的失信惩戒规制》，《行政法学研究》2019年第5期；王锡锌、黄智杰：《论失信约束制度的法治约束》，《中国法律评论》2021年第1期。

③ 彭錞：《失信联合惩戒行政诉讼救济困境及出路》，《东方法学》2021年第3期。

数据向社会有序开放。制定实施稳步推进公共信息资源开放的政策意见”。2017年2月，中央深改组第32次会议审议通过《关于推进公共信息资源开放的若干意见》，提出“着力推进重点领域公共信息资源开放，释放经济价值和社会效应”。2020年中共中央办公厅、国务院办公厅印发的《关于构建更加完善的要素市场化配置体制机制的意见》更是将数据与资本、土地、劳动力等并列，作为重要的生产要素，并明确提出了推进政府数据开放共享的举措和要求。

“十四五”期间，基于政府信息公开和政府数据开放存在的实质性差异，应当在政务公开立法之外制定单独的政府数据开放法，或考虑由国务院先行制定政府数据开放条例，对政府数据开放的基本制度作出规定。[①] 政府数据开放立法应当重点解决三个方面问题：其一是对政府数据的概念和政府数据的公开范围进行科学合理的界定；其二是设定政府数据的权属，在数据所有权问题未得到彻底解决的情况下，可将重点从所有权规则转移到利用规则上，按照政府数据的不同类型设定区别使用的规则；[②] 其三是处理好政府数据公开中的个人信息保护问题，为政府数据控制者和利用者设定相应的个人信息保护义务。[③]

（七）加快《行政复议法》修改，增强行政争议解决机制的系统性

修改《行政复议法》，系统完善行政复议制度是“十四五”时期法治政府建设的重要任务。《行政复议法》的修改关涉整个行政救济和行政争议解决的全局，将对依法行政和法治政府建设产生重要的影响。

完善行政复议制度的核心问题是明确行政复议的制度定位。行政复议制度具有“行政性”和“准司法性”的双重性质，这也引发了行政复议制度改革方向“行政化”和“司法化”的争论。事实上，无论是“行政化”还是“司法化”，都不是行政复议制度改革所追求的目的。中央全面依法治国

---

① 马怀德：《中国的行政法律制度》，《中国人大》2020年第14期。

② 胡凌：《论地方立法中公共数据开放的法律性质》，《地方立法研究》2019年第3期。

③ 宋烁：《论政府数据开放中个人信息保护的制度构建》，《行政法学研究》2021年第6期。

委员会第三次会议审议了《行政复议体制改革方案》，强调“发挥行政复议公正高效、便民为民的制度优势和化解行政争议的主渠道作用”，意在要求行政复议制度发挥其特点和优势，与行政诉讼制度形成“差异化竞争”，从而形成各有所长、相互补充的行政救济和监督机制。因此，修法的核心问题是如何通过完善制度设计，发挥行政复议制度在解决行政争议，为公民、法人、其他组织提供救济上的独特优势。具体而言，应当根据《行政复议体制改革方案》的部署，从以下三个方面进行完善。

第一，在复议体制上，现行《行政复议法》确立的是“条块结合”的双重管辖体制。这一模式赋予了当事人管辖选择权，但也存在复议资源分散、案件审理标准不一、不便于群众找准复议机关、公正性不足等弊端。[①]本次修法应当推动行政复议体制的整体性变革，确立一级政府之下相对集中的行政复议管辖体制。第二，在办案机制上，本次修法应当确立以开庭审理为主的办案机制，并规定开庭审理的基本要求。第三，在程序设计上，应当吸收《行政复议法实施条例》中的部分内容，规定行政复议的回避制度、调查取证制度，明确基本的证据规则，允许有条件的调解和解，明确行政复议与行政裁决的衔接机制等。目前，司法部门已经发布了行政复议法修订草案的征求意见稿，未来应当在此基础上进一步修改完善，早日完成《行政复议法》的修改工作。

（八）修改《国家赔偿法》，完善国家责任制度

以 1994 年《国家赔偿法》的颁布施行和 2010 年《国家赔偿法》的修订为标志，中国国家赔偿制度取得长足发展，国家赔偿的归责原则从单一到多元，赔偿程序日益便利，赔偿标准逐步提高，赔偿制度日臻健全，对保护公民、法人和其他组织的合法权益发挥了重要作用。[②] 尤其是十八大以来，

① 马怀德：《论我国行政复议管辖体制的完善——〈行政复议法（征求意见稿）〉第 30 – 34 条评介》，《法学》2021 年第 5 期。

② 马怀德、孔祥稳：《我国国家赔偿制度的发展历程、现状与未来》，《北京行政学院学报》2018 年第 6 期。

在“当赔则赔、应救尽救”“把好事办好”等理念的指引下，各级司法机关妥善化解了一批社会关注度极高的重大刑事冤错案件，有效地增强了人民群众的获得感、幸福感、安全感。① 但由于体制机制上的制约，国家赔偿制度还存在着案件总量低、赔偿率低、赔偿标准低、受政策影响大、与相关制度的衔接不畅等一系列问题。②

“十四五”时期，中国特色社会主义进入新发展阶段，落实“以人民为中心”的理念，提升人权司法保障水平，对国家赔偿制度提出了更高要求。应当将系统修改《国家赔偿法》提上立法日程，推动国家责任制度的发展完善：第一，从坚持国家赔偿“救济法”和“人权保障法”的定位出发，应当继续扩大国家赔偿的范围，将行政不作为致害、公有公共设施致害、轻罪重判等纳入国家赔偿范围中，并进一步丰富归责原则、适当提高赔偿标准、完善赔偿程序；第二，鉴于监察权是一种新型的国家权力，无法适用现有的行政赔偿制度或刑事赔偿制度，因此应当在《国家赔偿法》中以专章的形式专门对监察赔偿制度作出规定；③ 第三，要处理好国家赔偿、国家补偿、国家救助等不同定位下的国家责任制度之间的关系。④ 从实践来看，国家补偿制度缺乏系统性规定这一问题在新冠疫情防控过程中体现得尤为明显，《法治政府建设实施纲要（2021—2025 年）》也明确要求“健全突发事件应对征收、征用、救助、补偿制度，规范相关审批、实施程序和救济途径”。随着近年来司法救助工作的推进，推动司法救助立法也成为一项重要任务。⑤ 未来应当考虑对国家赔偿制度进行扩容，通过制定统一的“国家责任法”，将国家赔偿、国家补偿、国家救助等制度进行统一规定。

---

① 何君：《正确认识新发展阶段国家赔偿审判工作的重大意义》，《人民法院报》2021 年 11 月 6 日，第 2 版。

② 马怀德、孔祥稳：《我国国家赔偿制度的发展历程、现状与未来》，《北京行政学院学报》2018 年第 6 期。

③ 张红：《监察赔偿论要》，《行政法学研究》2018 年第 6 期；王青斌：《论监察赔偿制度的构建》，《政法论坛》2019 年第 3 期。

④ 陶凯元：《法治中国背景下国家责任论纲》，《中国法学》2016 年第 6 期。

⑤ 张红：《我国国家赔偿审判和司法救助工作的成绩与展望》，《人民法院报》2021 年 11 月 6 日，第 2 版。

专题报告

Thematic Reports

·一 国家治理与行政法治·

B.2
新时代中国行政法法典化路径述评

章志远 马琳昆 *

摘 要： 新时代中国行政法学界在行政法法典化路径选择上可归为制定行政程序法、制定统一行政法典和制定行政法总则三类。就行政程序法典化路径而言，“学界助推 + 地方试验”的立法热情退却后，有逐渐消沉之势。就统一行政法典化路径而言，以“行政程序法模式”、“行政法总则模式”、“一般行政法模式”、“行政基本法模式”、“部门行政法模式”和“混合模式”为代表的六种模式利弊分明、难以权衡。就行政法总则法典化路径而言，随其基本目标、基本原则和体例结构渐明后，多数学者认为其具有较强的科学性和可操作性，是新时代实现行政法典化行之有效的最优之举。

* 章志远，华东政法大学教授、博士生导师，主要研究方向为行政法学、行政诉讼法学、民营化与政府规制；马琳昆，华东政法大学行政法专业 2020 级博士研究生，主要研究方向为行政法学。

关键词： 行政法法典化　行政程序法　统一行政法典　行政法总则

一　引言

在“法典时代”下，一部成功的法典是一个国家或地区法治健全的标志，但行政法法典化却是一项世界性难题，不同国家、不同地区的行政法典化模式也各不相同。在加快推进全面依法治国进程中，党和国家面对新时代社会主要矛盾的变化，结合治国理政的实践，不断推出新举措、做出新部署，对行政法发展产生了广泛而深远的影响，也为中国特色行政法法典化事业的完成供了难得的机遇。回顾中国行政法法律体系的建设，大规模的法律移植时期早已过去，取而代之的是渐进式的自主立法，而当下也正是“追仿型进路”向“自主型进路”艰难转型的时刻。学界在探寻中国行政法法典化路径上，由分散式立法的“1.0 版时代”到行政程序法典化的“2.0 版时代”再到行政法法典化的“3.0 版时代”，可谓蒸蒸日上。但法典化路径如何取舍却是久争不休。2021 年《法治中国建设规划（2020—2025 年）》明确提出“研究制定行政程序法”，再次吹响新时代行政立法法典化的号角。[①] 中国的行政法发展能否超越行政程序法典化的“2.0 版时代”而直接进入行政法法典化的“3.0 版时代”，事关法治政府能否如期基本建成、事关全面依法治国的梦想能否顺利成真，这无疑是新时代全体中国行政法学人面临的“一号”难题。基于此，本报告梳理新时代下中国行政法学界关于行政法法典化三条路径的思考，并逐一就各自立法目标、基本原则及篇章结构进行解读，为中国特色行政法法典化的模式择取助力。

① 郭修江、杨科雄、王信腾：《新时代行政立法的法典化》，《人民法院报》2021 年 2 月 5 日，第 5 版。

二　路径一：端倪初现的行政程序法

中国法学界对法律程序研究可追溯至季卫东教授发表于《中国社会科学》1993 年第 1 期的《法律程序的意义——对中国法制建设的另一种思考》。行政程序法是规范行政法律关系主体在行政活动过程中的步骤、顺序、方式及时限的重要依据，其在助益民主政治实现、限制行政权恣意行使、提高行政执法效率上优势显著。二十几年来，行政法学界矢志不渝地呼吁行政程序法的法典化，行政程序的立法例、判例、理论讨论日渐繁盛，有关行政程序法的专家建议稿也出台多部。①“行政程序法”曾在 2003 年第十届全国人大常委会被列入第二类立法计划。时隔十五年，在 2018 年第十三届全国人大常委会上，“行政程序法”又被列入第三类立法规划。不仅如此，学界还试图以地方行政程序法的法典化“倒逼”统一行政程序法的出台。然而，时至今日，行政程序法典化迹象仍不明显。行政法学界关于行政程序法典化的争论涵盖必要性、可行性以及内容安排等问题，以下着重介绍行政程序法典化的目标模式、立法模式和结构模式。

（一）行政程序法目标模式

行政程序法的目标模式是指立法者根据自己的需要和对行政程序法固有属性的认识，预先设计的关于行政程序法体系和内容的理想结果。一般来说，一个国家或地区行政程序法目标模式的选择受制于行政权力的实际运行状况、公民权利意识的强弱、公法理论的发达程度、社会整体的价值观念等多种因素。学界关于行政程序法目标模式种类的讨论，大致可分为四类。一是控权模式，该观点代表学者认为，在行政秩序与行政公正的法律价值取向的引导下，通过程序法定的原则以约束控制行政权力，从而最终决定了中国行政程

① 例如北京大学宪法与行政法研究中心于 2002 年草拟出《中华人民共和国行政程序法（试拟稿）》、2015 年提交《中华人民共和国行政程序法（专家建议稿）》等。

序立法内容的目标模式应该是控制行政权力，可表述为“控权模式”。① 二是效率模式，该观点代表学者认为，行政程序法的核心内容是行政执法行为，行政执法作为行政机关对业已失衡的社会关系给予一定的处理，必须以一定的效率为保障。② 三是权利模式，该观点代表学者认为，行政程序立法出发点是以权利制约权力，通过规定行政相对人在行政程序中的权利，达到防止和控制行政权滥用的目的。当公正与效率两者发生矛盾乃至冲突时，应当做出公正优先于效率的明确安排和选择。③ 四是并重模式，该观点代表学者认为，行政程序立法应当以公正与效率的并重为出发点，既不能忽视对行政权力的控制和公民权益的维护，也不能完全不考虑行政效率的提高和行政秩序的维护，在对各种程序制度和规范的设计上尽可能做到两者兼顾。④

（二）行政程序法立法模式

在控权模式、效率模式、权利模式、并重模式等不同观点主张下的行政程序法，其立法模式也迥然不同。归纳而言，行政程序法的立法模式包括统一法典模式和单行立法模式两种类型：统一法典模式利弊显著，能够为行政活动提供一整套明确的程序法律规范，但需要辅之以娴熟的立法技术和发达的行政法学理。有观点指出，统一法典模式是行政程序立法的最佳之举，原因在于统一的行政程序法典能更好地规范行政主体行政职权的行使，控制行政权的滥用，高效地保护行政相对人的权益。单行立法模式是中国部分省市所采纳的。代表性观点认为符合中国特色的立法模式是单行立法模式，该模式胜在立法的灵活性，更具备适应不同领域、不同性质行政行为的特性。⑤

① 周安平：《行政程序法的价值、原则与目标模式》，《比较法研究》2004 年第 2 期，第 146 ~ 148 页。

② 章剑生：《行政程序法比较研究》，杭州大学出版社，1997，第 76 页。

③ 黄学贤：《行政程序法的目标模式及我国的选择》，《苏州大学学报》（哲学社会科学版）1997 年第 2 期，第 43 ~ 47 页。

④ 应松年：《行政程序法（试拟稿）评介》，《政法论坛》2004 年第 5 期，第 24 页。

⑤ 杨寅：《中国行政程序法治化——法理学与法文化的分析》，中国政法大学出版社，2001，第 231 ~ 232 页。

（三）行政程序法结构模式

就结构模式而言，学界围绕行政实体与程序同时法典化还是仅就行政程序进行法典化以及全部行政事项还是仅就各种行政的共通事项进行法典化等内容久争不休。中国台湾学者叶俊荣教授以行政程序法立法所表现的内部框架结构为主，将各国行政程序法典划分为了四类：一是包容所有行政权的行使而涉及的实体和程序的“最完全的法典化”；二是仅对所有行政事项的程序进行“最完全的法典化”；三是兼顾实体和程序，仅对各种行政管制事项共通适用部分进行行政程序的法典化，亦称“总则立法”；四是仅对几种重要行政类型规定其适用程序，实体问题则留待其他法律作具体规范，属于“最低程度的法典化”，亦称“纲架立法”。[①] 以该“四分法”为标准，总览世界范围内行政程序法的立法概况：“总则立法”采取的都是程序与实体并存的立法模式，如德国、奥地利、西班牙、葡萄牙、荷兰、意大利及中国澳门、中国台湾地区等；“纲架立法”则对行政裁决和规则制定立下程序规范，以美国为典型。这两类都是常见的立法结构。而所谓“最完全的程序法典化”与“最完全的实体与行政事项法典化”皆为美妙的理想，囿于现实情况的多变性和理论认知的局限性往往难以实现。

总体而言，学界关于行政程序法典化这一路径的立法模式、目标模式、结构模式争论不休、道路不一，且就算在确定选择行政程序法后，关于行政程序法的具体内容一时也难以明确。但学者们对程序法“夹带”实体法的做法也在一定程度上表示认同。例如，有学者认为，各国（地区）立法实践在实体和程序之间各有侧重，但纯粹的程序立法尚不可见，对于立法模式的探索，多是实体法与规范程序规则兼而有之。[②] 有学者则认为，以行政程序法的制定作为行政法法典化的契机是大陆法系国家的共性，采纳了实体与程序并存的立法模式，即在行政程序法中规定了关于行政组织和行为效力等

① 叶俊荣：《面对行政程序法》，台湾元照出版有限公司，2002，第60～61页。

② 朱维究：《行政程序法与行政法法典化——兼论行政法律规范的制定规则》，《法制日报》2001年7月22日。

实体内容。该学者进一步指出，未来行政程序法的内容可以从行政程序的一般规定与特别行政行为程序、程序内容与实体内容、外部行政程序与内部行政程序、集中于行政事前程序的规定等方面予以定位。[①] 还有学者认为，中国行政程序法应坚持程序与实体并存、以程序规定为主以及共通与特别并存、以共通规定为主的结构模式。[②] 追踪部分学者后续研究，可以发现，单纯主张行政程序法典化也开始向统一行政法典化或制定行政法总则转变。

三　路径二：名实相符的统一行政法典

行政程序法典化路径在推进中屡屡受挫，究其原因，除了社会发展本位与立法限权理念、学者期许与官方诉求之间存在的巨大落差外，与其自身名不副实也密切相关。[③] 总结域外行政程序立法经验和中国多部地方行政程序规章共性可以看出，虽多以行政程序法、行政程序规定为称谓，但其中的内容大都属于行政实体法范畴。[④] 姜明安教授就曾撰文指出，名为“行政程序法”的法典实为“行政实体基本法”，这类法典称之为“行政法通则”或“行政法典”更佳。[⑤] 为此，学界开启了以名实相副的统一行政法典化取代行政程序法典化这一路径的研究。关于统一行政法典的制定问题，学界的讨论主要围绕必要性和可行性、法典化的模式选择以及法典化的技术三个方面。

（一）制定统一行政法典的必要性和可行性

在制定统一行政法典的具体意义上，有学者将其概括为减少法律冲突、

① 王万华：《行政程序法的内容分析及中国立法的选择》，《行政法学研究》2002 年第 2 期，第 3 ~4 页。

② 章志远：《行政法学总论》，北京大学出版社，2014，第 331 ~334 页。

③ 章志远：《中国特色行政法法典化的模式选择》，《法学》2018 年第 9 期，第 88 ~90 页。

④ 例如，中国台湾地区“行政程序法”就兼具实体与程序规范性质，甚至略具行政实体法总则的特质。

⑤ 姜明安：《制定行政程序法应正确处理的几对关系》，《政法论坛》2004 年第 5 期，第 18 页。

弥补法律空白、减少重复条款和避免拖累私法四个方面。① 有学者从中国特色的国家治理模式、行政法的多元发展路径、行政法实践迫切需要来阐释推进行政法法典化的必要性。② 还有学者认为，制定行政基本法有利于相对人了解公法基本规则和自身的公法权利，更好地维护自身的权益。③ 简言之，学界主流观点均认为统一行政法典的出台有利于为行政执法提供规范依据，有利于政府依法行政水平的提升，有利于推进中国的行政法治建设进程。

但在制定统一行政法典的可行性上，有少数反对的声音，认为制定行政基本法确有必要，但当下制定的时机仍不成熟。此种观点的理由主要围绕中国行政法的理论体系成熟度、行政法制实践基础和实体问题共通性程度三个方面展开。④ 但多数观点认为，近三十年的行政法学研究为制定统一行政法典储备了丰富理论成果，国内行政立法体制的完善也为制定统一行政法典提供了坚实立法基础，再辅之以国外行政立法特别是对行政法典的探索经验，统一行政法典的出台指日可待。可以肯定的是，伴随经济改革，中国依法行政的目标模型渐行确立，政府权力和治理方式趋于定型，《行政处罚法》《行政许可法》《行政强制法》等一大批融实体与程序于一体的行政行为法相继出台，奠定了制定行政法典的基础。⑤ 而诸如行政关系广泛和行政关系不稳定等技术性障碍问题，已不足为虑，可通过类型化处理和归纳稳定的规则予以解决。⑥

（二）统一行政法典的模式选择

与民法典和刑法典相比，行政法因其调整对象的广泛性和内容的易变

① 刘太刚：《中国行政法法典化的障碍、模式及立法技术》，《甘肃行政学院学报》2008 年第 1 期，第 23 ~26 页。

② 薛刚凌：《行政法法典化之基本问题研究——以行政法体系建构为视角》，《现代法学》2020 年第 6 期，第 81 页。

③ 江必新：《迈向统一的行政基本法》，《清华法学》2012 年第 5 期，第 103 页。

④ 雷振：《制定行政基本法非当务之急》，《法制晚报》2012 年 4 月 20 日，第 5 版。

⑤ 傅达林：《通往行政法典化之路》，《学习时报》2012 年 4 月 16 日，第 5 版。

⑥ 江必新：《迈向统一的行政基本法》，《清华法学》2012 年第 5 期，第 104 页。

性，法典化的任务更为艰巨复杂。就行政法法典化的模式选择而言，既需要考虑到行政法自身的特殊性，也需要考虑到部门法的共性。根据上述两种考虑因素的程度差异，检视中国行政法法典化模式选择的全部学理讨论，可以将其归纳为“行政程序法模式”、“行政法总则模式”、“一般行政法模式”、“行政基本法模式”、“部门行政法模式”和“混合模式”六种观点。

1. 行政程序法模式

主张该模式的学者固守只需对行政程序法进行法典化的观点，从行政法理论储备、实践基础和实体问题现状等方面论证行政基本法制定的非必要性。例如，有学者旗帜鲜明地指出，对于行政基本法缺位所带来的一时之遗憾，可以采用制定行政程序法典和完善行政诉讼法的方法予以弥补。而从域外经验来看，行政程序法和行政诉讼法的法典化也更为普遍。[①] 在成文法传统深厚的国家，法典化不是存废的问题，而是具体程度的问题。不少学者认为可以策略性地选择在行政程序法中适当加入实体法的内容来解决行政法总则制定的困难。法典化对于法律的长久实施具有重大意义，从德国、法国、日本等主流国家所制定的行政程序法典来看，行政程序法实际上是程序法加实体法。基于此，在行政程序法中加入实体法的内容这一模式是可行的，且有“样”可循。[②]

2. 行政法总则模式

该模式的代表学者姜明安教授认为，所谓统一的行政法典是将一国行政法的一般原则和基本规范编纂在一起，以此形成一个统一的、有内在逻辑联系的法律规范体系。但这并非将该国所有的具体行政法规范汇集成一部行政法大全，这样由所有行政法规汇编而成的法律规范大全并非行政法典。因为在统一行政法典下，各具体领域的局部行政法典以及其他单行行政法律、法

① 雷振：《制定行政基本法非当务之急》，《法制晚报》2012 年 4 月 20 日，第 5 版。

② 万学忠、郭胜习：《学界首次提出构建中国行政法法典 第一步：参照民法总则制定行政法总则》，《法制日报》2018 年 1 月 19 日，第 6 版。

规仍具有存在的余地。[①] 就其论述而言，所谓的“统一的行政法典”指的就是行政法总则的法典化。

3. 部门行政法模式

该模式主张借鉴美国法律编纂方法，即按照具体行政领域编纂部门法典。例如，海关总署政策法规司原司长郑跃声认为，《中国海关法典》是海关执行的现行有效法律规范的汇编。虽然其并无正式的法律效力，也无法直接作为海关执法的依据进行援引适用，但是其中的每一条规范都出自现行有效的法律、行政法规、海关规章和规范性文件，该法典可作为海关执法的重要参考。[②] 值得注意的是，近年来，《民法典》立法的成功经验引发了众多部门法法典化研究新潮，比如教育领域、经济领域的部分学者主张要借鉴《民法典》编纂模式，探索建立教育法典、经济法典。[③] 但仔细研究可以发现该类法典中具备了大量的行政法规、行政规章以及规范性文件。教育与经济领域同行政机关关系密切，所谓教育法典、经济法典在内容上同教育行政法与经济行政法高度重合。因此，部门领域法典化模式是否可行还有待进一步研究论证。

4. 行政法通则模式

该模式代表性学者刘太刚教授主张效仿“中华人民共和国民法通则”的模式，制定“中华人民共和国行政法通则”，作为行政法法典化的标志。该行政法通则是一般法律原则与约束特定类别的行政活动（包括行政行为和非行政行为）的基本规范的融合。[④] 江必新教授提出制定一部“行政基本

---

① 姜明安主编《行政法与行政诉讼法》，北京大学出版社、高等教育出版社，1999，第 27 页。

② 郑跃声：《关于编纂〈中国海关法典〉的初步设想》，载青锋、罗伟主编《法律编纂研究》，中国法制出版社，2005，第 136 页。

③ 相关研究参见周洪宇、方皛《学习习近平法治思想　加快编纂教育法典》，《国家教育行政学院学报》2021 年第 3 期；孙霄兵、刘兰兰《〈民法典〉背景下我国教育法的法典化》，《复旦教育论坛》2021 年第 1 期；刘凯《法典化背景下的经济法统合性立法》，《法学》2020 年第 7 期；焦海涛《经济法法典化：从“综合法”走向“整合法”》，《学术界》2020 年第 6 期。

④ 刘太刚：《中国行政法法典化的障碍、模式及立法技术》，《甘肃行政学院学报》2008 年第 1 期，第 25 页。

法”的主张，并归纳了“四是”，即“是与所有的行政活动有关的法律”“是一个纲要性的法律”“是一个通则性的法律”“是一个实体法与程序法合一的法律”。[①] 同样支持行政法通则模式的还有王世涛教授，他提出未来中国的行政法应是一部集中规定总则意义上的行政法，可称之为“行政法总则”，主要包括行政法的原则、行政主体、行政行为、行政程序、行政责任等基本内容。[②]

5. 一般行政法模式

鉴于以上四种行政法法典化模式或多或少存在各自的局限性，不是法典化效应较差，就是立法难度太大。为平衡法典化效应和立法难度，反映中国行政法治建设的特色，一般行政法模式应运而生。代表学者刘太刚教授将该模式概括为“总法模式+一般行政法”。他认为行政法典既包括行政领域的一般法律原则（总则部分），也包括针对若干种不同的行政活动（不限于行政行为）的较为具体的实体规范和程序规范（分则部分）。[③] 章志远教授也认为结合中国行政法历史发展进程和现实需要，制定一般行政法意义上的行政法法典应当是未来努力的目标。这不仅排除了法律汇编意义上的法典化，进而为具体行政领域的法律创制活动保留了巨大的空间，而且也超越了纯粹的行政程序法典化为行政法总则的制定预留了必要的空间。归纳而言，中国行政法的法典化可采取“制定行政法总则+编纂行政法典各分编”的模式。[④]

6. 混合模式

该模式代表学者薛刚凌教授在比较德国、荷兰、法国、美国等国的行政法法典化模式后，提出中国可以法国的法典化模式为蓝本，采用“法典制定+法律编纂”的混合模式，即在行政法的总体框架下，部分领域制定法典，部分领域进行编纂，形成法典化的行政法体系。该模式是对中国特有的

---

① 江必新：《迈向统一的行政基本法》，《清华法学》2012 年第 5 期，第 103 页。

② 王世涛：《行政法的法典化及其模式选择》，《时代法学》2005 年第 4 期，第 80～82 页。

③ 刘太刚：《中国行政法法典化的障碍、模式及立法技术》，《甘肃行政学院学报》2008 年第 1 期，第 26 页。

④ 章志远：《中国特色行政法法典化的模式选择》，《法学》2018 年第 9 期，第 91～92 页。

政府组织系统、外部管理、整体运营的公共行政结构的考虑，强调行政法的整体性建构。[①]

（三）制定统一行政法典的配套机制

制定统一行政法典并不是只要选择一种适合中国国情的法典化模式即可，它是一项体系化的整体工程，需要一系列的配套机制予以跟进。学界关于制定统一行政法典配套机制的讨论主要集中于立法技术、立法精神和立法步骤三个方面。

在立法技术问题上，有学者认为因中国的行政体制特殊要求，法典化必须凸显国家权力机关的立法模式。法典化的立法模式应当选择国家统一立法方式，所以地方性立法终归只是给国家立法探路。但这样的模式需要警惕立法权旁落于政府，随着政府职能的相对定型，明确国家立法机关与政府立法的界限显得尤为重要，一些重要的立法事项应收归全国人大及其常委会。[②]还有学者总结出在制定行政基本法时应当考虑的几对关系：框架性法律与一般性法律的关系、基本法律规定与特别法律规定的关系、程序法律与实体法律的关系、法律规范与社会变迁的关系。把握好以立法促进行政法的发展变化、维护公众权益、规范和控制行政权力、实现行政任务等功能定位。[③] 基于此，有学者指出中国特色的行政法典可借鉴荷兰“框架式、分阶段立法”的新模式，即先确定法典的整体框架，然后根据具体情况分阶段立法予以填补。至于将来的“行政法总则”的具体内容，可在编排上预留一些空置的章、节、条，留待将来的立法再行补充，从而适应行政事务灵活多变的特点。[④]

在立法精神问题上，有学者提出要贯彻“限制政府权力、保障相对人

① 薛刚凌：《行政法法典化之基本问题研究——以行政法体系建构为视角》，《现代法学》2020 年第 6 期，第 92 页。

② 傅达林：《通往行政法典化之路》，《学习时报》2012 年 4 月 16 日，第 5 版。

③ 宋华琳：《行政基本法要在审慎中前行》，《法制晚报》2012 年 4 月 16 日，第 5 版。

④ 王世涛：《行政法的法典化及其模式选择》，《时代法学》2005 年第 4 期，第 82 页。

合法权益”的现代行政法精神，并就先行单向立法最后汇编形成法典的路径予以肯定，同时指出单项行政立法之间相互和谐，最终共同构成行政法典不至于出现冲突的关键在于确立不变的主旨精神。①还有学者特别强调在制定统一行政法典时应当坚持循序渐进的理念，指出制定“行政基本法”作为中国行政法制建设的未来愿景也是行政法学研究者勠力奋斗的目标，但需循序渐进。“法律需适应社会的变化而变化，行政基本法或相应行政法典的制定或编纂，都需建立在对中国行政法制度实践充分体认的基础上，需有赖于中国行政法学说的进一步精致化、体系化。”②

在立法步骤问题上，有学者主张法典化必须兼顾现实需求与长远考虑。行政立法既要脚踏实地，着眼现实需要，成熟一部制定一部；也要仰望星空，有前瞻性地围绕法典化目标展开系统规划。在中国特色社会主义法律体系形成的背景下，围绕着立法对行政权力的调控线索，不难发觉还有许多领域缺乏法律规制，进一步填补这些空缺项是迈向法典化的必经道路。同时在规划法典化的实现方式时也要注重包容性，以开放式的结构体系为将来接纳新的单项行政法律留有空间。③还有学者则直接为立法机关提出可行的步骤：一方面，以总法模式的行政法典总揽中国行政领域的立法思路，行政法的法典化应作为全国人大的政策目标之一，尽早将行政法典列入全国人大的立法工作计划；另一方面，加快行政法总则制定进程，要以立法的形式确立能够适用于一般行政领域的法律原则。④

四　路径三：行之有效的行政法总则

在行政程序法典化停滞不前、统一行政法典化模式遭受质疑后，《民法

① 傅达林：《通往行政法典化之路》，《学习时报》2012 年 4 月 16 日，第 5 版。
② 宋华琳：《行政基本法要在审慎中前行》，《法制晚报》2012 年 4 月 16 日，第 5 版。
③ 傅达林：《通往行政法典化之路》，《学习时报》2012 年 4 月 16 日，第 5 版。
④ 刘太刚：《中国行政法法典化的障碍、模式及立法技术》，《甘肃行政学院学报》2008 年第 1 期，第 26 页。

典》制定颁行的经验点燃了行政法学界的“总则梦”。“行政法总则与行政法法典化”研讨会于2017年12月召开，应松年教授指出可以借鉴民法总则的立法技术，将中国行政法中共性的东西抽取出来，形成具有中国特色的行政法总则。在行政法总则的指引下进一步制定行政法的分则，最终形成一部体系完整的行政法的法典化路径。① 在过去的三年时间里，中国法学会行政法学研究会围绕行政法总则制定的必要性与可行性、行政法总则制定的理论准备和草案基础召集专家开过多次研讨会，主要聚焦于行政法总则制定的可行性与必要性、法典名称、设计思路、基本定位、总则与分则关系、实体法与程序法、路径与策略等问题，但至今为止鲜有系统性和专门性的研究成果发表，理论争鸣明显不足。② 为此，笔者拟从制定行政法总则的基本目标、基本原则和结构安排三个方面加以研究，以期为推动行政法总则制定进程助力。

（一）制定行政法总则的基本目标

1986年行政立法研究组成立之时，曾提及将起草一部纲要式的行政基本法作为首要任务。③ 时至今日，行政法总则的制定在某种意义上可谓行政法的法典化。作为行政法法典化的开篇之作，要符合社会主义法治国家的新时代特征，制定行政法总则就应当达成如下三个基本目标。

一是引领行政法律规范体系的形成。尽管三十多年来，中国行政法律规范以相当数量的涉及不同效力位阶层次、覆盖众多具体管理领域的行政法律规范所构成的体系雏形初具，但与刑法和民法规范体系相比，在结构合理程

① 万学忠、郭胜习：《学界首次提出构建中国行政法法典　第一步：参照民法总则制定行政法总则》，《法制日报》2018年1月19日，第6版。

② 相关代表性的研究有薛刚凌《行政法法典化之基本问题研究——以行政法体系建构为视角》，《现代法学》2020年第6期；钟瑞华、李洪雷《论我国行政法法典化的意义与路径——以民法典编纂为参照》，《行政管理改革》2020年第12期；应松年《关于行政法总则的期望与构想》，《行政法学研究》2021年第1期；刘绍宇《论行政法法典化的路径选择——德国经验与我国探索》，《行政法学研究》2021年第1期。

③ 张维：《法学界一个战斗的团体——行政立法研究组成立30周年掠影》，《法制日报》2016年10月13日，第6版。

度与内容完备程度方面仍存在较大差距，主要表现为四个方面：一是以行政组织法为代表的“规范缺位”；二是“碎片化”行政管理领域的“规范分散”；三是不同层级甚至相同层级行政法律规范之间的“规范冲突”；四是行政执法过程中常见的法律规避现象的“规范虚置”。作为“通用于所有行政行为之原理原则、各种行政法规共同适用之法则”① 的行政法总则，实际上就是通过“提取公因式”的办法对行政法律制度中最低限度要求规定的一种成文化。与一般碎片化的行政法律规范相比，行政法总则具有适用面广、效力位阶高、可解释性强的优点，能够在行政法法典编纂中起到统领性作用。因此，中国完备的行政法律规范体系的形成离不开行政法总则的制定和实施。只有承载着共通性行政法律制度框架的行政法总则的规范和引领，具体的行政法律规范立、改、废工作才有基本遵循，完备的行政法律规范体系也才有坚实基础。

二是促进基本建成法治政府的实现。2015 年 12 月《法治政府建设实施纲要（2015—2020 年）》（以下简称《纲要》）的出台，为 2020 年基本建成法治政府确定了清晰的时间表、任务书和施工图。《纲要》实施以来，法治政府建设在诸多方面都取得显著成效，但也不可忽视建设道路的漫长性、过程的曲折性以及推进的艰难性。从《纲要》所规定的“权力清单制度”和“法治政府建设情况报告制度”的推行中可见一斑。② 虽然《纲要》列举了类似“落实党政负责人第一责任人责任”“考核评价和督促检查”“示范创建和宣传引导”等保障机制，但《纲要》并不同于法律，缺乏刚性约束力，从根本上难以助力法治政府建设提档升级。而今看来，法治政府“职

① 翁岳生：《行政法与现代法治国家》，台湾大学法学丛书编辑委员会，1990，第 187 页。

② 根据学者的研究，截至 2016 年底，全部省级政府以及绝大多数市县政府及其部门已经按照《纲要》要求顺利完成了清单公布工作，但仍然暴露出“权力清单的结构存在较大差异”“权力的名称冗长且不统一”“同一级别的行政机关在不同地区其权限存在差异”“在权力清单梳理过程中对某些权力的处理存在违法现象”“权力清单在质量上参差不齐”“权利清单的实施平台呈现各自为政现象”等突出问题。参见王春业《权力清单制度的理论与实践》，载中国政法大学法治政府研究院编《中国法治政府发展报告（2017）》，社会科学文献出版社，2018，第 55 ~ 59 页。

能科学、权责法定、执法严明、公开公正、廉洁高效、守法诚信”的六项目标反映了行政活动的底线要求，这些基本精神也完全可以融入行政法总则的制定中。相比“《纲要》+分散式行政法律规范”的模式，“行政法总则+行政法分编”的模式则更为理性成熟。借助行政法总则的引领作用，法治政府建设就有了可靠的规范依据、制度保障和根本遵循。在法治政府基本建成进入倒计时之际，肩负推动和促进功效的行政法总则制定工作尤显迫切。

三是保障民众合法权益的有效救济。党的十九大报告明确提出：“人民美好生活需要日益广泛，不仅对物质文化生活提出了更高要求，而且在民主、法治、公平、正义、安全、环境等方面的要求日益增长。”民有所求，国必有应。2021 年中国迈入民法典时代，在民法典系统规定民事权利、实现私权保障法治化之后，制定行政法总则、确认和保障民众主观公权利就成为新时代法治建设刻不容缓的重任。行政法总则的制定是对民众主观公权利体系的宣示和保护，不仅能进一步诠释“国家尊重和保障人权”宪法条款的规范意涵，还能弥补宪法典未就诉权特别是公法救济权作出统一、明确宣示的缺憾。尽管 2015 年生效的《行政诉讼法》第 3 条第 1 款明确规定“保障公民、法人和其他组织的起诉权利”，但就整个行政救济法体系而言，“权利救济权”尚未得到明确的认可，而这恰好是制定行政法总则的重要使命之一。通过对民众公权利保护体系的确认，能够使行政法总则在宪法和行政法典各分编及部门行政法规范之间架起桥梁，为民众合法权益的有效救济编织起严密之网，确保任何一个主观权利遭受公权力侵害的公民都能够诉诸法律途径获得救济。“解决纠纷的各种机制之间应处于有序、稳定与协调的状态之中，各种机制相互补充，共同编织一张无缝的网，以及时有效地解决纠纷。各机制之间不是竞争关系，而应当是协同的。”① 行政法总则对主观权利保护体系的建构，能够为分编具体权利的保护提供依据，有望彻底改变目前不同行政救济方式各自为政、无法形成合力的局面。

---

① 耿宝建：《行政纠纷解决的路径选择》，法律出版社，2013，第 149 页。

（二）制定行政法总则的基本原则

为了实现行政法总则的良法美意，真正发挥其在编纂行政法典中的统领性作用，行政法总则制定工作需要把握好如下三个方面的基本原则。

一是规范整合与立法引领相结合的原则。处理好继承与发展之间的关系，整合现行行政法律规范体系是行政法总则在制定中面临的首要问题。三十多年的行政法律规范体系初形，应当重点对如下三类规范进行相应的加工与整合。第一类是"地方版"的行政程序规定。以湖南、山东、宁夏、江苏、浙江五省区为例，此类程序规定大多遵循"总则—行政程序中的主体—行政决策程序—行政执法程序—特别行政执法程序—监督和责任追究—附则"的模式。其内容兼具实体与程序规范性质。正如德国 1976 年行政程序法中不仅包括了程序问题，而且还与很多实体问题有关联，往往被视为"行政法总则的法典化"。① 第二类是《纲要》及其"地方实验版"。从《纲要》对法治政府建设主要任务和具体措施的规定上看，内容涉及行政活动的全过程，与行政法总则的调整范围相吻合。目前，广州和合肥两地已经相继对标《纲要》要求，进行了类似雏形意义上的行政法总则的立法探索，无疑应当认真汲取。② 第三类是最高人民法院发布的各类"典型案例"。除了通过《中华人民共和国最高人民法院公报》刊载大量权威案例以外，最高人民法院还不定期地推出部分指导性案例，并通过新闻发布会形式先后发布了征收拆迁、政府信息公开、行政不作为、环境保护行政、经济行政、规范性文件附带审查等若干类型的典型行政案例，对于统一裁判尺度、提炼行政法律规则发挥了重要作用，对行政法总则制定也有参考价值。

二是问题导向与行政法理相结合的原则。面对新时代社会主要矛盾的变

① 翁岳生：《行政法与现代法治国家》，台湾大学法学丛书编辑委员会，1990，第 257 页。

② 《广州市依法行政条例》由总则、行政决策、行政执法、依法行政的监督、依法行政的保障、法律责任和附则七个部分组成；《合肥市推进依法行政办法》则由总则、依法全面履职、制度建设、行政决策、行政执法、矛盾纠纷化解、依法行政监督、依法行政保障、法律责任和附则十个部分组成。

化，行政法治领域依然存在大量短板，主要表现为政府依法全面履职尚不到位，诸如行政不作为、行政乱作为、行政慢作为、行政冷作为现象还大量存在；行政立法质量尚需提高，注重加强重大行政决策科学化、民主化、法治化程度；行政执法的公正性和权威性不够，尤其是食品药品、生态环境等民生领域执法不力，人民群众反响强烈；行政权力运行尚未受到有效监督，行政问责时常流于形式；社会矛盾纠纷化解体系不够健全，行政复议、行政诉讼的权益保障功能并没有得到有效发挥。基于此，制定行政法总则应当直面这些重大现实问题，努力回应全社会的关切。[①] 为此，应当立足中国现实国情，研究当下法治政府建设实践中存在的突出问题，以问题导向确定行政法总则立法的重点和难点。此外，行政法总则作为整个行政法典的开篇之作和行政法律体系的规范基础，需要最大限度地凝练法学界对行政法基本范畴、基本原则的理论共识和社会各界对法治政府目标追求、建设路径的共性认知。换言之，行政法总则制定不仅需要坚持问题导向，而且需要恪守行政法理，彰显法典所应有的理论品质和精神内涵。张文显教授新近在呼唤法学界聚焦“法理研究”时曾言：“在法治实践、政治生活和公共生活中，法理几乎无所不在，无时不有，无所不能。”[②] 对行政法理的发掘整理，有助于向全社会开放立法过程的讨论，预防过于强调问题导向可能引发的“实践依赖症”，真正制定出具有持久性、稳定性、权威性和引领性的行政法总则。

三是本土智慧与域外经验相结合的原则。中国行政法治事业多年发展经验表明，行政法总则的制定也应当“坚持和加强党的全面领导”、“重视基层实践创新”、“走符合国情的道路”和“坚持以人民为中心”[③] 等中国本土智慧。诸如统一的《行政许可法》全面规范所有领域的审批行为，党政机关合并设立、合署办公的机构，综合执法体制改革，多元化行政争议解决机制的合力作用等法治政府建设的实践探索和本土智慧值得深入总结，同时

① 章志远：《行政法总则制定的基本遵循》，《学习与探索》2020 年第 7 期，第 64 页。

② 张文显：《法理：法理学的中心主题和法学的共同关注》，《清华法学》2017 年第 4 期，第 15 ~20 页。

③ 马怀德：《法治政府建设在改革开放中稳步推进》，《人民日报》2018 年 7 月 25 日，第 7 版。

在制定行政法总则过程中充分加以吸收。此外，身处全球化时代，中国的法治建设特别是行政法治事业更要有世界眼光，善于吸收借鉴域外的先进经验。大体上来说，除了“内容完整、框架式、分阶段推进”① 的荷兰《行政法通则》之外，美国的纯粹行政程序法典和德国实质意义上的行政法总则法典代表了两种不同的法典化模式。考虑到中国行政程序法典化的理论主张、学术争鸣和实践推进已有二十余年之久，与一些国家和地区行政程序法起草酝酿的时间大致相当，恰好可以对域外行政法法典化不同模式的优劣及时进行研判，寻找一条立足本土、借鉴域外的自主型行政法总则发展道路，为域外各国行政法法典化贡献中国智慧与经验。诚如学者所言：“自主型法治进路的实质，就是把解决中国实际问题、实现有效的社会控制与治理的要求渗透到法律及其运作的整个过程之中，从而形成与中国国情相适应的法治体系。”②

（三）行政法总则的结构安排

行政法总则需要超越以纯粹限制行政权行使为旨趣的行政程序法法典化的主张，以有限政府和有为政府的双重面相为指引，充分处理好授权与限权、实体与程序、监管与救济、公正与效率之间的辩证关系。秉持这些独特的立法理念，行政法总则不宜简单套用民法总则的框架结构，而应遵循行政权自身的运行逻辑，在主体、权力、行为和程序等基本元素之外，将监督、救济和保障等延伸性元素吸纳其中，实现对法治政府建设诸环节的全覆盖规制。而就其立法技术而言，则应当采行简约明了的风格，尽可能将行政法的普适性、共识性规则加以提炼明确，从源头上解决当下行政法治实践中普遍存在的法律规定模糊导致的法律随意适用和法律无从遵守的现象。

当前，行政法学界所面临的较为迫切的问题就是如何设计出科学合理的行政法总则基本框架。对此问题，代表学者应松年教授提出行政法总则构成

① 湛中乐、尹好鹏：《制定统一的行政法典既有必要亦有可能——〈荷兰行政法通则〉概述》，载罗豪才主编《行政法论丛》（第2卷），法律出版社，1999，第281页。

② 顾培东：《中国法治的自主型进路》，《法学研究》2010年第1期，第7～13页。

体例为“一般规定”，即行政法的根本目的和任务、行政法的基本原则；“行政法律关系主体”，即行政主体、行政相对人、行政相关人、职权职责、权利义务、授权与委托等；“行政活动”，即行政处理决定、效力和类型；“行政程序”，即行政程序的目标、意义、基本原则、基本模式等；“行政的监督、保障和救济”，即监督主体、方式、程序、处理等。[①] 薛刚凌教授撰文指出，行政法总则内容应包含行政法的基本概念、行政法的调整范围及结构框架、行政法的基本原则、行政法的基本制度、监督救济与法律责任等部分。[②] 章志远教授则认为，行政法总则的内容体例应当坚持中国本土特色，要在充分汲取中国特色法治政府建设的实践探索成果基础上，及时回应中国特色法治政府理论的最新研究成果。因此，“行政法总则”可设计为如下十章：“基本规定”；“行政权力的配置”；“行政相对人的权利与义务”；“行政权力的形式”；“行政行为的效力”；“行政行为的程序”；“行政权力的监督”；“行政相对人的救济”；“依法行政的保障”；“附则”。[③]

至于行政法总则的结构安排是否一定需要对标《民法典》总则编体例则应慎重考量。从地方立法实例来看，《广州市依法行政条例》的出台可称为一次具有雏形意义的行政法总则的尝试，该条例由总则、行政决策、行政执法、依法行政的监督、依法行政的保障、法律责任和附则七个部分组成；对比《纲要》的相应内容，《纲要》中的七项主要任务和具体措施实际上也囊括了行政职权职责、行政立法、行政决策、行政执法、行政权监督制约、社会矛盾化解、依法行政能力等行政权力运行的方方面面。这两个文本对行政法总则的体例安排都具有一定的参考价值，其所遵循的以依法行政或行政活动为主线的设计理念值得借鉴。笔者认为，作为行政法典的开篇之作，行政法总则在整个行政法典中起着统领性作用。行政法总则规定行政活动必须遵循的基本原则和一般性规则，将统领行政法典各分编；各分编在总则的基

---

① 应松年：《关于行政法总则的期望与构想》，《行政法学研究》2021 年第 1 期，第 8～12 页。

② 薛刚凌：《行政法法典化之基本问题研究——以行政法体系建构为视角》，《现代法学》2020 年第 6 期，第 92～94 页。

③ 章志远：《中国特色行政法法典化的模式选择》，《法学》2018 年第 9 期，第 93 页。

础上对各项行政法制度作出具体规定。建立在中国本土智慧和实践经验上，行政法总则中关于行政法的基本概念、基本原则、基本主体、权利义务、行为基本要求、责任救济基本要求及监督保障机制等应遵循一般性、基本性和普适性，力求将学术界和社会各界最低限度的共识载入其中。

五　余论

正如本报告开篇所言，行政法法典化是一项世界性难题，各国最终选择的立法模式充分结合本国行政法理论和审判实践的发展。虽然行政法总则是当前多数学者所坚持的道路，但亦会带来负面效应，甚至较行政程序法典化更为明显。① 面向“十四五”时期和2035年的远景目标，行政法法典化无疑对于实现法治国家、法治政府、法治社会一体建设具有标志性意义。② 但同时“徒法不足以自行”，在诸多艰涩高深的法理及概念难以释明的现实下，行政法法典能否发挥应然功能令人深思。③ 基于此，行政法法典化具体该何去何从需要行政法学界及实务界的共同努力、长期耕耘。

---

① 有学者对比德国行政程序法的负面效应，指出中国采取行政法总则路径有出现去法典化、侵害地方自治与行政自主、减损行政法的灵活性与弹性等弊端。参见刘绍宇《论行政法法典化的路径选择——德国经验与我国探索》，《行政法学研究》2021年第1期，第61～63页。

② 应松年：《关于行政法总则的期望与构想》，《行政法学研究》2021年第1期，第3页。

③ 陈新民：《法治国公法学原理与实践》（中），中国政法大学出版社，2007，第348页。

B.3
数字政府背景下的行政程序

赵 鹏　崔俊杰*

摘　要：数字政府的关键是数字技术对整个政府工作的革新，涉及政府模式、内外关系、行政方式以及行政程序等多个维度的变革。在内部行政程序方面，数字政府治理改变了政府的治理结构和权力关系。在外部行政程序方面，数字政府在规范行政行为的同时，也大幅度提升了行政效能，强化了民主行政机制，便利公众参与政务。数字政府的发展也对行政程序法治带来了一定的挑战，如其对效率价值的关注在一定程度上弱化了内部程序控制机制、一些适应数字政府发展需求的新的程序性规则尚未建立，以及程序性权利实现不均衡等。为此，需要进一步遵从正当程序原则，并从内外部程序两个方面完善有关制度，并保障社会公众有关程序性权利的充分落实。

关键词：数字政府　行政程序　正当程序　实现机制

数字政府是数字技术与政府治理深度融合的重要切面。数字政府的关键是数字技术对整个政府工作的革新，涉及政府模式、内外关系、行政方式以及行政程序等多个维度的变革。习近平总书记指出，“要运用大数据提升国

* 赵鹏，中国政法大学法治政府研究院院长、教授，博士研究生导师，研究方向为行政法学；崔俊杰，首都师范大学讲师，硕士研究生导师，研究方向为行政法学。

家治理现代化水平”。[①] 起源于“互联网＋政务服务”的改革浪潮，数字政府近年来备受各级政府重视，是中国“十四五”发展规划和2035年远景目标纲要的重要拼图。十九届四中全会决定第五部分“坚持和完善中国特色社会主义行政体制，构建职责明确、依法行政的政府治理体系”将数字治理与行政体制完善相结合，明确提出“建立健全运用互联网、大数据、人工智能等技术手段进行行政管理的制度规则。推进数字政府建设、加强数据有限共享，依法保护个人信息”。未来数字中国建设的过程中，数字政府建设会成为核心支撑内容。[②]

一 中国数字政府的发展历程

中国数字政府发展大体上经历了四个阶段。

（一）政府上网：数字政府发展的“地基”

长期以来，中国各级政府及其工作部门在社会管理和公共服务中积累和掌握了大量的信息，涵射公安、民政、工商、税务等多个领域。但囿于“条块分割”式的行政管理体制，上述信息基本上以纸质信息的方式散在于各个层级和各个行业的管理部门，连基础的信息查询都十分不便，导致大部分数据库都是死库，更谈不上信息的有效利用。为了顺应知识经济和网络时代的发展要求，推进国民经济和社会信息化建设，推动各级政府部门为社会服务的公众信息资源汇集和应用上网，中国政府于1999年启动“政府上网工程”。该工程是实现中国迈入“网络社会”的“三步曲”的基础环节，其核心工作在于政务信息传递的电子化、无纸化和网络化，并以此提升办公和管理效率。其技术路线是对外在公众信息网上建立各级政府部门正式站点，提供政府信息资源共享和应用项目，对内则瞄准办公自动化的建设方向，以

① 《习近平在中共中央政治局第二次集体学习强调，审时度势精心谋划超前布局力争主动，实施国家大数据战略加快建设数字中国》，载《人民日报》2017年12月10日，第01版。

② 江小涓：《以数字政府建设支撑高水平数字中国建设》，《中国行政管理》2020年第11期。

打造“电子政府”。

人们通常将“政府上网工程”作为中国数字政府建设起点，其主要成绩是政府网站的加速建设。据统计，从2002年到2003年，政府网站数占全国网站总数的比例从2001年4月的1.4%增长到2002年12月的1.7%，绝对数量也从3359个增长到6148个，增长了83%，充分体现了中国电子政务当年的飞速发展势头。[①] 从行政程序的角度而言，早期数字政府建设的维度还比较单一，表现为单一向度的政府针对社会公众的数字化信息传递，虽然在行政公开和行政效率方面有所突破，但有关网络化政民互动的机制还远未建立。

（二）分散化的网上政务应用：数字政府发展的“诸侯时代”

在前期政府职能上网和信息上网的基础上，政府部门开始推进政府日常活动信息化建设。基于不同行业管理部门的事权特征，一些分行业、分部门的政务应用得到开发。如原外经贸部建立了一个被称为“永不落幕的交易会”的网上交易会场，站点有上百万家厂商和产品供用户查询交易。此外，中国人民银行在全国范围内初步搭建网上支付信息系统，海关总署建立了报关单和外汇联网的外汇核销系统，原国家工商总局建立了红盾信息网提供企业数据库，国家旅游局建立了网上订房、订立网上旅游线路系统，国税总局建立了增值税发票稽核系统和电子报税，原国家技术监督局建立了网上防伪打假系统，水利部和原国家地震局分别就防洪信息发布和地震监控建设网站，原新闻出版署则建立了图书出版发行和网上电子报刊新闻网，原劳动部建立了就业信息网，等等。

从行政程序的角度来看，与前一时期相比，政府的核心业务初步实现了网上办公。政府站点与政府的办公自动化网初步联通，与政府各部门职能紧密结合，单纯信息公布栏式的政府站点开始逐步演变为便民服务窗口，在一

---

① 《国务院公布中国互联网第二次调查结果：电子商务未成气候》，《武汉晚报》2003年7月17日。

些部门的核心职能领域初步实现人们足不出户完成与政府部门的办事程序，办公费用进一步减少，行政效率进一步提升。与此同时，有关政务数据也在初步的开放和互动中进一步积累，电子化的政务数据逐渐增多。

（三）“网上政务服务的平台化”：数字政府发展的升级版

2015 年 7 月，国务院印发《关于积极推进“互联网 +”行动的指导意见》，要求充分发挥中国互联网的规模优势和应有优势，创新政府服务模式，提升公共服务水平。在各行业部门分散化推进政务应用上网的基础上，2016 年，中央政府明确提出加快平台搭建的目标，让群众办事简化，真正地让“互联网 + 政务”成为一项惠民的举措。2016 年，国务院办公厅转发《推进“互联网 + 政务服务”开展信息惠民试点实施方案》，方案提出，首批 80 个城市在年内实现居民仅凭一张身份证，在一个统一网络平台或统一窗口，办理政府政务服务。2019 年，80 个城市之间实现跨区域、跨层级、跨部门服务，且八成以上基本公共服务可网上办理。与此同时，结合各地探索经验，2018 年国务院办公厅印发《进一步深化“互联网 + 政务服务”推进政务服务“一网、一门、一次”改革实施方案》，就加快推进政务服务“一网通办”和企业群众办事“只进一扇门”“最多跑一次”等做出部署。随着智能终端普及和客户端时代的加速到来，前一阶段的网上政务服务平台逐步实现“掌上化”。自 2019 年以来，各地政府逐步推出极富地方特色而又功能整合的政务服务 App，如浙江省的“浙里办”App、广东省的“粤省事”系列程序、上海市的“随申办”、重庆市的“渝快办”、四川省的“天府通”、深圳市的“i 深圳”等等。

“网上政务服务平台化”是按照“逻辑集中、物理分布”原则，充分利用电子政务网络资源，整合系统各部门信息化系统的结果。通过分布化的信息平台建设，形成完整的政务服务云数据中心。根据实际需要，在云数据中心和云服务平台的框架下，适时建设多个与企业和百姓生活息息相关的重点应用信息服务窗口，形成政府系统及政府各部门与企业、市民、社会各方面信息交互共享、一体化的大数据服务模式。引导和推动大数据在电子商务及与电子商务密切相关的物流配送、网络金融、网络信用、市场营销等行业领域的广泛应用，促进大数据技术成果惠及民众，形成社会各方重视挖掘、利用数据，创新经济发展模式。以行政法的立场观之，其核心是强化整体性政府观念，通过打破信息“孤岛”、信息“烟囱”，以数据开放和共享、利用为其核心，以优化电子政务为主要目标，以行政服务集中办理与政务数据公开为主要特征。

（四）“智慧政务”：数字政府的“3.0版本”

以人工智能与大数据技术为核心，以电子智能化为主要目标，以自动化决策、智慧城市等应用为代表。如在行政审批方面，2018 年和 2019 年，深圳市相继推出了“秒批”和“秒报”改革，即通过政务大数据平台建设，在受理审批环节实行无人干预自动审批，在业务申报环节实行少填或不填信息的无感申办。来自深圳市政务服务数据管理局的数据显示，目前，深圳市已经有 278 个高频政务事项可以做到“秒批”，250 个政务事项实现了“秒报”。[①] 在不利行政处分方面，行政处罚中的电子眼所收集的电子证据，通过对车辆检测、光电成像、自动控制、网络通信、计算机等多种技术，对机动车闯红灯、逆行、超速等违章行为进行全天候监控并根据违章信息进行事后处理。在智慧城市方面，借助人工智能所进行的大数据分析来确定某一城市的交通管制措施。很多地方推进的智慧交通策略，通过其中的数据分析，可以更加清晰地了解交通政策中的行人及机动车、电动车等各种交通工具的违章情形以及可能修改、适用的规则。[②]

二　数字政府建设对行政程序法治的促进作用

“随着 20 世纪初行政国家的出现，行政权力急剧扩张，广泛的自由裁

---

① 《“秒报秒批一体化”推动深圳数字政府再提速》，载新华网，http://www.xinhuanet.com/local/2020-12/14/c_1126860107.htm，最后访问时间：2021 年 10 月 27 日。

② 胡敏洁：《自动化行政的法律控制》，《行政法学研究》2019 年第 2 期。

量权被授予行政机关，客观上产生加强对行政权进行规范和监督的需要。传统的实体法控制和事后救济机制均无法满足行政控权的新需要，行政程序作为一种事前事中规范机制，能够更有效规范和监督行政权力公正合理运行，其重要性逐渐显现。”① 但由于种种原因，统一行政程序法典化的进程并不顺利，使得行政程序法治的发展呈现出分兵突破的显著特性。其直接影响在于行政程序系统性、体系化的特征始终不尽如人意。不过，数字政府发展通过技术赋能，深刻改变了行政程序的流程，使得程序法治发展呈现出非常明显的实践主导的特征。通过发展数字政府，推进落实了程序法治的一些基本要求，体现出积极效果。

（一）对内部行政程序的积极影响

“程序，作为一项制度，无论在何时何地，都是公法地位的体现，因为程序展现了公民面对行政机关处于何种地位。”② 传统上看，规范行政程序的重点是外部行政程序，主要有两个方面的原因：一是传统行政以秩序行政为其主流，基本控权思路是通过公民程序权利的赋予以对抗和控制政府公共权力的行使；二是在技术条件并不具备的情况下，着眼内部行政程序的控制缺乏有效的抓手。数字政府治理在相当程度上改变了政府的治理结构和权力关系，其对内部行政程序的关注主要体现为两个层面。

第一，数字政府建设本身即尝试通过一系列内部控制手段，形成对权力的自我约束。比如，通过信息平台建设，规范内部程序，从流程上减少违法违规空间，促进了法治政府和廉洁政府的建设。第二，更重要的是通过解决碎片化问题推进整体政府治理。碎片化原意是指完整的东西破碎成诸多零块。政府管理模式碎片化形成于工业革命时期，技术进步和社会发展促使行政权力扩张，政府部门不断膨胀、分支机构逐渐增多，层级分割和各自为政现象日趋明显。在公共管理中，碎片化指政府组织局限于地方和部门资源与

① 王万华：《我国行政法法典编纂的程序主义进路选择》，《中国法学》2021 年第 4 期。

② 王万华：《我国行政法法典编纂的程序主义进路选择》，《中国法学》2021 年第 4 期。

权力的运用，缺乏应有的协调和整合。在跨域治理上，碎片化是指同级政府不同部门之间以及上下级政府之间存在的地域分割与功能割裂现象。在公共服务领域，政府部门条块分割的资源分配机制是导致公共服务供给碎片化的重要原因。与之相反，整体性治理认为，政府组织架构与形态整合包括治理层级、治理功能以及公私部门之间三个维度。治理层级上包括地方政府、中央政府以及全球治理网络的整合；治理功能上有同一部门内不同功能的整合，也有不同部门之间的整合；公私部门指政府部门、私人部门和第三部门之间的整合。数字政府建设不仅仅局限于传统行政程序行政权力的约束作用，而更加侧重于以效率为目标，优化行政权力运转的程序。通过打通部门之间的阻隔，模糊层级之间的边界，增强了组织韧性，实现了政府内部的互联互通。如前述“一网通办”就是中央政府和地方政府通过共享数据和政策信息打破了传统的层级体制，为公民提供综合性的便捷服务。在具体的操作层面，在后台管理上，数字政府建设建构了集约、统一的信息管理架构，统一数据标准，打通数据壁垒；在中台支撑上，通过建立统一的政务云平台、大数据中心、公共支撑平台等方式，为前端应用提供数据共享、统一身份认证、电子印章、电子签名等基础支撑；在前端应用上，通过协同办公系统、移动办公端、具体业务应用的建设，最终在公务人员这一用户层面，极大地提高了办事效率，降低了行政成本。与原先自上而下的政府结构相比，数字政府治理改革试图构建更加开放和扁平化的治理结构。这既重新整合了政府内部的资源、渠道和权力，也加强了政府部门和层级之间的联系与合作。因此，政府治理改革从垂直层级结构向水平治理结构的转变，促进了组织内部横向机会和方法的出现，提升了政府的信息共享能力和跨组织边界的集体行动能力，不仅使政府内部的各种资源和系统相互联系，也拓展了政府与公民以及其他社会主体协商的空间。

（二）对外部行政程序的积极影响

一方面，通过大幅度提升行政效能，便利行政相对人参与政务。如通过线上化和减少审批环节，大幅度简化行政程序。特别是在电子化和网络化的基础上通过图像识别等技术的发展，部分执法事项和审批事项可以完全远程进行，而无须行政机关工作人员与相对人面对面处理。非现场化的行政方式可以协助执法人员远程监控，极大提高行政效率，对相对人来说，则改变了传统的现场申办做法，实现当事人只跑一次腿，甚至“零跑腿”。

另一方面，行政程序可以分为两种机制。第一种情形对应的是结果导向的行政权力运行程序，程序制度建构关注如何产出一个合法的行政行为，这也是传统意义的行政行为程序；第二种情形对应的是过程导向的行政权力运行程序，程序制度建构关注现代政府治理机制的形成，侧重推动权力运行过程的信息化、透明度、开发性以及对私人的友善程度，以提升政府公共治理的能力和公共服务的水平。数字政府显然更加关注那些非行政行为类的行为活动，包括信息公开制度、政府与信息和大数据相关的活动、政府应用数字技术提升公共服务水平的活动等。通过开放数据、开放服务和开放参与，促进政府在数据公开、公众参与和群众监督三项制度中均能有所作为，有利于强化民主行政。民主行政不仅指政府的信息的可访问性和可用性以及公共服务的便利性和有效性，还要通过结构调整和资源整合提高政府的开放性和协作性，使公民能够参与到数字政府治理的过程中，并在公共协商和议程设置中发挥积极作用。其中，公开是参与的前提。数字政府以前所未有的公开强化了政府的透明性。透明性描述了政府在多大程度上公开了与其活动相关的信息和数据，以便这些信息和数据能够及时、全面、可靠并且可及地流向公民并被公民获取。透明性不仅满足了公民对信息的基本需求，也为公民参与奠定了基础。参与性是将公民的关切、需求和价值纳入政府管理和决策的过程。公民参与一方面有利于帮助决策者做出更加明智的决策，另一方面也要求公共部门不断进行服务改进和政策创新。在数字政府启动之前，这种参与有着高昂的成本。技术变革不仅丰富了参与的途径，也扩大了参与空间，使政府与公民之间的传统界限越来越模糊。在互联网时代，政府网站是政务公开的主要渠道、重要载体和基础平台。基础的网站系统就足以为公民提供与政府直接联系的渠道，如通过政民互动栏目提供咨询服务等；进一步讲，通过信息平台提供及时、直接、便捷的咨询服务是数字政府的重要内容。随着数字政府建设的不断发展，政府信息公开逐渐向政务数据公开迈进，大量政府数据进入公共领域，可以更好地利用从而成为更好的生产生活资料，方便群众生活，促进经济发展，鼓励社会创新。同时政府也不断创新数据和信息的使用方式，通过信息来直接服务公众。与此同时，数字政府建设中的各项信息化平台也成了各类公众参与创新模式的重要载体，旨在建立更具成本效益和反应迅速的政府。通过拓展政府网站的民意征集、网民留言办理等互动功能，积极利用新媒体搭建公众参与新平台，显著提高了政府公共政策制定、公共管理和公共服务的响应速度，增进公众对政府工作的理解、认同和支持。

综上，数字政府治理改革实现了政府内部治理结构和数字时代外部治理能力和需求的结合，体现着如下几个方面的鲜明特点。一是依托数据共享交换体系，初步实现了跨层级、跨地域、跨系统、跨部门、跨业务数据互联互通，一定程度上打破了政府部门的条块式划分模式，地域、层级和部门限制，有助于整体政府理念的落实。二是通过流程再造，重组和优化了政府业务流程，形塑了以业务而不是以事项为中心的政务服务流程，体现出明显的行政效率优先的价值。三是行政程序的运作从过去以行政部门为重点转向以用户为中心，使得有关行政程序的运作与服务型政府的理念高度契合，符合实质法治的发展方向。四是通过技术条件的运用，进一步强化了政府与其他主体的多元合作，搭建起公民和社会以较低成本和较为便利的条件有序参与治理的平台，助力共建共治共享，丰富了公众参与的形式。五是运用监管科技，在提升监管效能的同时，也进一步规范了监管程序，有利于监管正义的实现。

三　数字政府对行政程序法治的风险

数字政府建设在提高政府管理水平、实现政府办公电子化，提升政府办事效率以及加强政府与社会沟通的同时，也对行政程序法治带来一定的风险。

（一）对效率的关注在一定程度上弱化了内部程序控制机制

传统行政法虽然将规制的重点放在保护外部行政相对人的程序性权利方面，但为落实行政相对人权利保障的要求，近年来也越发重视强化织密内部程序的有关制度。比如，《行政处罚法》历来高度重视对行政处罚过程中告知事实和依据、说明理由、听取当事人陈述申辩乃至听证等外部性具体程序制度的刚性要求，在《行政处罚法》修订之后，进一步增加立案、法制审核、集体讨论决定等行政程序的规定，以进一步在限制行政权、保护相对人权益、增强行政行为的确定性与合法性等方面发挥重要作用。但在数字政府的具体实践中，基于效率提升的考虑，部分环节的行政处理行为实现了电子化乃至无人化，这可能使得部分现有程序控制制度在贯彻中的比重趋于下降。其原因在于，现有行政程序的具体制度限制是基于传统的人力执法，执法者作出行政处理决定并送达当事人，通过与相对人的直接接触，可以对告知、说明理由、陈述与申辩等程序环节予以现场实施。而自动化行政执法所实现的无人化，丧失了这种人与人之间的直接接触，可能带来交流方面的不畅，影响部分重要行政程序制度的实现。再比如，在行政许可领域，也可能出现行政流程再造引发的正当行政程序缺失风险。比如，无人干预自动审批等自动化行政方式体现出批量化作业的特点，程序上体现出从个案程序转向集团程序的特征。① 这两者之间最为显著的不同在于不少程序内容出现压缩。例如无须机关领导负责人签名，特定情况下可以不说明理由，免除了行政机关对个案进行调查的义务等，又比如，以“秒批”为代表的自动化行政，使得行政程序中特定环节或者所有环节可以由人工智能设备代为处理，而无须人工的个别介入，从而实现部分或者全部的无人化，传统针对人工审核设计的程序规则就面临弱化的风险。

（二）适应数字政府发展的新型程序规则尚未建立

传统行政程序都是着眼于现场化、人工化的操作需求而设计的，漫长

① 马颜昕等：《数字政府：变革与法治》，中国人民大学出版社，2021，第156页。

的行政法治实践已经发展出一套相对成熟的行政程序规则，但数字政府绝不仅仅意味着政府有关事务的线上化，实际也会催生新的程序需求，但至少就目前而言，还存在相当比例的规则空白。比如，有关通知的时效性和有效性问题。传统上文件传递可以通过签收等方式确认传递的时间与有效性，而网络化下的电子化信息传递会产生多样化的通知程序问题。比如一项电子化通知应当以到达相对人的系统为送达时间，还是应当以相对人已阅并获取信息后为送达时间？如果邮件等电子化通知被判断为垃圾邮件，进入垃圾邮件箱是否影响通知送达的判断？这些行政程序问题需要全新的制度规范。

（三）在程序性权利供给和分配均衡方面还存不足

数字技术发展不可避免引发巨大的数字鸿沟问题。随着数字政府的推进，越来越多的政务服务依赖于网络技术的运用，特别是移动互联网客户端的展开，可能对那些并不擅长使用移动互联网技术的技术弱势群体，如老年人、残障人士等，带来较大的挑战。事实上，数字政府对行政程序的积极影响是建立在有关公众能够充分行使行政程序性权利的基础之上的。如果数字政府的建设不能保证有关权利主体的机会平等，则不仅不能实现政务服务均等化的目标，反而可能加剧社会的不公正。例如，2020 年 8 月，一段“老人无健康码乘地铁受阻”的视频在网上热传，引发公众对老年人遭遇“数字鸿沟”窘境的热议。针对这一现实问题，国务院办公厅印发了《关于切实解决老年人运用智能技术困难实施方案的通知》，要求各部门聚焦涉及老年人的高频事项和服务场景，坚持传统服务方式与智能化服务创新并行，切实解决老年人在运用智能技术方面遇到的突出困难。可见，在看似价值无涉的技术理性背后，如果缺乏一套行之有效的、符合法治价值思维的数字政府相关制度，行政程序性权利在分配和实现上就可能产生包容性不足的问题，不仅不能使之充分分享数字政府的红利，反而有可能发生反向歧视的问题。

四　数字政府背景下行政程序法治的展望

“在以数字化为主要特征的信息技术革命背景下，数字治理体系和治理能力现代化是国家治理体系和治理能力现代化的题中应有之义和核心动力。”① 为了应对数字政府背景下行政活动的新变化和可能带来的风险，需要通过完善和发展正当行政程序，建构适应数字政府要求的程序法治底线。

（一）深化和发展适应数字政府的外部行政程序规则

首先，依据数字政府的行政特点，深化和发展现行有效的程序规则。现有的行政程序制度，特别是一些体现基础性价值的程序制度，在没有特别理由的情况下，还应当经过适当的调适，同样适用于各种类型的新型行政活动。比如，针对自动化行政的运用，要进一步提高行政过程的可解释性。当自动化决策可能对相对人的权益产生重大影响时，应当对其做出决定的过程做适当的解释，使得自动化决策能够为人类所识别、追踪和理解。在这一要求下，自动化行政等数字政府中的新型行政活动方式如果在程序、证据等方式中使用了包含人工智能算法在内的新技术，当这种新技术对相对人的权益产生重大影响时，应当通过事前认证、告知与事后纠正这样的程序机制予以控制，特别需要向公众就这种技术影响行政决定的方式做出解释，或者说，至少要保有可解释的能力。这一制度实际上是对说明理由制度的发展，而可解释性也有助于提高社会公众的可接受度。事实上，与一般的说明理由不同的是，由于技术的高度复杂性，就高度专业的技术问题充分地说明理由在很多时候是无法实现的。此时，问题的关键在于强化行政过程的透明度，以高度的透明性提升行政过程的正当性，同时，保留对有关问题的解释能力，充分尊重行政相对人和社会公众的知情权和参与权。

① 鲍静、贾开：《数字治理体系和治理能力现代化研究：原则、框架与要素》，《政治学研究》2019 年第 3 期。

其次，以参与为目标，提升公民参与公共事务的意愿和能力，使其能够充分表达对政府工作的意见和建议，切实参与到服务供给和政策制定的过程之中，从而形成全民参与的政府治理机制，真正实现以人为本。

最后，以需求为导向，针对存在的规则空白问题，通过对实践经验的总结，不断完善有关立法，制定相适应的具体规则予以解决。不过，数字政府下的程序规则的空白并不一定都可以通过一般性立法予以解决。对于那些涉及效率与公平、便利与平等、安全与发展等基本价值冲突的程序规则，还需要进行充分的价值平衡。在发展适应性规则的同时，不突破正当程序的底线要求。比如，新技术和行政效率的提升并不意味着对内部程序控制制度的放弃，而是需要通过技术的运用，加强和改进有关内控制度，确保行政活动始终符合正当程序的要求。

（二）以整体性政府理念推动内部行政程序完善

行政的条块分割，和由此产生的各层级、各行业部门间的数据“烟囱”、信息“孤岛”长期以来都是制约中国治理能力和治理体系现代化的重要因素。因此，内部行政程序的改进应当坚持整体性政府的理念。有学者将其概括为“政府即平台”的思路，即从数据连接、流程驱动和结构再造三个层次建构“政府即平台”方案。[①] 具体而言，一方面，凭借数字化手段，在构建部门间和层级间联动机制、要素结构方面发力，在数据要素共享的机制上全面推动组织内部的整体性建构，形成明确且可操作的协同机制，消除信息和服务的碎片化和离散化。另一方面，数字化功能的充分释放须以政府职能转变为前提，以权责厘定及资源配给的有效性为基础。为此，需要改变就行政程序谈行政程序的狭隘思路，将行政程序制度的完善与实体层面的政府职能转变深度沟通。通过同步梳理不同层级和不同部门间政府职能和相关业务的关系，把行政任务实现和人民满意作为业务流程再造

① 胡重明：《“政府即平台”是可能的吗？——一个协同治理数字化实践的案例研究》，《治理研究》2020 年第 3 期。

的基点，推动过去以部门为中心的线性化行政运作路径，推动内部行政程序的完善。

（三）以机会均等为目标，充分实现全体公民的程序充权

治理的根本要回到以人为本之上。在数字政府发展过程中，应当构建对信息弱势群体的程序保护机制，核心是为相对人提供选择机会。为此，要避免陷入对数字的僵化认知，防止对数字化和智能化的片面追求，应当关注公民数字能力的提升，保证公民能够以他们选择的渠道获取信息和服务。尤其对于那些边缘化的、处于风险中的或者获取信息存在困难的公民，政府应当给予特别的关注，在必要的时候，要考虑“数字留白”，使得新技术平等地适用于每一个个体，程序的设计不会特别地不利于特定的人。对于可能影响信息弱势群体参与行政过程的电子化、网络化手段，相对人有相应的选择权，即相对人可以选择使用信息化方式参与行政过程，也可以选择通过纸质等传统方式参与。

当然，强化程序权利的机会均等和充分行使，是站在以人为本和便利相对人的角度而言的，有关程序性权利的可获得性并不否定数字化改革的大方向。在重视线上程序和线下程序同步发展和选择性“留白”的基础上，也要充分考虑数字化发展的需要，实现相关信息采集的标准化、模块化，便于后台将有关线下数据顺利和低成本地数字化，服务于数字政府的发展。

B.4
“放管服”改革与行政法治

徐曦昊　宋华琳*

摘　要：　起始于行政审批简化，着眼于事中事后监管，推动公共服务优化的“放管服”改革是法治政府、法治社会建设的重要构成。“放管服”改革以行政效能为基本原则，以事中事后监管、包容审慎监管、大数据监管为监管理念。行政主体通过向市场、社会主体外放权力，向基层政府、试点组织下放权力，集中行使行政许可权与行政处罚权的方式实现“放管服”改革中的组织结构变革。以“双随机一公开”、行政约谈、信用监管为内容的行政行为方式变革，推动了监管方式创新。数字政府建设背景下的“放管服”改革，通过缩减不必要审批项目，并联多阶段行政行为，促进行政程序的繁简分流。“放管服”改革应恪守法治原理，做到重大“放管服”改革于法有据，立法主动适应“放管服”改革发展需要。

关键词：　“放管服”改革　简政放权　事中事后监管　行政法治

“放管服”改革指以“简政放权、放管结合、优化服务”为纲领，以简化行政审批流程、推动电子政务创新、强化事中事后监管、推行信用监管等策略为主要内容，由中央与地方各级政府及其组成部门为实施主体的政府治

* 徐曦昊，南开大学法学院博士研究生，研究方向为行政法学；宋华琳，南开大学法学院教授、博士生导师，研究方向为行政法学。

理制度革新。[1]"放管服"改革的制度流脉肇始于2001年开展的行政审批制度改革，其改革受中国加入世界贸易组织承诺的影响，深化于2013年开始的第七轮政府职能与机构调整，于2015年由李克强总理正式提出，之后则以每年召开的全国电视电话会议等形式持续推进。[2]

简化行政审批可谓"放管服"改革中"简政放权"的变革先声。根据中国加入世界贸易组织承诺中的"行政透明度"[3]原则，中国政府负有科学设定审批项目，简化行政审批程序，公布标准、步骤、期限等行政审批内容的国际义务。[4] 2001年10月18日发布的《国务院批转关于行政审批制度改革工作实施意见的通知》指出，不符合政企分开和政事分开原则、妨碍市场开放和公平竞争以及实际上难以发挥有效作用的行政审批，坚决予以取消；可以用市场机制代替的行政审批，通过市场机制运作；对于确需保留的行政审批，要建立健全监督制约机制。这一定程度上构成了"放管服"制度改革的雏形。

革新行政监管体系是"放管服"改革中"放管结合"的制度后盾。2013年11月，李克强总理在地方政府职能转变和机构改革工作电视电话会议上指出，"减少了事前审批，事中事后监管就要跟上，防止走入'一放就乱、一管就死'的怪圈"。[5] 2014年3月，在十二届全国人大二次会议闭幕后的中外记者会上，在回答有关"简政放权"的记者提问中，李克强总理指出，"简政放权"绝对不等于放弃监管，而必须"放管结合"，

---

① 马怀德：《"放管服"改革促进法治政府建设》，《光明日报》2016年6月20日，第10版。

② 李克强：《简政放权 放管结合 优化服务 深化行政体制改革 切实转变政府职能——在全国推进简政放权放管结合职能转变工作电视电话会议上的讲话》，《中国机构改革与管理》2015年第6期。

③ "Protocol on the Accession of the Peoples Republic of China", §1.2, *WT. L.* 432 (23 November 2001).

④ 应松年、王锡锌：《WTO与中国行政法制度改革的几个关键问题》，《中国法学》2002年第1期。

⑤ 李克强：《在地方政府职能转变和机构改革工作电视电话会议上的讲话》，《中国机构改革与管理》2013年第12期。

将政府精力集中到大数据监管、社会信用监管等事中事后监管体系上去。[①]作为“简政放权”的后盾，“放管结合”在“放管服”改革中首次被提出。

服务行政是“放管服”改革中“优化服务”的理念依循。2013 年 5 月，李克强总理在国务院机构职能转变动员电视电话会议上指出，“放管服”改革的核心在于改变政府职能，只有“把政府工作重点转到创造良好发展环境、提供优质公共服务、维护社会公平正义上来”,[②] 才能实现政府从管理向服务的转型，进而促进法治政府建设。

习近平总书记在解释《中共中央关于全面深化改革若干重大问题的决定》时指出，在市场起资源配置决定性作用的前提下更好地发挥政府作用，是全面深化法治改革的核心议题，而“放管服”改革正是一场旨在发挥更好政府作用的制度革新。[③] 在梳理制度流脉，明晰改革定位后，下文拟对“放管服”改革展开分析，从行政法治理念嬗变、行政组织形态重塑、行政行为方式革新和行政程序再造四方面讨论“放管服”改革进程的推进，也有利于以法治立场为基点，对“放管服”改革展开冷静的思考。

一 “放管服”改革与行政法治理念革新

深化“放管服”改革，推动行政监管工具创新，促进行政程序优化与治理理念原则密切关联，表现为践行行政效能原则，强化事中事后监管，引入包容审慎监管和数据治理理念。[④]

---

① 潘小娟：《政府的自我革命：中国行政审批制度改革的逻辑起点与发展深化》，《行政管理改革》2021 年第 3 期。

② 李克强：《在国务院机构职能转变动员电视电话会议上的讲话》，《中国机构改革与管理》2013 年第 6 期。

③ 习近平：《关于〈中共中央关于全面深化改革若干重大问题的决定〉的说明》，《求是》2013 年第 22 期。

④ 李军鹏：《改革开放 40 年：我国放管服改革的进程、经验与趋势》，《学习与实践》2018 年第 2 期。

（一）践行行政效能原则

行政效能原则曾为行政法学所忽视，但“放管服”改革使行政效能原则的意义日渐凸显。[①] 行政效能原则指行政活动应运用最小成本，促进行政效用最大，使行政监管配置处于相对最优的状态，表现为“自治优先”和“效益最大”。[②]

一方面，为了发挥市场资源配置的决定性作用，“放管服”改革应遵循“自治优先”原则，学理上称之为“行政辅助性”原则，指但凡通过市场自治、行业自律等措施可实现行政目的，应采用非行政手段；若市场、社会失灵，方可由行政机关实施辅助。[③] “自治优先”有助于激发市场主体活力，避免行政资源浪费。例如，《中华人民共和国行政许可法》（以下简称为《行政许可法》）第13条规定，公民、法人或者其他组织能够自主决定的、市场竞争机制能够有效调节的、行业组织或者中介机构能够自律管理的、行政机关采用事后监督等其他行政管理方式能够解决的，可以不设行政许可。

另一方面，“放管服”改革需遵循“效益最大”原则，政府面对法定监管义务，应合理利用监管手段，确保所采取的监管措施能使得社会效益最大化。“放管结合”的改革面向，要求充分利用“简政放权”精简的制度空间，改革监管体制，创新监管模式，提高监管体系的总体社会收益。

“放管服”改革有助于市场和社会活力的释放，有助于提高行政效能。[④]《宪法》第27条第1款规定，“一切国家机关实行精简的原则……不断提高工作质量和工作效率，反对官僚主义”，这或许构成了效能原则的宪法基础。“简政放权”向市场、社会放权是为了加强监管效能，达到

---

① 沈岿：《行政法变迁与政府重塑、治理转型——以四十年改革开放为背景》，《中国法律评论》2018年第5期。

② 沈岿：《论行政法上的效能原则》，《清华法学》2019年第4期。

③ 刘莘、张迎涛：《辅助性原则与中国行政体制改革》，《行政法学研究》2006年第4期。

④ 马怀德主编《行政法前沿问题研究》，中国政法大学出版社，2018，前言，第9页。

"四两拨千斤"的效果；而"放管结合"意味着"简政放权，放得更开，减得更多"。[①]

（二）强化事中事后监管

事中事后监管是将具有非事前审批特质的监管方式进行概括的一种实用主义的表述，很难对其概念范围进行准确界定。[②]"放管服"改革将行政治理的重心由事前审批，逐步转移到由"双随机一公开""行政约谈""信用监管""信息共享"等政策工具组成的事中事后监管。[③]

一方面，强化事中事后监管意味着削减事前审批。事前审批不仅使行政机关担负大量监管责任，也加重了企业的合规成本。根据《行政许可法》第20条之规定，对于已经设立的行政许可，应实施动态的行政许可评价制度，对于不适合设立、加重市场主体负担的准入性行政许可应进行精简合并，修改废止。自2013年推动"放管服"改革以来，国务院及其部门取消行政许可审批事项699项，降低比例达到44%；清理地方承担的中央审批事项323项，降低比例接近75%；100%削减了非行政许可的变相审批。[④]

另一方面，"放管服"改革要求坚持事中事后与全流程监管相结合的监管策略。就选择监管措施和领域而言，事中事后监管主要针对不涉及国家总体安全的基础制造业和一般服务业，而对于涉及生产、食品、药品、金融等重点风险领域，应始终坚持事前审批与事中和事后监管并用的全流程监管。[⑤]

（三）探求包容审慎监管

包容审慎监管指面对新兴产业、业态，需对市场创新发展予以充分包

---

① 李克强：《在全国推进简政放权放管结合优化服务改革电视电话会议上的讲话》，《中国机构改革与管理》2016年第6期。

② 卢超：《事中事后监管改革：理论、实践及反思》，《中外法学》2020年第3期。

③ 《国务院关于加强和规范事中事后监管的指导意见》（国发〔2019〕18号）。

④ 中国行政管理学会课题组、张定安、鲍静：《深化"放管服"改革建设人民满意的服务型政府》，《中国行政管理》2019年第3期。

⑤ 李克强：《在全国深化"放管服"改革着力培育和激发市场主体活力电视电话会议上的讲话》，《人民日报》2021年6月2日，第2版。

容，对市场行为加以审慎观察的监管原则，应从“包容创新”与“坚持底线”两个角度辩证地理解。①

要秉承鼓励创新原则，区分不同情况，量身定制包容审慎监管模式和标准规范：第一，针对符合产业升级方向但出现一定问题的，要给予引导和纠正，使之有合理空间，对新兴产业监管不能刻舟求剑、削足适履，否则电子商务、移动支付等新兴产业可能被监管措施扼杀于摇篮中；第二，对潜在风险很大，特别是涉及安全和有可能造成严重不良社会后果的，要及早发现问题、果断采取措施，对其进行全流程监管；第三，针对以创新之名行侵权欺诈之实的，要予以严惩。②

同时，不能因包容审慎监管而豁免政府监管责任，行政机关应确保新兴技术与产业的质量和安全，同时也不应因此免除新兴产业经营者的守法义务，对侵犯公民法定权益、具有社会危害性的新业态，经营者仍应承担合规责任。③ 面对新兴业态，应优先运用说服教育、劝导示范、行政约谈等非强制手段，并减少对新兴产业发展的过度干预。④

（四）引入数据治理理念

信息时代行政国家的治理变迁使制度变革更为依赖背景数据。⑤ “放管服”改革所提出的监管手段创新和服务能力提升，均有赖于大数据治理的技术赋能。⑥ 大数据治理已成为监管金字塔和公共服务体系所共享的制度基础设施。⑦

---

① 付聪：《李克强：政府部门对待各类新业态新模式要有“包容审慎”态度》，《中国应急管理》2017 年第 6 期。

② 李克强：《在全国深化“放管服”改革转变政府职能电视电话会议上的讲话》，《中国行政管理》2018 年第 8 期。

③ 《优化营商环境条例》第 55 条。

④ 《优化营商环境条例》第 59 条。

⑤ 沈岿：《数据治理与软法》，《财经法学》2020 年第 1 期。

⑥ 朱琳、赵涵菁等：《全局数据：大数据时代数据治理的新范式》，《电子政务》2016 年第 1 期。

⑦ 马海韵、杨晶鸿：《大数据驱动下的公共治理变革：基本逻辑和行动框架》，《中国行政管理》2018 年第 12 期。

《优化营商环境条例》第56条规定，政府及其有关部门应当充分运用互联网、大数据等技术手段，依托国家统一建立的在线监管系统，加强监管信息归集共享和关联整合，推行以远程监管、移动监管、预警防控为特征的非现场监管，提升监管的精准化、智能化水平。[①] 例如，在"双随机一公开"监管中，建立、健全检查对象数据库和检查人员数据库，是随机检查与行政公开的关键保障。当进行"双随机"抽选时，系统根据重点和一般领域、专业和普通项目、信用水平等要素差异，评估风险等级，选取抽样算法。平台通过在检查对象数据库中匹配不同的抽样比例、检查频率和检查方法，在检查人员数据库匹配相应的行政检查资质和检查人员构成，科学定制检查计划，才能实现基于信用、风险等要素的分级监管。[②]

《数据安全法》第37条要求国家大力推进电子政务建设，提升运用数据服务经济社会发展的能力。运用大数据可提高公共服务针对性，打破"数据孤岛"，形塑"整体政府"。通过整合、检测各行政部门所产生的经济、社会、自然数据，国家建立统一数据收集、分析、研判、预警系统，为监管机构提供基于地域、行业、类型、风险等要素的精细化指南。[③] 例如，在突发公共卫生事件中，流行病学调查的大数据分析为优化公共卫生服务提供了助力。[④] 此外，建构政务信息公共平台和统一社会信用代码数据库，有助于革除部门壁垒，完善数据平台驱动的社会信用监督。在强化数据监管威慑的同时，通过政务数据共享，降低市场合规成本，实现"数证合一""人证合一""一码通办"，进一步推动行政程序的简化再造。

① 《国务院办公厅关于运用大数据加强对市场主体服务和监管的若干意见》（国办发〔2015〕51号）。

② 《国务院关于在市场监管领域全面推行部门联合"双随机、一公开"监管的意见》（国发〔2019〕5号）。

③ 《数据安全法》第22条。

④ 梅小亚、赵林畅：《大数据在重大流行病疫情防控中的应用及展望》，《河海大学学报》（哲学社会科学版）2020年第2期。

二 "放管服"改革与行政组织形式革新

推进"放管服"改革依托行政组织的有力承载。就组织规范而言，"放管服"改革通过明晰职权归属，优化职责范围的"权力清单"，积极厘清政府-市场关系；就职能管辖而言，"放管服"改革推动权限下放，鼓励地方政府和试点组织探索创新；就组织结构而言，"放管服"改革创制行政审批局、综合执法局等组织形式，优化权力结构，提高行政效能。

（一）向市场主体、社会组织放权

1. 以权力清单推动简政放权

权力清单是将各级政府工作部门行使的各项行政职权及其依据、行使主体、运行流程、对应的责任等，以清单形式明确列示出来，向社会公布，接受社会监督。有观点认为权力清单突破了职权法定原则和组织法律保留的约束，造成了组织法治与法律实践的张力。① 权力清单不具有设置和消灭权力的规范能力，组织法律关系的变更仍有赖法律、法规、规章等规范性法律文件。② 或可将权力清单视为一种以职能领域为对象，组织职权为条件的内部行政规则，它具有将处于不同位阶的法律规范中的行政职权予以分类和集中的整备功能，在司法审查中可将权力清单作为判断行政职权合法性的基础，但权力清单不能创设新的行政职权。

权力清单属于中央及各级人民政府及其部门应主动公开的政府信息。③ 公开权力清单对约束行政权力运行，增强公民制度获得感，提升市场活力具有正向作用。④ 中国31个省级行政区划单位已全部公布了省级政府部门权

---

① 罗亚苍：《权力清单制度的理论与实践——张力、本质、局限及其克服》，《中国行政管理》2015年第6期。

② 朱新力、余军：《行政法视域下权力清单制度的重构》，《中国社会科学》2018年第4期。

③ 《政府信息公开条例》第19、20条。

④ 郑曙村：《地方政府权力清单制的实践探索与优化思路》，《齐鲁学刊》2020年第4期。

力清单，17 个以上的市、县政府已经公布了权力清单和责任清单，村级“小微”清单公开也在有条不紊的推进之中。[①] 如贵州省一省级行政单位，通过公示省、市、县的三级政府的收费目录清单、重点监管清单、限时办结清单、从严监管清单等 17 张权力清单，共涉及 4000 余个部门，涵盖 78 万多个政务服务事项，进一步厘清了“放管服”背景下的政府－市场边界。[②]

2. 引入社会治理，推进合作行政

合作治理理论关注监管网络中公、私主体共同参与的行政任务。[③] 政府通过购买服务，支持社会主体承担“简政放权”放出的权力，参与社会治理是“放管服”改革中合作行政的重要内容。[④]

在推进合作行政的过程中，行政机关发挥着重要作用。[⑤] 以政府向社会力量购买服务工作为例，政府向社会力量购买服务的主体是各级行政机关和参照公务员法管理、具有行政管理职能的事业单位。[⑥] 公益一类事业单位、纳入行政编制管理且经费由财政负担的群团组织，不通过购买服务方式提供公共服务。[⑦]

在合作行政网络中，社会主体来源广泛，包括企业、社会组织、公益二类和从事生产经营活动的事业单位、农村集体经济组织、基层群众性自治组织以及公民个人。[⑧] 可承接合作治理的社会组织排除了经国务院批准免予登记的群团组织，如工会、中国共青团、妇女联合会等；而在可承接合作治理的事业单位中，则排除了高校、博物馆等公益一类事业单位。[⑨]

① 孙琼欢：《村级小微权力清单制度的构建逻辑及优化路径》，《新视野》2019 年第 6 期。
② 《贵州省人民政府 2020 年政府信息公开工作年度报告》。
③ 宋华琳：《论政府规制中的合作治理》，《政治与法律》2016 年第 8 期。
④ 王瑞雪：《治理语境下的多元行政法》，《行政法学研究》2014 年第 4 期。
⑤ 《政府购买服务管理办法》第 5 条。
⑥ 《国务院办公厅关于政府向社会力量购买服务的指导意见》（国办发〔2013〕96 号）；《政府购买服务管理办法》第 5、6 条。
⑦ 《政府购买服务管理办法》第 8 条。
⑧ 《政府购买服务管理办法》第 6 条。
⑨ 《政府购买服务管理办法》第 8 条。

提供公共服务、辅助政府履职是社会主体参与合作行政的内容。[①] 合作行政应优先考虑发挥社会主体承接服务的专业性，如发挥行业协会商会对于特定领域的标准设定、职称评定、行业自律等行政辅助性治理功能。[②] 同等条件下，合作行政在民生保障、公益慈善、农业农村等重点领域优先开展，例如，就提供养老照看类、文体娱乐类、农村生产技术类等公共服务的社会主体而言，政府已降低准入标准。[③]

社会主体参与合作治理的内容与程序都受法定约束。就内容而言，不属于政府职责范围的事项、应当由政府直接履职的事项、融资活动以及法律法规规定其他不得由社会主体承担的事项，不得由社会主体承担。[④] 就程序而言，社会主体参与合作治理实施指导性目录管理，中央和省级财政部门编制本级目录，各部门在职权范围内编制分类目录，只有特定事项经过了目录编制程序，对社会公示后，方可引入社会组织来承担行政任务。[⑤]

（二）向地方与基层行政组织下放权力

1. 强化街、镇政府职权配置

《行政许可法》第 25 条规定，经国务院批准，省、自治区、直辖市人民政府根据精简、统一、效能的原则，可以决定一个行政机关行使有关行政机关的行政许可权。参照《关于加强乡镇政府服务能力建设的意见》的思路，"简政放权"需遵循权责一致的方针，向街、镇政府下放适应其工作特点、工作能力，具有强化监管效能，优化公共服务目的的权力内容。[⑥] 街、

① 《政府购买服务管理办法》第 9 条。

② 《财政部关于做好行业协会商会承接政府购买服务工作有关问题的通知（试行）》（财综〔2015〕73 号）。

③ 《中共中央办公厅、国务院办公厅印发〈关于改革社会组织管理制度促进社会组织健康有序发展的意见〉》。

④ 《政府购买服务管理办法》第 10 条。

⑤ 《财政部、民政部关于通过政府购买服务支持社会组织培育发展的指导意见》（财综〔2016〕54 号）。

⑥ 崔静：《种好"责任田" 管好"钱袋子" 稳住"主心骨"——一文读懂〈关于加强乡镇政府服务能力建设的意见〉》，《农村·农业·农民》2017 年第 3 期。

镇政府应直接负责直接面对群众、便利群众生活的相关审批事项，扩大街、镇政府在农业发展、村委会居委会管理、食品安全、扶贫助困等基层公共服务事项的权限。

《行政处罚法》第24条规定，省、自治区、直辖市根据当地实际情况，可以决定将基层管理迫切需要的县级人民政府部门的行政处罚权交由能够有效承接的乡镇人民政府、街道办事处行使，并定期组织评估，该决定应当公布。在此背景下，“放管服”改革推动执法层级缩减和执法重心下移，建立以乡镇政府、街道办事处为行政处罚主体的综合执法队伍，构建县级行业主管执法部门的联合执法。①

2. 建设“放管服”改革地方试点

“放管服”改革试点组织以“简政放权”“放管结合”“优化服务”为内容，变通实施法律、行政法规、部门规章的规定，为“放管服”改革向纵深发展积累经验。② 这也是实验主义治理（experimentalist governance）理论的印证。③

实验主义治理以“暂停法律适用”授权决定为合法性依托。④ 试点组织构成、试点内容范围和试点时间期限的确定，以全国人民代表大会及其常委会决定所载明的事项为准。根据“放管服”改革的需要，全国人大常委会在行政审批、招商引资、注册登记、进出口等领域，授权广东、福建、天津、上海等11家自由贸易试验区，变通实施授权范围内的法律条款，进行

① 例如在北京市“街乡吹哨、部门报到”改革中，共下放431项行政职权，其中涉及城市管理建设领域行政处罚373项、行政强制22项，生态环境保护领域行政处罚4项，水务管理领域行政处罚19项、行政强制3项，农业农村领域行政处罚1项，卫生健康领域行政处罚11项，在执法内容上则包括园林绿化、食品摊贩流动经营、垂钓管理、噪声污染防治、水土保持等关涉基层民生的方方面面。参见《北京市人民政府关于向街道办事处和乡镇人民政府下放部分行政执法职权并实行综合执法的决定》（京政发〔2020〕9号）。

② 程林：《放管服改革的推进规律与未来走向——基于2013—2019年国务院政策文本的分析》，《安徽行政学院学报》2020年第3期。

③ 刘太刚、邓正阳：《实验主义治理：公共治理的一个新路径》，《北京行政学院学报》2020年第1期。

④ 《立法法》第13条。

行政体制、机制创新。[①] 中央人民政府依据全国人大及其常委会暂停法律适用决定细则，授权自贸试验区调整相配套行政法规、部门规章的适用，促成法律和行政法规、部门规章的变通适用贯通。[②]

试点治理成熟经验的推广，构成了“放管服”改革的扩散路径。自2013年“放管服”改革启动以来，国务院针对自由贸易区、优化营商环境等试点经验共发布六批以上的复制推广通知，所涉复制推广的事项达到上百项。[③] 根据试点经验内容适应性和强制力强弱，可将试点经验推广分为全国范围内复制推广、供全国范围内借鉴和在特定区域内复制推广三种类型。[④] 全国范围内复制推广项目具有强制力，由中央各部委直接负责实施推广；而全国范围内借鉴项目不具有强制力，仅为内部指导性规则，供有条件的地区参考适用；在特定区域内复制推广项目往往针对海关、自贸区等特殊监管区域，有时并不具有普适性。[⑤]

（三）行政职权的集中行使

1. 集中行使行政许可权

根据整体性政府理论，在行政机关组织功能分化后须以特定目标形塑，

---

① 《全国人民代表大会常务委员会关于授权国务院在中国（广东）自由贸易试验区、中国（天津）自由贸易试验区、中国（福建）自由贸易试验区以及中国（上海）自由贸易试验区扩展区域暂时调整有关法律规定的行政审批的决定》，2014年12月28日第十二届全国人民代表大会常务委员会第十二次会议通过；《全国人民代表大会常务委员会关于授权国务院在自由贸易试验区暂时调整适用有关法律规定的决定》，2021年4月29日第十三届全国人民代表大会常务委员会第二十八次会议通过。

② 《国务院关于在自由贸易试验区暂时调整有关行政法规、国务院文件和经国务院批准的部门规章规定的决定》（国发〔2016〕41号）。

③ 《国务院关于做好自由贸易试验区第六批改革试点经验复制推广工作的通知》（国函〔2020〕96号）；《国务院办公厅关于做好优化营商环境改革举措复制推广借鉴工作的通知》（国办函〔2019〕89号）。

④ 《国务院关于做好自由贸易试验区新一批改革试点经验复制推广工作的通知》（国发〔2016〕63号）。

⑤ 《国务院关于在自由贸易试验区开展“证照分离”改革全覆盖试点的通知》（国发〔2019〕25号）。

对行政相对人呈现出整体性的公共管理姿态。① 依托《行政许可法》第 25、26 条就行政许可相对集中的规定，“放管服”改革形成了行政服务中心模式和行政审批局模式的行政许可相对集中化组织形态。②

一方面，根据《行政许可法》第 25 条规定，经国务院批准，省、自治区、直辖市人民政府根据精简、统一、效能的原则，可以决定一个行政机关行使有关行政机关的行政许可权。据此，省级政府可以经国务院批准，决定由作为单一行政机关的行政审批局来行使特定审批项目中其他行政机关的行政许可权。在行政审批局模式中，原行政部门不再承担任何行政许可职权，此类职权将全部划转行政审批局行使，使其成为一级政府的行政许可专门机关。③ 行政审批局具有独立的行政主体资格，拥有独立的公务人员编制和专项财政办公经费，审批职责完全独立于其他行政机关，“审管分离”程度较高，行政许可权限集中程度较高。

另一方面，《行政许可法》第 26 条规定，行政许可依法由地方人民政府两个以上部门分别实施的，本级人民政府可以确定一个部门受理行政许可申请并转告有关部门分别提出意见后统一办理，或者组织有关部门联合办理、集中办理。据此，地方政府可以通过建构行政服务中心，将地方政府及其所辖部门中关于行政许可的内设机构，集中于特定地点，从而实现多阶段行政许可统一收缴，联合审批，以尽可能缩短行政审批时限。行政服务中心一般为上级政府派出机构，并非具有独立行政法上权利、义务承担能力的行政机关。该模式不需要剥离原行政主管部门的许可职权，许可职权并没有发生转移，服务中心仅具有行政协调职权，“审管分离”程度较小，行政许可权限集中程度相对较低。④

---

① 曾维和：《后新公共管理时代的跨部门协同——评希克斯的整体政府理论》，《社会科学》2012 年第 5 期。

② 袁雪石：《相对集中行政许可权改革的挑战与发展方向》，《中国行政管理》2020 年第 1 期。

③ 宋林霖、何成祥：《行政审批局建设的四维机制：基于行政组织要素理论分析框架》，《北京行政学院学报》2019 年第 1 期。

④ 宋林霖、赵宏伟：《论“放管服”改革背景下地方政务服务中心的发展新趋势》，《中国行政管理》2017 年第 5 期。

“审管分离”改革遵循“谁审批谁监管、谁主管谁监管”的并行要求，行政审批局和行政服务中心都是“放管服”改革的容许模式。① 对于行政审批局模式而言，需强化集中审批部门和行业主管部门的合作，避免“审管分离”造成监管真空；而行政服务中心则需强化部门之间的协作，优化协作流程，避免“一站式服务，分站化审批”带来的制度隐忧。②

2. 集中行使行政执法权

在执法过程中，由不同政府部门“条块分割”造成的碎片化执法，始终制约着“放管服”改革中的事中事后监管。坚持在相对集中行使处罚权基础上推进综合执法体制改革，通过合并执法单位和主管机构，压缩执法层级，解决多头执法、重复执法，从而实现综合执法、联合执法和协作执法协调发展。③

联合执法是针对特定的治理任务的实现进行多部门协作性行政活动，有助于通过在短时期内使任务单一化的方式，革除部门壁垒和制度障碍，整合上下资源，突击达到治理目标。④ 联合执法活动仍秉承职权法定的原则，执法权限仍归属于原行政执法部门，不进行执法组织变化，执法集中化程度相对较低，需要进一步提高执法集中制度保障的现实暂未发生根本变革。⑤

为解决联合执法模式暴露的问题，“放管服”改革着眼于推进综合执法改革。综合执法将行业主管行政部门的行政处罚权集中于具有独立执法名义、单独人员编制与财政经费的新行政主体。⑥ 一级政府内部形成了综合负责行政处罚以及处罚所需行政调查的综合行政执法部门，其行政执法的集中

① 《国务院关于“先照后证”改革后加强事中事后监管的意见》（国发〔2015〕62 号）。

② 庄文嘉、钟丽君：《整齐划一还是百花齐放？——对广东和浙江两省行政服务中心建设的比较案例分析》，《广东行政学院学报》2019 年第 5 期。

③ 《中共中央、国务院印发〈法治政府建设实施纲要（2021—2025 年）〉》，载中国政府网，http：//www. gov. cn/zhengce/2021 -08/11/content_ 5630802. htm，最后访问时间：2021 年 9 月 19 日。

④ 于洋：《联合执法：一种治理悖论的应对机制——以海洋环境保护联合执法为例》，《公共管理学报》2016 年第 2 期。

⑤ 韩舸友：《我国行政联合执法困境及改进研究》，《贵州社会科学》2010 年第 8 期。

⑥ 《中共中央办公厅、国务院办公厅印发〈关于进一步深化文化市场综合执法改革的意见〉》（中办发〔2016〕20 号）。

化程度较高，通过行政组织法治的革新，改变了传统的行政执法权限分工格局。①

三 “放管服”改革与行政行为方式创新

行政主体可以将事中事后监管策略作为行政许可的替代措施，推进“放管服”改革实施进程。② “双随机一公开”行政检查、行政约谈、社会信用监管等事中事后监管工具，是“放管服”改革语境下行政行为方式创新的典型示例。③

（一）“双随机一公开”的制度推行

1. 行政检查的“双随机一公开”创新

行政检查是行政机关获取执法信息，收集证据材料，了解执法情况的关键执法步骤，是行政机关作出具体行政执法行为的前阶段行为。④ “双随机一公开”是“放管服”改革针对行政检查的制度创新，由随机抽取和行政公开两部分构成。⑤

“双随机”措施指统筹建立健全覆盖本辖区各层级、与抽查事项相对应的检查对象名录库和执法检查人员名录库，并建立随机抽取检查对象、随机选派执法检查人员的“双随机”抽查机制。⑥ 相较于传统行政检查和飞行检

① 刘国乾：《效能导向的综合执法改革原理与操作》，《法学家》2020 年第 6 期。

② 《行政许可法》第 13 条、《优化营商环境条例》第 39 条。

③ 成协中：《“放管服”改革的行政法意义及其完善》，《行政管理改革》2020 年第 1 期。

④ 沈国琴：《论行政行为的独立性与竞合性——以行政检查行为为例》，《中国人民公安大学学报》（社会科学版）2012 年第 2 期。

⑤ 《关于在市场监管领域全面推行部门联合“双随机、一公开”监管的意见》（国发〔2019〕5 号）。

⑥ 检查对象名录库包括企业、工商户或特定产品、特定工艺、特定经营行为等。执法检查人员名录库包括所有具有相关行政执法资格的行政执法类公务员，同时针对特定领域吸收专家学者参与。参见宋林霖、陈志超《对完善“双随机一公开”监管模式的思考》，《中国市场监管研究》2019 年第 6 期。

查等方式，"双随机一公开"具有执法对象、执法主体的双盲性，有助于预防监管俘获（regulatory capture）。[①] 此外，"双随机一公开"以部门联合为特征，提升行政检查密度，实现"单次执法，多项检查"，一定程度上减少了行政行为对市场经营活动的过度干预。[②]

行政机关公开随机行政抽查信息，除法律、法规规定属于国家秘密、商业机密、个人隐私外，抽查计划、抽查项目、抽查结果都要向社会进行及时公开，通过公开抽查情况及查处结果，通过影响企业商誉损益，发挥声誉制裁功能，运用市场杠杆引导消费者"用脚投票"。[③]

2. "双随机一公开"需平衡制度矛盾

实施"双随机一公开"需要平衡执法专业性与抽查随机性的矛盾。执法专业性由执法对象专业性所决定，在《食品安全法》《药品管理法》《医疗器械监督管理条例》等法律、行政法规中都规定了专业化行政执法人员行政检查制度。[④] 但在"双随机一公开"实施过程中，部分行政检查人员被系统随机抽选参与非专业检查对象的行政执法活动，这一定程度上牺牲了执法专业性。可考虑设计侧重检查人员专业化构成的抽选算法，为特定的监管领域匹配专业检查人员，在执法专业性和抽选随机性间达成平衡。[⑤]

"双随机一公开"的执法对象应优先适用于"除直接涉及公共安全和人民群众生命健康等特殊行业、重点领域外"的其他领域。[⑥] 对于特殊行业、重点领域仍应该实施全过程覆盖式监管，行政机关不得在关键领域利用"双随机一公开"的执法盖然性，逃避法定的监管责任。可考虑建构重点领

① 陈亮：《环境规制俘获的法律防范——基于美国经验的启示》，《环球法律评论》2015 年第 1 期。

② 曹鎏：《"放管服"改革背景下行政检查监管目标实现研究》，《中共中央党校（国家行政学院）学报》2020 年第 3 期。

③ 梁亮：《行政机关公布违法事实行为的法律问题分析》，《河北法学》2013 年第 4 期。

④ 《食品安全法》第 116 条；《药品管理法》第 104 条；《医疗器械监督管理条例》第 68 条。

⑤ 赖瑞洪、陈利民、魏小芳：《市场监管领域"双随机、一公开"抽查监管的实践与思考——以衢州市试点为例》，《中国市场监管研究》2017 年第 11 期。

⑥ 《优化营商环境条例》第 54 条。

域全流程范围监管和“双随机一公开”概率抽检衔接机制，实现行政主管部门日常检查、数据平台随机抽查与特殊领域全流程覆盖相结合的监管体系。①

（二）行政约谈机制的引入

1. 作为协商式监管的约谈

行政约谈指行政机关出于行政管理目的，约见谈话行政相对人的行政法律活动。② 行政约谈以监管遵从（regulatory compliance）为方针，遵从劝导优先（persuasion first）原则，具有协商式监管属性。③ 行政约谈不直接给被约谈的行政相对人造成权益损失，是不具有制裁功能的事实行政行为。④ 行政约谈的执法柔性符合新兴产业发展早期执法依据相对缺乏的监管特点，能较好地承载包容审慎监管原则。⑤ 例如，在“共享经济”“网约车”等互联网新兴产业发展初期时，面对法律依据的暂时空缺，行政主体适用行政约谈措施，以平衡社会秩序保障与行政合法性要求。⑥

2. 行政约谈的实效性确保

通过与制裁性监管手段相衔接，行政约谈得以确保其实效性。行政约谈往往与制裁型监管相组合，成为嵌入监管金字塔底层（enforcement pyramid）

① 卢超：《事中事后监管改革：理论、实践及反思》，《中外法学》2020 年第 3 期。

② 目前的行政约谈制度可根据约谈对象划分为针对市场经营主体的外部约谈和针对担任公职人员的内部约谈，前者是可供政府采用的监管手段，后者则是政务处分的制度构成。“放管服”改革引入的行政约谈是以市场经营主体为主要对象的外部约谈，故其制度定位在政府可选择适用的事中事后监管措施，而并非一种内部行政问责手段。参见朱新力、李芹《行政约谈的功能定位与制度建构》，《国家行政学院学报》2018 年第 4 期。

③ Carter, D. P. and Siddiki, S. Participation Rationales, “Regulatory Enforcement, and Compliance Motivations in a Voluntary Program Context”, 15 *Regulation & Governance*, 317 – 332 (2021).

④ 韩志明、刘羽晞：《刚柔相济的治理工具及其治理优势——以行政约谈为例》，《甘肃行政学院学报》2021 年第 1 期。

⑤ 郑宁：《互联网信息内容监管领域的约谈制度——理论阐析与制度完善》，《行政法学研究》2015 年第 5 期。

⑥ 杨海坤、郝炜：《共享单车的行政法调控——兼评互联网新经济的行政法调控模型》，《法治研究》2018 年第 4 期。

的制度单元。[①] 监管金字塔以建议、劝说性的行政约谈作为第一层级，作用于市场经营主体轻微违法，或具有违法风险但尚未违法时。监管金字塔以声誉罚、财产罚、资格罚等制裁性手段作为第二层级，作用于经营主体对违法风险整改不力，或风险转化为违法事实时。[②] 行政主体可通过约见行政相对人并与之诫勉谈话，了解实际情况、分析违法风险、督促进行整改。[③] 当被约谈人不落实整改要求时，监管机构可考虑给予通报批评、专项督察等监管升级措施，而行政约谈后的整改落实情况也将作为违规经营处罚裁量的法定参考条件。[④]

3. 行政约谈的合法性控制

作为制裁性监管的前置衔接措施，行政约谈具有行政便宜主义色彩，在实施中容易被异化为制裁性措施。[⑤] 例如，在餐饮服务食品安全责任约谈制度中，被食品行政主管部门行政约谈的餐饮服务提供者将被纳入重大餐饮活动接待服务目录的负面清单，取消其两年内承接重大餐饮活动的准入资格。[⑥] 此种制裁性行政约谈在规范属性上已经近似“暂扣或者吊销许可证”的行政行为罚，而在此种制度外观下，行政相对人很难获得相应的救济。[⑦] 行政约谈带有程序主义不足、透明程度较低、法定化色彩较弱的弊端，应依法厘定约谈范围，细化约谈程序，明确约谈的法律效果，提升约谈的法治化因素，摆脱约谈工具在基层监管实践中过于明显的权宜主义外观。[⑧]

---

① Abbott, K. W. and Snidal, D. “Taking Responsive Regulation Transnational: Strategies for International Organizations”, 7 *Regulation & Governance*, 95－113 (2013).

② Parker, C. “Twenty Years of Responsive Regulation”, 7 *Regulation & Governance*, 2－13 (2013).

③ 卢超:《社会性规制中约谈工具的双重角色》,《法制与社会发展》2019 年第 1 期。

④ 国务院国有资产监督管理委员会《关于印发〈国资监管责任约谈工作规则〉的通知》(国资发监责规〔2021〕14 号); 参见生态环境部《关于印发〈生态环境部约谈办法〉的通知》(环督察〔2020〕42 号)。

⑤ 孟强龙:《行政约谈法治化研究》,《行政法学研究》2015 年第 6 期。

⑥《国家食品药品监督管理总局关于建立餐饮服务食品安全责任人约谈制度的通知》(国食药监食〔2010〕485 号)。

⑦ 杨杰、庞鹏:《形式理性视角下的行政约谈机制研究——以食品安全领域为例》,《探索》2016 年第 1 期。

⑧ 卢超:《互联网信息内容监管约谈工具研究》,《中国行政管理》2019 年第 2 期。

（三）信用监管工具的挑战

1. 作为回应性监管的信用监管

“放管服”改革中信用监管具有回应性监管（responsive regulation）的特点，通过信用信息评估，获取市场合规风险层级，监管机构可将更多的监管资源配置于风险较高的市场领域和经营主体。① 具体表现为，根据企业信用情况、行业风险状况选择监管手段和监管频率：合规信用记录越好的市场主体，监管手段越轻缓，监管频率越低，反之提高监管措施采用的频率、标准和力度。② 此外，在食品药品、环境保护、安全生产等领域采取事中事后监管时，监管机构在最低抽查比例基础上，可针对敏感区域与重点行业，针对有违法、违规、群众多次投诉记录与具有高失信风险的经营主体，增加检查频率，实施重点监管，同时降低对合规信用良好的企业的监管强度，进行次重点管理。③

2. 信用监管工具的实践挑战

在实施中，信用监管工具往往注重行政效能，忽视行政合法性，难以通过比例原则的检视。在信用联合惩戒中，“一对多”信用监管将特定领域失信与多种监管措施相绑定，弱化惩戒失信行为合手段性、合目的性，使惩罚措施明显超出规范场域。④ 例如，在苏州高新区，信用惩戒实施机关针对延迟递交企业经营年报行政相对人，采取了取消其子女随迁入学名额的

① 信用风险回应性监管将通过对信用信息的评估判断监管对象的风险层级，根据信用风险评级的不同与差异化的执法措施相链接，梯度配置执法资源，共同形成多元化事中事后监管工具组合。参见《国务院关于“先照后证”改革后加强事中事后监管的意见》（国发〔2015〕62号）。

② Baldwin，R. and Black，J.，“Really Responsive Regulation”，71 *Modern Law Review*，59 - 94 (2008).

③ 生态环保部《关于公开征求〈关于做好引导企业环境守法工作的意见（征求意见稿）〉意见的通知》；《国务院安委会办公室关于进一步做好隐患排查治理体系建设示范试点工作的通知》（安委办〔2017〕13号）；《国家食品药品监管总局关于对取消和下放行政审批事项加强事中事后监管的意见》（食药监法〔2015〕65号）。

④ 沈岿：《社会信用体系建设的法治之道》，《中国法学》2019年第5期。

惩罚措施，或将未履行垃圾分类义务的当事人归入失信联合惩戒名录中，致使其消费能力受限。[①] 就信用信息搜集与处理本身而言，它是引起行政处理程序启动的阶段性行为。倘若行政机关以非关联行业的失信信息或风险评估结论为证据来实施相应的惩戒，可能违反了“禁止不当连结”的法律原则。

3. 信用监管工具的合法性控制

在“放管服”改革中使用信用监管工具，需注意信用监管的合法性，在实施信用惩戒时，应秉承正当程序的要求，关注行政相对人的权利保障。[②] 信用信息是具有诚信属性，可被行政机关加工和处理的信息。[③] 就信用信息来源的加工和处理而言，与守信目的无关的行政相对人行为信息，如疫苗接种、垃圾分类等不应成为信用监管所考虑的前提条件。

从信用监管具体措施分析，需引入“比例原则”分析框架，着重考察失信惩戒措施与失信行为的目的正当性关联，进而明确信用监管鼓励守信而非着重制裁的实施方针。在“比例原则”中，尤需着重运用“侵害最小”原则，采取对失信行政相对人权利限制最小惩戒方案。针对失信惩戒措施，需秉承正当程序原则，需保证行政相对人知情权、陈述申辩权及申请听证的权利，在惩戒措施实施后，应给予行政相对人修复信用的救济权利。[④]

四　“放管服”改革与行政程序再造

行政程序是行政主体实施行政行为遵循的方式、步骤、时限和顺序。[⑤] 在“放管服”改革中，以优化公共服务为改革目标，行政机关通过精简许

① 张欣：《“一处失信，处处受限”——信用惩戒的边界在哪里》，《光明日报》2020 年 9 月 12 日，第 7 版。

② 《优化营商环境条例》第 53 条。

③ 王瑞雪：《政府规制中的信用工具研究》，《中国法学》2017 年第 4 期。

④ 王瑞雪：《公法视野下的信用联合奖惩措施》，《行政法学研究》2020 年第 3 期。

⑤ 蔡小雪：《行政行为的合法性审查》，中国民主法制出版社，2020，第 79 ~ 80 页。

可步骤、并联许可程序、许可繁简分流、数字政府建设为主的举措，推动行政程序的制度再造。

（一）行政程序的流程再造

1. 清理不必要的行政程序

行政行为当秉承高效便民的原则。实践中，在同一许可的不同阶段，反复提交同一申请材料的重复程序层出不穷；以证明“我是我”和“我妈是我妈”为内容的“奇葩证明”程序也所在多有。[①] 上述行政程序均为违背行政许可法定原则的不必要程序，使得向行政相对人转嫁成本，“放管服”改革需对其予以缩减。[②]

清理不必要的行政程序，或可分为三种情形。第一种情形是，程序的设定缺少上位法依据。[③] 例如，规范性文件和国家技术标准未作电子招投标注册登记要求，则其他组织与个人不得设置资格预审等程序。[④] 第二种情形是设定显著影响当事人权益的行政程序前，未进行论证、评估、听取意见，这违反了正当程序原则。[⑤] 第三种情形是，可以通过法定证照、书面告知承诺、政府部门内部核查和部门间核查、网络核验、合同凭证等办理的，能被其他材料涵盖或者替代的，则可考虑取消原行政程序步骤。[⑥] 例如，可以通过户口本、身份证、护照来证明公民姓名、性别、民族、籍贯、亲子关系等户政信息，其他行政机关应予以承认，使行政相对人不必经历重复证明程序。[⑦] 对于确需保留的行政程序，需重新立项并经法律或法规确认，方可继

---

① 孔大为：《奇葩“证明”如何休?》，《人民公安》2015 年第 13 期。

② 赵元成：《简易行政程序的理论基础与制度建构》，《甘肃社会科学》2006 年第 5 期。

③ 《国务院办公厅关于简化优化公共服务流程方便基层群众办事创业的通知》（国办发〔2015〕86 号）。

④ 《电子招标投标办法》（2013） 第 22 条。

⑤ 《重大行政决策程序暂行条例》第 3、14、15 条。

⑥ 《国务院办公厅关于做好证明事项清理工作的通知》（国办发〔2018〕47 号）。

⑦ 《公安部出台〈公安派出所出具证明“五个一律”工作规定〉》，《人民日报》2018 年 9 月 18 日，第 9 版。

续保留。[①]

2. 并联办理多阶段行政许可

多阶段行政许可是就同一许可事项而言，按照职权分工和先后顺序对行政相对人依次实施的多阶段行政行为。[②] 例如，城市更新施工许可环节，从意愿征集到取得施工许可需要经历 103 个不同的行政许可程序，历时 995 个工作日，李克强总理将此种多阶段行政许可的顽疾称为"万里长征式"行政许可。[③]

针对多阶段行政行为，"放管服"改革采取并联评审、联合审批的改革措施来优化行政许可流程，缩减行政许可所用的时限。[④] 行政许可的并联模式以城乡建设、国土房产、规划改革、政府采购等多阶段行政许可程序为简化对象，将原本需要依次进行的行政许可改为多机构同时平行开展，实现行政程序的流程再造。[⑤] 例如，江苏省政府在企业投资建设方面，仅保留规划选址、用地预审（用海预审）、重大项目环境评价三项顺序实施的多阶段行政许可，除此以外的其他行政许可均由政务服务中心"一窗受理、一窗收费"，并以牵头机关行政协调多个部门并联评审、并联测试、并联勘测、并联验收和区域性评价。[⑥]

3. 对行政程序进行繁简分流

对行政程序进行繁简分流，构建多元化、多层次的行政程序，有助于确保不同繁简程度的行政案件分流到最适宜的行政程序之中，进而为当事人提

---

① 《国务院办公厅关于做好证明事项清理工作的通知》（国办发〔2018〕47 号）。

② 徐键：《论多阶段行政行为中前阶段行为的可诉性——基于典型案例的研究》，《行政法学研究》2017 年第 3 期。

③ 杨振敏：《从"万里长征图"到"汇总清单"——〈行政审批制度改革仍需落到实处〉建议书产生始末》，《民主》2014 年第 5 期。

④ 《国务院办公厅关于在自由贸易试验区开展"证照分离"改革全覆盖试点的通知》（国发〔2019〕25 号）。

⑤ 蔡莉丽、李晓刚：《基于"多规合一"的建设项目审批制度改革探索——以厦门自贸区为例》，《城市规划学刊》2018 年第 S1 期。

⑥ 《江苏省政府办公厅关于推进企业投资建设项目并联审批规范中介服务的意见》（苏政办发〔2015〕15 号）。

供最能体现公正与效率相平衡的行政管理服务。在“放管服”改革背景下，对法律关系清晰、证明材料齐全、相对人自愿选择的领域，可以削减行政程序步骤，减少行政程序时限。①

大致可将实践中采用的繁简分流标准分为三种，第一种标准着重看事实是否清楚，证据是否确凿，法律关系是否明晰。对事实清楚、证据确凿、法律关系明晰的，可考虑适用简易程序。例如在行政确认程序中，目前正在推行简单证明当场办结、复杂证明限时办结制，需要调查核实的，应当及时完成调查核实工作并据实出具，最大限度地缩短办理时间，确保居民群众能办事、办成事。②

第二种标准聚焦于对当事人权利义务影响的强弱，对所涉及案件或事务给当事人权利、义务影响相对较小的，可考虑选用简易程序。例如公安部2017年修订发布了《道路交通事故处理程序规定》，其第五章题为“简易程序”，规定对于导致财产损失的道路交通事故，以及受伤当事人伤势轻微，各方当事人一致同意适用简易程序处理的道路交通伤人事故，公安机关交通管理部门可以适用简易程序处理。③

第三种标准则考虑当事人的信用状况，当事人信用状况较好时，则适用相对简化的行政程序。例如在办理适用信用承诺制的行政许可事项时，申请人承诺符合审批条件并提交有关材料的，应予即时办理。申请人信用状况较好、部分申报材料不齐备但书面承诺在规定期限内提供的，应先行受理，加快办理进度。④

相较于一般程序而言，行政许可简易程序的简化之处主要体现于行政许可办理时限和许可步骤上。例如，在设计市场主体简易注销程序时，将申请

① 石珍：《行政执法事务繁简分流的程序构建——以s市s局的执法数据为研究对象》，《行政法学研究》2015年第5期。

② 《民政部、国家发展改革委、公安部、司法部、人力资源社会保障部、国家卫生健康委关于改进和规范基层群众性自治组织出具证明工作的指导意见》（民发〔2020〕20号）。

③ 《道路交通事故处理程序规定》第23条。

④ 《国务院办公厅关于加快推进社会信用体系建设构建以信用为基础的新型监管机制的指导意见》（国办发〔2019〕35号）。

者在国家企业信用信息公示系统的公示程序改为有关部门的内部审核程序，办结时限从 20 日缩短为 10 日。[①] 行政许可程序的简化还体现为行政许可申请材料和审查条件的简化。例如，生产简化许可目录中产品的工业企业，在提交申请和检验报告后，经形式审查合格就可先行领取生产许可证，不需接受发证前现场产品检验。[②]

（二）电子政务与行政程序创新

运用大数据、互联网等技术手段促进依法行政是《法治政府建设实施纲要（2021—2025 年）》的重点规划目标之一。[③] 电子政务是突破传统行政方式的时空限制，借助信息化技术手段为相对人提供政务服务的行政体制机制。[④] 电子政务在一定程度上打破了时间、空间和信息上的区隔，有助于提供更为网络化、快捷化、个性化的行政服务。

1. 电子政务促进行政程序再造

电子政务本身构成了行政程序制度创新的来源，它有助于以符合效能原则的方式来实现行政任务。基于互联网的技术优势，可以设计简化、灵活、迅速且合乎行政目的的行政程序，让行政程序不再局限于行政管理的单方需要，而是以良好的公众体验为中心，建构用户友好型的行政程序，这有助于行政相对人基本权利的及时实现。[⑤]

就实施行政程序的时间而言，适用智能化行政许可方案的电子政务项目将具备全天候即时政务服务能力，行政许可申请、材料收缴等环节将不受行政机关办公人力和时间的限制。[⑥] 例如，山东青岛行政许可有关部门通过网

---

① 《市场主体登记管理条例》第 33 条。

② 《国务院关于调整工业产品生产许可证管理目录和试行简化审批程序的决定》（国发〔2017〕34 号）。

③ 《中共中央、国务院印发〈法治政府建设实施纲要（2021—2025 年）〉》，载中国政府网，http://www.gov.cn/zhengce/2021-08/11/content_5630802.htm，最后访问时间：2021 年 9 月 19 日。

④ 《国家电子政务总体框架》（国信〔2006〕2 号）。

⑤ 宋华琳：《电子政务背景下行政许可程序的革新》，《当代法学》2020 年第 1 期。

⑥ 程春荣：《政务服务不打烊应向深向实》，《团结报》2021 年 1 月 9 日，第 2 版。

络智能化办理社会组织印章备案，社会组织登记证书到期换发、遗失补发等服务，实现二十四小时即报即批、即批即得。①

就实施行政程序的空间而言，政务网站借助 PC、手机端口，将行政相对人本需去现场进行材料提交、查询行政许可进度的程序，转至在线进行，并赋予自动化生成的电子证照与实体证照相同的证明效力。② 就跨部门、跨地域的多阶段行政许可程序而言，基于国家一体化政务网络平台的政务信息互联共享可“让数据多跑腿，群众少跑腿”，使行政相对人免于在不同行政机关间奔波之苦。③

就实施行政程序的方式而言，行政程序可经由电文、信号等数字介质实施。④“放管服”改革进一步对行政程序的申请、受理、审查、决定、送达提出了“全程在线”的要求。⑤ 无论是行政行为做出前进行的行政相对人陈述、申辩听取程序，重大行政决策实施前的征求意见程序，抑或政府信息公开程序，均可通过数据、电文以即时交互的方式进行，这提高了行政程序的便利化程度。⑥

2. 电子政务革新的合法性控制

在电子政务活动使行政相对人享受便利的同时，传统行政方式中相对稳固的行政制度框架也受到了一定冲击。⑦ 面对监管自动化的算法黑箱和数据隐私泄露等问题，如何保障行政相对人电子政务中的正当权利，行政程序再

① 刘国：《以电子方式作出行政行为的法学解读——概念、理论与规制》，《华中科技大学学报》（社会科学版）2019 年第 4 期。

② 吴应良、肖炯恩：《电子政务治理理论框架下的政务数据共享创新研究》，《电子政务》2018 年第 10 期。

③ 例如《浙江省公共数据和电子政务管理办法》所设定的第一批公共数据共享清单，向政府机关行政服务中心开放了 29 个省级行政部门，2600 个审批项目相关的公共数据权限，对于户籍人口、民政社保、资格审查等领域的行政审批流程精简具有关键作用。上海市立法研究所编《“一网通办”法律规制》，法律出版社，2020，第 70 页。

④ 《行政许可法》第 29 条；《税收征收管理法》第 26 条。

⑤ 《国务院关于加快推进“互联网 + 政务服务”工作的指导意见》（国发〔2016〕55 号）。

⑥ 宋华琳：《电子政务背景下行政许可程序的革新》，《当代法学》2020 年第 1 期。

⑦ 展鹏贺：《数字化行政方式的权力正当性检视》，《中国法学》2021 年第 3 期。

造需强化合法性控制。[1]

就行政相对人隐私保障而言，电子政务的隐私安全、数据合规体系建构尚存不足。电子政务系统存储了大量内容敏感、记载详细的隐私信息，而互联共享的数字平台增加了信息泄露风险。社会保险系统、户籍查询系统、公共卫生系统等都有存在高危漏洞的风险。[2] 需考虑制定电子政务中的隐私信息合规体系，在技术上或可采取将政务服务中的信息材料进行安全格式设置，对投诉人、举报人、吹哨人等关键身份信息全流程隐藏处理等措施。[3]

就电子政务改革的法定限度而言，电子政务建设需坚持程序辅助性原则，不能以人工智能治理程序来完全取代行政官员的裁量判断。以《新一代人工智能发展规划》为代表的政策文件虽然允许了电子政务智能化的制度探索，但以宪法、法律为代表的规范体系并未赋予电子政务从程序环节向实体决定跃迁的合法性基础。[4] 以算法黑箱为代表的信息技术问题尚待解决，人工智能大规模介入实体行政决定的时机尚未彻底成熟，在将人工智能治理引入行政程序再造时，需考虑以算法信息公开、算法公众参与、算法可归责性为前提。[5]

结　语

面对厘定市场政府关系、改善事中事后监管措施、优化公共服务的制度疑难，“放管服”不仅是提升治理效能的破局良机，更注定是需要行政法理

① Basukie Jessica, “Big Data Governance and Algorithmic Management in Sharing Economy Platforms: A Case of Ridesharing in Emerging Markets”, 161 *Technological Forecasting and Social Change*, 120310 (2020).

② 于洁、季木子：《我国电子政务中的个人信息保护问题探析》，《北京电子科技学院学报》2020 年第 2 期。

③ 《国务院办公厅关于印发“互联网 + 政务服务”技术体系建设指南的通知》（国办函〔2016〕108 号）。

④ 展鹏贺：《数字化行政方式的权力正当性检视》，《中国法学》2021 年第 3 期。

⑤ 张欣：《从算法危机到算法信任：算法治理的多元方案和本土化路径》，《华东政法大学学报》2019 年第 6 期。

论不断引导，用行政制度革新不断推动的未竟之题。行政法研究不应止于快速回应“放管服”技术性热点问题，更应向理论深处探索，触及隐藏在“放管服”改革背后的行政法“预流”之学。“放管服”中的行政法学定位，不仅需描述趋向、回应热点、解释实践，还应从中提炼法学原理，勾勒法学命题，为改革提供法治导引。

“放管服”改革并非完美无缺。在推行“简政放权”的过程中，要对政府与市场、国家与社会关系有深层次思考，思考应当将哪些权力交由市场与社会行使，哪些权力又是本质上属于行政机关的职能，不能一味精简；在加强事中事后监管时，要考虑监管工具箱中的监管方式选择，更为着重不同监管工具的组合运用；在通过行政程序再造、技术赋能以优化公共服务时，则需考虑如何设计用户友好型的行政程序，如何让公众能有效参与到“放管服”改革的政策形成过程之中。

在推行“放管服”改革时，往往更为注重制度改革有效性，而相对忽视了制度改革合法性。要正确认识改革与法治的关系，为“放管服”改革系上行政法治之锚。第一，应坚持法律优位，不能违法推行“放管服”改革。第二，当“放管服”改革在形式上遇到法律障碍时，应首先通过法律解释、漏洞补充等技术，在法律体系内予以解决。① 第三，要实现立法和“放管服”改革决策相衔接，做到重大“放管服”改革于法有据，立法主动适应“放管服”改革发展需要。在研究“放管服”改革方案和改革措施时，要同步考虑改革涉及的立法问题，及时交流立法需求、提出立法建议、进行立法尝试。实践证明行之有效的，要及时上升为法律。实践条件还不成熟、需要先行先试的，要按照法定程序作出授权。对不适应改革要求的法律法规，要及时修改和废止。②

① 李洪雷：《深化改革与依法行政关系之再认识》，《法商研究》2014 年第 2 期。

② 习近平：《运用法治思维法治方式推进改革》，《中国青年报》2014 年 10 月 28 日，第 1 版。

B.5

我国行政备案实施情况及立法构想

张 红 李诗勤 等*

摘 要： 随着我国行政审批制度改革深入推进，行政审批事项逐年减少的同时，行政备案事项逐年增加。作为一种相对缓和的手段，行政备案被日益广泛运用于行政管理各个领域。通过搜集国务院机构及北京市、上海市、深圳市、成都市实施行政备案的信息，发现存在行政备案事项过多过滥，以备案之名行许可之实，设定备案事项的依据法律层级较低，备案程序不统一，与备案有关的法律责任设定混乱等问题。行政备案立法具有必要性，应当以巩固行政审批制度改革成果、规范行政备案实施为核心目标，坚持厘清政府和市场、政府和社会关系的理念。拟制定的“行政备案条例”应当界定行政备案及其范围，明确行政备案的设定权与设定行政备案的事项范围，规范行政备案的实施程序，合理设定法律责任。

关键词： 行政备案 行政审批 行政备案条例

近年来，为实现简政放权、放管结合、优化服务的政府职能的转变，

---

* 本报告作者：张红、李诗勤、岳洋、姜初阳、杜娃妮、申晴、廖青松。张红，北京师范大学法学院教授，博士生导师，主要研究方向为行政法与行政诉讼法、国家赔偿法、证券规制等；李诗勤、岳洋、廖青松、姜初阳、杜娃妮、申晴为北京师范大学法学院硕士研究生，主要研究方向为行政法学。作者分工：张红负责统筹和报告撰写，其余作者协助进行数据检索、分析及图表制作工作。

行政审批制度改革持续深入进行。整体上，行政审批项目总数呈明显下降趋势，而作为一种相对缓和的监管方式，行政备案事项却逐年增加，行政备案被日益广泛地运用于行政管理的各个领域。但是实践中存在诸多行政备案类型，行政备案事项不仅数量繁多，且不同层级行政机关、不同地域行政机关实施的备案事项在备案方式、备案条件、备案程序等方面存在较大差异。因此，本报告拟梳理行政备案的实施现状与存在的问题，并提出立法建议。

就现有规定而言，可依据备案内容将其分为四类：第一类是“法律规范的备案”，是指备案对象是法规规章和规范性文件；第二类是行政机关系统内部信息的备案，较为常见的是行政机关作出重大行政处罚决定之后向其上一级机关备案的情况；第三类是行业协会成员就有关事项向行业协会进行的备案；第四类是行政机关要求相对人就有关事项向其备案。① 本报告的研究对象是上述第四类备案，即行政相对人向行政机关报告某些事项。在各层次法律规定中，除了“备案”还有“报送”“报告”“报备”等用语。②

一　实践中的行政备案类型

行政备案按照不同标准，可划分为不同类型。以行政机关是否对相对人

① 张红：《行政备案存在的问题与立法构想》，《广东社会科学》2021 年第 4 期。

② 本报告搜集了国务院各机构以及北京市、上海市、深圳市和成都市这四个城市（以下简称“四个城市”）的行政备案事项。关于信息收集和数据分析，需要说明以下情况。第一，国务院各机构包括国务院部门、国务院办事机构、国务院直属机构、国务院直属事业单位、国务院直属特设机构、国务院部委管理的国家局。北京市、上海市、深圳市和成都市这四个城市的行政备案事项包括市级人民政府及其各工作部门以及区县级层面实施的行政备案，只在区县级层面实施的行政备案事项并未收集。第二，主要搜索途径是国务院及其机构、四个城市人民政府及其工作部门的官方网站，以新闻报道等作为补充。第三，以下情况的备案未列入数据统计分析范围：一是，仅能在一些文件、新闻报道或者网页中找到行政备案事项的名称，但在相关部门的网站中没有信息；二是，行政备案所依据的法律规定已经失效的；三是，在行政处罚的权力清单中有不进行备案的处罚规定，但找不到相应备案事项信息的。第四，所有备案事项的数据截止到 2021 年 3 月 31 日，于 2021 年 8 月 22 日更新。

提交的备案材料进行审查为标准，可分为“告知型”备案和“审查型”备案。其中“审查型”备案又可分为“实质审查型”备案和“形式审查型”备案。以相对人进行备案的时间阶段来划分，又可将行政备案区分为事前备案和事后备案。

（一）“告知型”备案和“审查型”备案

1. “告知型”备案

“告知型”备案是指相对人向行政机关提交备案材料，行政机关不进行审查，直接予以接收，接收材料即视为完成备案。对于“告知型”备案事项，最常见的情形是行政相对人在指定网站下载表格，填写后在网络上或者现场提交，行政机关收到材料即视为完成备案，无须向相对人出具备案文书或者决定。实践中，“告知型”备案相对占比较少。国务院各机构实施的行政备案事项中，“告知型”备案约占比 2.37%。

某些法律规定中使用了“告知性备案”这一用语。例如，《工程咨询行业管理办法》（国家发展改革委员会令第 9 号）第 6 条规定，“对工程咨询单位实行告知性备案管理”。《生产安全事故应急预案管理办法》第 26 条也出现了这一表述。①

更多的情况下，法律规定中并未明确某个备案事项是否属于“告知型”备案，我们通过查阅行政机关公开的备案事项办理条件、流程等信息，将某些事项归属于这种类型。例如，上海市交通委员会实施的“经营国际船舶管理业务备案”，按照《交通运输部关于公布四项交通运输行政许可事项取消后的事中事后监管措施的公告》的规定，取消“经营国际船舶管理业务许可（中资）D15005”后的事中事后监管措施，且地方交通运输主管部门加强国际船舶管理企业备案管理。因此，注册在上海市经营国际船舶管理业务的企业法人向交通委通过“一网通办”提交申请资料后，对于提交材料

① 《生产安全事故应急预案管理办法》（国家安全生产监督管理总局第 88 号令）第 26 条：生产经营单位应当在应急预案公布之日起 20 个工作日内，按照分级属地原则，向安全生产监督管理部门和有关部门进行告知性备案。

齐全，符合规定形式的，系统自动备案通过。①

2. “审查型”备案

“审查型”备案是指行政机关对相对人提交的备案材料进行审查后予以备案或不予以备案。根据行政机关对备案材料进行形式审查还是实质审查，可以进一步区分为“形式审查型”备案和“实质审查型”备案。实践中，“审查型”备案占据行政备案事项绝大多数。

（1）“形式审查型”备案。行政机关对相对人提交的备案材料的完整性、有效性进行审查，只要符合形式要求即予以备案的，属于“形式审查型”备案。其主要目的在于向有关行政主体传递相关信息，以方便行政机关实施行政管理和服务、开展行政决策等，因此行政机关无须对备案事项的客观事实进行调查核实。例如，北京市教育委员会实施的“民办高校学籍和教学管理制度备案”，提交民办学校学籍和教学管理制度原件 1 份，并加盖学校公章（首页盖章、骑缝章），经审查符合学校实际，客观真实、合法后给予备案。

（2）“实质审查型”备案。行政机关对于相对人提交的备案材料进行实质性审查，属于“实质审查型”备案，也有部分学者将其称为“监督性行政备案”。一般情况下，“实质审查型”备案事项，在相对人提交的备案材料数量上要求较多，在审查形式上行政机关不仅审查备案材料的形式要件，更重要的是还要对公民、法人或其他组织所提供材料的具体内容，如相关事由、材料等进行实质审查，对于内容不符合条件要求的不予备案。以此实现有关行政主体监督检查的目的，可以有效排除备案事项的潜在危险或对不利后果进行补救。

行政机关的实质审查主要包括以下两种情况。

一是，行政机关工作人员对相对人提交的备案材料逐项进行审查。例如，北京市发展和改革委员会实施的“境外投资项目备案”，根据相关规章

---

① 《经营国际船舶管理业务备案》，载上海一网通办，https：//zwdt. sh. gov. cn/govPortals/bsfw/item/824780ab - f13b - 4bee - a390 - db2081b3b678，最后访问时间：2021 年 10 月 30 日。

和行政规范性文件的要求，[①] 当境外投资项目的投资主体是地方企业，且中方投资额在3亿美元以下时，备案机关是投资主体注册地的省级政府发展改革部门。投资主体应当提交如下备案申请材料：①境外投资项目备案申请表；②投资主体股权架构图；③投资主体财务报表；④投资主体投资决策文件；⑤具有法律约束力的投资协议或类似文件；⑥投资资金来源真实合规的支持性文件；⑦境外投资真实性承诺书。境外投资管理部门在受理相对人的申请后，经审查和决定后，办结备案。[②]

二是，在作出备案决定之前，行政机关实施特别程序进行核查，如专家审查、实地核查等。例如，生态环境部实施的“重点实验室建设调整备案”，重点实验室建设过程中，若需对原计划内容进行实质性调整，需将调整后的申请书报送生态环境部备案。必要时生态环境部将重新组织论证，经审核后方可实施。成都市住房和城乡建设局实施的预拌砂浆生产企业备案，行政机关在受理备案申请之后，进行实地核查，才能完成备案。[③]

国务院各机构实施的行政备案事项中，“告知型”备案9项，占比2.37%；“形式审查型”备案188项，占比49.47%；“实质审查型”备案180项，占比47.37%。国务院各机构和四个城市的备案类型分布如下表1所示。

---

① 这些规章和规范性文件包括：《企业境外投资管理办法》（国家发展改革委令2017年第11号）、《国务院办公厅转发国家发展改革委商务部人民银行外交部关于进一步引导和规范境外投资方向指导意见的通知》（国办发〔2017〕74号）以及《北京市发展和改革委员会关于进一步优化北京市企业境外投资项目备案管理的通知》（京发改规〔2020〕2号）等。

② 《境外投资项目备案》，载北京市人民政府，http：//banshi. beijing. gov. cn/pubtask/task/1/110000000000/24d51130 - 9565 - 11e9 - 8300 - 507b9d3e4710. html? locationCode = 110000000000&serverType = 1003，最后访问时间：2021年10月30日。

③ 《预拌砂浆生产企业备案》，载四川政务服务网，http：//www. sczwfw. gov. cn/jiq/front/transition/ywTransToDetail? areaCode = 510100000000&itemCode = 511Z0171700000 - 510100000000 - 000 - 11510100009172554K - 1 - 00&taskType = 10&deptCode = 2317，最后访问时间：2021年10月30日。

表1　以“告知型”和“审查型”为标准划分的国务院各机构和四个城市的备案类型

单位：%

城市	“告知型”	“形式审查型”	“实质审查型”
国务院各机构	2.37	49.47	47.37
北京市	6.56	30.74	62.70
上海市	8.65	62.16	29.19
深圳市	5.03	69.81	25.16
成都市	8.82	78.24	12.94

注：以“告知型”“形式审查型”“实质审查型”划分行政备案事项类型，还存在不明确的情况，比例占0.79%。

数据来源：作者通过国务院及其机构、四个城市人民政府及其工作部门的官方网站自行搜集并分析整理，关于信息收集和数据分析的具体方法，参见94页注②，检索时间截至2021年8月22日。

（二）事前备案和事后备案

1. 事前备案

事前备案是指相对人在从事某项活动之前需要先向行政机关提交备案材料。例如，国家发展改革委、国家能源局实施的油气开发项目备案，根据《油气开发项目备案及监管暂行办法》（发改能源规〔2019〕1805号）规定，企业应当在开工建设前通过在线平台将下列信息告知备案机关：企业基本情况，项目名称、建设地点、建设规模、建设内容，项目总投资额，项目符合产业政策的声明等。

2. 事后备案

事后备案是指相对人在从事某项活动之后需要向行政机关提交备案材料。例如，商务部实施的商业特许经营企业备案，根据《商业特许经营备案管理办法》（商务部令2011年第5号）第7条的规定，特许人应当在与中国境内的被特许人首次订立特许经营合同之日起15日内向备案机关申请备案。根据第8条规定，当部分备案信息有变化的，特许人应当自变化之日起30日内向备案机关申请变更。

国务院各机构和四个城市备案事项按照事前事后的标准划分，具体情况如下表2。

表 2　以事前事后为标准划分的国务院各机构和四个城市备案类型

单位：%

机构	事前备案	事后备案
国务院各机构	15.26	84.74
北京市	27.87	72.13
上海市	36.07	63.93
深圳市	56.99	43.01
成都市	34.12	65.88

数据来源：作者通过国务院及其机构、四个城市人民政府及其工作部门的官方网站自行搜集并分析整理，关于信息收集和数据分析的具体方法，参见 94 页注②，检索时间截至 2021 年 8 月 22 日。

二　行政备案的实施现状与问题

我们收集行政备案事项信息后，基本了解了国务院各机构和四个城市行政备案的现状，主要包括以下方面。

（一）行政备案事项数量多、差异大

随着行政审批制度改革的推进，行政审批事项逐渐取消，行政审批权力向地方下放。许多行政审批事项摇身一变，成为行政备案事项。经梳理发现，行政备案事项呈现出数量多、差异大的明显特点。

1. 行政备案事项数量多

国务院各机构实施的行政备案事项共有380 项。其中一部分事项只能由国家层面的各部委、直属机构、直属事业单位等负责实施，共计159 项；另一部分是从区县级到省级政府工作部门负责实施，共计221 项。国务院部委中，交通运输部主管73 项行政备案，居于首位。具体情况如下表3、表4 所示。

四个城市实施的行政备案事项数量存在差异。其中，一部分能找到具体信息，还有一部分只能找到线索，但无法找到具体的信息。具体情况如下表5。

表 3　国务院各机构实施的行政备案事项

单位：项

类型＼机构	国务院部委	国务院办事机构	国务院直属机构	国务院直属事业单位	国务院直属特设机构	国家局
国家机构	69	2	19	39	4	26
省级及以下政府工作部门	163	0	15	28	2	13
总计	232	2	34	67	6	39

数据来源：作者通过国务院及其机构的官方网站自行搜集并分析整理，关于信息收集和数据分析的具体方法，参见 94 页注②，检索时间截至 2021 年 8 月 22 日。

表 4　国务院所有机构中实施行政备案事项数量排名前五的情况

单位：项

具体部门	各层级汇总	国家层面	省级以下政府工作部门
交通运输部	73	8	65
中国证券监督管理委员会	34	29	5
中国银行保险监督管理委员会	23	8	15
中国人民银行	18	4	14
住房和城乡建设部	18	1	17

数据来源：作者通过国务院及其机构的官方网站自行搜集并分析整理，关于信息收集和数据分析的具体方法，参见 94 页注②，检索时间截至 2021 年 8 月 22 日。

表 5　四个城市实施的行政备案事项

类型	北京市①	上海市②	深圳市③	成都市④
有具体信息的备案事项	244	186	198	170
无具体信息的备案事项	103	173	67	107
备案事项总数	347	359	265	277

① 北京市部门服务，载北京市人民政府官网，http：//banshi. beijing. gov. cn/pubtask/bmfw. html? locationCode = 110000000000，最后访问时间：2021 年 10 月 30 日。

② 上海市政务服务事项清单，载上海一网通办，https：//zwdt. sh. gov. cn/govPortals/column/matterslist/inventory. html，最后访问时间：2021 年 10 月 30 日。

③ 深圳市权责清单，载广东政务服务网，http：//www. gdzwfw. gov. cn/portal/affairs - public - duty - list? region = 440300，最后访问时间：2021 年 10 月 30 日。

④ 成都市服务清单，载四川政务服务网，http：//www. sczwfw. gov. cn/jiq/front/item/qlqd? areaCode = 510100000000，最后访问时间：2021 年 10 月 30 日。

四个城市实施行政备案排名前五的部门及其实施的备案事项具体情况详见下表6。[①] 四个城市中，北京、深圳和成都三个城市实施备案事项排名前五的部门中均有市场监管部门、住房和城乡建设部门、公安部门、交通部门，情况较为接近，备案事项更为侧重公共服务和社会管理领域。上海市的情况具有较明显的特色，实施备案事项最多的五个部门中有四个部门是与宏观调控和市场监管有关，涉及社会经济事务较多。

表6　四个城市实施行政备案排名前五的部门及其实施的备案事项

	北京市		上海市		深圳市		成都市	
排名	部门	备案事项	部门	备案事项	部门	备案事项	部门	备案事项
1	北京市市场监督管理局	38	上海市市场监督管理局	43	深圳市交通运输管理局	32	成都市市场监督管理局	28
2	北京市交通委员会	31	上海市交通委	32	深圳市公安局	21	成都市公安局	25
3	北京市公安局	25	上海市发展和改革委员会	23	深圳市住房和建设局	20	成都市住房和城乡建设局	24
4	北京市卫生健康委员会	21	上海市商务委员会	23	深圳市市场监督管理局	20	成都市交通运输局	22
5	北京市住房和城乡建设委员会	20	上海市经济和信息化局	22	深圳市规划和自然资源局	16	成都市文化广电旅游局	19

数据来源：作者通过四个城市人民政府及其工作部门的官方网站自行搜集并分析整理，关于信息收集和数据分析的具体方法，参见94页注②，检索时间截至2021年8月22日。

值得注意的是，一些行政机关实施的行政备案事项数量与该部门实施的行政许可事项非常接近，有的已经超过了行政许可事项的数量。以四个城市实施行政备案事项数量前五的部门为例，可以清楚地看到实施行政许可和行政备案的数量对比关系。具体情况见下表7、表8、表9、表10。

① 这些备案事项既包括有详细信息的，也包括只有线索而没有详细信息的情况。

表 7　北京市实施行政备案事项数量排名前五的部门实施行政许可和行政备案的数量

单位：项

序号	北京市政府工作部门	行政备案	行政许可
1	北京市市场监督管理局	38	14
2	北京市交通委员会	31	87
3	北京市公安局	25	68
4	北京市卫生健康委员会	21	26
5	北京市住房和城乡建设委员会	20	17

数据来源：作者通过北京市政府及其工作部门的官方网站自行搜集并分析整理，关于信息收集和数据分析的具体方法，参见 94 页注②，检索时间截至 2021 年 8 月 22 日。

表 8　上海市实施行政备案事项数量排名前五的部门实施行政许可和行政备案的数量

单位：项

序号	上海市政府工作部门	行政备案	行政许可
1	上海市市场监管局	43	22
2	上海市交通委员会	32	54
3	上海市发展和改革委员会	23	8
4	上海市经济和信息化委员会	23	9
5	上海市商务委员会	22	13

数据来源：作者通过上海市政府及其工作部门的官方网站自行搜集并分析整理，关于信息收集和数据分析的具体方法，参见 94 页注②，检索时间截至 2021 年 8 月 22 日。

表 9　深圳市实施行政备案事项数量排名前五的部门实施行政许可和行政备案的数量

单位：项

序号	深圳市政府工作部门	行政备案	行政许可
1	深圳市交通运输局	32	34
2	深圳市市场监督管理局	21	40
3	深圳市住房和建设局	20	21
4	深圳市公安局	20	40
5	深圳市人力资源和社会保障局	16	53

数据来源：作者通过深圳市政府及其工作部门的官方网站自行搜集并分析整理，关于信息收集和数据分析的具体方法，参见 94 页注②，检索时间截至 2021 年 8 月 22 日。

表 10　成都市实施行政备案事项数量排名前五的部门实施行政许可和行政备案的数量

单位：项

序号	成都市政府工作部门	行政备案	行政许可
1	成都市市场监督管理局	28	19
2	成都市公安局	25	33
3	成都市住房和城乡建设局	24	7
4	成都市交通运输局	22	63
5	成都市文化广电旅游局	19	22

数据来源：作者通过成都市政府及其工作部门的官方网站自行搜集并分析整理，关于信息收集和数据分析的具体方法，参见 94 页注②，检索时间截至 2021 年 8 月 22 日。

2. 行政备案事项差异大

从中央到地方各层级各地区的行政机关在实施行政备案过程中存在明显差异，如备案事项范围不同、备案程序不一致、监督手段差异大等。具体如下。

其一，不同城市落实法律、行政法规、国务院部委规章以及国务院部委发布的规范性文件中设定的行政备案事项的情况参差不齐，在某些城市的官网并未找到相应的备案事项。究其原因，有可能是存在备案事项，但网站上没有公开相关信息，也有可能是某些城市并未落实国务院及其部委的规定。

其二，各城市以市级政府及其部门规范性文件的形式设定了行政备案事项，其中一些备案事项凸显了地方特色。例如，深圳市由于毗邻港澳，出台了包括香港建设领域专业人士/机构备案、港深往来汽车备案等特殊行政备案事项。

其三，不同地区的同一部门所实施的备案事项存在很大差异。例如，通过梳理发现，北京市交通委员会实施行政备案事项 31 项，上海市交通委员会实施 32 项，深圳市交通运输局 32 项，而成都市交通运输局 22 项。可见，各地方备案事项存在较大差异。

（二）行政备案与行政许可的关系有待厘清

1. 作为行政审批替代品的备案

随着国务院行政审批制度改革的深化，以行政备案替代行政许可的情况较为常见。如，2021 年 4 月 29 日第十三届全国人民代表大会常务委员会第二十八次会议通过了关于修改《中华人民共和国道路交通安全法》等八部法律的决定。其中就《中华人民共和国海关法》进行了修改，将“报关企业注册登记”行政许可事项调整为备案管理。

在国务院历次取消行政审批事项决定中，有的行政审批事项转为“告知性”备案。还有一些行政审批事项，虽然没有明确变成备案，但在备注栏中有关于备案的制度设计。如在 2017 年《国务院关于第三批取消中央指定地方实施行政许可事项的决定》（国发〔2017〕7 号）中，明确取消民办学校招生简章和广告备案核准，但在备注一栏要求“取消审批后，实行事后备案管理”。① 再如，2015 年 5 月 13 日，国务院发布的《国务院关于推进国际产能和装备制造合作的指导意见》（国发〔2015〕30 号）中明确指出，“取消境外投资审批，除敏感类投资外，境外投资项目和设立企业全部实行告知性备案”。②

2. 作为行政许可的备案

目前，还存在一些行政备案，本质上就是行政许可。以上海市实施的“深井报废的事先备案”为例，根据《上海市深井管理办法》，因损坏严重或者建造房屋等需报废深井，经施工单位鉴定确属无法修复使用的，应当事先向深井管理部门备案。在上海一网通办中，该事项被归为行政许可。③

3. 部分事项以行政备案之名行许可之实

根据《行政许可法》第 2 条的规定，行政许可具有三个基本要素：一是公民、法人或者其他组织提出申请；二是行政机关依法对公民、法人或者其他组织的申请进行审查；三是行政机关经审查后准予公民、法人或者其他

① 《国务院关于第三批取消中央指定地方实施行政许可事项的决定》，载中国政府网，http://www.gov.cn/zhengce/content/2017-01/21/content_5161879.htm，最后访问时间：2021 年 10 月 30 日。

② 《国务院关于推进国际产能和装备制造合作的指导意见》，载中国政府网，http://www.gov.cn/zhengce/content/2015-05/16/content_9771.htm，最后访问时间：2021 年 10 月 30 日。

③ 《深井报废的事先备案》，载上海一网通办，https://zwdt.sh.gov.cn/govPortals/bsfw/item/32999021-befb-4f1a-992e-4930e45c9c77，最后访问时间：2021 年 10 月 30 日。

组织从事特定活动。

当前，以行政备案之名行许可之实的乱象仍旧存在，某些已被取消的行政审批项目借由备案的名义继续存在，特殊情形下行政机关在事前就对备案事项进行实质审查，其法律效果几乎等同于行政许可。以出口食品生产企业备案为例，根据《出口食品生产企业备案管理规定》（海关总署令第243号）的相关规定，海关总署和主管海关实施出口食品生产企业备案。出口食品生产企业申请备案时，在提交备案申请材料之后，海关在受理备案申请后存在专家评审的特别程序，且出口食品生产企业未依法履行备案法定义务或者经备案审查不符合要求的，其产品不予出口。可见，上述事项均是未经备案相对人便不能从事相应的活动，因此这些行政备案事项性质上仍然是行政许可。

还有境外投资项目备案，集体合同审查（含企业工资集体协议审查备案），进口图书在沪印制备案，电视剧（国产电视动画片）拍摄制作备案公示的许可（初审），图书、期刊印制委托书的备案等。[①] 上述备案事项，结合其行为内容、对相对人权益的影响以及实施程序看，性质上均属于行政许可。

（三）设定备案事项的法律文件层级较低

设定新的行政备案事项，意味着创设新的权利义务关系。通过对行政备案事项的设定依据进行统计发现，[②] 当前设定行政备案事项的法律文件层级相对较低。

首先，国务院各机构实施的行政备案事项，法律设定的有47项，占比12.43%；行政法规设定的有36项，占比9.52%；行政规章设定的有225项，占比59.52%；规章以下规范性文件设定的有70项，占比18.52%。可见，以法律、行政法规设定行政备案事项共占比21.95%，以部委规章设定

---

① 此处列举的备案来源于上海一网通办在行政许可类型中搜索的备案。

② 比如，有的备案事项在行政法规和规章里都有规定，此情况下按照行政法规设定来进行计算。

行政备案事项的情况约占到总数的3/5。

其次，四个城市所实施行政备案事项的设定依据有较多的共通性，其中，法律和行政法规设定的行政备案事项数量一般占比不到30%。依据相对较多的是行政规章和规范性文件，地方性法规则较少设定。设定依据的具体分布情况如下表11。

表11　四个城市所实施行政备案事项的设定依据

单位：%

城市	法律	行政法规	地方性法规	行政规章	规范性文件
北京市	20.90	24.18	7.79	27.01	20.08
上海市	22.03	23.73	8.90	31.36	13.98
深圳市	16.20	21.79	11.17	34.08	16.76
成都市	20.59	27.06	4.71	28.23	19.41

数据来源：作者通过四个城市人民政府及其工作部门的官方网站自行搜集并分析整理，关于信息收集和数据分析的具体方法，参见94页注②，检索时间截至2021年8月22日。

以北京市科学技术委员会为例，其共实施5项行政备案，其中规范性文件设定5项，占比100%。规范性文件包括部委规范性文件和地方政府部门规范性文件。再如，北京市人力资源和社会保障局共9项行政备案，其中规范性文件设定的有6项，占比66.67%，包括部委发布的规范性文件4件，北京市人社部门发布的规范性文件2件。可见，规范性文件设定行政备案的情况占比较多。我们对国务院各机构和四个城市依据规范性文件设定的行政备案事项进行了具体分析。

在国务院各机构所实施的行政备案事项中，依据规范性文件设定的行政备案事项共有70项。其中，依据国务院部门司局规范性文件设定的行政备案事项数量最多，共47项，占比67.14%。其次是依据国务院部门规范性文件设定的行政备案事项，共23项，占比32.86%。

四个城市实施的行政备案以规范性文件形式设定的具体情况如下。首先，依据国务院部门规范性文件设定的行政备案事项普遍较多。例如，北京市有9项，占比18.37%。成都市有18项，占比56.25%。其次，北京市和上海市，除依据国务院部门规范性文件设定的行政备案事项较多外，依据省、直辖市部门规范性文件设定的行政备案事项也相对较多。例如，北京市有 17 项，占比 34.69%。深圳市和成都市，除依据国务院部门规范性文件设定的行政备案事项较多外，依据设区的市级部门规范性文件设定的行政备案事项相对较多。例如，深圳市有 8 项，占比 26.67%。再次，四个城市依据国务院部门司局级规范性文件设定行政备案事项也占有一定的比例，北京市和上海市较为明显。例如，北京市有 18 项，占比 36.73%。上海市有 6 项，占比 28.57%。综上，四个城市所实施的行政备案事项，国务院部门规范性文件和地方政府部门规范性文件设定的情况占比较多。四个城市的具体数据如下表 12 所示。

表 12　国务院各机构和四个城市依据规范性文件设定的行政备案事项的数量

单位：项

设定层级 城市	各层级汇总项	国务院决定	国务院部门规范性文件	国务院部门司局级规范性文件	省、直辖市级政府规范性文件	省、直辖市级部门规范性文件	设区的市级政府规范性文件	设区的市级部门规范性文件
北京市	49	3	9	18	2	17	0	0
上海市	21	0	4	6	4	7	0	0
深圳市	30	1	10	3	0	3	5	8
成都市	32	1	18	1	1	5	0	6

数据来源：作者通过国务院及其机构、四个城市人民政府及其工作部门的官方网站自行搜集并分析整理，关于信息收集和数据分析的具体方法，参见 94 页注②，检索时间截至 2021 年 8 月 22 日。

（四）行政备案程序不统一

当前行政备案事项的实施程序尚未作统一规定，涉及备案的事项规定散见于各法律条文中。其中，最明显的表现有两点：一是同一项行政备案事项在不同层级或者不同地方实施过程中要遵循不同的程序；二是同一机关实施不同的行政备案事项有时也遵循不同的程序。具体体现如下。

1. 需要提交的材料

各类行政备案事项对相对人提交材料有不同的要求，主要有以下几种情况。

其一，“告知型”备案。这类备案事项，相对人一般按照要求下载填写表格然后提交给行政机关即可，行政机关不进行审查，亦无须作出备案决定。这类备案主要涉及相关人员、机构等信息的备案。例如，北京市保安培训合同式样备案、机动车驾驶人联系方式变更备案、律师事务所网络填报财务人员备案、直销产品和直销培训员备案、传统医学师承人员备案等。

其二，“形式审查型”备案。这类备案事项，一般要求行政相对人向行政机关提交有关的表格以及相关的信息。有的备案事项行政机关无须作出备案决定或者出具文书，有的事项行政机关需要作出备案决定或者出具文书。例如，北京市科学技术委员会实施的社会力量面向北京地区设立科学技术奖登记备案，相对人需要提交社会力量设立科学技术奖信息表和社会力量设奖年度工作报告。

其三，“实质审查型”备案。这类备案事项，一般要求行政相对人提交大量的材料和信息，交由行政机关来逐一审查。例如，商务部实施的商业特许经营企业备案，特许人申请向商务主管部门备案时应当提交多达 12 种文件、资料。①

2. 备案决定或文书

以行政备案是否作出明确的备案决定或文书为分类依据，可分为有明确的备案决定或文书和没有备案决定或文书。一种情况是，某些备案事项，行政机关并不需要出具备案决定或文书；② 另一种情况是，对于某些备案事

---

① 这些文件、资料包含：商业特许经营基本情况；中国境内全部被特许人的店铺分布情况；特许人的市场计划书；企业法人营业执照或其他主体资格证明；与特许经营活动相关的商标权、专利权及其他经营资源的注册证书；符合《商业特许经营管理条例》（国务院令第 485 号）第 7 条第 2 款规定的证明文件等。

② 特别是“告知型”备案事项，相对人向行政机关提交要求的表格或者材料，即视为行政机关完成备案。

项，行政机关会作出备案决定或者出具备案文书。实践中，备案决定或文书有多种表现形式：备案证、备案通知书（单）、通知、备案表、同意备案、备案电子验证标识、备案编号等数十种。

国务院各机构实施的行政备案事项中，有备案决定或文书的共 65 项，占比 17.11%；无备案决定或文书的共 315 项，占比 82.89%。四个城市实施的行政备案事项有无备案决定或文书的情况具体如下表 13。

表 13　国务院各机构和四个城市实施的行政备案事项有无备案决定或文书的情况

单位：%

	有备案决定或文书	无备案决定或文书
国务院各机构	17.11	82.89
北京市	80.74	19.26
上海市	62.78	37.22
深圳市	63.64	36.36
成都市	50	50

数据来源：作者通过国务院及其机构、四个城市人民政府及其工作部门的官方网站自行搜集并分析整理，关于信息收集和数据分析的具体方法，参见 94 页注②，检索时间截至 2021 年 8 月 22 日。

3. 备案办理方式

实践中，行政备案事项的办理方式，主要有以下几种情况。

一是，线下方式。相对人向行政机关提交书面的备案材料。国务院各机构实施的备案事项中，有 265 项是线下提交书面备案材料，约占比 69.74%。

二是，线上方式。相对人线上提交备案材料。国务院各机构实施的备案事项中，有 53 项是通过线上方式提交备案材料，约占比 13.95%。线上方式具体又有几种情形。其一，相对人在全国一体化在线政务服务平台中的某行政机关子平台提交备案材料。例如，中国证监会实施的行政备案事项均通过中国证监会政务服务平台办理。其二，相对人通过行政机关开发的网络系统或者平台提交备案材料。例如，国家发展和改革委员会实施的企业境外投资项目备案，投资企业向“全国境外投资管理和服务网络系统”提交项目备案表并附具有关文件。再如，私募基金登记备案全流程均实行不见面、在线办理。私募基金管理机构可通过“资产管理业务综合报送平台”提交私募基金管理人登记及私募基金产品备案申请。其三，相对人通过行政机关官方网站的某个栏目提交材料，并不是某个系统或者平台。

三是，线上线下选择。相对人可以选择通过线上或者线下方式中的一种提交备案材料。国务院各机构实施的备案事项中，有 43 项是通过线上方式提交备案材料，约占比 11.31%。例如，北京市教委实施的高、中等职业学校专业设置、开设备案事项，相对人可以选择窗口办理或者网上办理的方式。

总体而言，线上线下选择这种方式相对占比较多。国务院各机构和四个城市实施备案事项的方式具体情况见下表 14。

表 14　国务院各机构和四个城市实施行政备案事项的方式

单位：%

城市	线下方式	线上方式	线上线下选择
国务院各机构*	69.74	13.95	11.31
北京市	10.66	68.03	21.31
上海市	38.30	42.02	19.68
深圳市	4.40	23.90	71.70
成都市	22.94	3.53	73.53

* 国务院各机构实施行政备案事项的方式还有 19 项暂不明确，占比 5%。

数据来源：作者通过国务院及其机构、四个城市人民政府及其工作部门的官方网站自行搜集并分析整理，关于信息收集和数据分析的具体方法，参见 94 页注②，检索时间截至 2021 年 8 月 22 日。

4. 备案注销程序

理论上，一般是在出现特定客观事实的情况下适用注销程序。现有的涉及行政备案的法律规定中含有注销备案的相对较少，其中也较少明确规定有注销程序。一般而言，对是否需要注销备案没有明确规定。例如，《化妆品注册备案管理办法》（国家市场监督管理总局令第 35 号）第 42

条规定："已经注册的产品不再生产或者进口的，注册人应当主动申请注销注册证。"

国务院各机构实施的行政备案事项中，有注销程序的共 26 项，占比 6.84%，没有注销程序的共 354 项，占比 93.16%。整体上，有注销程序的行政备案仅占少数。四个城市实施的行政备案事项中有注销程序的所占比例均不高，北京市和上海市有注销程序的行政备案事项数量比例超过 20%，而深圳市和成都市的符合条件的行政备案事项仅约占总数的 1/10。具体情况如下表 15。

表 15　国务院各机构和四个城市实施行政备案事项有无注销程序的情况

单位：%

机构	有注销程序	无注销程序
国务院各机构	6.84	93.16
北京市	23.66	76.34
上海市	23.81	76.19
深圳市	12.63	87.37
成都市	7.65	92.35

数据来源：作者通过国务院及其机构、四个城市人民政府及其工作部门的官方网站自行搜集并分析整理，关于信息收集和数据分析的具体方法，参见 94 页注②，检索时间截至 2021 年 8 月 22 日。

5. 备案信息共享

国务院机构与四个城市中的部分备案事项规定了行政机关之间共享备案信息的义务。如国家发展改革委、国家能源局实施的《油气开发项目备案及监管暂行办法》规定，在备案完成后，需要将备案信息及时通过在线平台和有关部门、地方实现共享；上海市《关于本市执行外派劳务招收备案制的通知》也存在相关规定，在备案完成后，备案机关需将盖章确认的外派劳务招收的备案表抄送市政府外办等有关部门，同时在外派企业和市商务委各留存一份；再如《上海市家政服务管理平台信息管理暂行办法》中规定，在本市设立的家政服务机构，应当自设立登记之日起 15 日内通过家政服务平台将基本信息向市商务主管部门备案，对于能够通过本市"一网通办”平台实现数据共享的信息，家政服务机构可以不再重复提供。同样，上海市住房租赁合同网签中也有对共享信息的详细规定：租赁平台应当通过市大数据中心与市民政、公安、市场监管、城管等部门建立数据共享机制，积极推进与市场化住房租赁平台业务对接，为企业和租赁当事人办理租赁合同网签备案提供便利。

总体来看，行政机关间的“共享备案信息”在备案程序中少有涉及，相关信息共享机制尚待完善，需要全面建设备案信息共享平台。共享备案信息，意味着对于同一备案事项，相对人仅需在某一主管部门进行一次备案，而无须向其他部门重复提交材料。而在当下实践中，同时需要登记、注册信息的备案事项层出不穷，部分事项规定相对人需向多个行业主管部门和相关行政部门备案，均反映出当下备案信息管理中仍存在一定的信息壁垒、部门壁垒。如上海市住宅小区雨污混接改造工作计划的备案，就需要备案主体同时向市环保局、水务局备案；成都市土壤污染防治工作方案也需同时备案至地方人民政府生态环境、工业和信息化主管部门。由此看来，政务一体化平台的建设需要进一步加大力度，以提高行政效率，实现向“服务型政府”的转型。

（五）与备案有关的法律责任设定混乱

研究发现，国务院各机构实施的行政备案事项中，设定了违反备案规定的法律责任的有 89 项，占比 23.42%；236 项备案没有设定法律责任，占比 62.11%，还有 55 项不明确是否设定了法律责任，占比 14.47%。北京市行政备案事项有 25 项设定了法律责任，占比 10.25%；上海市行政备案事项设定了法律责任的有 80 项，占比 37.91%；深圳市行政备案事项设定了法律责任的有 34 项，占比 17.44%；成都市行政备案事项设定了法律责任的有 89 项，占比 60.96%。

1. 应当承担法律责任的情形

法律责任主要针对以下几种违反备案规定的情况：一是，应当备案的事项，相对人未依法进行备案；二是，已备案信息发生变更，相对人未进行变更备案；三是，向备案机关提供虚假信息；四是，相对人实际从事的事项内容与备案事项内容不符；五是，相对人伪造、变造备案文书以获取利益。[①]

2. 法律责任的类型

法律责任的类型不仅包含行政处罚，还包括责令改正、行政监管措施、信用惩戒等。具体有以下几种。

一是，申诫罚。行政机关依法对违反法律规范的相对人给予的谴责和警戒集中表现为警告和通报批评。在行政备案法律责任的规定中，警告是一种非常常见的责任形式。例如，《铁路工程建设项目招标投标管理办法》（交通运输部令 2018 年第 13 号）第 56 条规定，招标人不按本办法规定进行招标备案或者提交招标投标情况书面报告的，由铁路工程建设项目招标投标行政监管部门责令改正，给予警告；情节严重的，可以并处 3 万元以下的罚款。再如，《企业年金办法》（中华人民共和国人力资源和社会保障部、中华人民共和国财政部令第 36 号）第 29 条规定，对违反本办法的，由人力资源社会保障行政部门予以警告，责令改正。

二是，责令改正，或者责令限期改正。《行政处罚法》第 9 条中并未规定责令改正或者责令限期改正，但第 28 条规定："行政机关实施行政处罚时，应当责令当事人改正或者限期改正违法行为。"以《企业投资项目核准和备案管理条例》为例，第 19 条明确了企业的备案责任。[②]

三是，行政罚款。例如，《长江干线水上交通安全管理特别规定》（交通运输部令 2017 年第 32 号）第 39 条规定，未按照规定将试航方案向海事管理机构备案的，由海事管理机构责令改正，并处 5000 元以上 3 万元以下的罚款。对于违反行政备案有关规定的行为处以行政罚款是最常见的处罚方式。

---

① 例如，《对外贸易经营者备案登记办法》（中华人民共和国商务部令 2021 年第 2 号）第 12 条规定，对外贸易经营者不得伪造、变造、涂改、出租、出借、转让和出卖《登记表》。

② 《企业投资项目核准和备案管理条例》（国务院令第 673 号）第 19 条：实行备案管理的项目，企业未依照本条例规定将项目信息或者已备案项目的信息变更情况告知备案机关，或者向备案机关提供虚假信息的，由备案机关责令限期改正；逾期不改正的，处 2 万元以上 5 万元以下的罚款。

四是，计入诚信档案或者失信联合惩戒。例如，《深圳市水务工程开工备案管理办法（试行）》（深水规〔2019〕1 号）第 13 条规定："施工、监理等参建单位在备案时存在弄虚作假、违规任命项目负责人、不落实备案时承诺事项等行为的，水行政主管部门依法给予行政处罚，并根据《深圳市水务建设市场主体不良行为认定及应用管理办法》记录其不良行为，纳入诚信管理体系。"

五是，采取行政监管措施。区别于行政处罚，行政监管措施是一种事中监管手段。相对人违反备案规定被采取行政监管措施，主要规定在中国证监会制定的行政规章中。例如，中国证监会实施的证券期货业反洗钱备案，根据《证券期货业反洗钱工作实施办法》（中国证券监督管理委员会令第 68 号）第 17 条的规定，证券期货经营机构不遵守本办法有关报告、备案或建立相关内控制度等规定的，证监会及其派出机构可采取责令改正、监管谈话或责令参加培训等监管措施。

此外，有的规定中只是笼统地规定未备案的承担法律责任，并没有明确具体的责任形式。

三　行政备案的立法构想

《法治政府建设实施纲要（2021—2025 年）》中突出强调了"坚决防止以备案、登记、行政确认、征求意见等方式变相设置行政许可事项"，并明确指出要加强规范共同行政行为立法，研究制定行政备案条例。① 行政备案作为落实放管服改革成果的关键制度，明确如何立法、立法目标十分重要。总之，行政备案立法应坚持厘清政府和市场、政府和社会的关系，并且应当以巩固行政审批制度改革成果、规范行政备案实施为目标。

---

① 《中共中央　国务院印发〈法治政府建设实施纲要（2021—2025 年）〉》，载中国政府官网，http：//www. gov. cn/zhengce/2021 - 08/11/content_ 5630802. htm，最后访问时间：2021 年 10 月 30 日。

（一）制定“行政备案条例”的缘由

我们认为，研究制定“行政备案条例”主要基于以下几点考虑。

一是，现有规定中存在大量的“备案”规定，然而“行政备案条例”仅调整行政相对人向行政机关的备案，并不涉及其他类型的备案，不宜采用制定法律的形式。

二是，制定“行政备案条例”属于国务院职权范围。根据《立法法》第65条的规定，行政法规可以就执行法律规定或宪法第89条规定的国务院行政管理职权的事项作出规定。从目前已有规定来看，并无有关行政备案的法律规定。因此，排除为执行法律规定而制定行政法规，应由国务院基于行政管理职权制定“行政备案条例”。

三是，与制定行政法规相比，立法难度更大。相比之下，在调研、起草、征求意见等过程需要耗费更长的时间，协调更多更广泛的关系，行政备案立法更为困难。

四是，按照《国务院办公厅关于同意河北、浙江、湖北省开展行政备案规范管理改革试点的复函》（国办函〔2021〕68号），河北省、浙江省、湖北省等省和部分市县于2021年8月纷纷开始进行行政备案规范管理改革的试点工作。① 但不可否认的是，行政备案工作的经验仍然相对较为缺乏，最好先通过行政法规的形式对其基本内容进行规定，待条件成熟时可以考虑上升为法律。

（二）“行政备案条例”的基本内容

1. 行政备案及其范围

与行政处罚、行政许可、行政强制等型式化的行政行为概念不同，“行政备案”既未在我国实体法上有较为明确的定义，也尚未在学界形成统一

① 河北省人民政府办公厅于2021年8月17日印发了《河北省行政备案规范管理改革试点实施方案》，参见河北省人民政府网，http://info.hebei.gov.cn/eportal/ui?pageId=6806152&articleKey=6976225&columnId=6806589，最后访问时间：2021年10月30日。

的理论观点。与理论发展滞后相对的是，“备案”在行政法律规范体系中的广泛应用。根据前述内容可知，按照备案的内容不同，可将其划分为四类。我们认为，“行政备案条例”调整的对象是上述第四类行政备案，行政相对人就有关事项向行政机关备案。

定义此类行政备案，可从主体、功能和性质等角度进行分析。首先，行政备案的主体包括报备主体和备案行为的实施主体，其中，报备主体是行政相对人，备案行为的实施主体是行政主体，区别于行政机关系统内部信息的备案，即内部行政备案，此类备案是基于特别权力关系的层级监督行为，报备主体和备案行为的实施主体均为行政主体。

其次，行政备案过程可拆分为信息收集、信息记录、信息核对三个阶段，这实际上对应了行政备案的三个核心功能。信息收集是行政机关准确决策的前提，信息披露是对相对人行为的认可公示，信息监督有助于防范风险。行政机关常常以设定行政许可的方式对相关事项准入条件予以列明，事前考虑所有可能存在的风险因素予以防范，不仅带有主观判断的意味，增加腐败的可能，而且事无巨细，极大增加行政成本。行政备案在一些门槛较低或风险较小的领域，通过行政机关的介入，实现从事前监管向事中事后监管的转变，对行政相对人违法行为及时予以纠正，而且有利于督促行政相对人主动对照备案要求改正自身行为，以避免可能的处罚。例如，针对危险化学品安全评价报告和整改方案的备案，客观上可以督促生产者努力确保生产条件符合要求，形成对危险化学品存储可能存在风险的预防。①

最后，针对行政备案的性质，学界存在诸多争议，如许可说、登记说、告知说、行政行为说和行政事实行为说等。我们认为，行政备案是一种程序性的行政事实行为。第一，行政备案绝非行政许可。在放管服改革背景之下，行政备案是一种事后监管手段，区别于行政许可事前审批的本质特征。

① 《危险化学品安全管理条例》第 22 条第 2 款规定：生产、储存危险化学品的企业，应当将安全评价报告以及整改方案的落实情况报所在地县级人民政府安全生产监督管理部门备案。在港区内储存危险化学品的企业，应当将安全评价报告以及整改方案的落实情况报港口行政管理部门备案。

第二，行政备案也并非行政登记。行政备案本意用于监督行政，而行政登记无法涵盖“监督”功能，且行政备案作为一种实践性的法律概念，内涵和外延并不明确，由此界定行政备案是一种行政登记行为尚有不妥。第三，行政备案不仅仅是告知性行为。结合行政备案的功能来看，行政备案侧重事后监督，而非数据收集。事实上，法律规章和规范性文件的备案目的在于提高立法质量，加强立法监督，避免出现重复立法或立法冲突的现象。这就排除了法律规章和规范性文件备案作为行政备案的范畴。第四，区别行政行为，行政备案本身不以产生特定法律效果为目的，行政相对人无论是事前备案或事后备案，均不影响相对人从事该活动，其本身并不会对相对人权利义务产生直接影响。

综上，行政备案是行政机关依法要求公民、法人和其他组织报送其从事特定活动的有关材料，并将报送材料存档以便日后备查和进行监督的监管手段。①

2. 明确行政备案的设定权

如前所述，设定行政备案事项的法律文件层级相对较低，设立过于随意。从统计数据来看，上至全国人大及其常委会颁布的法律，下至行政机关发布的行政规范性文件都可以设立行政备案。目前许多位阶极低的规范性文件都在显性或隐性地设定行政备案，可能导致行政备案的泛滥，使行政相对人承受不合理的成本和负担。由此，规范行政备案的设定权是十分有必要的。

（1）行政备案设定权的属性。行政备案的设定权包括了设定行政备案的主体、权限、设定依据、条件以及程序等内容。明确行政备案设定依据可以根据行政备案设定权的本质属性确定。实质上，“设定”是一种创制法律规制的行为，也指一种从无到有的状态。

这里需要厘清的问题是：行政备案设定权到底是立法权，还是行政权？我们认为，行政备案设定权属于立法权的范畴。立法本身就是法的创制，并

① 张红：《行政备案存在的问题与立法构想》，《广东社会科学》2021年第4期。

不以先前存在的法律规定为前提。此外，2004 年国务院印发的《全面推进依法行政实施纲要》中已经强调了“没有法律、法规、规章的规定，行政机关不得作出影响公民、法人或其他组织合法权益或者增加公民、法人和其他组织义务的决定”。行政备案作为一种相对缓和的监管手段，本质上为行政相对人增加了备案义务。因此，设定行政备案属于立法权的范畴。

（2）行政备案设定权的具体内容。从权限上讲，首先，法律、行政法规、地方性法规均可以设定行政备案；其次，国务院部门和地方政府制定的行政规章也可以设定备案。① 这主要基于以下两方面的考量。第一，行政规章是为结合某一部门或地区实际而对宪法、法律和行政法规相关规定便于实施和操作的细化。实践中，行政备案作为巩固行政审批制度改革成果的有效替代机制，从中央到地方各政府工作部门均在实施行政备案事项。基于行政管理的需要，行政规章可以对行政备案事项加以规定。第二，《行政许可法》和《行政处罚法》中均规定了行政规章享有一定的设定权。性质上，相比于行政许可和行政处罚，行政备案本身是一种不直接产生特定法律效果的事实行为，对行政相对人的权利义务影响相对较小。因此，参照《行政许可法》和《行政处罚法》的相关规定，行政规章可设定行政备案。

值得关注的是，国务院发布的具有普遍约束力的决定能否设定行政备案？“行政三法”中只有《行政许可法》规定了国务院决定可设定行政许可。然而在起草《行政许可法》时，对此存在两种不同的意见。第一种意见认为，《立法法》没有将国务院决定列入其认可的立法文件范围，设定行政许可属于立法活动，不宜由国务院决定设定；第二种意见认为，基于制定行政法规程序的复杂性以及行政管理的实际需要，国务院可以通过决定的方式设定行政许可。② 与行政许可相比，首先，行政备案对社会市场干预较小，行政备案的设定严苛程度应当适当低于关于行政许可的规定。其次，行

① 张红：《行政备案存在的问题与立法构想》，《广东社会科学》2021 年第 4 期。

② 张兴祥：《中国行政许可法的理论与实务》，北京大学出版社，2003，第 114 ~ 115 页。

政备案作为一种行政事实行为，并不会对行政相对人直接产生、变更或者消灭行政法上的权利或义务。因此，我们认为，国务院具有普遍约束力的决定可以设定行政备案。

另外，还应当思考的是，行政规范性文件能否设定行政备案？对于这一问题存在两种观点：第一种观点认为，规范性文件不能设定行政备案；[①] 第二种观点认为，规范性文件可以设定行政备案，但应当对规范性文件的层级予以限制。我们认为，规范性文件不可以设定行政备案。行政规范性文件的制定主体非常广泛。[②] 行政备案是相对人向行政机关报送材料，行政机关予以接收，行政备案也会影响行政相对人的权利，如果规范性文件可以设定行政备案，可能会出现各部门各地方滥设行政备案的局面。

3. 设定行政备案的事项[③]

整体而言，国务院积极推动行政审批制度改革，将不再适宜严格规制的事项由事前审批变革为备案，借助事后监管手段实现必要监督。以“放松规制”重新梳理了市场与政府的关系，向市场放出了放松准入门槛的信号，体现了对市场和社会的充分信任与尊重。然而，不同地区、不同部门落实情况各有差异。有些地区或部门对按照规定要转化为备案事项但条件尚未成熟的行政许可审批事项，只能做出“以备案之名行许可之实”的举措。例如，在上海市“一网通”的办事指南中，名称中包含“备案”但实际类型标注为“行政许可”的事项仍然存在。就实践而言，目前我国设定行政备案最主要的矛盾集中于行政审批制度改革下硬性削减审批许可的需要与下级政府部门行政管理中取消许可条件尚未成熟之间。因此，设定行政备案的范围既

---

① 郭庆珠：《法治视域下行政备案的规范化思考》，《南都学坛》（人文社会科学学报）2019年第3期。

② 根据《国务院办公厅关于加强行政规范性文件制定和监督管理工作的通知》（国办发〔2018〕37号）的规定，行政规范性文件是除国务院的行政法规、决定、命令以及部门规章和地方政府规章外，由行政机关或者经法律、法规授权的具有管理公共事务职能的组织依照法定权限、程序制定并公开发布，涉及公民、法人和其他组织权利义务，具有普遍约束力，在一定期限内反复适用的公文。

③ 张红：《论行政备案的边界》，《国家行政学院学报》2016年第3期。

需要满足中央简政放权的精神，又需符合各地区与部门的实际发展状况。对此，如何界定行政备案事项的范围十分关键。

首先，设定行政备案的事项范围，需要考虑以下因素。一是，是否有助于行政目的的达成？如果不进行行政备案也不会影响行政目的的实现，便无须设置行政备案。二是，是否能够提高行政的效率？从功能上划分，行政备案可以属于信息监管类的行政许可代替措施，旨在消除信息障碍、控制虚假或误导性信息并为市场提供正确信息。行政备案作为一种简易性的监管手段，形式灵活，程序简便，其行政执法成本相对较低，有助于提高工作效率。三是，是否给行政相对人增加不必要的负担？实践中，行政机关设定太多行政备案事项，给行政相对人造成较大的工作负担，甚至还有些备案事项的审核严苛程度不亚于行政许可，这也使给行政相对人带来的负担远多于政策松绑所带来的利好。

其次，应当明确哪些事项不能设定行政备案。就行政备案的性质而言，其是行政机关放松市场准入门槛的过渡性行政监管措施。这意味着，随着市场经济的进一步发展，这些备案事项在未来可能会达到无须管理，完全依赖公民、社会组织自律管理的地步。因此，现阶段规范的重点应是排除“过滥”的备案事项，同时使本是行政许可的事项回归原本的属性。具体而言，我们认为以下几种情况不能设定行政备案。第一，排除行政许可事项，包括应当以行政许可形式设定和已经设定为行政许可的事项。有些事项归为行政备案事实上可能会影响监管，对行政备案事项的统一管理也会产生不利影响。第二，在正式文件中已经设定行政许可、行政登记、行政确认等事项的不再设定行政备案。第三，不需要行政机关介入的事项可以不设定行政备案。如，公民、法人或其他组织能够自主决定，市场竞争机制能够有效调节，行业组织或者中介机构能够自律管理的事项。第四，已经取消行政审批但尚未明确规定转化为备案的事项，不得设立行政备案。第五，不得重复备案。对于多个部门联合管理的事项，可通过信息共享机制实现信息互通的事项，不得重复设定。

早在2010年，广州市人民政府出台的《广州市行政备案管理办法》就对行政备案范围作出规定。第 6 条较为详尽地列举规定了在某些领域可以设定行政备案，第 7 条补充了排除性规定。而在 2020 年该办法有了较大修订，列举式规定被尽数删除。事实上，在优化营商环境、正确处理政府与市场关系的大前提下，现阶段不宜对行政备案事项做过于详细的规定，规范行政备案事项范围的重心应当是排除“过滥”的备案事项。因此，需要明确设定行政备案的因素及哪些事项不能设定行政备案。

4. 行政备案的实施程序

规范行政备案实施程序有助于约束行政权力，保证行政备案的正常进行。建构行政备案程序也需要贯穿程序基本原则，应当纳入公开公平公正原则、行政效能原则以及分类监管原则，并将其作为行政备案程序应当遵循的基本原则。在此基础之上，在制定行政备案实施程序时，区分“告知型”备案与“审查型”备案。

在事前阶段，为保障公民的知情权并为行政相对人提供行动指引，应以便民原则为基础，行政机关做好信息提供工作，对行政备案事项的流程、备案材料、备案条件、办理时限等内容予以公示。在申请与受理阶段，行政相对人原则上通过线上办理平台提交必要的申请材料。根据“告知型”备案和“审查型”备案的区分，“告知型”备案事项是当材料受理后即完成备案，而“审查型”备案还需进一步审查。一般而言，行政机关对备案材料应当进行形式审查。结合审查情况，行政机关出具备案决定文书。主要包括以下方面。

其一，行政备案材料的提交。行政相对人按照行政机关的要求向行政机关提交有关材料。一般而言，提交的备案材料可以单行法或工作指引的形式加以明确。内容上，行政机关可以对格式文书予以说明，并强调提交材料的强关联性。例如，韩国《行政程序法》第 40 条第 2 项规定“适当附上所需文件”。[①] 行政备案的功能之一是存档备查，有助于事后监督和预防危险发

① 《行政程序法》，载韩国法律信息中心，https://www.law.go.kr/LSW/eng/engLsSc.do?menuId=2&section=lawNm&query=administrative+procedure&x=0&y=0#liBgcolor0，最后访问日期：2021 年 10 月 30 日。

生，应当区别于事前实质审查的详细材料要求。如果是线下提交，完成提交应为材料到达行政机关；如果是线上提交，材料成功提交到指定的系统或者网站，处于能够知晓的状态即完成提交。

其二，行政机关对材料的处理。行政机关在受理备案后需要对其进一步审查。关于审查方式，目前就行政备案不设实质性审查达成一致，但就是否可以不审查还存在分歧。《日本行政程序法》认为，备案不具有审查其内容的权限，应排除实质审查。① 也有学者认为，行政备案作为一种柔性干涉方式，应当在遵循比例原则的基础上对民事行为备案审查一般采取形式审查，以减少行政权力纳入私人领域的机会。② 行政备案作为行政审批制度改革下的新型监管方式，兼具灵活、柔性、高效的监管特点，对于优化营商环境，正确处理政府与市场的关系具有积极意义。因此，原则上，行政机关应当保留对备案材料的形式审查义务，审查备案材料形式上是否符合要求。而针对“告知型”备案，我们认为行政相对人提交材料即完成备案，行政相对人本身承担备案真实义务。

其三，行政备案原则上通过线上方式办理。目前正处于数字化政府转型的快速发展时期，电子政务制度的产生助推了城市管理和业务上的协同创新。我们认为，依托全国一体化在线政务服务平台，增设“行政备案”专栏针对适宜垂直管理的行政备案事项，以搭建全国统一管理平台为例外，如计算机网络国际联网备案使用的是全国互联网安全管理服务平台。此外，针对不宜线上审理的申请材料或提交材料确有困难的情况，可以线下提交材料。

其四，办理期限。行政机关原则上对相对人提交的材料进行形式审查或不进行审查，相对人按照指定要求提交材料即完成提交。无论是线上办理还是窗口提交，行政机关均可快速接收材料。我们认为，一般情况下，行政机

① 《日本行政程序法》第 37 条规定的“法令所规定的备案的形式要件”，是行政厅的意思和判断没有介入余地的法令上的要件。〔日〕室井力、芝池义一、浜川清：《日本行政程序法逐条注释》，朱芒译，上海三联书店，2014，第 252、253、256～257 页。

② 刘云甫、朱最新：《行政备案类型化与法治化初探——一种基于实在法视角的探讨》，《湖北行政学院学报》2010 年第 2 期。

关应当在一个工作日至三个工作日内完成材料的接收。如果行政相对人线下提交材料，原则上行政机关应当当场接收材料，完成备案。①

若以是否进行审查为标准，可区分为“告知型”备案和“形式审查型”备案。在此情形下，可作不同规定。原则上，办理“告知型”备案事项，线下办理即应为当场完成备案或者线上办理即应自系统接收之时备案完成。对于“形式审查型”备案，则应适当放宽时限。结合线下“最多跑一次”改革的成果以及线上电子政务能力的提升，行政机关应当缩短实践中的办理时限，一至三个工作日完成备案审查并出具备案决定。

其五，备案材料的补正。行政备案材料的补正，即属于行政程序进行中的补正。当行政相对人提交的备案材料不符合形式要件时，行政机关应当一次性告知行政相对人进行补正。《日本行政程序法》中存在类似规定，当备案人备案材料形式要件欠缺时，行政厅可以发出通知要求其做出补正。除《日本行政程序法》有备案材料的补正规定外，《韩国行政程序法》第40条第（三）项规定了行政机关对于不符合第（二）项规定的材料应当告知行政相对人予以补充并予以相当长的期限。

其六，出具备案决定或文书。按照行政备案的一般步骤，行政机关审查之后针对不同情况应分别做出处理。若办理事项依法不需要行政备案的，应当及时告知行政相对人不受理；若备案事项依法不属于本行政机关职权范围内的，应当即时作出不予受理的决定，并告知行政相对人向有关机关申请；备案材料存在可以当场更正的错误的，应当允许当场更正；备案材料不齐全或者不符合法定形式的，应当当场或者在一定期限内一次告知相对人需要补正的全部内容，逾期不告知的，自收到备案材料之日起即为受理；备案事项属于本行政机关职权范围，备案材料齐全、符合法定形式，或者行政相对人按照本行政机关的要求提交全部补正备案材料的，应当受理行政备案。在此基础上，行政机关根据受理或不予受理的决定，予以说明理由并出具备案文书。

---

① 张红：《行政备案存在的问题与立法构想》，《广东社会科学》2021年第4期。

然而，对于某些行政备案，是否可以不予出具文书？《日本行政程序法》中规定的产生法律效果的备案制度主要存在于公害方面的法律制度之中，这类备案的优点在于如行政厅对备案不作应答，禁止义务即告解除。[①] 从行政机关角度看，作为一种事后监督手段，行政备案具有信息收集的作用，有利于进一步行政执法。对行政相对人来说，既然行政备案具有解除禁止义务的法律效果，出具的备案文书作为一种书面凭证，具有证明效力，对行政相对人而言也是一种保护。因此，无论何种备案事项，行政机关均应出具备案决定或文书。

其七，建立备案信息共享机制。行政备案事项完成后，行政备案事项信息获取有两种方式：一是行政备案实施机关主动公示，如在其官网上定期公示；二是行政相对人依申请获取，行政相对人主动向行政备案实施机关申请查询行政备案事项信息。然而，信息公开机制不仅仅包含纵向层面上行政机关向行政相对人的信息公开，还应当完善横向层面上行政机关与行政机关的内部信息共享机制。原则上，如果通过行政机关之技安共享信息机制能够获取有关信息的，便不应再要求行政相对人进行备案。基于便民以及高效原则，行政机关应当建立统一的互联网政府平台，为行政相对人提供便利，避免重复备案，同时也能降低行政机关公共行政的成本。

5. 合理设定法律责任

行政备案中法律责任的设定，可依照行政备案活动中的主体划分为两大方面。一方面是为行政机关及其工作人员在设定和实施行政备案过程中的渎职行为设定法律责任，另一方面则是针对行政相对人违反行政备案管理规定的行为设定法律责任。

在以下几种情况下，行政机关及其工作人员应当承担法律责任：一是，怠于履行行政备案职责，应当予以备案而不予备案的；二是，在备案过程中违法增设备案条件、为相对人设置障碍的；三是，超越职权或违反规定发放备案证明的；四是，其他存在徇私舞弊、滥用职权、玩忽职守行为的。针对

① 张兴祥、刘飞、朱芒、何海波：《外国行政程序法研究》，中国法制出版社，2010，第166页。

这四种情况，直接负责的主管人员和其他直接责任人员要承担相应的责任，建议规定行政处分责任。此外，根据权责一致原则，对于行政机关违法设定行政备案，增加相对人义务的行为，应当配置较为严厉的行政处分责任。通过“强监管则强追责”的权责配置方式防止行政机关以行政备案的手段过度干预市场主体活动的行为，迫使行政机关在追责的压力之下，主动清退不符合备案规定的事项。对于行政备案中行政机关工作人员的怠于履行职责、违法违规行为，可以按照《行政机关公务员处分条例》的相关规定，视其情节严重程度，对其处以警告、记过、记大过、降级、撤职、开除等行政处分。此外，行政机关人员的违法行为导致行政备案相对人遭受损失的，行政机关应对其予以赔偿。

行政相对人也可能在一定情形下需要承担法律责任：一是，应当备案的事项，未依法进行备案；二是，已备案信息发生变更，相对人未进行变更；三是，向备案机关提供虚假信息；四是，相对人实际从事的事项内容与备案事项内容不符；五是，相对人通过伪造、变造备案文书以谋取利益等。行政相对人的上述行为违反了行政备案的管理秩序，应当承担相应的法律责任。通过行政处罚，以预防和制止同类违法行为的发生。但这种违法行为多数情况下并未造成损害后果，可以考虑采用警告和通报批评两种申诫罚形式。例如，成都市教育局印发的《直属学校（单位）合作办学指导意见》的通知（成教办〔2020〕6 号）第 11 条以及第 14 条规定的内容。① 此外，相对人实施有些与备案有关的违法行为主观恶性相对较大的，例如上述情况中所说的，向备案机关提供虚假信息以及伪造、变造备案文书谋取相关利益的，在不违背过罚相当原则下，可以考虑罚款等处罚形式。近年来在社会信用体系建设深化的背景下，失信惩戒制度法治化进程加速，考

① 成都市教育局印发的《直属学校（单位）合作办学指导意见》的通知（成教办〔2020〕6 号）第 11 条规定，“直属学校（单位）签署的其他合作办学合同（协议）应于合同（协议）生效之日起 3 个工作日内报市教育局备案”。第 14 条规定，“直属学校（单位）、项目学校和其他教育机构违反本办法规定的，由主管教育行政部门责令限期整改，根据情节轻重给予警告、通报批评、取消评优评先资格、撤销荣誉称号、核减或停止招生计划、年度考核降等并依法依规追究当事人的行政责任”。

虑到行政相对人与备案有关的违法行为性质并非很严重，不建议通过信用惩戒予以处罚。

四　结语

近年来，行政备案适用范围日益广泛，为防止行政备案成为一些审批事项的“避风港”，规范行政备案的正常进行越发紧迫。随着行政审批制度改革以及放管服改革的深入推进，应当制定“行政备案条例”。此外，明确行政备案的定义、设定权限、适用范围、实施程序和法律责任等内容，对制定“行政备案条例”具有重要作用。当然，“行政备案条例”制定过程中还有许多问题值得关注。

B.6

国家级开发区管理机构法律性质的整体性检省*

张 莉　田依芾**

摘　要： 国家级开发区的特殊之处在于突破了传统的行政机构设置路径：从中央层面而言，通过国务院批准程序冠以“国家级”的高阶地位，科技部和商务部根据国务院授权分别对高新技术产业开发区和经济技术产业开发区归口管理；从地方层面而言，基于属地管理，开发区通常依据省级人大常委会出台的地方性法规成立管理机构，开发区名义上作为市政府的派出机构实施行政管理职能，并且经由省、市政府授权经济职能为主的政府职能。此外，部分开发区通过托管行政区的方式扩大管理范围，开发土地并实施区内社会职能。由此，国家级开发区管理机构形成了中央部委直接管理、横跨地方多级政府多重治理体系的复杂身份。现有的派出机构、派出机关、法律法规授权组织等法律概念均无法准确定位开发区管理机构的法律性质，有地方性规范采用“法定机构”一词赋予开发区管理机构适宜的法律定位，不失为一种既符合实际法律状态，又不违背上位法规定的举措。

---

* 本报告系横向委托课题“长沙高新技术产业开发区管理委员会法治园区项目”的阶段性研究成果。

** 张莉，中国政法大学法治政府研究院教授，博士生导师，主要研究方向为政府合同、功能区法治、行政诉讼、法治政府建设与评估、法国公法；田依芾，中国政法大学法学院2018级博士研究生，主要研究方向为政府合同。

关键词： 国家级开发区 管理机构 法律性质 法定机构

广义上的开发区包括经济特区、经济技术开发区、高新技术产业开发区、保税区、自由贸易区、国家旅游度假区、综合开发区以及国家综合配套改革试验区等，狭义上的经济开发区不包括经济特区，主要是指除经济特区外的经济技术开发区（以下简称“经开区”）和高新技术产业开发区（以下简称“高新区”）。国内多数经开区、高新区采取了政府治理模式，即设立开发区管理委员会（以下简称“管委会”）作为开发区的管理机构，本报告将国家级开发区管委会作为一类具有典型代表意义的国家级开发区组织形式展开研究。

一 国家级开发区管理机构的组织功能变迁

自 1984 年设立首批国家级开发区以来，2018 年《中国开发区审核公告目录》(2018 年版)[①] 统计显示，国务院批准设立的开发区共 552 家，其中经开区 219 家，高新区 156 家。2019 年国家高新区生产总值占国内生产总值的 12.3%，[②] 国家经开区占 10.6%，[③] 国家级开发区占地面积仅 0.55 万平方公里，[④] 生产总值占国内生产总值高达 22.9%。以经开区和高新区为代表的国家级开发区作为培养经济增长点的载体，土地集约利用效率高、产业组织结构高度集中，集约化发展水平较高，在促进国民经济的快速发展与国家现代化建设中起到了极为重要的作用。

---

① 《六部门联合发布〈中国开发区审核公告目录〉（2018 年版）》，载中国政府网，http：//www. gov. cn/xinwen/2018 -03/03/content_ 5270330. htm，最后访问时间：2021 年 10 月 10 日。

② 《2019 年国家高新区创新发展统计分析》，载科技部网站，http：//www. most. gov. cn/kjbgz/202106/P020210630511409158817. pdf，最后访问时间：2021 年 10 月 10 日。

③ 《商务部召开 2020 年国家级经开区考核评价结果专题发布会》，载中国政府网，http：//www. gov. cn/xinwen/2021 -01/27/content_ 5583075. htm，最后访问时间：2021 年 10 月 10 日。

④ 《自然资源部、住房和城乡建设部关于国家级开发区四至范围公告》，载自然资源部网站，http：//www. mnr. gov. cn/zt/td/direction/201808/t20180808_ 2366742. html，最后访问时间：2021 年 11 月 1 日。

（一）开发区管理机构的产生与发展

中国开发区经历了“经济特区—沿海开放城市—沿海经济技术开发区—沿海及内地经济技术开发区、高新技术产业开发区”的发展过程。[①] 开发区的设想起源于时任中共中央政治局常委邓小平对经济特区的高度评价，他提出“除了现在的特区外，可以考虑再开放几个港口城市，这些地方不叫特区，但可以实行特区的某些政策”。[②] 1984 年，国务院批准设立大连经济技术开发区，开启了以开发区带动地区经济发展的新型道路。1988 年，国务院批准成立北京市高新技术产业开发试验区，高新区逐步成为各地加快科技体制改革与高新产业发展的聚集地。中央政策最初仅将开发区定位为纯粹的工业区，这一类新型区域管理模式在宪法与组织法上没有直接依据，因此早期开发区管理机构多是以企业形式从事区域管理工作，时至今日，上海张江高科技园区等开发区管理机构仍以“开发区总公司”的形式存在。开发区发展初期，通过在经济体制和社会管理方面的改革，初步建立起区别于计划经济模式的开发区管理模式与法规体系，尽可能适应外商投资需要，与国际经济接轨。“开发区前中期的经济政策以财税减免、土地扩延、要素优惠、招商引资为主的增量路径，政府过度强调其资源配置权，倚重要素聚集来支撑经济超常规发展”，[③] 这种发展路径导致开发区对干预型政府职能的过度依赖。开发区在改革开放初期突破计划经济的体制阻碍，引进国外先进的技术与管理经验，在吸引外资、带动区域现代化建设方面起到了至关重要的作用。

中国开发区在创建期、成长期崛起所依赖的特殊体制与优惠政策形成的区位优势呈现出边际效应递减趋势，劳动力价格上升、土地资源的约束、特

---

① 王婷婷：《改革开放四十年来中国经济开发区立法建设的回眸与前瞻》，《经济法论丛》2018 年第 2 期（总第 32 期），第 1 页。

② 《邓小平的问题意识》，载邓小平纪念网 - 人民网，http：//cpc. people. com. cn/n1/2017/0119/c410539 - 29036068. html，最后访问时间：2021 年 11 月 1 日。

③ 韩亚欣、吴非、李华民：《中国经济技术开发区转型升级之约束与突破——基于调研结果与现有理论之分析》，《经济社会体制比较》2015 年第 5 期。

惠政策失效、节能环保和安全生产压力增大等原因消解了开发区的特有优势。经济发展与社会化发展失衡导致开发区发展后劲不足，面临着转型升级的巨大压力。为优化升级产业结构、加快推进现代服务业发展，地方政府不再局限于单一生产型园区的定位来建设开发区。区内与经济活动紧密相关的工商、税务、治安、环卫、矛盾纠纷调解等需求开始出现，单纯的企业组织形式在协调行政事务方面处于被动地位，逐渐不能满足保障和促进经济发展的需要。开发区除了要建设工业所需的生产性基础设施，还必须建设因生产所转移人口服务的生活性基础设施，包括居住、教育、医疗、商贸、娱乐、餐饮、游憩以及行政服务等一系列设施，以使区内居民能够享有市民化的生活方式和生活质量。[①] 为了克服行政区划的局限，响应经济活动与居民生活的需要，开发区探索出“准政府”型的管理模式——管理委员会制。[②] 为此，开发区承担起重组城市空间的功能，同步推进现代产业和城市建设，管理机构需要同时兼顾经济职能与社会管理职能。由此开发区管理体制趋于“准政府化”，以管理委员会制为代表的管理机构行使的职能逐渐与一级政府职能趋同。

开发区早期功能单一，专注于发展经济，行政事务相对简单，几乎不承担社会管理职能，实行合并职能的大部门体制，因而内设机构数量普遍较少、规模普遍较小，扁平化管理模式提高了决策效率，经济事务行政管理的运作效率较高。这就避免了开发区与所在行政区行政管理机构重复设置和资源浪费，也避免了社会管理中的成本负担。[③] 但是随着开发区的城市化发展，区内复合城市功能越来越多，社会事务大量增加，迫使管委会承担起社会事务管理职能。为此管委会调整组织结构，通过复制传统政府部门、设立对口部门便于获得授权、降低沟通协调成本。开发区管委会在组织结构上对政府职能机构设置的纵向复刻虽然有助于扩大行政职能、方便上传下达，但是同时带来权限重叠、效率降低等问题。

---

① 宋宏：《十字路口的选择：开发区治理体制研究》，安徽人民出版社，2016，第 41 页。

② 朱泳、姜诚：《论开发区的法律地位与开发区的政区化》，《江汉大学学报》（社会科学版）2009 年第 3 期。

③ 宋宏：《十字路口的选择：开发区治理体制研究》，安徽人民出版社，2016，第 42 ~ 53 页。

（二）开发区管委会体制机制的改革创新

改革开放之初，中央政府设立国家级开发区的目标是鼓励地方政府创新性地发展经济，同时承担着市场经济改革和局部性试验的使命。为屏蔽传统体制对开发区的负面影响，构建开发区"封闭运行"的小环境，保障开发区小范围内的先行先试，其体制设计具有极强的自主安排特点，表现为政府和企业混合运作、职能上的强授权、行政级别上的高配置、财力和资源上的超级安排、地方政府的直接保护、减少社会性管理负担以及解脱对权力机构的定期汇报义务等。① 以改革之名，中央政府与地方政府赋予国家级开发区管委会在经济活动方面以充分的自主权，并且在土地供给、配套设施、产业扶持等方面给予充足的保障与政策倾斜优势。开发区在管理体制和运行机制设计上以开发建设、招商引资为首要目标，对传统行政管理体制机制予以改造，逐渐发展成为符合市场规律、满足市场主体需要的创新型体制机制。

国家级开发区获得了先行先试的特定资源和发展优势，是在政府引导下的行政性经济治理，管委会在管理权限和领导隶属关系等方面形成超自主性结构。② 在行政管理制度与社会管理制度方面，地方政府下放省、市级管理权限，采用授权或者委托的形式，向开发区释放了大量事权与财权，充分赋予开发区经济管理权限和与之相匹配的行政管理职能。在劳动人事制度方面，国务院赋予开发区更大的改革自主权，鼓励开发区创新选人用人机制，可以实行聘任制、绩效考核制等，也允许实行兼职兼薪、年薪制、协议工资制等多种分配方式。这种治理上的自主权，实际上具有一种激励制度创新和制度竞争的功能。并且伴随着国家级开发区数量的增加与相互竞争的加剧，开发区管委会的各项制度也在竞争关系中呈现出优胜劣汰的样貌，只有营商

---

① 鲍克：《中国开发区研究——入世后开发区微观体制设计》，人民出版社，2002，第 73 ~ 106 页。

② 黄建洪：《转型升级期的 SEZ 治理：体制本质、运行逻辑及面临挑战》，《上海行政学院学报》2010 年第 6 期。

环境友好的开发区才能吸引更多的投资和项目落地。由此激发开发区创新体制机制，追求更加符合经济发展规律和满足市场主体期待的高效能管理体制。

开发区不仅是市场经济改革的试验地，也是深化行政管理体制改革的先行区。国家级开发区作为改革试验区可以先行先试，奉行精简高效原则，逐步优化与完善“小机构，大服务”“小政府、大社会”管理体制。例如苏州工业园区通过大部门机构改革，构建了大经济发展、大规划建设、大文化管理、大行政执法、大市场监管等大部门制工作格局，形成“一枚印章管审批、一支队伍管执法、一个部门管市场、一个平台管信用，一张网络管服务”的“五个一”基层治理架构。自建立之初，开发区管理体制就以服务企业为基本导向，创新性地提出“一站式”管理和“一条龙”服务。例如长沙高新区推行相对集中许可权改革、告知承诺制审批改革，减少不必要的行政干预与审批备案事项，建立政府合同签订与履约管理信息化平台、建设特色政务服务平台，有效降低经济成本与提升效能。随着法治政府与服务型政府建设要求的提出，政府职能转变与体制改革吸纳了开发区在管理体制与运行机制的诸多创新性实践。而且国家深化改革的探索性做法离不开国家级开发区推进制度创新的成果，以国家级经开区为依托发展建设自贸试验区，以国家级高新区为基底打造国家自主创新示范区，深化改革、扩大开放、引领创新始终是国家级开发区的组织目标与使命。

（三）国家级开发区管理机构的发展特征

第一，开发区管理机构的组织目标核心是发展经济。围绕经济开发这一核心目标，高新区侧重于科技创新驱动发展，经开区旨在推动经济技术的综合开发。开发区既是改革开放的产物，也是进一步促进改革开放的引领者，国家级开发区带动地区经济发展的定位一以贯之。市场经济从某种程度上也是法制经济，市场经济运行机制需要法律规范的保护和约束，有序的市场秩序需要管理者依法行政、稳定社会经济秩序。[①] 管理机构为国家级开发区的高质量发展提供制度保障，优化营商环境，为市场主体提供公平竞争环境和优质服务。管委会通过制定和实施产业政策、金融政策，引导和调节企业持续、健康发展，促进产业结构优化。

第二，开发区管理机构的组织方式具有一定的自主性。中央政府设立国家级开发区，鼓励开发区管理机构创新体制机制，与此同时，管委会在效能提升与府际博弈的驱动下形成了精简高效、便民高效的组织架构和运行机制。“先行先试作为开发区管理体制的核心竞争力，本质上是一种制度创新。”[②] 任何一种制度要成为一种规范都需要时间，更需要实践的总结。随着开发区的成长，用地紧张成为制约开发区发展的主要因素。从国家级开发区普遍采用行政托管模式[③]来看，为满足开发区与行政区在体制与空间双重维度的需要，开发区托管成为地方政府对国务院批准管辖面积的变通与突破。开发区管委会敏锐地发现市场的需求，采取创新性的措施来满足市场的需要，然后以制度创新的经济绩效说服上级政府，由此改革成果自下而上逐步获得政治认同。这些经过上级认可的改革措施与手段，再经过上级政府批准、发布法律文件等方式得到合法性证成，由此将改革成果固定下来，据此市场化经济改革得以顺利进行。因此开发区管理机构的体制机制创新不是一蹴而就的，是随着市场化改革成果逐步得到认同的体制创新试验，是地方政府自主性“试错性”逻辑[④]的典型产物。管委会的发展路径是非制度性的，是以解决问题为导向、根据市场的实时需要来配置机构职能。与传统政府组织相比，相对自主灵活的管委会组织方式一方面带来行政效能的提升，另一方面也存在弊端。有学者通过参与式观察的方法调查了开发区的产业集群，发现政府存在

---

① 孙学玉：《公共行政学论稿》，人民出版社，2013，第 111 页。

② 孙崇明、叶继红：《转型进程中开发区管理体制何以“内卷化”？——基于行政生态学的分析》，《行政论坛》2020 年第 1 期。

③ 以江苏省为例，26 个国家级开发区中有 17 个采用行政托管模式，共托管 19 个乡（镇）、20 个街道。

④ 中央政府对地方政府自主行为一定程度上的容忍，是地方政府自主性扩张的重要制度背景。

超额供给低质量公共产品的情况，这种供需不平衡是将“政企博弈”转化为“政政博弈”，开发区管委会将多层级政府间博弈的结果转化为公共产品，为区内市场主体提供资源，引发对市场活动的严重干预。① 国家级开发区公共产品供需不匹配表现为两方面：一方面是超额供给，另一方面是对开发区管委会授权不足，执法、规划等自主权限不足也制约了开发区的长久发展。

第三，开发区管委会逐渐具备“准政府”功能。从开发区管理机构的演变历程来看，开发区经历了从工业集聚区向都市经济区的转变，与开发区所处阶段相匹配的管理机构职能也随之改变。当开发区完成初期建设任务，发展趋向产城融合，区内人口聚集达到一定规模，客观上就要求开发区提供劳动就业、文化教育、医疗卫生等社会管理服务。作为政府派出机构的管委会逐渐走向开发区管理体制的权力核心，在常规政府体系之外“创造”出一个排他性治权空间。② 由此管委会逐渐异化为一级“准政府”，试图嵌入科层制政府系统之中，在实际运行过程中形成了“市政府—管委会—区政府”“市政府—管委会—街道”等多级治理格局。然而，这种嵌套关系缺乏法律依据，必然导致体制摩擦。为了提高治理效率，上级政府下放权力，授权、委托开发区行使经济开发和社会管理权力，但是强权扩权的结果相当于人为地增加了一级行政权力机关，反而违背了政府设置精简、高效、效能的基本原则。虽然开发区对区域经济结构和经济效率提升具有显著的推动作用，但是开发区作为功能区与所在地的行政区的条块分割矛盾也制约了区域协同发展。③ 与此同时，开发区在发展过程中谋求转型升级，法律规范缺位，权力构成复杂，这些因素导致开发区管委会的法律性质难以明晰。

---

① 周绍东、田斌：《公共产品供给质量研究：一个案例分析》，《宏观质量研究》2017 年第 1 期。

② 高恩新：《事权分化、尺度重构与权威嵌入：开发区管理体制变迁的三重逻辑》，《行政论坛》2021 年第 3 期。

③ 郭雪萌、王志刚：《高新区与区域经济协同发展的机理分析及实证研究》，《东岳论丛》2021 年第 5 期。

二　国家级开发区管理机构的多重权力来源

从国家级开发区管理机构的功能变迁过程来看，管理机构的体制机制与区域开发程度、经济发展阶段密切相关。开发区管委会作为改革的产物，行政组织外观始终处于动态调整之中，其法律性质长期未得到高位阶法律的明确认定。在应然层面，中央立法以规范性文件形式将开发区管理机构定性为“派出机构”，此后部门规章和地方立法均采用“派出机构”描述开发区管委会的法律性质。但是从实然层面分析开发区管理机构的组织形态，其既不符合一般派出机构的设立机关和权力范围要求，实践中管委会履行的职能和行政管理权限也已经超出派出机构的应为范围。根据行政职权的获得方式，可以将行政主体分为职权行政主体和授权行政主体。当组织法无法为开发区管理机构的主体身份提供确切的定位和法律依据时，分析开发区管理机构的权力来源，有助于明确开发区管理机构的法律性质。

（一）中央法律文件概括性授权

开发区与行政区的最大区别在于，行政区划虽然本身具有经济职能，但是首要功能是政治与行政管理，开发区这类功能区则以其使命即发展经济为核心职能。但是在产城融合要求之下，开发区从单一的经济功能区逐步转型为生产与生活同步发展的复合功能区，国家对开发区的授权范围呈现扩大趋势（见表1），这就要求开发区管委会自身或者属地政府必须承担起开发区的社会服务和管理职能。

中央政策文件强调国家级开发区应创新行政管理体制，优化职能配置与精简组织结构。在市场经济改革与管理体制、运行机制创新的要求之下，中央或者上级政府通过优惠政策向开发区让渡了部分中央或者上级政府的职权，使开发区在经济社会发展中具有更大的自主权，如特殊税收优惠、土地出让优惠等。中央文件的概括性授权赋予开发区先行先试权、一定的自主权，特别是在体制创新方面具备很强的灵活性。但是这类文件多属于规范性文件，在具体实践中与法律法规规定的具体制度发生冲突时，开发区管委会为了规避政治风险与行政责任，自主性难以充分发挥。

表1　中央文件的概括性授权

文件名称	发文字号	效力级别	授权范围
国家高新技术产业开发区管理暂行办法	国科发火字〔1996〕061号	部门规章	开发区管理委员会作为开发区日常管理机构，可以行使省、自治区、直辖市、计划单列市人民政府所授予的省市级规划、土地、工商、税务、财政、劳动人事、项目审批、外事审批等经济管理权限和行政管理权限，对开发区实行统一管理
国务院办公厅关于促进国家级经济技术开发区转型升级创新发展的若干意见	国办发〔2014〕54号	国务院规范性文件	各省、自治区、直辖市应根据新形势要求，因地制宜出台或修订本地区国家级经开区的地方性法规、规章，探索有条件的国家级经开区与行政区融合发展的体制机制，推动国家级经开区依法规范发展。鼓励国家级经开区创新行政管理体制，简政放权，科学设置职能机构
国务院办公厅关于完善国家级经济技术开发区考核制度促进创新驱动发展的指导意见	国办发〔2016〕14号	国务院规范性文件	坚持以体制创新为保障 加大简政放权力度，加强事中事后监管，做到扩大开放与加强监管同步 总结和复制推广自由贸易试验区体制机制创新成果，探索在开放创新、科技研发、市场导向、金融支持、公共服务等方面创新开发区发展模式，促进国家级经开区转型发展
国务院办公厅关于促进开发区改革和创新发展的若干意见	国办发〔2017〕7号	国务院规范性文件	完善开发区管理体制 开发区管理机构作为所在地人民政府的派出机关，要按照精简高效的原则，进一步整合归并内设机构，集中精力抓好经济管理和投资服务，焕发体制机制活力 各省(区、市)人民政府要加大简政放权力度，将能够下放的经济管理权限，依照法定程序下放给开发区
国务院关于推进国家级经济技术开发区创新提升打造改革开放新高地的意见	国发〔2019〕11号	国务院规范性文件	支持国家级经开区优化营商环境，推动其在“放管服”改革方面走在前列，依法精简投资项目准入手续，简化审批程序，下放省市级经济管理审批权限，实施先建后验管理新模式

续表

文件名称	发文字号	效力级别	授权范围
国务院关于促进国家高新技术产业开发区高质量发展的若干意见	国发〔2020〕7号	国务院规范性文件	建立授权事项清单制度，赋予国家高新区相应的科技创新、产业促进、人才引进、市场准入、项目审批、财政金融等省级和市级经济管理权限 建立国家高新区与省级有关部门直通车制度。优化内部管理架构，实行扁平化管理，整合归并内设机构，实行大部门制，合理配置内设机构职能 鼓励有条件的国家高新区探索岗位管理制度，实行聘用制，并建立完善符合实际的分配激励和考核机制 支持国家高新区探索新型治理模式

（二）地方性规范设置机构职能

根据职权法定原则，为行政目的设置、承担行政事务并独立管理的基本组织体——行政机关——承担的事务及权限应当由法律法规严格规定。地方行政机关的设置应当通过地方代议机关设定，行政机关内部机构的设置和职权分配可通过行政程序进行。国家级开发区经由国务院批准设立后，由省级人大常委会出台地方性法规，具体规定开发区的管理范围、管理体制、产业投资和优惠待遇等内容。《国家高新技术产业开发区管理暂行办法》最早以部门规章形式说明高新区所在省、市人民政府享有“建立开发区管理体制”的权限，并且赋予高新区管委会宽泛的职权，包括贯彻开发区政策、拟定发展规划以及建立现代企业制度、劳动人事制度、分配制度、社会保障制度、风险投资机制等。在多数开发区条例中，开发区管理机构以开发区管理委员会形式成立，代表市人民政府对开发区实行统一管理，管委会设立职能机构应经过市人民政府批准。

以“开发区”为关键词在北大法宝法律法规数据库检索，结果显示有关开发区条例的地方性法规多达 200 余例。1985 年 6 月 15 日，浙江省第六届人大常委会通过了《宁波市经济技术开发区暂行条例》，率先以地方性法规形式明确了开发区的发展目标、开发区管委会的定位与职能、优惠待遇、劳动管理、规划、土地、环境管理和组织管理，开启了地方层面的开发区立法进程。此后，《天津经济技术开发区管理条例》（1985年7月20日）、《广州经济技术开发区条例》（1987年）、《福州市经济技术开发区条例》（1986年）、《大连经济技术开发区条例》（1987年）、《上海市经济技术开发区条例》（1989年）等文件相继出台，为开发区的持续发展提供了稳定的法律保障。在中央政策的指引下，地方政府对开发区的立法需求越发迫切，中国初步构建起了以地方性法规为法律基础的开发区立法结构。法律文本显示，开发区管委会的法律属性主要分为三类——派出机构、派出机关、法定机构，以及部分文件未明确说明管委会的法律性质（见表2）。

表2 地方开发区条例对国家级开发区管委会法律性质的规定

法律定位	省、自治区、直辖市级开发区条例及其他
派出机关	湖北、江西、山西、江苏
派出机构	山东、贵州、霍尔果斯①、苏州高新区、长沙高新区、昌吉高新区
法定机构	广西、天津经开区、天津国家自主创新示范区
未明确	河北、四川、河南、武汉经开区、宁波经开区、温州经开区、杭州经开区、乌鲁木齐经开区

在未言明开发区管理机构法律性质的法律文件中，开发区条例通常以“开发区管委会代表市人民政府对开发区实行统一管理”表明开发区管委会与地方政府的关系。在具体职能方面，“高新区管理委员会在其管理区域内行使市人民政府授予的相关市级经济管理权限和相当于县级的社会行政管理职能”,②“行使州人民政府授予的相关州级经济管理权限，社会行政事务服从昌吉市人民政府管理”,③开发区管委会普遍享有市级经济管理权限，关于社会管理职能的规定则差异较大。根据地方开发区条例，地方政府按照一

① 《霍尔果斯经济开发区条例》第7条：“霍尔果斯开发区管理委员会（以下简称开发区管委会）作为自治区人民政府的派出机构，负责开发区的管理工作。”霍尔果斯开发区管委会是省级政府派出机构，与其他规定为市级政府派出机构的开发区有所不同。

② 《宁波国家高新技术产业开发区条例》（2016年9月29日批准）第5条。

③ 《昌吉高新技术产业开发区管理条例》（2015年5月28日批准）第6条。

个县/区级政权的规格给开发区配置权力，但是设置一个县/区一级的公权力不属于地方立法的权限范围。[①] 以《重庆市人民代表大会常务委员会关于重庆高新技术产业开发区行政管理事项的决定》为例，其开篇就是重庆高新区管委会的职责内容，[②] 直接指明高新区管委会享有区级行政管理权和部分市级行政管理权。重庆高新区并非个例，国家级开发区管委会的行政管理权限的配置等同于一级区级人民政府叠加部分市级政府管理权限，地方性规范赋予开发区管委会区级行政管理权限，实为创设一级“准政府”。由此开发区管委会逐渐异化为一级“准政府”，而非保持市政府派出机构的最初设定。

（三）省、市、区（县）多级政府的权力下放

政府职能转变要求政府的纵向权力线缩短减弱，“放权会缩短行政权力主体与行政权力客体之间的跨度，简化行政过程中的非必要程序”。[③] 国务院将推动“放管服”改革作为开发区优化营商环境的核心举措，[④] 向开发区授权的主体越发多样化。原本主要是由市政府下放权力，目前更多地方的省

---

① 朱泳、姜诚：《论开发区的法律地位与开发区的政区化》，《江汉大学学报》（社会科学版）2009年第3期。

② 《重庆市人民代表大会常务委员会关于重庆高新技术产业开发区行政管理事项的决定》：一、重庆高新技术产业开发区管理委员会（以下简称重庆高新区管委会）主要职责是：（一）统筹协调重庆高新区的改革发展和体制机制创新，统筹规划重庆高新区的产业布局，协调重庆高新区的重点投资项目建设，组织制定、推进实施重庆高新区产业开发的政策措施。（二）组织编制重庆高新区国民经济和社会发展计划、规划和有关专项规划，按照有关规定报批后组织实施。（三）负责重庆高新区直管园的经济社会一体化管理，依法行使有关区级行政管理权；统筹重庆高新区拓展园的发展规划、产业布局、政策制定、经济统计等有关经济管理事务。（四）在重庆高新区管理范围内依法行使有关市级行政管理权，具体行政管理事项和范围由市人民政府另行确定；接受有关市级部门依法委托，行使相关行政管理权。

③ 杨临宏、顾德志：《地方政府放权的法律分析——以〈云南省人民政府关于进一步支持现代新昆明建设若干政策的意见〉及昆明市的相关规定为例》，《云南行政学院学报》2011年第4期。

④ 《国务院关于推进国家级经济技术开发区创新提升打造改革开放新高地的意见》（国发〔2019〕11号）第6项：支持国家级经开区优化营商环境，推动其在“放管服”改革方面走在前列，依法精简投资项目准入手续，简化审批程序，下放省市级经济管理审批权限，实施先建后验管理新模式。

政府、省级政府部门、市政府、市级政府部门直接下放权力到开发区。[①] 虽然行政授权都是经过“中介组织”即行政主体进行授权，但是充当中介的行政主体仅是形式上的授权主体，真正起决定性作用的是法律、法规的制定者，是真正的权力来源即实质上的授权主体。[②] 我国台湾地区将“行政机关依法规将其权限的一部分，委任所属下级机关执行”称为行政委任，由“行政程序法”规定其要件和公告形式。[③] 行政授权看似只是存在于内部关系的行政机关上下级的关系，由于授权内容涉及第三人，法令效果亦及于外部关系。行政性放权属于带有一定主观随意性的政策性行为，权力边界一直是相当模糊的。在讨论开发区管委会的职能时，不可回避的问题之一就是行政机关能否授权以及这种授权如何规范，这既是一个理论问题，也是一个需要结合行政管理实际加以解决的问题，考虑到开发区管委会作为改革试点的特殊性和对行政效率的高要求，宜由统一的行政程序法作出规定。

“行政区划是政府行政管理的基本工具，框定了公共权力的执行范围”，[④] 故不属于行政区划序列的开发区实施行政管理工作难以避免遭遇不适应症。由于开发区管委会缺乏明确的法律定位，是否为一级独立的行政机构长期存疑，导致授予开发区相应的权限、开发区自我赋权的合法性严重不足。按照法律保留原则的要求，行政机关只有在取得法律授权的前提下，才能实施相应的行为。开发区管理机构法律性质未在高位阶法律中得以明确，

---

① 《国务院关于促进国家高新技术产业开发区高质量发展的若干意见》（国发〔2020〕7号）第20项：省级人民政府要将国家高新区作为实施创新驱动发展战略的重要载体，加强对省内国家高新区规划建设、产业发展和创新资源配置的统筹。所在地市级人民政府要切实承担国家高新区建设的主体责任，加强国家高新区领导班子配备和干部队伍建设，并给予国家高新区充分的财政、土地等政策保障。以《河北省人民政府办公厅关于对我省特定区域进一步下放行政审批权限的意见》（冀政办〔2010〕44号）为例，该文件所指特定区域包括省级以上高新技术产业开发区、经济技术开发区等区域，直接将省国土资源厅、省环保厅、省商务厅等16项行政审批事项，设区市级实施的涉及规划、土地管理、投资项目审批等84项行政审批事项下放至特定区域实施。

② 张晓光：《刍议行政授权几个周边问题》，《河北法学》2002年第4期。

③ 翁岳生：《行政法》，中国法制出版社，2009，第360页。

④ 金太军、赵军锋：《论经济开发区行政区划与社会管理的耦合——以天津滨海新区为例》，《天津社会科学》2014年第2期。

导致实践中管委会的行政主体地位和行政执法资格合法性依据不充分。因为等级制的行政体制根深蒂固，集权领导和行政审批依然是政府管理经济社会事务的主要方式，[①] 管委会试图突破现有行政体制的束缚，必然面临层层领导关系的桎梏。

（四）受权托管行政区

托管是指地方政府在不改变行政区划的前提下，将指定区域交由开发区管理，开发区在托管区域内享有一级政府权限，全面负责托管区域的经济和社会事务，地方政府仅保留行政区划名义上的领导权和监督权。[②] 土地资源紧张是开发区扩区的根本动因，托管行政区已经成为开发区扩围拓界的主要方式。[③] 为了扩大开发面积，少数开发区选择与所在或相邻的行政区合并，还有一部分开发区经过国家批准成为具有完全法律地位的城市新区，这两类都完全转型成为行政区，多数开发区则选择以托管方式扩大管理范围。被托管的区域的“所有权”与“经营权”分离，管委会与属地政府之间是类似于上下级政府的领导关系，但是由于管委会自身职能有限，开发区不具备一级人大、政协、法院、检察院等机关，这种领导关系也是不完整的。[④] 这类托管牵扯到开发区所在行政区、被托管行政区、托管行政区及上级归口部门等多个利益主体，让原本“名不正言不顺”的开发区身份更加复杂化。

开发区管委会的核心职能是经济发展，机构设置围绕经济要素展开。但是托管行政区后要求开发区在管理范围内必须全面实施行政职能，人员、编制、机构的严重缺口导致管委会很难承接一级政府的全部职能。开发区的机

① 何显明：《市场化进程中的地方政府角色及其行为逻辑——基于地方政府自主性的视角》，《浙江大学学报》（人文社会科学版）第6期。

② 胡丽燕：《开发区托管行政区：因果透视与改革思路——基于法律地位与性质分析的视角》，《经济地理》2016年第11期。

③ 根据学者统计，江苏省26个国家级开发区有17个采用行政托管模式，共托管19个乡（镇）、20个街道。

④ 吴金群：《网络抑或统合：开发区管委会体制下的府际关系研究》，《政治学研究》2019年第5期。

构设置原本是围绕服务企业展开，托管乡镇后面临人手不足、职能部门不全等问题，工作人员疲于应付考核评查。[①] 托管的任意性较大，通俗来讲就是两方主体清点债权债务的“算账”过程。[②] 虽然开发区名义上托管了区一级或者街道一级的管理权限，但是受限于管委会机构设置和人员编制的不足，不是托管区域内全部事务都以管委会的名义执行，也有部分事务特别是执法事项“反委托”给属地机关上一级政府（部门）的情况。

四　国家级开发区管理机构的规范化发展

（一）采纳法定机构的法律定位

在市场化程度较高的园区，天津经开区等开发区正在试行法定机构的管理体制。“所谓法定机构，是指依照各级人大常委会审议通过的规范性文件设立，依法承担公共事务管理职能或公共服务职能，不列入行政机关序列，具有独立法人地位的公共机构。”[③] 法定机构的理念源于公务法人，公务法人[④]是以公务为基础的分权形式，由法律规定某种公务脱离一般行政组织，具有独立的管理机构和法律人格，能够享受权利、负担义务。[⑤] 法定机构一般是相对自主、独立运作的公共管理机构。1970 年以来，受新公共管理改革的影响，设立职能单一、独立运营、机制灵活的法定机构成为英国、美

---

① 南焱、李凤桃、白朝阳：《开发区“托管现象”》，载人民网，http：//theory. people. com. cn/n/2012/1116/c49155 - 19602804. html，最后访问时间：2021 年 10 月 15 日。

② 课题组通过访谈开发区领导干部，他认为托管的关键是“算账”，管委会与区级政府、街道对所辖事权及其财政支出逐一拆解，归并责任。

③ 邓杨素：《新常态下国家级园区管理体制改革创新研究——以广西为例》，《学术论坛》2015 年第 6 期。

④ 公务法人的活动限于某种公务，或者某几种关联的公务，是一个专门权限的行政组织。工商业公务法人，如供电业、煤气业，同时追求经济目的和一般利益，需要财政上和经营上的独立性和灵活性，它们的活动在很大程度上受私法支配。当代法国法律采取广义公务法人概念，包括国家和地方团体以外的一切公法人。

⑤ 王名扬：《法国行政法》，北京大学出版社，2016，第 98 ~ 99 页。

国、新加坡等地行政组织改革的重要手段之一。法定机构是为了实现特定公共任务依据“公务分权”原则设立，依据立法确定的目标、职能、权责，有助于实现政企、政资、政事分开与管办分离。[①] 域外法定机构独立的前提在于机构职能与政府职能的相对分离，而中国开发区管委会的机构职能与政府职能存在密切关系，如果两者无法相对分离，机构职能的独立性无法保证，则管委会仍然难以契合法定机构的本质特征。例如中国内地首个法定机构——前海管理局自2011年成立以来，虽然法律文本明确将前海管理局的经济管理权限与深圳市南山区等所辖的社会管理职能完全分离，但实际运作中仍然难以去行政化，遵守行政化而非市场化的运作逻辑。[②] 因此，法定机构运行高效的前提在于经济管理权限与社会管理职能的分离，与一级政府的身份外观明显不同，法定机构独立于行政序列的价值在于不具备全面履行行政管理职能的职务要求。管委会扩权的最大问题在于管委会作为地方政府的派出机构，履行社会管理职能的法律依据不足。[③] 法定机构是以法律形式新设一类组织形式，以单行法形式概括授权，不列入行政机构序列，与一般行政主体的规则相异。法定机构改革的关键是由授权走向分权，社会事务管理职能由属地政府承担，开发运营职能由市场主体承担。[④] 当经济职能与社会职能相对分离，属地政府及社会中介组织能够承担区域内社会管理和公共服务功能，法定机构不失为一种适宜的管委会法律定位。

（二）适时调整组织形式

按照生命周期理论，开发区是一个复杂、开放的生命系统，可以分为创

---

① 赵立波：《功能区体制改革的法定机构蓝本——以青岛蓝色硅谷为例》，《山东社会科学》2020年第11期。

② 张紧跟、黄云振：《法定机构为何难以去行政化——以深圳前海管理局为例》，《中共福建省委党校学报》2018年第6期。

③ 翟磊：《开发区管委会职能与组织的动态平衡研究——以天津经济技术开发区为例》，《南开学报》（哲学社会科学版）2015年第6期。

④ 赵立波：《功能区体制改革的法定机构蓝本——以青岛蓝色硅谷为例》，《山东社会科学》2020年第11期。

建期、成长期、转折期、成熟期和回归期五个阶段。[①] 中国开发区在创建期、成长期崛起所依赖的特殊体制与优惠政策形成的区位优势呈现出边际效应递减趋势，劳动力价格上升、土地资源的约束、特惠政策失效、节能环保和安全生产压力增大等原因消解了开发区的特有优势，经济发展与社会化发展失衡，最终将逐步进入回归期。管委会履行管理职能时，对标一级政府，承担着不完全政府职能，以经济职能为主，伴随着开发区的需要后期不断叠加社会管理职能。产城融合要求开发区管理范围内城市功能的完善，承担社会事务意味着投入更多的财力、人力，增加机构职能。开发区享有一级财力，但是不用承担社会事务，而所在区县政府需要承担辖区内开发区的社会事务，却没有得到相应的配套经费。这一财权与事权不匹配的情况加重了开发区与所在区县政府的利益冲突，导致开发区社会事务往往面临“新增事项，相互扯皮，无人埋单”的情况。从长远来看，开发区是特定历史条件下的试验产物，承载了经济引擎和改革试点的多重功能，终究是要发展成为一种成熟的、稳定的管理形态。开发区管理体制作为一种过渡性制度安排，在完成开发建设功能特别是开发区域城镇化后，借助于事权分化、组织转型以及治理体系创新重新回归到政府行政系统中。[②] 开发区要么是完成工业化、现代化的开发使命，融合成为行政区；要么是科技能力突出，自身具备高度的市场活力，成为基本无需政府干预的经济区域。但是目前中国各类开发区的规划、设立、调区、升级、考核尚未形成系统的开发区动态管理机制。

国内开发区政策导向是从招商引资转向自主创新，提升开发区内生发展动力。但是由于科技研发与孵化周期较长，各地方科技创新能力差异较大，招商引资仍然是绝大多数国内开发区发展的主要功能。“当开发区经济总量积淀达到饱和后，作为经济增长极的经济园区功能的历史使命也就面临终

---

① 张志胜：《行政化：开发区与行政区体制融合的逻辑归宿》，《现代城市研究》2011 年第 5 期。

② 高恩新：《城镇化的开发区何去何从？——基于 C 开发区管理体系变迁的研究》，《南京社会科学》2020 年第 11 期。

结，而健全自身功能，成为一个新的城市区域是开发区的必然归宿。”[①] 当开发使命基本完成，转型成为行政区后，管理机构与属地政府体制融合不意味着回归传统行政体制，应当是在保留开发区创新实践的成果的基础上整合两区机构，以管委会精干高效的机构设置带动地区政府转型升级。如果权力的完整有效运行需要机构间的配合，彼此依赖程度越高，一方越倾向于通过“组织一体化”的合并，将对方内化为组织的一部分，降低交易成本。只有当行政组织权责清晰、结构合理，方能高效处理行政任务，良好的开发区行政管理体制是开发区转型发展的必要前提。

因此，随着开发区规模扩大、所需公共产品的增加，要么是行政区吸收开发区，要么是开发区吸收行政区，通过组织结构的调整解决职能不足的问题。现实中上下级政府之间的权责是一种“职责同构”[②] 的权力配置，下级政府在上级政府面前没有保留性权力和剩余性权力，上级政府通过授权方式将某些权力授予下级政府。[③] 职责同构所依存的法律和制度基础是现行宪法和地方政府组织法中有关政府职能、机构设置的规定。从中央、省、县级政府直至乡镇，政府职责与机构设置高度一致，导致各级政府权限重叠，没有对各自权力来源、管辖事项等合理划分。[④] 依靠复制或者扩大旧有的国家与社会关系来扩大行政职能，内部机构设置的复杂化没有提高系统效益，反而降低了效率，也被称为“政权内卷化”。[⑤] 相较于传统政府部门设置，开发区管委会与一级政府融合后，应该继续保持精简高效的机构设置原则，具体部门设置不应强求上下对口，应当结合本区域的实际发展需要，依法设立机构部门，一方面降低管理成本，另一方面提升治理能力，促进经济和社会发

---

① 韩亚欣、吴非、李华民：《中国经济技术开发区转型升级之约束与突破——基于调研结果与现有理论之分析》，《经济社会体制比较》2015 年第 5 期。

② 职责同构是指政府间关系中，不同层级的政府在纵向间职能、职责和机构设置上的高度统一、一致。

③ 暴景升：《当代中国县政改革研究》，天津人民出版社，2007。

④ 朱光磊、张志红：《“职责同构”批判》，《北京大学学报》（哲学社会科学版）2005 年第 1 期。

⑤ 孙崇明、叶继红：《转型进程中开发区管理体制何以“内卷化”？——基于行政生态学的分析》，《行政论坛》2020 年第 1 期。

展。归口管理应以工作内容为标的，方便上传下达，而不是粗放式地设立对口部门完成管理工作。开发区与行政区融合后的组织形式需要兼顾行政任务的特殊性与开发区发展的复杂性，避免过于僵化而无法适应开发区的发展需要，又要保持对滥用权力的警惕。鼓励合并后的行政机关采用扁平化管理形式和大部制理念，减少行政层级，下放政府权力，扩充街镇职能，鼓励社会组织、中介机构发展，提升区域内综合治理能力。

（三）强化功能性分权

在开发区发展初期，首要目标是满足经济功能的实现，应当合理划分事权，充分依托所在地政府开展社会管理、公共服务和市场监管，应当由开发区管委会主要承担经济职能，属地政府满足开发区社会管理需要。基本公共管理功能按照属地管理原则交由地方政府承担，或由上一级政府派驻机构承担，整合归并开发区管委会内设机构。开发区发展程度与土地开发程度息息相关，当园区发展饱和，土地开发任务趋于完成，开发区管理机构的工作重点从开发转向精细化管理时，管委会的角色定位和机构职能都需要随之变化。随着开发区逐渐发展为多功能的城市区域，以增量型区域开发职能为主转变为以存量型管理服务职能为主，与之相配的组织结构由项目型组织向行政区政府组织结构转变。[①] 管委会是过渡性、创新性管理体制，初创时以经济职能为主，但是伴随着开发区管辖范围的扩大，区内人口增加，产业配套设施的丰富，对社会职能的需求越来越大，开发区管理机构相应设置部门满足社会需要，进而演变为与政府功能配置趋同的一级管理机构，从而发展为一级建制政府。例如，以上海浦东新区、天津滨海新区为代表的国家级开发区，初设时期设立管委会，发展成熟后撤销管委会及工委会，成立区政府，并调整行政区划和体制改革。

在尚不满足建立一级建制政府条件的开发区管理范围内，随着开发区城

① 翟磊：《开发区管委会职能与组织的动态平衡研究——以天津经济技术开发区为例》，《南开学报》（哲学社会科学版）2015 年第 6 期。

市管理、社会治理任务的增加，开发区与所在区县、市政府在城乡事务管理、教育、卫生、社区服务等领域存在事权不清、职责不明等问题。只有当属地政府无法满足开发区内公共管理与公共服务需求时，或者开发区协调成本远高于属地管理成本时，出于依法行政、行政效能的考虑，根据需要调整管委会的机构设置。组织作为任务目标达成的结构性前提，其设置和职权配置应以任务为导向，匹配以最佳组织形态。① 当管委会职能独立、不依赖行政资源投入时，管委会适宜以独立机构名义对外行使经济职权，冠以法定机构的名称，不再与现有行政组织形态中的派出机构、派出机关名称混用，在法律授权、行政授权的范围内独立行使权力、承担责任，在行使得到授权的行政职能时具备行政主体资格。设置区分于行政机关的公务法人或者法定机构的目的在于，强调功能性分权制度设计，给予开发区管委会充分的自主性，避免行政权力对市场的干预。

（四）授权于法有据

职权法定是法治国家对公权力产生和行使的基本原则，要求职权必须经法律授权产生和职权必须依法行使。② 行政授权是一种法律制度，首先是一种法律行为，即一种要式的内部行政行为。③ 市级政府授权开发区管委会行使市级经济管理权限，应当满足以下前提条件：第一，法律、法规规定行政机关可以授权，授权规范不能与上位法相抵触；第二，授权机关客观拥有所授职权。另外，按照境外法律有关行政授权或称行政委任的规范，行政授权应受行政程序规范的约束，制作授权文件，列明授权事项与范围，授权文件应在生效之前以一定方式公布。

行政授权是权限的再次分配，行政机关不能擅自转授权力，应当以合法的授权法律规范为依据。就目前的法律规范而言，多数法律法规在出台之时难以考虑到如今开发区的迅速发展仰赖于省市级经济管理权限的下放，因此

① 刘国乾：《效能导向的综合执法改革原理与操作》，《法学家》2020 年第 6 期。
② 胡建淼：《如何理解法律授权？》，《学习时报》2020 年 12 月 9 日，第 2 版。
③ 胡建淼：《有关中国行政法理上的行政授权问题》，《中国法学》1994 年第 2 期。

较少有法律法规直接点明省市级政府具有再授权的权力，更多的是国务院出台的规范性文件，提出支持开发区改革创新，要求下放省市级经济管理审批权限。灵活变通的、高度自主的行政管理体制为地区经济高速发展提供了助力，也为过大的自由裁量权和地方利益、部门利益的野蛮生长提供了可乘之机。有学者指出，由于中国法制化水平具有局限性，职权再授出的形式不应局限于法律法规的规定，规章以及规范性文件都可能成为行政机关将行政职权转授的依据。[①] 开发区多年的改革实践证明了行政授权的存在具有现实必要性，但是仅有现实需要提供的正当性是不够的，行政授权需要法律上的正当性，即立法机关的授权与控制。

结　论

“开发区管理体制的运行高度依赖政府的政策性授权和相应的资源和权威支持，随着开发区内外部经济环境的变化和全球产业链的重构，开发区的制度供给难以做出适时的变革和调整，体现出某种滞后性，其短期内拥有的超前性、权宜性的制度常常演变成中长期的制度缺陷。”[②] 国家级开发区具有带动地区经济发展的关键作用，管委会在项目开发、土地利用等方面享有较大的自由裁量权，优惠政策多、资金规模大，不受约束的权力极易成为“腐败洼地”。行政主体这一概念原本是随行政分权的技术出现的，但是在本土化改造中仅是一种理论抽象。[③] 开发区具备突出的经济功能且掌握着较大的财政自主权，采用精简机构、集中领导的方式提高效率，但是由于其法律地位不明确，缺乏与之匹配的有效的监督制约机制，缺乏相应的依法行政考核要求与监管程序，因此开发区管委会潜藏着巨大的职务犯罪风险，导致

---

① 耿宝健：《行政授权新论——走出理论与现实困境的一种认知尝试》，《法学》2006 年第 4 期。

② 胡彬：《开发区管理体制的过渡性与变革问题研究——以管委会模式为例》，《外国经济与管理》2014 年第 4 期。

③ 应松年主编《当代中国行政法》，人民出版社，2018，第 268 ~ 269 页。

国有资产流失，危害营商环境。开发区习惯于以经济指标为唯一目标，长期脱离于行政权力约束体制，法治政府对行政决策、发布规范性文件、行政执法等权力行使的新要求在进入开发区管委会时，被忽略或者消解。制度是理性行动者对于集体性行动困境的解决方案，约束政府自利行为，减少其机会主义倾向。[①] 为避免“发展高地”沦为“腐败洼地”，全面建设法治政府，促进依法行政目标的实现，有必要明确国家级开发区管理机构的行政主体地位，从而在设立原则及条件、运行程序及职能等方面明晰权力界限，厘清以开发区为中心的府际关系，全面建成法治政府。

① 赵国钦、曾庆斌：《政府权力、体系重构与社会资源配置》，《改革》2012 年第 2 期。

·二　部门行政法·

B.7
药品上市许可持有人制度的发展

王青斌　郭晓丽*

摘　要：经过四年试点，《中华人民共和国药品管理法》（2019修订）正式确立药品上市许可持有人制度，实践证明，它是鼓励医药创新的有力推手。作为一项在国际上已取得良好成效的药品审评审批制度，药品上市许可持有人制度具有诸多优越之处。然而，因其对以往“捆绑”式管理模式的彻底打破，对许可持有人的能力、现有的监管体系等都会带来挑战，在现阶段存在一定的制度风险。继续推进药品上市许可持有人制度，应当正视问题，结合中国实际情况，建立起相应的配套机制，推进国家医药事业的不断发展。

关键词：药品上市许可持有人制度　药品研发创新　药品审评审批制度改革

一　引言

习近平总书记指出，药品安全责任重于泰山。药品医疗器械的质量与创新与人民群众用药的安全与效果直接相关，得到普遍关注与重视。

* 王青斌，中国政法大学法治政府研究院教授，博士生导师，主要研究方向为行政法学；郭晓丽，中国政法大学药品监管法治研究基地秘书，主要研究方向为卫生法学。

长期以来中国沿用药品注册与生产许可合一的模式，药品批准文号只颁发给药品生产企业，从而获得药品上市许可的资格，药品研发机构或其他人员通常只能将技术成果转让给药品生产企业。[①] 这种“捆绑”模式，直接造成了药品研发创新驱动不足、药品产业结构不合理、药品相关主体法律权责不清、药品监管低效等问题。近年来，随着医药产业竞争的日趋激烈以及广大人民群众对药品需求的不断增长，以仿制为主的药品生产企业不再具备竞争优势，原有的药品审评审批制度也已无法与产业发展需求相适应。由此，提高医药行业的创新和研发能力，完善药品审评审批制度是深化医药卫生体制改革的必由之路。

药品上市许可持有人（Marketing Authorization Holder，简称“MAH”）制度作为国际上通行的药品审评审批制度，早前在美国、欧盟等国家或地区就已施行，并经实践检验，取得了不菲的成效。它将药品的注册上市与生产加工相互分离，在保证药品的有效性、安全性的基础上，药品研发者经过药品上市申请，获得药品上市许可证，成为 MAH。并且在 MAH 制度下，MAH 有权自行生产或委托生产，并对其生产、销售的药品质量负责。这种制度有利于从源头上抑制低水平重复建设，提高新药研发的积极性，促进产业的科学化、合理化分工。

创新是引领发展的第一动力，企业作为技术创新的主体，实行 MAH 制度能够进一步从供给侧提升药品创新能力，增加创新药物的供给，充分发挥该制度“鼓励药品创新，重构监管体系”的价值和作用，实现从制药大国向制药强国的转变。[②] 早在 2009 年，中国就开展了有关 MAH 制度推行的可行性研究，经过多年的论证与酝酿，在总结试点经验的基础上，2019 年，十三届全国人大常委会第十二次会议通过修订后的《中华人民共和国药品

---

① 冯翔慧：《加大对新药研发的技术支持〈关于进一步改革完善药品生产流通使用政策的若干意见〉解读》，《中国科技产业》2017 年第 3 期。

② 《关于〈中华人民共和国药品管理法（修正草案）的说明〉》，载中国人大网，http：//www. npc. gov. cn/npc/c30834/201908/878ccc9249504c8ead44356f6760a561. shtml，最后访问日期：2021 年 7 月 21 日。

管理法》（以下简称《药品管理法》），正式确立了 MAH 制度，其旨在“鼓励药品创新，激发科研机构和科研人员创新的积极性”，[①] 实现了药品注册与生产的解绑。以法律形式正式确立 MAH 制度，标志着这一制度正式进入实质性推进阶段。

二　药品上市许可持有人制度建设沿革

目前，MAH 制度在中国的发展经历了萌芽、落地、确立三个阶段，将来还会不断被推进和完善。MAH 制度的萌芽蕴藏于 2015 年发布的《国务院关于改革药品医疗器械审评审批制度的意见》（以下简称《意见》）之中，之后 2016 年印发的《国务院办公厅关于印发药品上市许可持有人制度试点方案的通知》（以下简称《试点方案》）是其落地的标志性文件，而 2019 年修订的《药品管理法》则意味着 MAH 制度真正地从上而下确立起来了（见图 1）。

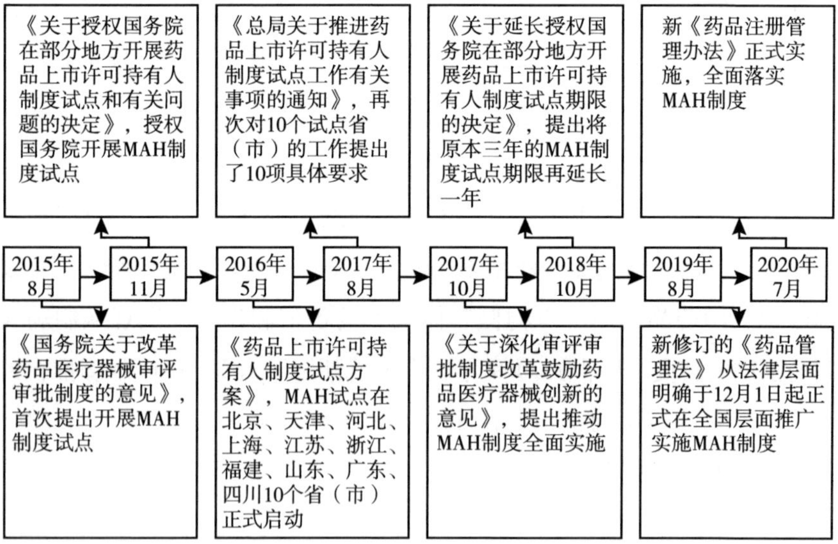

图 1　MAH 制度实施的重要节点

---

① 许安标：《〈药品管理法〉修改的精神要义、创新与发展》，《行政法学研究》2020 年第 1 期。

（一）萌芽阶段

MAH 制度在国际上被普遍采用，在美国、欧盟等国家和地区早已成为一项成熟的制度，并取得了较好的效果。药品上市许可申请人（MAA）和上市许可持有人（MAH）一词最早见于 1965 年欧盟 65/65/EEC 指令，MAA 是提交药品上市申请的人，在药品上市许可被批准后，MAA 即成为 MAH。[①] 美国则是使用申请人（Applicant）和申请持有人（Applicant Holder）。2005 年，日本在《药事法》中首次引入了 MAH 制度。自改革开放后，创新就是中国经济社会发展的主旋律，进入新时代，随着“地球村”的进一步发展，国际交流日益频繁，创新愈发成为提高核心竞争力的关键因素之一。在建设创新型国家的背景下，以鼓励创新为左膀，以强化监管为右臂，双管齐下，药品监管领域借鉴国际经验，在药品管理法律法规的完善、审评审批流程的优化等方面卓有成效，在这一过程中，MAH 制度逐渐萌芽。

分别于 2009 年、2014 年颁布的《药品技术转让注册管理规定》《药品委托生产监督管理规定》中规定了药品委托生产制度和技术转让制度，这与 MAH 制度的部分内容有些相似，但实际上有着本质的区别。前者的两方主体均要求是药品生产企业，且药品批准文号不随委托进行变更，而技术转让制度的受让方也限定为药品生产企业。该两种制度这种“捆绑”式管理模式对于激励创新的弊端越来越明显，改革是大势所趋。

2014 年 2 月，《创新医疗器械特别审批程序（试行）》对委托生产作出了创新，规定医疗器械创新产品可以委托具有相应资质和生产条件的企业对样品进行生产，不要求委托方取得委托生产医疗器械的生产许可或者办理第一类医疗器械生产备案。2014 年 3 月，《医疗器械监督管理条例》（2014 版），将医疗器械的监管流程从“先生产许可后产品注册”调整为“先产品注册后生产许可”。这些措施是医药领域管理模式的一大进步，意味着中国 MAH 制度在医疗器械管理领域初见端倪。

---

① 杨悦：《明晰基本概念　理清发展脉络》，《中国医药报》2018 年 11 月 7 日，第 3 版。

2015年5月,《中国制造2025》文件将生物医药及高性能医疗器械列为未来十年中国制造业重点发展的十大领域之一。通过对MAH制度进行制度创新来推动医药产业升级，对于推动制造业的发展有着积极意义。8月,《意见》中首次提出开展MAH制度试点，拉开了深化中国药品监管制度改革的大幕。《意见》发布后，原国家食品药品监督管理总局发布了一系列文件落实各项意见精神。之后,《关于授权国务院在部分地方开展药品上市许可持有人制度试点和有关问题的决定》《国务院关于同意建立药品医疗器械审评审批制度改革部际联席会议制度的批复》等密集发布，为推进中国MAH制度试点工作做出了部署。

2016年1月，北京市率先启动MAH制度试点工作，并得到了原国家食品药品监督管理总局给予的审评审批、绿色通道等12项政策支持。① 随后上海等试点城市的MAH制度多项改革措施也如火如荼地开展起来。

（二）落地阶段

2016年3月,《国务院办公厅关于促进医药产业健康发展的指导意见》对提升国家医药产业核心竞争力、促进医药产业持续健康发展做出了部署。之后,《关于促进医药产业健康发展的指导意见重点工作部门分工方案》提出“2018年底前加快药品上市许可持有人制度试点”。

2016年5月，国务院发布《试点方案》，这是MAH制度真正落地的标志性文件，意味着MAH试点工作正式启动。作为深化药品监管体制改革的突破口，MAH制度将通过试点实践对其科学性和可行性进行检验。试点文件明确，在10省（市）开展试点工作，截止时间为2018年11月4日，为下一步全面推广累积经验。试点文件充分体现了药品注册管理制度向MAH制度转变的核心理念，即鼓励新药创制、促进产业升级、优化资源配置、落实主体责任，就该制度的试点内容、试点药品范围、申请人和MAH条件等

---

① 马昊楠、许方霄：《北京市率先启动药品上市许可持有人制度试点工作　中关村医药产业发展获国家12条政策支持》,《首都食品与医药》2016年第3期。

八方面进行了规划。[①] 同年6月，《〈药品上市许可持有人制度试点方案〉关键点评析》对改变药品批准文号与生产企业捆绑的模式、允许跨试点区域委托生产等7个关键点进行了评析说明。

紧接着，原国家食品药品监督管理总局出台一系列文件，推动改革探索不断深入、不断完善，比如《总局关于做好药品上市许可持有人制度试点有关工作的通知》《药品上市许可持有人制度试点方案》政策解读系列等。各试点地区也积极出台MAH制度试点工作实施方案。

2017年8月，《总局关于推进药品上市许可持有人制度试点工作有关事项的通知》，对MAH的权利义务和法律责任、跨区域药品监管机构监管衔接、职责划分以及责任落地等事宜制定规范。10月，《关于深化审评审批制度改革鼓励药品医疗器械创新的意见》，围绕“创新、质量、效率、体系、能力”五大主题，提出“推动药品上市许可持有人制度全面实施”。2018年9月，《关于药品上市许可持有人直接报告不良反应事宜的公告》建立了MAH直接报告不良反应和不良事件制度。

2018年10月22日，在十三届全国人大常委会第六次会议上，国务院对三年试点工作情况进行了总结。总的来说，试点工作圆满结束、成效突显，在此期间各级药品监督管理部门分别在药品研发、生产、经营各环节发布了相应配套措施，也有药品研发机构获得批准文号进行委托生产的情况，真正实现了鼓励创新、优化资源配置的目的，各试点地区的制度成果较显著，大大地促进了医药行业中新药研发的积极性。但是，由于试点范围内药品研发水平参差不齐，试点时间较短，因此在试点实施MAH制度的过程中，还存在一些问题。试点工作结束后，有关部门及时总结经试点证明的可行的做法与经验，并对暴露的问题进行分析，及时提出了修改完善《药品管理法》《药品管理法实施条例》等法律法规的建议，并将修改完善相关部门规章，为MAH制度的全面展开提供法律依据。同时，为做好试点工作和修法工作的衔接，会议审议并发布了《关于延长授权国务院在部分地方开

---

① 《药品上市许可持有人制度发布》，《中国药店》2016年第7期。

展药品上市许可持有人制度试点期限的决定》，提出将原本三年的 MAH 制度试点期限再延长一年。

（三）确立阶段

2015 年以来，中国药品产业快速发展，创新创业方兴未艾，药品审评审批制度改革持续深化，药品安全监管不断适应国际化、现代化、科学化发展需要。[①] 随着试点工作的推进，药品上市许可持有人制度的框架愈发明朗，实践证明这一制度是切实可行的，有必要通过修改法律对其加以确认，让 MAH 制度扩大到全国范围正式实施。2019 年 8 月 26 日，十三届全国人大常委会第十二次会议表决通过新修订的《药品管理法》，自 2019 年 12 月 1 日起施行。这是《药品管理法》自颁布以来的第二次系统性、结构性的重大修改，本次修订的突出特点是创新，将药品领域的卓有成效的改革措施固化为法律成果，重大制度创新之一便是正式以法律的形式将 MAH 制度予以确立，对于 MAH 制度在中国的建立具有里程碑式的意义，也标志着中国的药品管理法律与国际接轨。

新《药品管理法》总则第 6 条明确了 MAH 制度的法律地位，规定："国家对药品管理实行药品上市许可持有人制度。药品上市许可持有人依法对药品研制、生产、经营、使用全过程中药品的安全性、有效性和质量可控性负责。"在第三章以专章的形式从 MAH 的主体资格、组织形式、权利、义务与责任等方面对这一制度做出了具体安排。MAH 指的是取得药品注册证书的企业或者药品研制机构。与《试点方案》相比，MAH 的主体类型有所变化，一方面，增加"取得药品注册证书的企业"，扩大了可成为 MAH 的主体范围，另一方面则根据试点经验将"科研人员"排除在主体范围之外。MAH 的法定代表人、主要负责人对药品质量全面负责，对药品的非临床研究、临床试验、生产经营、上市后研究等承担责任，成为药品全周期主

① 朱嘉、翁志洁、阮秀芳、张清：《探讨新修订的〈药品管理法〉对药品监管工作的挑战和应对策略》，《中国药事》2019 年第 12 期。

体责任人，还需要建立药品质量保证体系、药物警诫制度、药品追溯制度和年度报告制度等。对于 MAH 的违法行为，根据性质及其情节轻重，承担行政、民事或刑事责任。

2020 年，国家药品监督管理局对有关药品上市许可持有人制度的配套文件予以更新，新修订的《药品注册管理办法》和《药品生产监督管理办法》相继出台，进一步完善了药品上市许可持有人制度，细化了有关上市许可持有人的责任和要求。由此，以 MAH 为主体的新的药品管理体系正日渐建立与完善，为应对实践中不断涌现的新问题，还需不断完善相关法律制度来提升法律效用。

三　药品上市许可持有人制度建设亮点

MAH 制度在借鉴和吸纳国际先进经验的基础上进行了本土化的转换和设计，打破了长期以来存在的药品注册与生产许可“捆绑”之模式，强化 MAH 的主体地位，注重药品全生命周期管理，在人员扩围、委托代工、许可变更等方面形成了独特的制度亮点。

（一）人员扩围

旧《药品管理法》（2015）第 31 条规定，只有药品生产企业才能取得药品批准文号。在以往围绕旧《药品管理法》建立的药品管理体制中，始终存在上市许可证和生产许可证互相绑定而致使研发人员陷于只能选择投资建厂或者直接转让研究成果的两难处境，进而导致研发人员创新动力不足的问题。针对这一点，MAH 制度从“人员扩围”的角度探索出了新出路。

具体来讲，所谓的“人员扩围”，是指 MAH 制度扩展了药品注册申请人的范围，MAH 可以与药品生产企业相互独立。在原先的药品管理体制中，仅有药品生产企业才可以担任药品注册申请人，而因为建设药品生产企业需要高昂经济成本，药品研发机构往往只能退而求其次进行短线交易，将辛苦研发的成果让与药企以获取一定的经济利益。长此以往，其缺乏继续创新的动力，既不利于研究的长期性、系统性，也不利于研究成果转化。在 MAH 制度进行“人员扩围”后，研发主体也能成为药品注册申请人，即研发主体只要提交上市申请，并且能够获得相应的药品上市许可及批准文号，就可以 MAH 身份参与到药品生产、经营环节之中。

新的制度建设以增加主体下放权力的方式，打破了原有的两难处境，激发了研发人员的创新动力。新的制度试点推行后，在研发机构和科研人员的积极性大幅提高的同时，整个医药产业也迸发出了新的活力，形成了从研发到产出的良性循环。从试点实践的结果来看，新制度“人员扩围”的尝试有以下几个亮点。第一，药品批准文号与生产企业“解绑”，许可申请放开，使得研发人员的积极性和创造性得到提升，创新驱动发展，推动了药品研发工作的进步。第二，权责更加清晰。药品上市申请人和 MAH 的责任被强化，由其负责药品在生命周期内的安全性和有效性，确保药品质量安全。关于药品质量的相关法律责任追究的链条更加明确可知，有利于提高各方主体的责任意识，把好药品质量关。第三，相关主体要依申请获得 MAH 资质。“人员扩围”并非全面放开，申请资质的企业和药品研发机构必须满足一定的限制条件，需要具备独立承担法律责任的能力，符合区域要求。此举一方面有利于确保研发主体具有严格的资质，另一方面便于市场监管部门进行监管，维护药品行业秩序。

总体来看，MAH 制度的“人员扩围”尝试将在一定程度上减少医药监管的束缚，激发药品研发机构的积极性和创新性，帮助医药研究工作的成果更好转化，推动医药企业释放新的生产力，带动整个医药产业的新发展，并最终惠及人民群众。因此，新《药品管理法》吸纳试点经验，将“人员扩围”以法律的形式加以固化，并据试点的实际效果，对《试点方案》中规定的持有人主体范围加以调整，科研人员不再具备成为持有人的资格。

（二）委托代工

MAH 制度推行以前，中国一直沿用药品注册与生产合一的经营模式，持有人即为生产者，一方面，这导致一些科研机构或科研人员由于没有足够的资金建立自己的生产线，不得不以一定的价格将权利转让给药品生产企业，严重阻碍了中国在药品研发方面的创新能力和研发动力；另一方面，一些机构和人员虽然筹集资金建立了自己的生产线，却因为生产成本的增加而将关注的焦点从药品研发创新转移到短期利益获取，不仅阻碍了资源配置的优化，不利于提高生产效益，甚至造成资源浪费，还导致了药品市场的无序竞争，不利于药品研发、制造行业的发展。MAH 制度的推行使得药品的研发和生产“解绑”，使药品研发者和药品生产者皆可以根据实际情况将发展方向专注于具有优势的细分领域，最大限度地利用自身已经拥有的资源做出最高效的分配方案。

于药品研发者而言，可以独立享有相关药品的所有权，即可以独立决定相关药品所有权的转移、独立决定对药品生产企业进行生产授权或自行生产、独立决定对一个或多个企业进行药品生产授权。在这种经营模式下，一方面，研发者更多的关注长期红利，能够在药物研究过程中综合考虑项目产业化的可行性及市场需求,[①] 更多地投入新型药品的研发和已有药品类型的更新进步中，促进医药产业的结构调整和转型升级；另一方面，这一制度改革有利于激励和调动社会各阶层特别是独立科研机构的力量参与药品研发，大幅度降低某些高端生物医药产品的生产和销售成本，从而降低终端销售价格,[②] 进一步激发医药行业的活力。

于药品生产者而言，此项制度的推行可以节省药品生产者的生产成本，即其只需在 MAH 的有效授权下，利用现有的符合国家标准的原料、辅料及生产设备和场地进行相应药品的生产、包装工作，而不需提前支付额外的对价以获得相关药品的知识产权和其他相关性权利。所以对于药品的生产者而言，MAH 制度的推行很大程度上节约了生产成本，提高了资源配置效率，使其可以专注于药品生产，提高对生产过程中的药品及原料设备的安全性、卫生性等方面的重视，从而达到药品生产的专业化、流程化，提高国研国产

① 韦冠：《国内外药品上市许可制度比较及借鉴》，《中国药房》2008 第 34 期。

② 何道慧：《浅析药品上市许可持有人制度试点对我国医药行业的政策影响》，《北方药学》2017 年第 6 期。

药品在国内外的竞争力。

对中国药品研发生产市场的发展而言，药品研发与生产解绑很大程度上拓宽了国内药品销售市场。跨省委托、多点委托使药品生产打破区域壁垒成为可能，同一种药品的生产能够跨越省边界，遍地开花。这不仅节约了药品运输的运费成本和时间成本，还有效降低了运输风险，使药品研发机构能更加专注于新型药品的开发。同时，更多中国企业走出去是企业全球化背景下的必然趋势，“跨境委托生产”是中国医药行业融入全球制药产业链的必经之路，对于提升国际竞争力、优化中国产业布局有着积极意义，境内委托生产也为接下来对“跨境委托生产”机制的深入探索奠定了基础。

（三）许可变更

在MAH制度推行之前，中国对国产药品的注册与生产的监管是“捆绑”模式，只有取得生产许可的药品生产企业才有资格获得药品批准文号及注册证书，从而拥有药品上市许可的资格，经药品生产质量管理规范认证后，进行药品生产。在传统观点中，药品批准文号及注册证书被认为不具有财产性利益，其作为一项行政许可是无法直接进行转让的。若想转让与之相关的权利，仅有技术转让一种方式，技术转让的受让方只能是符合国家标准的生产企业且要重新核发批准文号。这种“捆绑”模式存在诸多弊端。首先，对于不具备生产能力的药品科研机构来说，只能在兴建厂房、购置设备自行生产与技术转让两种获利途径中择其一，不利于鼓励药品创新、不利于明确药品安全责任、不利于药品生产资源的合理配置、不利于保障药品供应安全等。其次，由于规范体系的不健全，对于药品科研机构为谋求短期经济利益而将不成熟的技术成果进行转让或者同一技术成果转让多家企业的行为无法做到有效规制，从而不利于医药行业的健康发展。

随着市场经济的发展，原有药品审评审批制度的弊端愈发明显，与医药行业的发展需求不相匹配，已不能有效地调整药品生产企业、药品科研机构等药事主体从事药品注册、生产、流通、上市等活动，亟须改革。其中，有关药品知识产权所有权、上市许可权等民事权利处分权的问题必须根据实践需要加以明确和改进,[①] 以促进医药行业各项要素的合理、高效流动。传统上认为药品上市许可不具有财产性利益的观点是值得商榷的，实际上，药品上市许可证明包含着财产权和人身权的双重属性。[②] 它是 MAH 的技术创造成果的直接展现，而这种技术创造成果具有一定的使用价值，可以作为商品的载体进行转让，这一基本法理已经在许多国家经过了长期实践，并取得了优化资源配置、减少重复建设等良好效果。

MAH 制度推行后，允许药品研发机构及药品生产企业持有药品批准文号，成为 MAH，明确了上市许可是允许转让的，即申请人或 MAH 在“药品上市许可相关申请已受理、尚未审批阶段或获得批准后”等各环节各阶段，有权提出“变更申请人、MAH 及受托生产企业”的补充申请，并对该药品的安全性、有效性和质量可控性负全面责任。新《药品管理法》第 40 条规定：“经国务院药品监督管理部门批准，药品上市许可持有人可以转让药品上市许可。受让方应当具备保障药品安全性、有效性和质量可控性的质量管理、风险防控和责任赔偿等能力，履行药品上市许可持有人义务。”审查批准的重点放在受让方是否具备相关能力以及是否能够履行义务之上，不再要求受让方具备药品生产条件。《药品注册管理办法》（2020 年版）也规定，MAH 转让药品上市许可，应当以补充申请方式申报，经批准后实施。这一规定赋予了申请人、MAH 更多的自主权，增强了药品上市许可的市场流通性，有利于药物创新的常态化、社会分工的专业化和资源配置的更优化，简化行政许可程序，提高效率，这也是国际通行做法。

四 药品上市许可持有人制度建设展望

新《药品管理法》中的 MAH 制度充分总结试点经验和借鉴国际经验，

① 参见王琛琛《药品上市许可持有人制度持有权转让的研究》，硕士论文，江西中医药大学，2019。

② 参见徐景和、杨悦《把握制度红利 明确主体责任》，《中国医药报》2017 年 4 月 26 日，第 4 版。

具有前瞻性和中国特色，将对中国医药行业产生深远的影响。但作为一项新的制度，必然会在与实践的磨合中产生一些问题，需要在持续推进的过程中加以完善。目前来说，新《药品管理法》施行不足两年，又逢 2020 年全球新冠肺炎疫情大流行，全国未发生显著药品安全事件，尚缺乏充足样本数据对 MAH 制度实施情况进行量化分析，故以下将着重探讨经过法条分析和试点经验归纳后发现的 MAH 制度可能存在的问题以及提出相应的解决方案。

（一）退出机制

MAH 是指取得药品注册证书的企业或药品研发机构，药品注册证书的取得需要提供真实、充分、可靠的数据、资料和样品以证明预上市药品的安全性、有效性和质量可控性，也即拟上市药品需要具备安全有效性，此为 MAH 准入之必要条件。根据《药品管理法》，国务院药品监督管理部门还应当对药品注册证书申请人的质量管理、风险防控和责任赔偿等能力进行审查。因此，成为 MAH 既需要掌握稳定可靠的药物创新技术，还需要具备质量以及风险管理能力。然而，在 2020 年公布实施的《药品注册管理办法》中，针对药品注册的综合审评仅关注药品的安全性、有效性和质量可控性，至于申请人是否具备对药品全生命周期负责的能力在所不问。由此可见，《药品管理法》为 MAH 设计了全面承担药品安全保障的主体责任，但申请人是否具备这种责任能力却并没有成为获得 MAH 资格的前置条件。总结改革试点经验同样可以发现，对 MAH 责任能力的考察主要体现在申请人的经济状况上，并不对责任能力做实质性审核，如药品上市销售前提供担保或购买保险即可，这种着眼于事后弥补的制度设计显然与药品领域的“风险预防”原则相悖。[①] 故而针对《药品管理法》所设计的责任体系，当前 MAH 的准入条件相对宽松，这就导致了一部分企业和研发机构进入药品市场后怠于履责从而引发药品安全事故，因此有必要对这类 MAH 通过退出机制进行

① 解志勇、李晓琼：《特殊行政许可中被许可人的主体责任研究——以药品上市许可持有人为例》，《中国卫生监督杂志》2020 年第 2 期。

清理。但目前退出机制存在无法准确识别退出事由、法律规章衔接不良等问题，导致适用困难。

对退出机制的完善需要从以下三个层面进行。一是明确设置责任能力门槛。准入标准是申请人获得许可必须满足的条件，[①] 如何调整好准入门槛直接关系到 MAH 资格的取得。对于责任能力的要求可以设置一个最低门槛，即申请人应当提供资料证明自己已经设立质量管理和药物警诫制度，或对准予委托的事项已经交予具有资质的第三方委托实施，而对于拟上市的药品已经购买保险或自身具有赔偿能力。行政许可机关在处理申请时对上述作形式审查，以此大致判断申请人是否具备责任能力。当 MAH 责任能力成为获得药品上市许可的必要条件时，后续其丧失能力便可通过撤回启动退出机制；若其提交的证明责任能力的文件为假则通过撤销启动退出机制。二是去除立法瑕疵和加强法律衔接。首先，准确区分行政撤销和行政许可撤回的情形，由现有技术决定，如果经过检测拟上市药品不满足药品安全有效性的要求，即不满足 MAH 准入条件，注销药品注册证书就是一个事后纠错行为，应当将这种情形列入行政撤销的范畴。其次，保证法律规章体系的协同。除《药品注册管理办法》应当对 MAH 准入标准的审评作出进一步规定外，同时法规规章还需要对经后续检查发现责任能力不满足的 MAH 做出相应的法律责任设计，也即 MAH 拒不改正的最高处罚为可吊销药品注册证书，或经考察确实丧失责任能力的应当注销药品注册证书。三是完善 MAH 退出后机制。当企业或科研机构在经过退出机制后注销或转让药品注册证书、丧失 MAH 地位之后，其是否还应当对后续药品使用承担责任，是 MAH 退出后机制的核心。应当按照药品安全有效性和责任能力两方面分开设计责任：对于质量管理、风险防控不到位导致的药品生产销售过程中的安全问题，应当由受让人承担；而因药品安全有效性造成的安全问题原则上也由 MAH 承担，转让人有过错的除外，因为药品上市许可转让过程中的资料交接已经足以使受让人对药品安全有效性有全面了解。

---

① 张卿：《行政许可法和经济学》，北京大学出版社，2013，第 99 页。

（二）救济机制

MAH 制度实施可能面临的最大风险就是药品质量安全问题。但是，如前文所述，相关法律法规对 MAH 的设定标准过于宽松。一旦申请人通过较为宽松的审查标准获得药品注册证书和 MAH 资格，其就立即对药品全生命周期承担责任，这有赖于 MAH 较强的产品质量管理和风险管理能力。具体而言，MAH 需要落实产品质量管理、上市后风险管理与药物警戒责任，并应具备药品损害赔偿能力。已出台法规要求 MAH 提供的证明其产品质量责任承担能力的相关文件中，包括与担保人签署的担保协议或与保险公司签署的保险合同等，但并未对担保/保险范围及额度、担保人和承保人/保险公司资质条件等进行明确规定，[①] 仅对是否购买商业保险进行形式审查，却无法对赔偿能力做出准确审查和评估。对于同时作为药品生产企业的 MAH 而言，其已经形成了较为完善的产品质量管理体系和药物警戒体系，能够熟练地进行药品安全性检测、药品风险识别和药品风险控制等工作。然而，对于大部分药品研制机构而言，其在规模、实力、研发经费等方面都存在短板，也并没有充足的实践经验建立健全的产品质量管理体系和药物警戒体系，实际上欠缺风险防控与药害赔偿的能力。这一问题尤其凸显在科研院所申请成为 MAH 的情形下。科研院所是科技成果的重要产出基地，其科技成果通常以技术转让的方式由生产企业量化生产以实现其实用价值和商业价值，医药产业也基本遵循这一模式。[②] 在 MAH 制度建立以后，科研院所有了独立申请药品注册证书并成为 MAH 的资格，在没有产能的情况下可以通过委托生产和经营实现成果价值的转化，有望进一步调动其医药科研创新的积极性。但是，MAH 应当具备的风险承担和抵偿能力对于科研院所来说是一个巨大的挑战，即虽然药品的生产和经营委托给第三方，但是质量管理责任仍需要

① 邹宜諠、陈云、柳鹏程、周斌、邵蓉：《德国和日本药品上市许可持有人制度下的药品损害事件风险管理研究》，《中国药事》2018 年第 3 期。

② 赵雨菡等：《高校科技成果转化的制度困境与规避思路》，《清华大学教育研究》2017 年第 4 期。

由其承担；药物警戒现阶段可以尝试探索委托第三方开展，而相应责任仍需归结到MAH。[①] 此外，鉴于科研院所的性质，如果发生药品致害事件引发巨额赔偿，其可能无法落实相应的赔偿责任，[②] 中国的药害救济制度需进一步完善。

国际上许多国家和地区的MAH制度已十分成熟，配套的救济赔偿措施也很完善，比如欧盟、日本等。以德国为例，药品不良反应一旦发生，企业可要求商业保险公司承担赔偿救济责任，另外，欧盟的金融机构还可按照协约提供保障。[③] 日本也建立了药品副作用受害救济制度，由法定基金会对发生事故的受害者实施救助。[④] 对中国而言，针对药品研发机构对药品安全责任承担力有限的问题，有必要结合国际有益经验，健全救济赔偿制度，强化MAH的风险承担和药害赔偿能力，最大限度保障患者的生命财产安全。建议采用专项基金与商业保险相结合的风险救济模式，为抵御风险提供双重保障。一方面，由政府出资设立专项基金，由法定的基金组织进行管理，一旦出现药害事故，在商业保险赔付不及时或者无法足额赔付时，先行理赔，事后追偿，最大限度保护受害者权益；另一方面，完善强制商业保险制度，鼓励引导保险公司出台适合中国实践需要的多种类型的商业责任险方案，并由政府专项基金为MAH提供一定数额的保费补贴，并按照药品风险等级的不同，对MAH所提交的担保协议或者保险合同设置最低的保险额度，且保险额度应当是经过专业的精确计算后能达到完全的保险要求。[⑤] 同时，要完善相关法律法规，对担保/保险范围及额度、担保人和承保人/保险公司资质条

---

① 高千秋、张浩嘉：《欧盟药品上市许可持有人的药物警戒责任研究》，《中国药物评价》2019年第1期。

② 任晓辰、陈先红：《科研院所成为上市许可持有人的挑战与机制探索》，《中国医药工业杂志》2020年第9期。

③ 赵娜、胡晓抒：《欧盟药品上市许可人制度研析及对我国的启示》，《药学与临床研究》2016年第5期。

④ 王鑫、王艳翚：《我国试行药品上市许可持有人制度的对策研究》，《医学争鸣》2018年第4期。

⑤ 苏晨、荣振华：《我国“药品上市许可持有人制度”运行现状反思及完善建议》，《医学与法学》2020年第1期。

件等内容进行限定，明确 MAH 在申请过程中需提供完整的商业保险合同及相关详细证明材料，[①] 在监督检查的过程中也要对相关情况进行核实。

（三）监管机制

MAH 制度也是对现有监管体系的一次革新，由于尚处于初建阶段，相关配套监管制度还并不完善，对药监部门的监管工作带来挑战。根据新《药品管理法》的有关规定，MAH 包括取得药品注册证书的企业或者药品研制机构等；MAH 对药品承担全生命周期内的全部责任；MAH 可以自行生产药品，也可以委托药品生产企业生产，委托生产药品可以多点委托、跨省委托。这就意味着药监部门要对 MAH 开展全生命周期的监管，而对于新增的药品科研机构缺乏现成的配套监管制度；较开办药品生产企业而言，MAH 准入门槛较低，因而监管对象及监管任务必将大幅增加，面临监管资源不足的风险；存在多种药品生产模式，跨省委托、多点委托的延伸监管将成为常态，与现有的监管模式相冲突。这些问题为监管带来巨大的挑战，其中药品生产模式的变革带来的冲击最大。主要存在三种模式。一是当 MAH 自行生产药品时，日常的监督检查由 MAH 所在地省级药品监督管理部门负责，与以往并无很大差异。二是当 MAH 委托省内企业进行药品生产时，MAH 所在地省级药品监督管理部门既需要对 MAH 进行监管，还需要对受托企业进行延伸监管，在多点委托的情况下则需要对所有受托企业进行延伸监管，此时，监管部门面临着监管资源紧张的挑战。同时，MAH 的管理能力以及质量保证体系的建设情况参差不齐，部分科研机构可能无法胜任对受托企业的监督和审计工作，从而间接加重了监管部门的负担。三是当 MAH 委托省外企业进行生产时，MAH 所在地省级药品监督管理部门也需要跨省对受托企业进行延伸监管，在跨省多点委托的情况下，存在跨多省进行监管的可能，这就离不开跨省监管协调机制的建立，监管部门面临着配合意愿、资源共享和监管标准等方面的压力。

---

① 王鑫、王艳翚：《我国试行药品上市许可持有人制度的对策研究》，《医学争鸣》2018 年第 4 期。

鉴于MAH制度实施带来的监管方面的风险，有必要变革当前监管体制。首先，要从以往以场所为中心的监管模式向以品种为主线的监管模式转变，建立健全跨省跨区域协同监管机制，探索属地监管与延伸监管相互融合与补充的监管方式。借鉴长三角跨省监管协作的经验，鼓励多省（市）联合出台关于跨省监管的规定，签订战略合作备忘录，明确跨省监管职责划分、合作范围、检查员资格等要素，确立协调沟通、联合检查以及案件查处等制度，构建“信息互通、监管互认、执法互助、人员互派”的药品监管区域协作体系。同时，利用互联网技术构建MAH数据共享与沟通机制，将包括MAH的基础信息、检查记录、履责情况以及不良反应信息等上传数据库，打破区域壁垒，实现数据的跨区域互换，畅通风险信息的分享途径，保证时效性。其次，针对MAH全周期负责、药品科研机构履责能力较弱的特性，研究制定对应的有侧重的事中事后监管措施，实现对全程风险的全方位防控。这之中的关键一环是建立职业化检查员制度，提高检查员的专业能力。《国务院办公厅关于建立职业化专业化药品检查员队伍的意见》提出，“构建国家和省两级职业化专业化药品检查员队伍”。新《药品管理法》也明确，“国家建立职业化、专业化药品检查员队伍，检查员应当熟悉药品法律法规，具备药品专业知识”。MAH制度实施后，MAH类型的多样性、能力的差异性以及委托模式的复杂性使得监管资源处于紧张状态，对专业检查员队伍的需求也更加迫切，对检查员的专业能力的要求也更高。因而，要尽快从顶层设计的层面明确队伍建设框架和管理模式，吸收一定比例的专家型检查员到队伍中来，同时建立培训与评价体系，持续提升监管水平。

结　语

MAH制度作为一项新生事物，是中国药品注册制度的一次重大转型，也是药品监管体制改革深化的突破口。[①] 可以预见，它将为药品的研发创

① 王晨光：《药品上市许可持有人制度——我国药品注册制度改革的突破口》，《中国食品药品监管》2016年第7期。

新、资源的优化配置、监管的功能功效带来前所未有的机遇，但“试玉要烧三日满，辨材须待七年期”，一项新制度真正发挥作用还要经得起实践的检验。因而，在推进 MAH 制度时，不能一叶障目，尽为推崇之言，有必要正视其存在的风险，及时应对。更重要的是，要结合中国国情和实际情况，抓住“上市许可”与“生产许可”分离管理的核心内涵，设计具有中国特色的 MAH 方案，鼓励生产企业与研究型企业进行通力合作，发挥各自领域的特长，一同为中国制药行业的发展添砖加瓦，稳步推进 MAH 制度发展。

B.8

教育法典编纂的观点梳理与立法路径

李红勃　孙 君*

摘　要： 编纂教育法典，是完善教育法律体系、推进教育法治化的必然要求。当前，编纂教育法典既有必要性，也具备了可行性，围绕教育法典编纂，理论界开展了相关研究，取得了初步的成果，为法典编纂提供了学理支持。结合中国国情，教育法典的编纂宜采用统一立法的模式，在推进教育领域单行法不断完善的基础上，按照“先立总则、再立分则、最后统合”的思路，逐步形成统一的教育法典，为中国教育事业的高质量发展提供制度支撑和法治保障。

关键词： 教育法典　立法模式　法典体例　立法路径

一　导论

百年大计，教育为本。“建设教育强国是中华民族伟大复兴的基础工程，必须把教育事业放在优先位置，深化教育改革，加快教育现代化。”①教育现代化涉及诸多方面，其中最重要的一环就是要实现教育治理的法治

---

* 李红勃，中国政法大学法治政府研究院教授，主要研究方向为法理学、行政法学、教育法学；孙君，中国政法大学法学院 2020 级宪法学专业硕士研究生，主要研究方向为行政法学、教育法学。

① 习近平：《决胜全面建成小康社会　夺取新时代中国特色社会主义伟大胜利——在中国共产党第十九次全国代表大会上的报告》，《人民日报》2017 年 10 月 28 日，第 1 版。

化。2019 年，中共中央、国务院印发了《中国教育现代化 2035》，明确将“依法治教”作为教育现代化的基本理念，同时颁发的《加快推进教育现代化实施方案（2018—2022 年)》进一步提出全面推进依法治教，“加快完善教育法律制度体系”。在此背景下，教育法典的编纂被提上议事日程。2020 年 11 月，《全国人大常委会 2021 年度立法工作计划》明确指出：“总结民法典编纂立法经验，开展相关领域法典化编纂和法律体系化研究”，“研究启动环境法典、教育法典、行政基本法典等条件成熟的行政立法领域的法典编纂工作”。随后，教育部发布的《教育部政策法规司 2021 年工作要点》也明确提出：“研究启动教育法典编纂工作。”

在当代中国，法典化是整合制度资源、平衡各种利益的高效国家治理形式。① 2020 年《民法典》的颁布，助推了法典化的热潮，其他领域也纷纷开启了法典化的理论研究和立法准备。具体到教育领域，对中国现行的教育法律法规进行整合、修改和补充，在此基础上制定统一的教育法典，有利于推进教育法的科学化、体系化，从而发挥法治在教育治理中固根本、稳预期、利长远的作用。教育法典编纂是一项长期性、系统性工程，需要打好基础、找准方向。当前，理论界对教育法典编纂进行了初步研究，提出了关于教育法典编纂的各种观点和方案，全面总结和检讨这些理论观点，并在此基础上寻找教育法典编纂的立法路径，对后期法典的顺利编纂具有重要意义。

二 教育法典编纂的国内研究动态

在全面推进依法治国的新背景下，教育法治越来越彰显出不可替代的时代价值，其不仅为教育体制改革提供必要的规范保障，同时也是创新教育治理体系的强力助推器。② 在具有成文法传统的国家，法典化是衡量一个国家

① 瞿郑龙：《新时代法典化的法理——“法典化时代的法理研究”学术研讨会暨“法理研究行动计划”第十五次例会述评》，《法制与社会发展》2021 年第 2 期。

② 任海涛：《论教育法体系化是法典化的前提基础》，《湖南师范大学教育科学学报》2020 年第 6 期。

法律体系、法律制度完善程度的关键指标。编纂教育法典，是在教育领域贯彻习近平法治思想、全面推进教育治理现代化的必然选择，也是推进中国教育领域科学立法、提高教育立法质量的根本途径。当前，围绕教育法典编纂，法学界的相关研究正在逐步推进，取得了阶段性成果，主要集中在教育法典编纂的必要性与可行性、教育法典编纂的立法模式以及教育法典的体例结构等方面，这为教育法典的编纂不断提供着学理支持和智力保障。

（一）教育法典编纂的必要性与可行性

围绕教育法法典化的必要性与可行性，学者从不同角度进行了论证，主流观点认为：教育法典的编纂，既有必要性，也有可行性。

第一，关于教育法典编纂的必要性。童云峰教授等梳理了一些代表性法治国家的教育法典，认为教育法的法典化已经成为法治国家的共同追求，在此背景下，制定具有中国特色的教育法典是推动中国教育法典和教育模式走向世界的应然指向，是中国依法治国的目标使然。① 任海涛教授回顾了新中国成立 70 多年来中国从“教育法制”到“教育法治”的转变过程，认为在全面推进依法治国的新背景下，将教育法体系化，构造内容完备的教育治理体系，能从立法层面上最大限度地满足教育法治建设的时代需求。② 任海涛教授认为，教育法涉及民事、行政、刑事等多重法律规范，构建体系化的教育法律可以使得教育法规范形成稳定的几何体，从而为教育执法提供清晰明确的执法依据，而教育法法典化是教育法体系发展的最高目标。③ 孙霄兵教授等认为，教育法的法典化是推进中国教育领域科学立法、提高教育立法治理的根本途径。针对教育领域效力等级不同的规范性文件，教育法典的编纂着眼于教育事业的整体发展规划来立法，集中对教育法律关系作出规定，形

① 童云峰、欧阳本祺：《我国教育法法典化之提倡》，《国家教育行政学院学报》2021 年第 3 期。
② 任海涛：《论教育法体系化是法典化的前提基础》，《湖南师范大学教育科学学报》2020 年第 6 期。
③ 任海涛：《论教育法体系化是法典化的前提基础》，《湖南师范大学教育科学学报》2020 年第 6 期。

成体例全面、逻辑自洽、规范权威的教育法体系，是完善中国教育法治、提高教育治理现代化能力的表现。① 简而言之，编纂具有系统性、前瞻性和权威性的教育法典，必将进一步加强教育法律的体系化、科学化、统一化，提高教育立法的质量。

第二，关于教育法典编纂的可行性。在教育法典编纂的可行性方面，学者的思路大致相同，主要从以下几个方面论证。其一，习近平法治思想为教育法典编纂提供了指引。周洪宇教授等认为，习近平法治思想为教育法治提出了历史和现实贯通、国内和国际关联、理论和实践相结合的科学指南和根本遵循。② 全面系统、持续深入地研究习近平法治思想，为教育法体系化、科学化、民主化编纂提供了保障，为建设更高质量、更加公平、更有效率、体系更加完备的教育体系提供了重要基础。其二，已有的初具格局的教育法体系为法典编纂提供了基础。任海涛、张玉涛教授对中国 70 年教育立法做了回顾，认为中国已经形成了以《宪法》相关教育条款为基础，以《教育法》为核心，以《教师法》《义务教育法》《高等教育法》等 7 部教育法律为统领，同时涵盖多部教育行政法规、部门规章以及地方性教育法规和规章的教育法制体系。③ 在地方立法层面，通过北大法宝数据库查询，截至 2021 年 5 月，全国已有 922 份地方教育立法文件，其中包括 665 份地方性法规和 257 份地方政府规章（见图 1）。国家层面与地方层面的初具格局的教育立法，为教育法的系统化、体系化编纂提供了制度根基。其三，域外教育法的法典化实践为中国教育法典的编纂提供了有益经验。孙霄兵教授等梳理了世界各国在教育法领域的立法模式：一种是以法国为代表的“统一立法模式”，一种是以美国为代表的“汇编立法模式”，还有一种是以日本和英国为代表的“基本法 + 单行法模式”。这为中国教育法典的编纂提供了参考经验。④

① 孙霄兵、刘兰兰：《〈民法典〉背景下我国教育法的法典化》，《复旦教育论坛》2021 年第 1 期。

② 周洪宇、方皛：《学习习近平法治思想　加快编纂教育法典》，《国家教育行政学院学报》2021 年第 3 期。

③ 任海涛、张玉涛：《新中国 70 年教育法治的回顾与前瞻》，《教育发展研究》2019 年第 17 期。

④ 孙霄兵、刘兰兰：《〈民法典〉背景下我国教育法的法典化》，《复旦教育论坛》2021 年第 1 期。

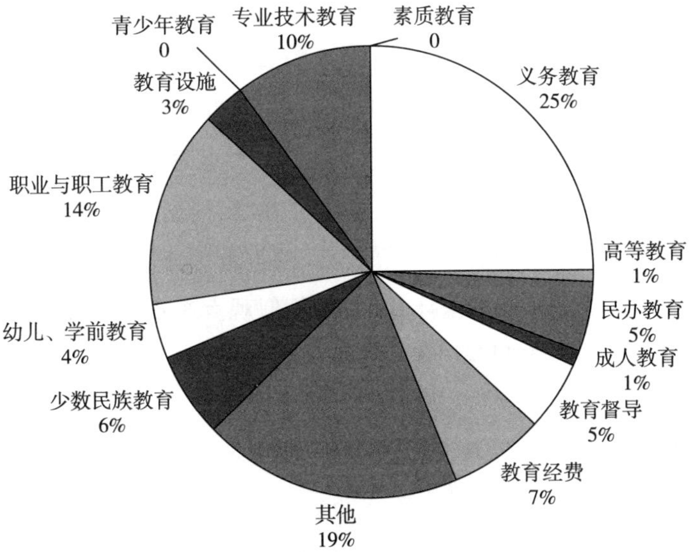

图 1　中国地方教育立法内容

数据来源：戴羽、张健：《中国地方教育立法：意义、现状与改革进路》，《高教探索》2017 年第 12 期，第 32 页。

（二）教育法典编纂的立法模式

在教育法典的立法模式方面，学者对世界各国的立法实践做了归纳和分析，并提出了对中国的启发和借鉴。经梳理，目前世界各国代表性的立法模式有三种。第一种是以法国、俄国为代表的“统一立法模式”。例如，法国的教育法典详细规定了教育法律关系，并允许对法典部分条文进行局部修改。[①] 俄国则将《联邦教育法》和《高等教育法》整合为《俄罗斯联邦教育法》，用法典的形式全面涵盖教育领域的法律关系。[②] 第二种是以美国为代表的“汇编立法模式”。美国国会将国会立法按照主题汇编为《美国法典》（Code of United States），“教育”是其中第二十个主题，再由法律修订

① 黄硕：《法国高等教育立法的新近发展及其对中国高校治理的启示》，《复旦教育论坛》2019 年第 3 期。

② 王云龙主编《俄罗斯教育法律选译》，公蕾译，社会科学文献出版社，2018，第 1～136 页。

委员会将关于教育的立法进行“二次汇编”，形成《美国教育法典》。第三种是以日本为代表的“基本法+单行法模式”。从体例和内容上看，日本《教育基本法》充当了教育法典总则的角色，在此基础上形成了以《学校教育法》《私立教育法》等单行法为分则的松散型教育法典模式。在借鉴国外立法模式的基础上，马雷军研究员主张，中国应采用“统一立法模式”，也即编纂涵盖教育领域各种法律关系的统一的教育法典。[①] 任海涛认为，在编纂教育法典之前应先将教育法体系化，[②] 相似观点有童云峰等提出的在“统一立法模式”之前应先制定“类教育法典”，构建结构完整、层次分明的教育法规范体系。[③]

（三）教育法典的体例结构

教育法典的科学性、稳定性，与法典体例构造上的严密性密不可分。从中国其他领域的法典来看，普遍采用总分结构，例如，中国《民法典》包括民法总则编和六个分编。关于教育法典的体例结构，学者基本一致认为，中国教育法典的编纂也宜采用总分结构，将教育领域内一般性的、共同性的内容纳入总则部分，剩余部分按照一定的逻辑结构排列组合，作为法典的分则。

1. 教育法典总则建构

在编纂法典总则时，常会用到“提取公因式”的立法技术，也即将具有一般性、普遍性的法律规范提取出来，作为法典的总则。任海涛认为，应运用“提取公因式”的思路，提炼出公立教育、民办教育等不同办学形式以及学前教育、义务教育、高中教育、高等教育等不同的教育阶段所共同使用的一般性法理构造，为未来的教育法典总则奠定基础。[④] 马

---

① 马雷军：《论我国教育法的法典化》，《教育研究》2020年第6期。

② 任海涛：《论教育法体系化是法典化的前提基础》，《湖南师范大学教育科学学报》2020年第6期。

③ 童云峰、欧阳本祺：《我国教育法法典化之提倡》，《国家教育行政学院学报》2021年第3期。

④ 任海涛：《论教育法体系化是法典化的前提基础》，《湖南师范大学教育科学学报》2020年第6期。

雷军认为，中国教育法典总则应在现有《教育法》的基础上，以受教育权为核心，围绕学校教育权、家庭教育权、社会教育权和教育行政权等权利结构分层，规定教育领域的一般性法律规范。① 童云峰等对中国教育法典总则的具体内容进行了设计，主张总则应该包括教育法的基本原则、基本概念、教育法律主体、教育权利与义务、教育类型与教育责任。② 总体而言，学者在教育法典总分结构上达成了共识，对于法典总则的内容则提供了各自的思路。

2. 教育法典分则编排

教育法典分则部分，一般包含无法"提取公因式"的各类法律规范。在编排教育法典分则时，应注意不同领域法律之间的逻辑顺序，对此，学界有不同看法。童云峰等主张，教育法典分则的编排逻辑应依据教育类型，也即学前教育、义务教育、高中教育、高等教育、职业教育和终身教育，而如特殊教育、家庭教育、网络教育等无法囊括的类型则以"其他教育"作为兜底（见图2）。③ 马雷军指出，教育法典分则的规定具有特殊性，内容主要涉及学前教育、义务教育、高中教育、高等教育、特殊教育、民族教育、民办教育等不便于在总则中统一纳入的内容。④ 对于在教育法典颁布后新增的教育法律规范，可以参考《民法典》将知识产权部分单独立法的做法，暂时以教育特别法的形式加以规定。孙霄兵教授等持不同观点，他们认为教育立法的根本出发点在于保障受教育权的实现，因此教育法典应当突破单纯以教育阶段或者教育领域为中心的"类型化"立法模式，在体例上针对教育法律关系不同主体分别制定具体篇章。⑤

---

① 马雷军：《论我国教育法的法典化》，《教育研究》2020 年第 6 期。

② 童云峰、欧阳本祺：《我国教育法法典化之提倡》，《国家教育行政学院学报》2021 年第 3 期。

③ 童云峰、欧阳本祺：《我国教育法法典化之提倡》，《国家教育行政学院学报》2021 年第 3 期。

④ 马雷军：《论我国教育法的法典化》，《教育研究》2020 年第 6 期。

⑤ 孙霄兵、刘兰兰：《〈民法典〉背景下我国教育法的法典化》，《复旦教育论坛》2021 年第 1 期。

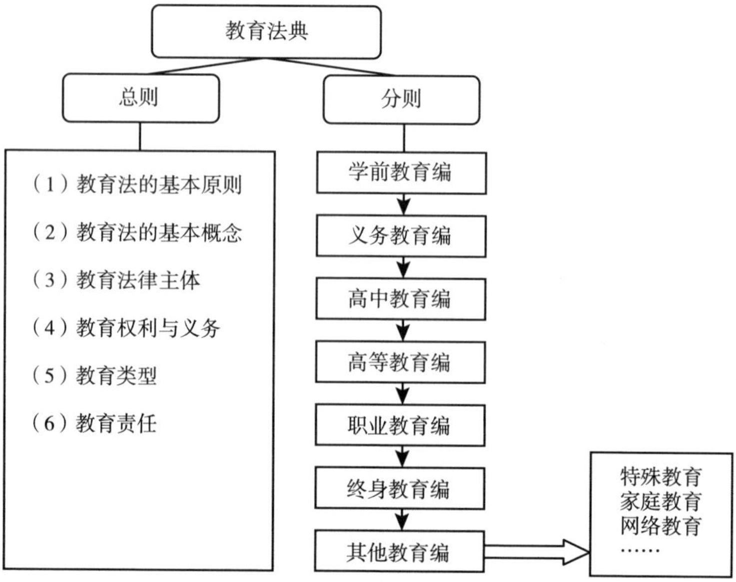

图 2　童云峰等关于教育法典布局构想图

资料来源：童云峰、欧阳本祺：《我国教育法法典化之提倡》，《国家教育行政学院学报》2021 年第 3 期。

三　教育法典编纂的立法模式与路径

中国教育法典的编纂需要借鉴国外的有益经验，但也要结合中国现实国情，体现中国特色。因而，教育法典编纂要从中国法治实践出发，选择适合的立法模式，确立可行的立法思路，从中国既有教育法律体系出发，结合教育法治发展的趋势，确定科学的立法路径和框架结构。

（一）立法模式

美国的“汇编立法模式”只是将法条机械地组合在一起，中国现有的教育立法体系还不健全，将现有教育法律法规进行简单的汇编整合，显然不适合中国当前的教育立法现状。日本的“基本法 + 单行法模式”虽与中国当前的教育立法现状有相似之处，但此种模式太过松散，未能实现法条的有机整合，无法实现当前中国法典化的根本目标。相比而言，采用法国式的“统一立法模式”既可以填补中国教育领域立法空白，又能保证中国教育法典的系统性与有机性。因此，“统一立法模式”应成为中国教育法典编纂的最优选择。

（二）立法路径

教育法典的编纂，既要总结已有的立法成果，对其加以继承，也要结合教育现代化的发展趋势，积极进行制度创设。2020 年《民法典》的颁布为教育法典的编纂提供了切实可行的有益经验。教育法典编纂可以借鉴《民法典》的立法思路，采用渐进式、分阶段的立法路径：一方面，加快推进学前教育、家庭教育、终身教育等单行法的立法进程，尽快完善教育法体系；另一方面，适时启动教育法典的立法论证，分阶段推进法典编纂，先制定教育法典总则，再制定分则各编，最后合并汇总，形成完备统一的教育法典。

1. 稳步推进单行法的完善

稳步推进教育领域单行法的完善是编纂教育法典的首要举措。2010 年，《国家中长期教育改革和发展规划纲要（2010—2020 年）》（以下简称《纲要》）就“完善教育法律法规”明确提出：“按照全面实施依法治国基本方略的要求，加快教育法制建设进程，完善中国特色社会主义教育法律法规。根据经济社会发展和教育改革的需要，修订教育法、职业教育法、高等教育法、学位条例、教师法、民办教育促进法，制定有关考试、学校、终身学习、学前教育、家庭教育等法律。加强教育行政法规建设。各地根据当地实际，制定促进本地区教育发展的地方性法规和规章。”截至目前，《纲要》所提出的“六修五立”尚有很多未能完成，相关领域的制度空白仍然存在，教育领域单行法亟须完善，为教育法典的编纂做好铺垫。在教育法典编纂的背景下，中国的教育单行立法需要转变原先的“问题导向”思路：不仅要解决具体领域的现实问题，还要从法典编纂角度重新思考自己的定位、功能及与其他法律的关系，要为下一步的法典编纂留下空间，做好准备。

（1）在横向层面，需要进一步协调好不同教育单行法之间的关系，逐步形成逻辑紧密、体系统一的教育法体系。现行的教育法体系主要包括《学位条例》《义务教育法》《教师法》《职业教育法》《高等教育法》《民办教育促进法》等几个子部门，这个法律体系还存在两个突出问题：其一，法律体系不周全，例如学前教育、家庭教育、终身教育、学校、考试等领域还存在法律空白；其二，同一层次的法律之间存在逻辑上的不自洽，包括《高等教育法》和《学位条例》分开立法而非统一立法的问题，以及法律部门划分的标准不统一问题，如《教师法》是以“教育主体”为标准制定的专门法律，而其他几个教育法部门则是以教育类型为标准进行的分类。分类标准复杂混乱，各单行法之间难免存在大量交叉重复以及立法空白。[①] 因此，在推进教育单行法立法时，应注意弥补教育立法的空白，提升教育法覆盖范围的周延性，统筹协调各个教育子部门法的关系，确立科学的分类维度，促进各单行法之间的协调一致。

（2）在纵向层面，需要分清不同层次教育立法的定位和功能。基于《立法法》的制度设计和当前教育立法的实践，中国的教育法体系在纵向上可以分为法律、行政法规、地方性法规及政府规章四个层次。在教育法典编纂的背景下，教育立法需要更加清晰地区分上位法和下位法的定位和功能，具体来说，首先，法律和行政法规层面，其功能一是确定教育法的体系划分，即教育法内部的法律子部门划分，二是要确定各子部门的基本制度，即具体的制度设计，相关教育主体的权利、义务，教育活动的程序，法律责任等。换而言之，国家层面的法律和行政法规，是要为教育法典进行骨架、结构上的准备。其次，地方性法规和政府规章，其功能一是对上位法的基本制度进行地方化、行业化的细化和落实，二是在法律许可的范围内，开展教育改革和制度创新的尝试，从而为未来教育法典编纂进行探索和实验。

总之，在稳步推进教育领域单行法的进程中，既要注意弥补教育立法的

① 秦惠民、谷昆鹏：《对完善我国教育法律体系的思考》，《北京师范大学学报》（社会科学版）2016 年第 2 期。

空白，解决当前的现实问题，也要有法典思维，协调好教育领域内不同层级的教育法之间的关系，从而为未来教育法典的编纂留下空间，做好准备。

2. 制定教育法典总则

在编写教育法典总则时，应结合教育领域的整体发展进行谋篇布局，对教育法典一系列基本问题予以说明，形成可以指导分则排布与编纂的总则编，以发挥总则的基础性、引导性作用。① 在逻辑思路上，一方面要继承《教育法》中经过理论和实践检验的成熟规范，另一方面要运用“提取公因式”的思路，以科学的教育法理论和方法为指引，整合吸收从各单行法中提取的一般性法律规范作为补充，② 形成教育法典的总则编，具体如下。

首先，教育法典总则的价值追求。公民受教育权构成了整个教育法典的逻辑起点和价值原点。宪法是教育法的制度根源，也是教育法内部体系的价值根基，③ 中国宪法中以公民受教育权为核心的相关教育条款，应在教育法典总则部分得到全面的落实和体现。制定教育法典总则时应以宪法中的教育条款为法律依据，以教育法的基本逻辑为理论指南。

其次，教育法典总则的主要功能。教育法典的总则旨在阐述教育法典中的基础性、共同性问题，从而总领教育法典分则的各编内容。因此在编写教育法典总则时，应立足于教育领域的整体发展进行谋篇布局，对教育法典一系列基本问题予以说明，形成可以指导分则排布与编纂的总则编，明确基本原则、阐释一般概念、规划基本制度，主要包含基本原则、基本概念、教育主体、教育类型等内容，以发挥总则的基础性、引导性作用。④

最后，教育法典总则的主要内容。教育法典的总则应该容纳立法目的、法律原则、教育基本制度、教育主体、教育管理与监督、教育保障与支持、教育国际合作和教育纠纷解决机制等教育领域立法中共同性、一般性的问

① 申素平：《对我国教育立法的思考》，《中国教育学刊》2018 年第 6 期。

② 周洪宇、方晶：《学习习近平法治思想，加快编纂教育法典》，《国家教育行政学院学报》2021 年第 3 期。

③ 任海涛：《论教育法体系化是法典化的前提基础》，《湖南师范大学教育科学学报》2020 年第 6 期。

④ 申素平：《对我国教育立法的思考》，《中国教育学刊》2018 年第 6 期。

题，具体如下。

（1）立法目的。关于法律的目的，《教育法》规定了教育法立法目的是“发展教育事业，提高全民族的素质，促进社会主义物质文明和精神文明建设”。从教育法典总则的角度看，这一规定还不够全面和周延。《义务教育法》第1条规定该法的目的是“保障适龄儿童、少年接受义务教育的权利，保证义务教育的实施，提高全民族素质”，《学前教育法草案（征求意见稿）》第1条规定该法的目的是“保障适龄儿童接受学前教育的权利，促进学前教育事业普及普惠安全优质发展，规范学前教育实施，提高全民素质”，可以看出，教育立法的根本出发点是保障受教育权利的实现。[①] 因此，教育法典应当整合现有法律对立法目的的规定，在保留“民族素质”“精神文明”等内容之外，明确“保障受教育者权利”也是教育法典的核心目的之一。

（2）法律原则。法律原则是一部法律精神和气质的集中体现，对整个领域的立法、执法、司法具有宏观指导意义。目前《教育法》第5条到第12条，其中虽然包含了若干教育法基本原则，但还存在表述不清晰、针对性不强等问题。未来教育法典的编纂，需要在总则中明确规定教育法的基本原则，这些原则一方面要与教育活动密切结合，与民法原则、行政法原则能够区分，另一方面要有概括性和覆盖面，可以涵盖教育法的各个领域。教育法典的基本原则，应该包括教育普惠原则、教育平等原则、教育与宗教相分离原则等。

（3）教育基本制度。教育制度是教育法典的核心内容，考虑到总则和分则的分工，总则部分应主要围绕“教育基本制度”展开，主要包括学制制度、考试制度、学位制度以及教育督导和教育评估制度等，其中最重要的是学制制度。目前，现行《教育法》将中国学校教育制度分为学前教育、初等教育、中等教育、高等教育等阶段，这一制度设计符合国际标准，适应

① 孙霄兵、刘兰兰：《〈民法典〉背景下我国教育法的法典化》，《复旦教育论坛》2021年第1期。

中国国情，应在教育法典中予以传承。除此之外，关于其他制度，比如义务教育是否需要延长、教育考试制度如何设置、教育督导和评估制度如何优化，这些问题在教育法典总则编纂中需要重点进行研究和论证。

（4）教育主体。教育主体是参与教育活动，享有权利、承担义务的人和机构。以学校教育为例，教育主体主要包括三类：学生、教师和学校。学生是受教育权主体，是整个教育制度的核心；教师是教育工作者，负责人才培养，是教育任务的主要承担者；学校是最基本的教育机构，代表国家开展教学，承担着立德树人的职责。关于教育主体，现行《教育法》第三章、第四章、第五章分别对“学校及其他教育机构”“教师和其他教育工作者”“受教育者”作了规定，对相关主体在教育活动中的权利义务进行了大致的列举。总体而言，这些内容是合适和可行的，经过补充调整完善，可以被教育法典总则所继受。

（5）教育管理与监督。对教育活动进行管理与监督，是政府的重要职权，也是教育事业健康发展的外部保障。教育法典总则对教育管理和监督的规定，应主要包括两个方面：首先是教育管理和监督的主体及其职权，即要明确以教育行政部门为主体的各行政机关在教育管理和监督中的分工以及各自法定职责；其次是教育管理与监督的程序，即相关教育管理和监督部门应以什么方式、手段履行职责，可以对教育机构和受教育者采用哪些措施，教育执法要遵守哪些基本的程序要求等。

（6）教育保障与支持。让每个公民享受到公平、优质的教育是中国教育事业的根本目标。教育事业的健康发展，首先需要国家的支持与保障，其次也需要社会的支持和保障。对此，教育法典总则一方面要对国家保障、促进教育事业发展提出基本要求，规定相关国家机关的义务，规定具体的保障和支持措施；另一方面，要对社会力量尤其是商业资本参与教育活动作出规定，比如民办学校、校外培训、教育捐赠等，法律既要拓宽社会支持教育的途径和渠道，也要对其开展必要的指导、管理和监督。

（7）教育国际合作。当前，中国已与全世界绝大多数国家建立了教育交流合作关系，“一带一路”教育行动也在持续推进，中国开展合作办学及输出和输入留学生的数量越来越多。在此背景下，为了全面提升国际交流合作水平，提升中外合作办学质量，推进中外人文交流，积极参与全球教育治理，教育法典需要在总结《中外合作办学条例》实践经验的基础上，就广泛意义上的教育国际合作做出系统性的制度安排，健全国际教育合作与交流的体制机制。

（8）教育纠纷解决机制。设置专门的教育纠纷解决制度，应是教育法典总则的重要任务。一般意义上的教育纠纷解决机制，包括司法救济和非诉讼救济两类。由于司法救济应由《行政诉讼法》和《民事诉讼法》予以规定，因此，教育法典关于救济的规定应限定在非诉讼救济领域。教育领域的非诉讼救济又可以分为两类：一是学校的内部救济，即学生申诉制度、教师申诉制度等，二是教育行政部门的外部救济，即教育行政部门受理学生、教师的申诉、投诉、复议等等。为有效化解教育矛盾，教育法典总则应设置专门的教育纠纷解决机制，就机构设置、当事人权利义务、纠纷解决流程、与诉讼的衔接等问题作出一般性规定。

3. 依次编纂分则各编并汇编为教育法典

总则为纲，分则为目。教育法典分则的编纂，并非对既有法律规范的简单整合，而应以总则为指导思路，按照科学的理论逻辑对现有法律规范进行整理、取舍、组合、汇编，最后与总则合体，相互呼应，形成统一的教育法典。中国现有的教育法律体系，虽不是按照统一的立法分类标准建构的，各法律部门之间存在着不少交叉重复，[①] 但基本形成了学前教育、义务教育、高等教育、职业教育等相对稳定的教育法律关系的划分。[②] 根据现有立法实践和理论基础，教育法典分则对于教育关系和教育类型的划分，可以教育供给主体为标准，将教育划分为国家教育、家庭教育和社会教育三类：国家教育是由公立学校提供的系统性教育，按教育的先后顺序大致包括学前教育、

① 秦惠民、谷昆鹏：《对完善我国教育法律体系的思考》，《北京师范大学学报》2016 年第 2 期。

② 周洪宇、方晶：《学习习近平法治思想　加快编纂教育法典》，《国家教育行政学院学报》2021 年第 3 期。

义务教育、高等教育、职业教育等；家庭教育即家庭内部父母对未成年子女进行的教育；社会教育即由社会提供的教育，包括民办教育、终身教育和教育培训等。据此，教育法典的分则部分可以分为：学前教育编、义务教育编、高等教育编、职业教育编、终身教育编、家庭教育编、其他教育编（见表1）。具体如下。

（1）学前教育。学前教育是国民教育体系的重要组成部分。2020年9月教育部发布《学前教育法草案（征求意见稿）》，包含了总则、学前儿童、幼儿园的规划与举办、保育与教育、教师和其他工作人员、管理与监督、投入与保障、法律责任和附则等内容。未来教育法典的“学前教育编”，应适当继承现有法律草案结构，并在此基础上进行优化。需要指出的是，《学前教育法草案（征求意见稿）》将学前教育服务对象限定为3周岁到入小学前的儿童，这个限定是否合理，值得探讨。完整意义上的“学前教育”，应该包括“0至3岁婴幼儿教育”在内，因此，建议在学前教育法中明确规定“对不满三周岁婴幼儿及其家长提供早期教育指导，依照本法有关规定执行”，并在学前教育法中设立专章对“早期教育指导”进行规定。①

（2）义务教育。义务教育是国民教育的核心和关键。中国1986年制定的《义务教育法》经过多次修改，被实践证明是成熟、科学和可行的，其主要内容在法典编纂中应予以继承。与此同时，现行《义务教育法》中的一些内容，如涉及学生、学校、教师等规定，由于在法典总则中已经有了一般性规定，因此可以适当删减。法典分则关于义务教育的设计，还要根据义务教育的发展变化进行革新，以有效解决教育领域的突出问题。比如，要从根本体制上进行统筹设计，切实推进教育公平，消除“择校热”“学区房”等问题产生的制度根源；要在教育平等原则指引下，科学设计随迁子女入学权和受教育权的保障制度，逐步解决“留守儿童”的教育问题；要对教育

① 湛中乐、倪洪涛、马雷军、管华：《〈学前教育法（草案）〉笔谈》，《湖南师范大学教育科学学报》2020年第6期。

惩戒制度进行明确的定位和规范，解决现有教师惩戒权法律规范分散、体系混乱的问题。① 另外，关于目前的“九年制”义务教育是否需要延长到高中阶段，也需要在教育法典中作出明确规定。

（3）高等教育。1998 年出台的《高等教育法》，对高等教育基本制度、高等学校的设立、高等学校的组织和活动、高等学校教师和其他教育工作者、高等学校的学生、高等教育投入和条件保障等作了规定。《高等教育法》的很多内容可以被教育法典继承，但同时也需要在如下方面进行改造完善。首先，现有《高等教育法》的逻辑结构还需要调整和优化，现有很多规范内容还需要修改和删减。其次，当前的高等教育和学位制度两套法律并存是明显不合理的，未来教育法典应当将学位制度并入高等教育编，单独设置“学位管理”一章，实现高等教育法律体系一元化；② 为创建世界一流高校和一流学科，法典要对高校内部治理结构进一步更新改造，推进大学管理、评估制度改革，在“国家管制和高校自治”之间寻求平衡，推动高等教育治理体系和治理能力现代化。

（4）职业教育。当前《职业教育法》的内容还比较原则和简单，与中国职业教育的快速发展不相适应。因此，教育法典在继承现行《职业教育法》相关制度的同时，还要在如下方面进行重点研究：一是如何提升职业教育在整个教育体系中的地位，让职业教育与普通高等教育比翼双飞，充分发挥其培养“大国工匠”的功能；二是如何完善双师型教师队伍建设，明确专业教师认定标准和准入制度，通过科学的教师制度，充分体现职业教育的特色；三是如何建立良好的校企合作制度，让企业参与职业学校的教学管理和评价监督，形成高水平的合作机制。③

（5）家庭教育。家庭教育编要以 2021 年 10 月出台的《家庭教育促进

① 童云峰、欧阳本祺：《我国教育法法典化之提倡》，《国家教育行政学院学报》2021 年第 3 期。

② 汪华、孙霄兵：《中国高等教育法律体系的逻辑结构与立法完善》，《华东师范大学学报》（教育科学版）2021 年第 6 期。

③ 刘晓楠、赵小红、张玲：《〈职业教育法修订草案〉再完善的若干思考——基于对 2010 - 2020 年相关学术研究成果的分析》，《职业技术教育》2020 年第 24 期。

法》为参照，主要包括总则、家庭责任、国家支持、社会协同以及法律责任等章节。家庭教育编的立法设计，在宏观层面，要对家庭教育进行明确的定位，要厘清国家对家庭教育干预的方式和界限；在微观层面，要对父母教育能力的提升、留守儿童家庭教育予以特别关注，要对家庭教育指导服务中的机构准入、人员资质与培养、监督评估等作出清晰规定。①

（6）终身教育。终身教育主张在个人需要的时刻以恰当方式提供必要的知识和技能，是涵盖人的一生的教育。目前，终身教育法的立法调研和论证虽已持续多年，但尚未出台。终身教育法立法目标，可以概括为健全终身教育体系和建设学习型社会。终身教育编各章节的设置，汲取现有政策和地方立法经验，应主要从终身教育类型、保障措施、监督监管、法律责任等方面作出规定。终身教育法以及未来教育法典中的“终身教育编”，应该把立法的重点放在学校外的教育和教育资源的统合上，实现各种教育形式的沟通和衔接，打通各种教育形式之间的壁垒，建立终身教育的制度体系和运行框架。②

（7）其他教育。这一部分可以将特殊教育、专门教育、民族教育、教育培训等纳入其中。特殊教育部分应当吸纳《残疾人保障法》《残疾人教育条例》等法律法规的内容，对特殊教育学校办学条件、公用经费投入、教师队伍建设等重点问题加以规定。专门教育是《预防未成年人犯罪法》规定的新的教育类型，是对有严重不良行为的未成年人进行教育和矫治的重要保护处分措施。关于专门教育的立法目前基本还是空白，需要根据实践经验进行创设。民族教育涉及少数民族的文化传承，立法应对教学内容、教育机构、支持保障措施作出规定。教育培训是学校教育和家庭教育的重要补充，既是商业活动，也是教育活动，教育法典应就如何规范教育培训作出一般性规定。

---

① 李曼：《家庭教育地方立法的实践探索与理性思考》，《北京社会科学》2021 年第 5 期。

② 兰岚：《终身教育立法研究之与现有法律体系的冲突与协调》，《现代远距离教育》2017 年第 5 期。

表1　中国教育法典立法体例

总则	分则
第一章　一般规定	第一分则　学前教育编
第二章　教育制度	第二分则　义务教育编
第三章　教育主体	第三分则　高等教育编
第四章　教育管理与监督	第四分则　职业教育编
第五章　教育支持与保障	第五分则　家庭教育编
第六章　教育国际合作	第六分则　终身教育编
第七章　教育纠纷解决	第七分则　其他教育编

综上所述，借鉴《民法典》的立法策略，教育法典的立法路径可以分三个阶段展开：第一阶段，稳步推进完善教育法各领域的单行法，初步搭建法典架构，形成“类教育法典”；第二阶段，以《教育法》为基础，从各单行法中“提取公因式”，制定教育法典总则；第三阶段，以总则为指引，逐步编纂分则，并在时机成熟时将总则和分则合并，最终完成教育法典编纂。

四　结论

教育治理是国家治理的重要组成部分。编纂教育法典是在教育领域贯彻习近平法治思想、推进依法治教的必然举措，也是提高教育立法质量、全面推进教育治理现代化的根本途径。当前，编纂教育法典的制度条件已基本具备，相关理论研究也在逐步深入，法典编纂既有必要性，也有可行性。教育法典的编纂，可以借鉴中国《民法典》的立法思路，采用渐进式、分阶段的立法路径，在稳步推进教育领域单行法不断完善的前提下，先制定教育法典总则，再制定分则各编，最后合并汇总，形成完备统一的教育法典，为中国教育事业的高质量发展提供优良的制度基础和法治保障。

B.9

行政方式数字化转型下个人信息收集利用的法律规制

展鹏贺　张　斌*

摘　要：以互联网、大数据、人工智能为代表的数字信息技术革命带来了巨大的社会变革，政府治理模式的数字化转型方兴未艾。数字化行政方式的转型，加剧了“行政—公民”信息秩序中行政机关和个人之间信息地位的不平等状况，公民个人信息安全暴露于更大的风险之中。在《个人信息保护法》出台前，对行政机关收集、利用个人信息的活动规制呈现出分散式、碎片化的特点，虽然已经出现了一些统一规制数字化行政方式收集处理个人信息的规范要素，但总体上仍属于前数字时代的规制模式，已远不能满足数字化行政方式转型下规制行政机关信息处理活动和保护公民个人信息的需要了。《个人信息保护法》出台后，确立了行政机关收集利用个人信息的“一般＋特别”的规制模式，行政机关个人信息收集利用的规制取得了长足的进步。同时也应承认的是，目前《个人信息保护法》规范框架中对行政机关处理个人信息的规制仍存在着条文过于原则化、“知情—同意”原则可能流于形式等不足之处，仍然有进一

* 展鹏贺，湖南大学法学院副教授，主要研究方向为行政法学；张斌，湖南大学法学院硕士研究生，主要研究方向为行政法学。

步完善的空间。数字化行政阶段，“行政—公民”关系结构下公民个人信息保护，应当跳出单纯基于主观权利的保护路径，转而从国家的客观保护义务角度构建行政机关收集利用个人信息活动的规制模式。

关键词：数字化行政　个人信息处理规制　个人信息保护法　信息秩序

一　问题的提出：数字化行政方式转型背景下个人信息收集利用的法律风险

数字化时代，社会生活与信息技术应用的深度绑定，使得以互联网、大数据、人工智能为代表的数字技术展现出强大的社会行为模式塑造功能。透过两场前后间隔 17 年时间，旨在反映互联网对个人生活影响的“72 小时生存挑战”的结果，可以对这种行为模式的影响窥见一斑：在世纪之交的 1999 年，中国刚刚开始大规模普及互联网应用，网络对于个人生活还只是“业余调剂”，完全依赖互联网的日常生活尚无法想象；[①] 而到了 2016 年，在截然相反的测试条件下，隔绝网络的生活已普遍让志愿者们感到“度日如年”，甚至寸步难行。[②] 尼古拉斯·尼葛洛庞帝所预见的数字化生存时代，已悄然而至：万物互联的信息化世界，人们的衣食住行都可以借助数字化的连接“一网打尽”，物质化的“原子”社会被无形的“比特”空间所替代。[③]

从“政府—公民”关系角度看，数字技术的大规模社会化应用，以及

① 《20 年前，国内有一场持续 72 小时的网络生存测试》，载网易网，https：//www. 163. com/tech/article/F1ARBPJN00097U7R. html，最后访问时间：2021 年 8 月 10 日。

② 《“72 小时无网络生存测试”志愿者：时间过得特慢，度日如年》，载澎湃网，https：//www. thepaper. cn/newsDetail_ forward_ 1494074，最后访问时间：2021 年 8 月 10 日。

③ 〔美〕尼葛洛庞帝：《数字化生存》，胡泳、范海燕译，海南出版社，1997，第 191 ~212 页。

由此引发的社会行为模式变革必然会催生政府行政活动管理、介入、调整、服务社会关系方式的数字化转型。一方面，数字技术应用形式上所具有的迅捷、高效特征，契合了依法行政的高效便民要求。[①] 数字化的行政方式可以打破传统政府的物理限制，实现去中心化的异步式行政服务；消除行政执法的时空局限，实施非现场的远程违法处置，显著提升行政服务的效率。另一方面，社会行为模式的数字化变革，要求政府对社会活动的监管也要顺应这种技术化的趋势，通过行政监管措施的实质数字化转型，以技术监督技术。世界范围内，一场政府治理模式的革命性变革，正在数字技术的驱动下如火如荼地展开。

面对政府治理模式数字化转型的实践动力和现实需求，中国自 2015 年起，以推动“互联网 +”应用为发端，[②] 开启了互联网、大数据和人工智能技术驱动下的行政方式数字化变革之路。2017 年，党的十九大提出“数字中国”建设目标后，行政管理活动的数字化改革作为实现“数字中国”目标的重要内容，迅速在地方政府的实践中获得了制度和政策上的确认。[③] 2019 年，党的十九届四中全会明确提出要“推进数字政府建设”，并且针对实践中数字化行政方式的变革趋势提出要“建立健全运用互联网、大数据、人工智能等技术手段进行行政管理的制度规则”。当前，数字技术在行政活动中的运用，已经远远超越了纯粹办公辅助意义上的设备投入，而成为具有独立意义的制度要素。[④] 在中共中央、国务院联合印发的《法治政府建设实施纲要（2015—2021 年)》中，互联网、大数据和人工智能等数字技术在行政管理和服务中的运用，被确认为健全法治政府建设的重要科技保障要素；

---

① 《全面推进依法行政实施纲要》将高效便民规定为依法行政的六个基本要求之一。

② 国务院于 2015 年 7 月 1 日发布的《关于积极推进“互联网 +”行动的指导意见》（国发〔2015〕40 号）明确提出了在“互联网 +”应用下实施政务新媒体和政务信息化建设。

③ 党的十九大后，广东、浙江、湖北、福建等部分省份依此出台了相关数字政府规划或政策规定。参见中共中央党校（国家行政学院）电子政务研究中心：《2019 数字政府发展报告》，第 14 ~ 15 页。

④ 展鹏贺：《行政活动方式的自动化趋向及其法律问题》，载中国政法大学法治政府研究院主编《中国法治政府发展报告（2019)》，社会科学文献出版社，2020，第 216 页。

法治化与信息化在政府治理中的深度融合，已成为数字化时代依法行政的重要制度内涵。

从行政行为实施的角度看，数字政府转型并非在传统的行政许可、行政处罚、行政确认等行政行为外创设新的行政行为类型，或是在“行政—公民”关系维度上构建全新的行政实体任务内容。数字技术对于行政活动改造的核心在于行政方式的变化，更具体说，是互联网、大数据、人工智能等应用本身的技术特征，改变了行政主体和社会主体间的信息交互模式。作为国家执行权的体现，公共行政是衔接法律规则和社会现实最为直接的纽带。为确保规范与事实间涵摄的准确性，传统的行政活动在依法行政框架内实质上是以行政任务目标为导向，围绕行政调查权的展开，在行政主体与相关参与主体间实现的信息秩序（Informationsordnung）。[①] 从这一观点出发，数字化行政的转型，实际是通过数字技术在信息收集、处理信息途径、效率以及规模上的巨大进步，完成这一信息秩序运转方式上的变革与升级。

相比于传统依靠人工对话、记录、勘验等方式推动，以纯粹物理媒介或简单电文数据实现的个案信息交流，数字化行政方式则通过互联网的数据传输功能，以大数据实现的“全样本”数据采集和处理为基础，并借助人工智能的数据分析能力，实现了以数据为中心的信息汇聚、处理和再利用模式。在“数据跑路”的驱动下，行政机关收集、处理信息的效率和能力大幅提升，相当于被装上了“千里眼”和“顺风耳”。不可否认，数字技术应用实现的信息秩序升级显著提升了行政活动的效能。例如通过“互联网+政务服务”的平台建设，目前已经基本实现了省级政务服务的“一网通办”，全国范围政务服务的一网办理已指日可待；通过政务大数据的汇集、分析，可以为行政决策提供全面、准确的信息支持，极大节省了人工处理时间和经济成本；[②] 通过整合政务数据基础上的数据公开和再利用，为城市管

① Vgl. E. Schmidt-Aßmann, Das allgemeine Verwaltungsrecht als Ordnungsidee, 2. Aufl., Springer, 2006, S. 278.

② 张成福、谢侃侃：《数字化时代的政府转型与数字政府》，《行政论坛》2020 年第 6 期。

理、产业调整、便民服务措施的精准投送，以及第三方市场主体从事相应活动提供了信息来源。

尽管数字技术对行政效能的提升已毋庸置疑，但站在约束行政权合法运行和公民权利保障的角度，必须同时意识到，数字技术在提升行政机关信息收集能力、拓展数据利用空间的同时，亦导致行政活动中“行政—公民”信息秩序中行政机关和个人信息地位的失衡。行政机关在实施数字化行政过程中，过度、隐蔽收集个人信息①、不当利用个人信息②的报道以屡见不鲜。与此同时，数字化条件下，行政机关还可以跳出“行政—个人”的直接信息互动框架，间接从第三方数据主体获取，或是授权第三方主体收集个人信息。前者如《电子商务法》第28条规定的平台信息报送义务，后者如宾馆酒店前台设置的人脸信息识别登记系统。面对数字化行政方式所表现出的强大信息收集和处理能力，某一社会主体的相关信息已完全暴露于行政机关触手可及的范围内。公民个人相对于政府实际上处于一种个人信息上的“裸奔”的状态。因此，如何在法律规范层面对数字化条件下行政机关收集利用个人信息进行有效的规制，防止因过度、不当收集或处理个人信息而引发对个人权利的侵害，是数字政府时代依法行政框架内必须予以认真回应的制度性问题。

① 据中国电子技术标准化研究院“App个人信息举报”微信公众号通报，App违法违规收集使用个人信息治理工作组评估发现，35款App存在个人信息收集使用问题，其中“鄂汇办”“幸福秦皇岛”“爱山东”等7个政务平台App在列。如“鄂汇办”就存在着“App明文上传用户账号、密码”“未明示收集的人脸特征等个人信息的目的、方式和范围，且收集时未同步告知用户其目的”等违规违法问题。参见《关于35款App存在个人信息收集使用问题的通告》，中共中央网络安全和信息化委员会办公室网站，http://www.cac.gov.cn/2020-11/17/c_1607178245870454.htm，最后访问时间：2021年7月23日。

② 如杭州提出的健康码“一码知健”：通过集成电子病历、健康体检、生活方式管理的相关数据，在关联健康指标和健康码颜色的基础上，探索建立个人健康指数排行榜。这一举措引发舆论广泛质疑，认为涉嫌侵犯公民隐私。参见《健康码功能“迭代升级”须审慎》，新华每日电讯，http://www.xinhuanet.com/mrdx/2020-06/04/c_139112941.htm，最后访问时间：2021年7月24日。

二 《个人信息保护法》出台前行政机关收集利用个人信息的规制路径

（一）《个人信息保护法》出台前行政机关收集利用个人信息的规范梳理

数字化行政方式转型中，数据中心主义的驱动机制强化了行政机关收集利用个人信息活动在实现法定行政任务中的核心地位，也因此放大了将这类行政信息活动纳入规范框架进行严格规制的必要性。但由于中国行政法规范层面一直缺乏统一的行政程序立法，因此，在《个人信息保护法》出台前，行政法律规范体系中并没有专门从个人信息保护的角度，对行政机关收集利用个人信息的活动作出系统的规定。只在其他法律部门的个别规范，以及特别行政领域的法律法规，或是部分地方在推进数字化转型过程中出台的地方立法规范中存在一些与个人信息收集利用相关的规范。

分别以“个人数据”“个人信息”为规范内容的关键词，在北大法宝进行规范检索，截至《个人信息保护法》出台前，在条文中直接体现“个人信息”或“个人数据”的法律法规统计见表1。

表1 《个人信息保护法》出台前法律法规关于个人信息的规定情况

单位：条

用语 规范类型	个人数据	个人信息
法律	0	27
行政法规	0	15
地方性法规	1	384
部门规章	1	77
国务院规范性文件	1	51
地方政府规章	1	142

经进一步梳理，上述初步筛选的规范中，与行政机关收集利用个人信息活动相关的规范见表2。

表2 《个人信息保护法》出台前行政机关收集利用个人信息的有关规范

法律		
条文	规范内容说明	备注
《中华人民共和国民法典》第1034、1035条	个人信息的界定、处理个人信息的一般原则	
《中华人民共和国网络安全法》第22、40条	网络产品、服务收集个人信息的“告知—同意”规则，以及个人信息保护要求。获取信息手段合法的要求	
《中华人民共和国数据安全法》第38条	国家机关为履行法定职责的需要收集、使用数据，应当在其履行法定职责的范围内依照法律、行政法规规定的条件和程序进行；对履职中知悉的个人信息的保密义务	
《中华人民共和国测绘法》第47条	地理信息生产、利用单位和互联网地图服务提供者收集、使用用户个人信息的，依法负有保护个人信息的义务	
《中华人民共和国出口管制法》第29条	国家出口管制管理部门及其工作人员对调查中知悉的个人信息的保密义务	
《中华人民共和国契税法》第13条	税务机关与相关部门的信息共享机制；相关部门向税务机关提供相关信息的义务；税务机关及其工作人员的个人信息保密义务	
《中华人民共和国档案法》第28、40条	国家档案主管部门利用档案涉及个人信息的，应当遵守有关法律、行政法规的规定；档案数字资源的收集、保存和提供利用主体规定	
《中华人民共和国居民身份证法》第6、13条	公安机关及其人民警察、有关单位及其工作人员在涉及居民身份的履职、提供服务过程中对知悉的个人信息的保密义务	
《中华人民共和国统计法》第9条	统计机构及统计人员对在统计工作中知悉的个人信息的保密义务	
《中华人民共和国护照法》第12条	护照签发机关及其工作人员对因制作、签发护照而知悉的公民个人信息的保密义务	
《中华人民共和国反恐怖主义法》第51条	公安机关调查恐怖活动嫌疑时收集、调取相关个人信息的职权规定	
《中华人民共和国行政许可法》第5条	涉及个人隐私的行政许可的实施和结果的限制公开规定	
《中华人民共和国行政处罚法》第50条	行政机关及其工作人员对实施行政处罚过程中知悉的个人隐私的保密义务	
《中华人民共和国刑法》第253条之一	违反国家有关规定，存在出售、提供公民个人信息及以窃取或其他方法非法获取公民个人信息等行为可能承担的刑事责任	

续表

行政法规		
条文	规范内容说明	备注
《中华人民共和国统计法实施条例》第16、17条	统计机构实施统计调查时向统计调查对象的说明义务；个人作为统计调查对象的信息提供义务	
《医疗保障基金使用监督管理条例》第32条	医疗保障等行政部门履职中的保密义务，以及禁止以非法方式处理个人信息的规定	
《社会救助暂行办法》第61、66条	社会救助工作中相关人员的对个人信息保密义务，以及泄露个人信息的法律责任规定	
《缺陷汽车产品召回管理条例》第7、25条	产品质量监督部门和有关部门、机构及其工作人员对履行职责中所知悉的个人信息的保密义务	
《人力资源市场暂行条例》第29条	人力资源服务机构对个人信息的保密义务	
《居住证暂行条例》第17、20条	国家机关及其工作人员对居住证持有人个人信息的保密义务，以及违反保密义务的法律责任规定	
《戒毒条例》第7、43条	公安、司法行政、卫生行政等部门工作人员对戒毒人员的个人信息的保密义务，以及违法泄露戒毒人员个人信息的法律责任规定	
《关键信息基础设施安全保护条例》第15条	专门安全管理机构承担履行个人信息和数据安全保护责任，建立健全个人信息和数据安全保护制度的义务规定	

地方性法规		
条文	规范内容说明	备注
《广东省数字经济促进条例》第41、71条	依法保护个人信息的原则性规定；个人信息处理的合法、正当、必要原则；违反个人信息保护规范的法律责任规定	类似规定还可参见《浙江省数字经济促进条例》第19条、《河北省信息化条例》第31条
《山西省信息化促进条例》第18条	国家机关采集信息的谁采集、谁更新、谁负责原则规定	
《吉林省促进大数据发展应用条例》第10条	行政机关以及具有公共事务管理职能的组织收集、使用数据活动应遵循必要原则的规定	类似规定还可参见《贵州省大数据安全保障条例》第1、29、30条；《贵州省政府数据共享开放条例》第4条；《安徽省大数据发展条例》第7、45条

续表

地方性法规		
条文	规范内容说明	备注
《上海市社会信用条例》第6条	社会信用信息处理的合法、客观、必要原则；采集涉及个人信息的市场信用信息的“告知同意”规则；禁止采集的个人信息类型的规定	类似规定还可参见《天津市社会信用条例》第4、11条；《河南省社会信用条例》第4、46条；《河北省社会信用信息条例》第4条；《大连市社会信用条例》第4条；《厦门经济特区社会信用条例》第5条
《上海市统计条例》第27条	统计机构和有关部门通过第三方获取个人信息数据资源时，向社会数据资源权利人明确数据使用目的、数据内容、使用方法、保密要求和公布方式的义务性规定	
《河南省优化营商环境条例》第37条	政府部门在一网通办共享数据过程中的个人隐私保护义务规定	类似规定还可参见《江西省优化营商环境条例》第28条；《上海市优化营商环境条例》第49条：《广西壮族自治区优化营商环境条例》第2条；《厦门经济特区城市综合管理条例》第2条
《江西省志愿服务条例》第39条	志愿服务信息系统管理者和运营者不得泄露个人信息，不得侵害个人隐私的义务性规定	
《深圳经济特区突发公共卫生事件应急条例》56条	开展突发公共卫生事件监测、调查、处置的单位对个人信息进行加密处理的规定，对于识别、推断个人身份的信息的保密义务规定	类似规定还可参见《上海市公共卫生应急管理条例》第40条；《北京市突发公共卫生事件应急条例》第8条
《北京市未成年人保护条例》第49条	对未成年人的个人信息的保密义务规定	类似规定还可参见《山东省未成年人保护条例》第37条；《天津市未成年人保护条例》第37条；《武汉市未成年人保护条例》第52条；《江苏省预防未成年人犯罪条例》第52条；《湖北省预防未成年人犯罪条例》第39条

续表

地方性法规		
条文	规范内容说明	备注
《广东省禁毒条例》第50条	药品监督管理部门收集药物滥用监测信息的义务，以及相关的协助义务规定	
《西宁市文明行为促进条例》第40条	涉及个人隐私、未成年个人信息的不文明行为不予公开曝光的规定	类似规定可参见《南阳市文明行为促进条例》第45条；《威海市文明行为促进条例》第43条
《杭州市电梯安全管理条例》第15条	市场监督管理部门使用智慧电梯系统对电梯运行情况实施实时监控和远程监测时的个人信息保密义务规定	
部门规章		
条文	规范内容说明	备注
《公安机关互联网安全监督检查规定》第5条	公安机关履行互联网安全监督检查职责中知悉的个人信息的保密义务规定	
《统计执法监督检查办法》第22、46条	统计机构和执法检查人员对个人信息资料的保密义务，以及相应的法律责任规定	
《新闻出版统计管理办法》第28条	新闻出版行政主管部门、新闻出版统计机构和统计人员对在统计工作中知悉的个人信息的保密义务规定	
《医疗保障行政处罚程序暂行规定》第17条	医疗保障行政部门及参与案件办理的有关单位和人员对调查或者检查过程中知悉的个人隐私的保密义务规定	
《重大税务案件审理办法》第4条	重大税务案件审理承办人员的个人信息保密义务	
《反间谍安全防范工作规定》第6条	国家安全机关履行职责时对所知悉的个人隐私和个人信息的保密义务规定	
《交通运输统计管理规定》第12条	交通运输统计机构和统计人员对在统计工作中知悉的个人信息的保密义务规定	
《民族统计工作管理办法》第7条	民族工作部门对在民族统计工作中知悉的个人信息的保密义务规定	
《互联网信息内容管理行政执法程序规定》第18条	执法人员对在办案过程中知悉的个人信息的保密义务规定	

续表

国务院规范性文件		
文件名称	具体内容	备注
《国务院办公厅关于印发中国反对拐卖人口行动计划（2021—2030年）的通知》	“禁止除公安机关以外的任何组织或者个人收集被拐卖儿童、父母和疑似被拐卖人员的DNA数据信息。”	个人信息保护的指导意见、指南、规划、步骤等规定
《国务院办公厅关于进一步完善失信约束制度构建诚信建设长效机制的指导意见》	“加大个人隐私保护力度。各地区、各有关部门应当遵循合法、正当、必要、最小化原则，严格按照公共信用信息目录收集使用个人信用信息，明示收集使用信息的目的、方式和范围并经本人同意，法律、法规另有规定的从其规定。禁止任何单位和个人未经授权、强制授权或一次授权终身收集使用个人信用信息。加大对非法获取、传播、利用以及泄露、篡改、毁损、窃取、出售个人信息等行为的查处力度。”	
《国务院办公厅关于印发2020年政务公开工作要点的通知》	严格依法保护各项法定权利。妥善办理涉及公共卫生事件的政府信息公开申请，除公开后将损害公共利益、侵犯他人合法权益等法定禁止公开情形外，最大限度向申请人提供相关信息，更好满足人民群众知情权，维护政府公信力。加强个人信息保护，对因新冠肺炎疫情防控工作需要收集的个人信息，要严格落实个人信息保护有关规定，采取有效措施保管并妥善处理	
《国务院办公厅印发关于切实解决老年人运用智能技术困难实施方案的通知》	“规范智能化产品和服务中的个人信息收集、使用等活动，综合运用多种安全防护手段和风险控制措施，加强技术监测和监督检查，及时曝光并处置违法违规获取个人信息等行为。”	
《国务院关于开展第七次全国人口普查的通知》	“采取电子化方式开展普查登记，探索使用智能手机采集数据。广泛应用部门行政记录，推进大数据在普查中的应用，提高普查数据采集处理效能。全流程加强对公民个人信息的保护，各级普查机构及其工作人员必须严格履行保密义务，严禁向任何机构、单位、个人泄露或出售公民个人信息。”	

续表

国务院规范性文件		
文件名称	具体内容	备注
《国务院办公厅关于加强个人诚信体系建设的指导意见》	"保护个人信息安全。有关部门要严格按照规定建立健全并严格执行保障信息安全的规章制度,明确个人信息查询使用权限和程序,做好数据库安全防护工作,建立完善个人信息查询使用登记和审查制度,防止信息泄露。加强隐私保护。未经法律法规授权不得采集个人公共信用信息。加大对泄露、篡改、毁损、出售或者非法向他人提供个人信息等行为的查处力度。"	个人信息保护的指导意见、指南、规划、步骤等规定
《国务院办公厅关于印发"互联网+政务服务"技术体系建设指南的通知》	"注册用户在政务服务门户进行注册和使用本政务服务平台时承诺并确认使用本人手机号码、社保账号、银行卡账号、公积金账号、身份证号、驾驶证号等个人信息进行实名验证;自愿选择物流快递、网上支付等第三方服务时,及时提供真实姓名、联系地址、联系方式、账户等相关个人信息。"	
《国务院关于加快推进全国一体化在线政务服务平台建设的指导意见》	"国家政务服务平台基于自然人身份信息、法人单位信息等国家认证资源,建设全国统一身份认证系统,积极稳妥与第三方机构开展网上认证合作,为各地区和国务院有关部门政务服务平台及移动端提供统一身份认证服务。"	
《国务院关于加快推进"互联网+政务服务"工作的指导意见》	"充分利用已有资源设施,加强集约化建设,推动政务服务平台整合,促进条块联通,实现政务信息资源互认共享、多方利用。 加快政务信息资源互认共享,推动服务事项跨地区远程办理、跨层级联动办理、跨部门协同办理,逐步形成全国一体化服务体系。开展政务服务大数据分析,把握和预判公众办事需求;提供智能化、个性化服务,变被动服务为主动服务。引入社会力量,积极利用第三方平台,开展预约查询、证照寄送,以及在线支付等服务;依法有序开放网上政务服务资源和数据,鼓励公众、企业和社会机构开发利用,提供多样化、创新性的便民服务。"	

续表

地方政府规章		
条文	规范内容说明	备注
《湖南省社会信用信息管理办法》第15条	采集自然人信用信息的“告知同意”规则；采集个人信息的禁止性规定	类似规定还可参见《南宁市个人信用信息征集使用管理办法》第7条；《福州市公共信用信息管理暂行办法》第17条；《宁波市公共数据安全管理暂行规定》第7条；《深圳市公共信用信息管理办法》第13条
《上海市盐业管理规定》第19条	市经济信息化部门、各级市场监管部门对电子商务数据信息中的个人信息的保密义务规定	
《武汉市居住证服务与管理暂行办法》第20条	公安机关和社区服务机构对工作过程中所获悉的个人信息的保密义务规定	类似规定参见《重庆市居住证实施办法》第19条；《福建省居民户口登记管理办法》第27条
《杭州市市场监督管理行政处罚程序规定》第28条	市场监督管理部门对电子商务数据中的个人信息的保密义务规定	
《河南省突发公共卫生事件应急办法》第46条	突发公共卫生事件中个人信息收集的原则；因应急处置确需发布相关个人信息的脱敏处理规定	
《江苏省文化市场综合行政执法管理办法》第27条	文化市场综合行政执法中的个人信息和个人隐私保密义务规定	
《安徽省实施〈优化营商环境条例〉办法》第36条	因工作需要可以接触到信息数据的部门及其工作人员，对在履职过程中知悉的个人信息负有保密义务的规定	
《无锡市公共安全视频图像信息系统管理办法》第26条	公共安全视频图像信息系统采集、存储的视频图像信息按照规定用于公共传播时，应当对其中的个人信息采取保护性措施	
《湖北省城镇保障性住房管理办法》第34条	住房保障部门、实施机构对公民个人信息的保密义务	
《安徽省政务数据资源管理办法》第6条	政务数据资源管理应保护个人信息和隐私	

续表

地方政府规章		
条文	规范内容说明	备注
《江苏省实施〈流动人口计划生育工作条例〉办法》第21条	政府相关部门、相关组织、相关工作人员对知悉的流动人口的个人信息的保密义务	
《浙江省行政处罚结果信息网上公开暂行办法》第7条	互联网公开行政处罚结果信息时的个人信息的保密规定	

（二）《个人信息保护法》出台前行政机关收集处理个人信息规范的总体特征

从上述统计来看，《个人信息保护法》出台前，分散式特别行政领域立法模式下，对行政机关收集利用个人信息行为的约束，并未形成较为统一的规制路径。而且在零散分布的规范中，相当大比重的规范来源于地方立法或是行政规范性文件，导致其约束效力的空间和效果难以充分发挥，而且碎片化规则间极易产生相互重叠和遗漏。① 就具体的规范内容而言，分散式立法阶段所制定的规范在内容上呈现出以下特征。

首先，由于大量规范尤其是效力等级较高的法律、行政法规的制定源于前数字化阶段，因此其规范意图并非针对数字化转型后的行政方式。在此背景下，相关规范的内容无法有效涵盖数字化收集利用个人信息的措施。比如《契税法》第13条，《档案法》第28、40条，《人力资源市场暂行条例》第29条的规定。与此同时，不少规范对于个人信息的收集和处理的约束，也并非针对行政机关所实施的信息活动，而是将行政机关置于对第三方主体收集处理个人信息活动的监督者地位，比如《旅游法》第52条、《测绘法》第47条规定的内容。

其次，对于涉及行政机关收集或者利用个人信息活动的规范，其规制的

① 周汉华：《论互联网法》，《中国法学》2015年第3期。

对象多是结果责任导向或是对个人信息或个人隐私保密原则的特别法重申，[①]缺少具体对行政机关收集、处理信息方式方法的约束性条款。比如《出口管制法》第29条，《数据安全法》第38条，《居民身份证法》第6、13条，《统计法》第9条，《社会救助暂行办法》第61、66条，以及天津、河南、上海、河北、厦门、大连等省市社会信用条例中关于社会信用信息采集的规定。相关法律规范主要侧重于行政机关对公民个人信息的使用规制以及不当使用的法律后果问题，即普遍重责任追究，轻过程规范，轻综合治理，[②]对于实际实施信息收集和处理的行政方式本身则着墨极少。

最后，对于“个人数据”和“个人信息”概念间的关系，长期以来并未在立法层面进行明确的区分。规范层面对于数据化收集和使用的重点关注，始于数据驱动模式下社会行为模式的数字化转型。因此，尽管在早期立法中不乏个别规范提及了以数据电文方式实施的信息传递，比如《税收征管法》第26条、《行政许可法》第33条的规定，但其所指向的仅是简单形式化的数据载体方式，尚未触及数据和信息间的相互关系。近年来，尽管学理上对于信息和数据的范畴问题进行了充分的讨论，形成了数据与信息等同说[③]、数据范围大于信息说[④]、数据范围小于信息说[⑤]三种主要观点，但尚未形成统一的主流认识。随着数字技术应用背景下数据作用的凸显，一些地方立法层面出台的大数据发展条例，开始以“数据”的收集处理为规制对象来规范行政机关的信息活动。但在其规范文本中并未明确“数据”与“信息”间的关系。直到2021年6月《数据安全法》颁布，有关于数据和信息

① 《医疗保障基金使用监督管理条例》第32条、第46条，《社会救助暂行办法》第61条、第66条，《居住证暂行条例》第17条、第20条。

② 周汉华：《探索激励相容的个人数据治理之道——中国个人信息保护法的立法方向》，《法学研究》2018年第2期。

③ 程啸：《论大数据时代的个人数据权利》，《中国社会科学》2018年第3期；高富平：《个人信息保护：从个人控制到社会控制》，《法学研究》2018年第3期。

④ 祝振媛、李广建：《“数据—信息—知识”整体视角下的知识融合初探——数据融合、信息融合、知识融合的关联与比较》，《情报理论与实践》2017年第2期；黄国彬、张莎莎、闫鑫：《个人数据的概念范畴与基本类型研究》，《图书情报工作》2017年第5期。

⑤ 梅夏英：《数据的法律属性及其民法定位》，《中国社会科学》2016年第9期。

法律概念间的关系问题才首次在法律中得以明确阐释。根据该法第 3 条，《数据安全法》框架内的数据是指任何以电子或者其他方式对信息的记录。根据这一规定，数据与信息间是载体与内容的关系，立法者实际上采取了数据与信息统一的立场。有学者认为，立法上对“数据”和“信息”采取相同外延的模式，体现了数字技术驱动下信息形式的变化趋势。①

（三）统一规制数字化行政方式收集处理个人信息的立法端倪

虽然《个人信息保护法》颁布前，分散立法模式下普遍呈零散分布的信息收集处理规范，尚未对数字化行政转型中行政机关的信息收集处理行为形成体系化的规制，而且部分早期立法囿于其规范制定时信息技术发展水平的限制，并不能对当前的数字技术应用下行政机关的信息措施形成依法行政层面的有效制约，但既有规范至少对行政机关收集处理信息活动中保护个人信息的必要性达成了共识，并且针对数字化行政方式变革的特殊性，已在个别规范中显露出新的立法端倪。

第一，在延续传统立法模式中强调行政机关对个人信息、个人隐私保密义务的同时，对行政机关收集处理个人信息过程的规制开始受到立法者的重视。《数据安全法》第 38 条明确规定，国家机关因履行职责需要收集、使用数据的，其具体的收集和使用活动必须按照法定的条件和程序进行。广东、山西、吉林以及贵州等地方的大数据立法，也纷纷将规制的重心转向行政机关对个人信息收集和处理的方式与具体的行为过程。

第二，针对数字化行政方式的数据驱动特点，从个人信息保护角度提出了规制行政机关收集利用个人信息的基本原则和基本路径。大数据背景下，一切事务皆可数据化处理的技术升级，一方面使得行政机关借助数字技术实现了前所未有的信息获取和分析能力；另一方面使得作为信息获取对象的社会个体在数字化的条件下“无处遁形”。有鉴于此，为防止行政机关借助数

① 吴卫明、吴俐：《全面信息安全与数据合理利用——简评〈数据安全法（草案）〉》，《信息安全与通信保密》2020 年第 8 期。

字化方式恣意收集利用信息，从而使个人信息处于法律保护不足的风险之中，近年来各省出台的有关数字经济发展和信息化促进地方立法，纷纷开始对行政机关收集利用信息的机制和对象范围作出限制性规定：《广东省数字经济促进条例》第41条第3款规定，对于个人信息的收集和利用要遵循必要性原则，不得过度处理；《贵州省大数据安全保障条例》第16条在确立个人信息收集最小且必要原则的同时，还要求国家机关在采集数据时，原则上需要被采集人同意。类似的规定还体现在《浙江省数字经济促进条例》第19条、《山西省信息化促进条例》第18条、《吉林省促进大数据发展应用条例》第10条、《安徽省大数据发展条例》第45条等规则当中。通过上述规则，为数字化行政方式下行政机关收集利用个人信息行为确立了“最小—必要”与“告知—同意”原则。

三 《个人信息保护法》确立的个人信息保护框架

随着社会生活数字化程度的不断加深，以及数字化行政方式覆盖范围的日益扩大，行政活动中信息秩序的构建必将愈发依赖于数据化的个人信息收集与利用。因此，传统分散式立法模式下碎片化的规范方式与有限的执行效果，① 已难以应对日益凸显的个人信息保护问题。为确保数字化行政方式下，行政活动信息秩序的运转符合依法行政原则对权利保护的要求，中国于2018年启动系统化的个人信息保护立法工作。根据2018年9月公布的十三届全国人大常委会立法规划，个人信息保护法被列入第一类条件比较成熟的立法规划项目。

2020年10月，十三届全国人大常委会第二十二次会议审议了《个人信息保护法（草案）》，并向社会公布广泛征求意见。2021年4月29日，全国人大公布《个人信息保护法（草案）》（二次审议稿）。通过在二次审议稿基础上的进一步征求意见，经修改完善的《个人信息保护法》于2021年8

---

① 周汉华：《个人信息保护法的时代意义》，《民主与法制》2021年第32期。

月20日由十三届全国人大常委会第三十次会议审议通过。

根据该法第1、3、4条的规定，作为系统实现个人信息保护的专门性法律，其规范的对象囊括了在中国境内所实施的所有针对个人信息的收集、存储、使用、加工、传输、提供、公开以及删除等处理活动。因此，数字化行政转型下行政机关以数据化方式收集、处理个人信息的活动，除继续受到行政程序或特别行政法领域立法的约束外，同时要受到《个人信息保护法》规范的制约。

（一）《个人信息保护法》下行政机关收集利用个人信息的规范框架

依据《个人信息保护法》第33条，根据行政职权活动的特殊性，行政机关处理个人信息的活动需遵循“一般+特别”的规制模式。

1. 确立行政机关收集利用个人信息的一般规则

尽管《个人信息保护法》在规范的具体安排上，设置了专门的一节来集中规定国家机关（包括行政机关）处理个人信息所要遵循的特别规定。但根据《个人信息保护法》第33条第1分句的规定，行政机关处理个人信息的活动同样受到该法一般性规范的约束。具体而言，包括以下方面。

第一，明确行政机关处理个人信息应当遵守的原则。根据《个人信息保护法》第5~7条的规定，行政机关处理个人信息应当遵循合法、正当、必要和诚信原则，遵循公开、透明原则，公开个人信息处理规则，明示处理的目的、方式和范围。处理个人信息应当具有明确、合理的目的，并应当与处理目的直接相关，采取对个人权益影响最小的方式。同时在收集个人信息时，应当限于实现处理目的的最小范围，不得过度收集个人信息。

第二，具体化行政机关处理个人信息的规则。首先，尽管根据《个人信息保护法》第13条第2款，以及该条第1款第2项至第7项的列举内容，行政机关“为履行法定职责或者法定义务所必需”进行的个人信息处理活动，并非严格受到“告知—同意”原则的制约，但此处对个人同意的限制并不意味着完全减免行政机关的告知义务。根据该法第17、18条的内容，除非有法律、行政法规规定的保密情形，否则行政机关在处理个人信息前，应当以显著方式、清晰易懂的语言真实、准确、完整地向个人告知相关事项。其次，关于个人信息处理的特殊情形，如共同处理个人信息、委托处理个人信息、利用个人信息进行自动化决策、在公共场所安装图像采集、个人身份识别设备等，应当遵守《个人信息保护法》第 20 条、第 21 条、第 24 条、第 26 条等相关条款的规定。最后，关于个人信息的共享与公开，行政机关向其他个人信息处理者提供其处理的个人信息的，应当向个人告知接收方的名称或者姓名、联系方式、处理目的、处理方式和个人信息的种类，并取得个人的单独同意。除取得个人单独同意外，不得公开其处理的个人信息。行政机关可以在合理的范围内处理个人自行公开或者其他已经合法公开的个人信息，但个人明确拒绝的除外。同时行政机关处理的已公开的个人信息对个人权益有重大影响的，还应当取得个人同意。

第三，针对自动化行政行为的实施提出了特殊要求。在《个人信息保护法》的制定过程中，立法者充分考虑到了数字化背景下基于算法计算的自动化决策方式对个人活动的影响，以及由此引发的个人信息保护风险。在比较借鉴《欧盟一般数据保护条例》规制基于个人信息进行自动化决策活动具体方式的基础上，《个人信息保护法》第 24 条专门针对自动化决策活动的实施作出了明确规定。而在数字化行政方式的转型中，完全自动化行政行为作为行政方式变革的重要内容，已在不少地方政府的行政实践中获得制度化的确认和实施。因此，作为一般规定部分的条款，该法第 24 条的规定应当同样适用于完全自动化行政行为中的决策过程。结合该条的文义来看，行政机关为实施完全自动化行政行为而处理个人信息的过程中，需要确保自动化决策的透明度和结果的公平、公正。同时，在行政行为自动化实施的程序制度设计上，需要给予相对人或者相关人一方相应的程序权利，一方面可以要求行政机关对个人信息的处理过程以及自动化决策的实施机制进行充分说明；另一方面可以要求行政机关以非自动化的人工方式作出行政行为。尽管后者未在目前第 24 条的文义中获得明确表达，但从该条目前对单纯自动化决策方式拒绝权的规定以及行政活动中行政职权履行的法定要求出发，此处针对完全自动化行政行为的实施不应采取完全拒绝的理解方式，而是应当从确保行政任务实现的角度，允许提供个人信息的程序参与人在自动化决策方式和人工处理方式间做出选择。

2. 行政机关收集利用个人信息的特别规则

除上述一般规则外，根据《个人信息保护法》第二章第三节“国家机关处理个人信息的特别规定”，行政机关处理个人信息应遵循如下几项特别规则。

第一，明确比例原则作为个人信息处理活动的基本原则。按照《个人信息保护法》第 34 条的要求，行政机关为履行法定职责处理个人信息，“不得超出履行法定职责所必需的范围和限度”。

第二，坚持正当程序要求。根据该法第 34 条的规定，国家机关为履行法定职责处理个人信息，应当依照法律、行政法规规定的权限、程序进行，即行政机关为履行法定职责处理个人信息，应当符合法律、行政法规规定的权限，同时应当遵循法律、行政法规规定的信息处理程序。

第三，告知义务的例外。如上文所述，考虑到行政任务的实现，《个人信息保护法》框架内对于行政机关依职权处理个人信息的活动可以作为“告知—同意”规则的例外，进而免除严格的“同意”标准检验，但此时行政机关依然承担着充分告知的义务，除非具有法定的保密事由。在这一一般规定之外，立法者还特别考虑了行政机关依法履行职责的特殊需要。根据该法第 35 条的规定，如果行政机关履行处理个人信息告知义务将妨碍法定职责履行的，可以免除相应的告知义务。

第四，关于个人信息存储的特别规定。根据第 36 条的规定，行政机关处理的个人信息应当在中华人民共和国境内存储；确需向境外提供的，应当进行安全评估。安全评估可以要求有关部门提供支持与协助。

（二）《个人信息保护法》规制行政机关收集利用个人信息的未竟之处

不可否认，面对数字化行政转型过程中行政机关以数字化方式收集利用个人信息所引发的规制需求，《个人信息保护法》的出台有效化解了此前分散立法模式下规范效果不足的弊端，有利于统一的个人信息保护规范体系的形成，是中国立法上有效应对数字化时代法律挑战的积极之举。但具体落实到对数字化行政方式收集利用个人信息进行有效规制的角度，在充分肯定上述原则及具体规制巨大进步意义的同时，也必须明确意识到该法在立法目的上并非单纯针对数字化行政方式而制定。因此在具体的条文设计上，也并非以数字化行政过程中对个人信息的收集和利用模式为规制对象。受此影响，目前《个人信息保护法》规范框架中对行政机关处理个人信息的规制仍趋于原则化，没有针对行政活动特殊性做出专门的行政程序制度安排，存在一定的规范性供给不足。

首先，在专门的“国家机关处理个人信息的特别规定”中，只有5个条文且内容基本属于简单的原则性规定，不足以涵盖实践中大量行政机关收集利用个人信息的情形。数字化行政转型下，对行政机关对公民个人信息的处理、责任、救济等进行专门立法应是中国个人信息保护立法的必然趋势。但考虑到《个人信息保护法》约束对象的广泛性和一般性，不可能期望通过该法对行政机关处理个人信息的活动做出事无巨细的安排。对此，有学者就建议尽快制定一部针对公权信息处理者的专门立法，系统规定行政机关信息处理的原则、义务，以及信息主体的权利，并畅通行政复议、诉讼和国家赔偿等监督救济渠道，弥补中国个人信息保护法律体系的重大缺失。①

其次，“知情—同意”原则对行政机关的约束可能流于形式。② 基于《个人信息保护法》第13条第1款第3项的例外规定，因履行法定职责或法定义务而进行的个人信息处理活动可以免于个人的同意。而行政活动作为法律法规内容的执行性活动，基本都可以归属于法定职责或义务的履行行为。因此，行政机关处理个人信息的活动实际上可以不用考虑作为信息持有者的个人的同意。从个人信息保护的角度来看，这种突破性的例外设置显然不利于有效约束行政机关收集利用个人信息的活动。而且，在《个人信息保护

① 王锡锌、彭錞：《个人信息保护法律体系的宪法基础》，《清华法学》2021年第3期。

② 对此还可参见吕炳斌《个人信息保护的“同意”困境及其出路》，《法商研究》2021年第2期。

法》中缺少专门针对行政机关处理信息程序规制条款的情形下，“同意”机制作用的失灵可能进一步加剧其他规范对行政机关的约束力度的下降。

四 结语：数字化时代“行政—公民”关系结构下个人信息保护的路径选择

虽然《个人信息保护法》的颁布开启了数字化条件下个人信息处理活动系统化规制的立法模式，整体提升了中国个人信息保护的规范水平。但就行政机关收集利用个人信息所引发的信息保护风险而言，当前的规范框架还有进一步完善的空间。

在具体的规制路径选择上，应当有意识地回归到对行政活动作为“信息秩序”本质的观察上。如本报告开篇所言，数字化行政阶段，“行政—公民”间信息秩序的建构方式发生了巨大的变化。数字化行政方式在使政府与公民处于更为紧密信息互动关系的同时，加剧了政府与公民间信息能力不平等的状况。个人试图完全依靠传统的“信息自决”或者“知情—同意”规则来抵御政府对个人信息的侵犯，显然有些力不从心。因此，对于行政机关收集利用个人信息活动的规制，有必要跳出单纯基于主观权利的保护路径，转而从国家的客观保护义务角度加强对行政机关程序义务的构建和法律责任的落实，通过客观的依法行政义务来降低个人信息权益遭受侵犯的风险。

B.10 地方数字经济促进立法的经验、问题及其对北京的启示

马颜昕　戴嘉丽*

摘　要：数字经济是重要的新经济形态，近年来多地通过地方立法的方式探索数字经济促进机制的制度完善。通过梳理各地数字经济立法现状，总结立法重点与难点，可以在组织体系建设、数据权属界定、促进和规范的关系、创新与法治的关系等几个方面总结出有益经验，为北京等地的数字经济促进立法提供借鉴。

关键词：数字经济　地方立法　北京立法

引　言

2016年，习近平总书记在二十国集团领导人杭州峰会上提出的《二十国集团数字经济发展与合作倡议》对数字经济的含义进行了阐述，“数字经济是指以使用数字化的知识和信息作为关键生产要素、以现代信息网络作为重要载体、以信息通信技术的有效使用作为效率提升和经济结构优化的重要推动力的一系列经济活动”。① 以互联网和数字经济为代表的领域已经成为

* 马颜昕，华南师范大学法学院特聘研究员、数字政府与数字经济法治研究中心主任，主要研究方向为行政法学、数字政府法律问题、教育法学等；戴嘉丽，华南师范大学法学院硕士研究生，主要研究方向为行政法学。

① 《二十国集团数字经济发展与合作倡议》第2条，载中华人民共和国国家互联网信息办公室，http：//www. cac. gov. cn/2016 -09/29/c_ 1119648520. htm，最后访问时间：2021年9月10日。

各国发展最快、创新最活跃、辐射最广的新兴领域，并随着技术的日新月异而不断发展变化，传统的法律框架已经难以适应快速发展的数字化、智能化、网络化新兴领域，亟须强化数字化时代的新兴立法，尤其是数字经济领域的立法。

一 数字经济立法现状

党的十八大以来，习近平总书记就加快发展数字经济发表一系列重要论述。国家“十四五”规划纲要提出，要完善立法体制机制，加强新兴领域立法。中共中央《法治中国建设规划（2020—2025年）》明确提出，要加强信息技术领域立法，及时跟进研究数字经济等相关法律制度，抓紧补齐短板。[①] 在国家层面立法尚未制定的前提下，以地方立法的形式，先行先试，鼓励、引导、包容、审慎促进数字经济发展，对推动经济社会高质量发展意义重大。[②]

（一）各地促进数字经济建设的规划情况

目前，全国多地已经结合本地实际情况制定了数字经济相关的建设规划，依据规划实施的起点时间，大致可以分为三个批次（见表1）。

表1 各地数字经济规划情况

批次	省级行政区	规划实施时间	规划文件
第一批次	贵州省	2017～2020年	《贵州省数字经济发展规划(2017－2020)》
	江苏省	2018～2020年	《智慧江苏建设三年规划(2018－2020年)》
	浙江省	2018～2020年	《浙江省数字化转型标准化建设方案(2018－2020)》
	广东省	2018～2025年	《广东省数字经济发展规划(2018－2025年)》
	广西壮族自治区	2018～2025年	《广西数字经济发展规划(2018－2025年)》

① 连玉明：《构建数据法律体系》，《北京观察》2021年第3期，第28页。

② 陈伟华：《以立法推进数字经济高质量发展》，《浙江日报》2021年3月29日，第7版。

续表

批次	省级行政区	规划实施时间	规划文件
第二批次	云南省	2019~2021年	《"数字云南"信息通信基础设施建设三年行动计划(2019—2021年)》
	山东省	2019~2022年	《山东省数字政府建设实施方案(2019-2022年)》
	天津市	2019~2023年	《天津市促进数字经济发展行动方案(2019-2023年)》
	黑龙江省	2019~2025年	《"数字龙江"发展规划(2019—2025年)》
第三批次	北京市	2020~2022年	《北京市促进数字经济创新发展行动纲要(2020-2022年)》
	上海市	2020~2022年	《上海市促进在线新经济发展行动方案(2020-2022年)》
	江西省	2020~2022年	《江西省数字经济发展三年行动计划(2020-2022年)》
	河北省	2020~2025年	《河北省数字经济发展规划(2020-2025年)》
	湖南省	2020~2025年	《湖南省数字经济发展规划(2020-2025年)》

以上数字经济建设规划基于各地实际情况，就如何推动数字经济建设进行了相对系统的安排，涵盖数字经济建设的基本理念、建设路径、特色制度等方面，为支撑当地数字经济可持续发展制定了基本方案。

（二）各地促进数字经济建设的立法现状

上述数字经济相关建设规划主要是指引数字经济的发展方向，属于政策性文件，规范性不强。为完善数字经济建设法律规则体系，中国各地针对数字经济建设具体事项，已经出台或正在制定一些地方性法规（见表2）。

表2 代表性促进数字经济建设地方立法

省/市	文件名称	发布日期	效力级别
浙江省	《浙江省数字经济促进条例》	2020.12.24	地方性法规
广东省	《广东省数字经济促进条例》	2021.07.30	地方性法规
	《广州市数字经济促进条例》	2022.01.04通过	地方性法规
	《深圳经济特区数字经济产业促进条例(草案)》	草案稿2021年8月29日发布	地方性法规

续表

省/市	文件名称	发布日期	效力级别
北京市	《北京市数字经济促进条例》(北京市人大常委会2021年立法论证项目)	制定中	地方性法规
河北省	河北省数字经济促进条例(河北省人大常委会2021年内提请省人大常委会审议的立法项目)	制定中	地方性法规
江苏省	江苏省数字经济促进条例(江苏省人大常委会2021年立法预备项目)	制定中	地方性法规

1. 浙江省

2019年9月20日，浙江省经济和信息化厅公开征求关于《浙江省数字经济促进条例（草案）（征求意见稿）》的意见。① 2020年7月31日，《浙江省数字经济促进条例（草案）》经浙江省十三届人大常委会第二十二次会议审议通过，开始向社会公开征集意见。② 2020年12月24日，《浙江省数字经济促进条例》经浙江省第十三届人民代表大会常务委员会第二十六次会议通过，自2021年3月1日起施行。③《浙江省数字经济促进条例》作为全国第一部促进数字经济发展的地方性法规，首次将数字经济领域的相关基础性概念上升为法律概念，聚焦数字基础设施、数据资源两大支撑和数字产业化、产业数字化、治理数字化三大重点，创设了一系列具体制度，规定了一系列激励保障措施，为其他地方的数字经济立法提供了宝贵的经验。

2. 广东省

（1）《广东省数字经济促进条例》

2020年11月4日，广东省工业和信息化厅发布《广东省数字经济促进

① 浙江省经济和信息化厅：《关于公开征求〈浙江省数字经济促进条例（征求意见稿）〉意见的函》，载浙江省经济和信息化厅网，http：//jxt. zj. gov. cn/art/2019/9/20/art_ 1657975_ 38294122. html，最后访问时间：2021年9月10日。

② 浙江省人民代表大会常务委员会：《〈浙江省数字经济促进条例（草案）〉公开征求意见》，载浙江省人大网，https：//www. zjrd. gov. cn/dflf/yjzj/202007/t20200731_ 89752. html，最后访问时间：2021年9月10日。

③ 浙江省人民代表大会常务委员会：公告第44号《浙江省数字经济促进条例》，载浙江省人大网，https：//www. zjrd. gov. cn/dflf/fggg/202012/t20201224_ 90483. html，最后访问时间：2021年9月10日。

条例（征求意见稿）》向社会各界公开征求意见。[①] 2021 年 6 月 23 日，广东省人大常委会发布《广东省数字经济促进条例（草案修改稿征求意见稿）》向社会各界公开征求意见。[②] 2021 年 7 月 30 日，《广东省数字经济促进条例》由广东省第十三届人民代表大会常务委员会第三十三次会议通过，自 2021 年 9 月 1 日起施行。[③]

（2）《广州市数字经济促进条例》

2021 年 2 月 3 日，广州市人大常委会预算工委牵头召开“广州数字经济促进条例”起草工作会议，研究部署数字经济促进条例立法有关工作。[④] 2021 年3 月 4 日，广州市人大常委会预算工委组织召开“广州市数字经济促进条例”立法工作咨询专家座谈会，听取各领域专家对条例起草工作的意见建议。[⑤] 2021 年 8 月 12 日，《广州市数字经济促进条例（草案）》向社会各界公开征求意见。2022 年 1 月 4 日，《广州市数字经济促进条例》经广州市第十五届人大常委会第六十二次会议表决通过，待省人大常委会批准后实施。

（3）《深圳经济特区数字经济产业促进条例（草案）》

2021 年 5 月 27 日，深圳市工业和信息化局发布“深圳市数字经济产业促进条例”立法调研问卷，旨在全面梳理深圳市数字经济产业发展过程中

① 广东省工业和信息化厅：《关于公开征求〈广东省数字经济促进条例（征求意见稿）〉意见的通告》，载广东省工业和信息化厅网，http：//gdii. gd. gov. cn/zwgk/tzgg1011/content/post_ 3120269. html，最后访问时间：2021 年 9 月 10 日。

② 广东省人民代表大会常务委员会：《〈广东省数字经济促进条例（草案修改稿征求意见稿）〉向社会各界公开征求意见》，载广东省人大网，http：//www. gdrd. cn/xwdt/202106/t20210623_ 184207. html，最后访问时间：2021 年 9 月 10 日。

③ 广东省人民代表大会常务委员会：《广东省第十三届人民代表大会常务委员会公告（第 85 号）》，载广东省人大网，http：//www. gdrd. cn/xwdt/202108/t20210803_ 184533. html，最后访问时间：2021 年 9 月 10 日。

④ 广州市人大常委会预算工委：《周建军出席〈广州数字经济促进条例〉起草工作会议》，载广州市人大网，https：//www. rd. gz. cn/rdlz/lfgz/content/post_ 212812. html，最后访问时间：2021 年 9 月 10 日。

⑤ 广州市人大常委会预算工委：《周建军出席〈广州市数字经济促进条例〉立法工作咨询专家座谈会》，载广州市人大网，https：//www. rd. gz. cn/tpxw/content/post_ 213424. html，最后访问时间：2021 年 9 月 10 日。

存在的问题和困难，收集有针对性的解决思路和举措。[①] 2021 年 7 月 9 日，深圳市人大常委会主任骆文智主持召开“深圳经济特区数字经济产业促进条例”立法座谈会，听取企业和行业协会的意见建议。[②] 2021 年 8 月 29 日，《深圳经济特区数字经济产业促进条例（草案）》提请深圳市人大常委会会议审议。[③]

3. 北京市

2021 年 2 月 10 日，北京市人大常委会公布《北京市人大常委会 2021 年立法工作计划》，“北京市数字经济促进条例”属于 2021 年的立项论证项目。[④] 2021 年 2 月 22 日，北京市经济和信息化局组织开展数字经济立法前期研究工作，深入研究欧盟《数字市场法》《数字服务法》以及其他国家数字经济相关立法，分析学习浙江、广东等省市数字经济相关立法情况，并根据北京市数字经济发展情况及需要立法解决的问题，起草研究报告、同步完善立法草案和立项论证报告，完成《北京市数字经济促进条例（草稿）》和立项说明等配套材料的编制，并组织了多轮论证。[⑤] 2021 年 8 月 3 日，中共北京市委办公厅、北京市人民政府办公厅印发《北京市关于加快建设全球数字经济标杆城市的实施方案》，提出要促进数字技术与实体经济深度融合，打造中国数字经济发展“北京样板”、全球数字经济发展“北京标杆”，

① 深圳市工业和信息化局：《数字经济产业促进立法，这份调研问卷需要你：》，立法调研问卷载深圳市工业和信息化局微信公众号，https：//mp. weixin. qq. com/s/k44eNs46XL9Nu6rPb3XpjA，最后访问时间：2021 年 9 月 10 日。

② 深圳市人大常委会：《市人大常委会召开立法座谈会以法治护航数字经济产业高质量发展》，载深圳市人大网，http：//www. szrd. gov. cn/ldtpxw/content/post_ 712682. html，最后访问时间：2021 年 9 月 10 日。

③ 深圳市人大常委会：《深圳经济特区数字经济产业促进条例提请审议　探索依法设立数据交易场所》，载深圳市人大网，http：//www. szrd. gov. cn/rdyw/index/post_ 728408. html，最后访问时间：2021 年 9 月 10 日。

④ 北京市人大常委会：《北京市人大常委会 2021 年立法工作计划》，载北京市人大网，http：//www. bjrd. gov. cn/zyfb/zdgz/lfgj/lfjh/202102/t20210210_ 2281987. html，最后访问时间：2021 年 9 月 10 日。

⑤ 北京市经济和信息化局科技标准处：《我局组织开展数字经济立法前期研究工作》，载北京市经济和信息化局网，http：//jxj. beijing. gov. cn/ztzl/ywzt/jscxfwpt/jscxgzdt/202102/t20210222_ 2286066. html，最后访问时间：2021 年 9 月 10 日。

加快建设全球数字经济标杆城市。[①]

4. 其他省份

2021 年 2 月 4 日，河北省人大常委会正式公布《河北省人大常委会 2021 年立法计划》，其中提出要实现服务高质量发展，推动制定“河北省数字经济促进条例”。[②] 2021 年 2 月 1 日，江苏省人大常委会正式公布《江苏省人大常委会 2021 年立法计划》，“江苏省数字经济促进条例”位列第一个预备立法项目。[③] 2021 年 12 月 18 日，《河南省数字经济促进条例》正式发布。除了上述省份之外，还有部分地区虽未正式公布数字经济立法文件，但也正在进行相关准备工作。

（三）数字经济立法现状总结

通过梳理发现，数字经济的专门立法在国家层面暂未有规定，各地主要是以促进型立法的形式鼓励数字经济的发展。广东省和浙江省的数字经济促进条例在立法进度上属于第一梯队，其中浙江省的条例最先出台，广东省的数字经济立法工作紧接其后，在立法过程中，两省互相进行了参考交流、共同完善，不过在立法体例和内容上也形成了不同模式。

第一，整体框架上，浙江省条例的基本框架基于“数字产业化、产业数字化、治理数字化、数据价值化”的四化区分。[④] 而广东省考虑到数字经济与数字社会、数字政府概念既有关联又有区别，[⑤] 因此在数字经济立法中

---

① 北京市人民政府办公厅：《中共北京市委办公厅　北京市人民政府办公厅印发〈北京市关于加快建设全球数字经济标杆城市的实施方案〉的通知》，载北京市人民政府网，http：//www. beijing. gov. cn/zhengce/zhengcefagui/202108/t20210803_ 2454581. html，最后访问时间：2021 年 9 月 10 日。

② 河北省人大常委会：《河北省人大常委会 2021 年立法计划》，载河北省人大网，http：//www. hbrd. gov. cn/system/2021/02/04/100593589. shtml，最后访问时间：2021 年 9 月 10 日。

③ 江苏省人大常委会：《江苏省人大常委会 2021 年立法工作计划》，载江苏省人大网，http：//www. jsrd. gov. cn/zyfb/gzjh/202102/t20210201_ 528410. shtml，最后访问时间：2021 年 9 月 10 日。

④ 中国信息通信研究院：《“四化”协同，数字经济发展新阶段》，《信息化建设》2020 年第 7 期，第 39 ~ 41 页。

⑤ 马兴瑞：《加快数字化发展》，《求是》2021 年第 2 期，第 62 ~ 66 页。

未专门设立治理数字化章节，而是将与数字经济有关的数字治理条文按照数字经济的逻辑框架置于条例之中。最终广东省使用的是“2211”框架，即聚焦“数字产业化、产业数字化”两大核心，依托“数据、技术”两大要素驱动，发挥数字基础设施底层支撑作用，强化政策措施保障。同时，广东省结合自身产业基础好、市场大的发展优势，为了产业促进规范的精细化，将产业数字化进一步分为工业数字化、农业数字化、服务业数字化三章。

第二，浙江省在制定数字经济促进条例的同时，废止了本省的信息化促进条例，两者是替代关系。而广东省并未废止信息化促进条例，两者是补充关系。

第三，浙江省单独设立了法律责任一章，而广东省则是通过两个条文概括性地表述了法律责任条款。

其他地区的数字经济立法正在全面推进中，从已有的立法草案来看，广州市的立法稿特色在于全面、周全，而深圳市的更为精炼，重点在于凸显特色化的创新制度。

二　数字经济立法的重点与难点

（一）数据权属的界定

数据已经成为继劳动力、土地、资本、技术之后的第五大生产要素。数据作为数字经济时代的关键生产要素，随着信息通信技术的发展，数据的生产、收集、传输、存储以及处理分析能力被极大地提升，数据的商业价值也被不断地提高。[①] 数据作为一种新的生产要素，数据权属、数据安全、政府数据开放等议题引起各方的关注，数据权属更是焦点问题。[②]

按照经济学家罗纳德·哈里·科斯（Ronald H. Coase）的经典观点，市

① 何泠瑶：《立法保障数字经济发展》，《浙江人大》2020 年第 10 期，第 29 页。

② 何波：《中国数字经济的法律监管与完善》，《国际经济合作》2020 年第 5 期，第 82 页。

场均衡效率必须依靠明晰的产权制度，即使交易成本很小甚至为零，只要财产权是明晰的，那么无论在开始时将财产权赋予谁，市场均衡的结果最终都是有效率的，能实现资源配置的帕累托最优。这就说明，数据权属的界定问题会直接影响数字经济产业的发展。随着数字化转型的进程不断推进，明确数据权属制度对于国民经济发展具有重大意义。在实践中，数据权益归属与实现规则确实已经成为释放数据价值的核心障碍。

国内外在立法层面关于数据的规定不断丰富，但都未对数据权属问题给出明确的答案。就国际层面而言，在个人数据规则体系较为完善的欧盟和美国，在涉及个人和企业对于数据的权利时，都尚未对数据财产权予以明确的体系化的法律界定。就国内层面而言，《中华人民共和国民法典》（以下简称"《民法典》"）总则编第 127 条仅规定了对数据财产要给予法律保护，规定较为笼统和模糊。① 一些地方立法尝试探索界定数据权属，但是由于数据财产权的制度安排属于民事基本制度，根据立法法规定，这属于法律保留事项，地方没有相应的立法权限，成为一大难点。实践中由于对数据财产属性没有作出明确规定，市场主体一方面存在顾虑，不敢放开手脚对数据进行开发利用；另一方面缺乏激励，担心数据归属问题。

数据归属规则未能建立的一大重要原因是，该问题存在较大的理论争议，学界对于数据性质和权属的界定尚未形成通说。如许可教授认为数据通过经济性检测、可特定性检测和可转让性检测，足以成就新的财产类型。数据财产权应首先依"捕获规则"分配给收集、处理数据的数据业者，再依据"关联规则"将"个人敏感数据"权利分配给数据主体。② 而梅夏英教授认为数据没有特定性和独立性，也不属于无形物，不能作为民事权利的客体；数据没有独立的经济价值，其交易性受制于具体的信息内容，故不宜将其独立视作财产。③ 时建中教授则提出不应该从静态权利的归属角度来讨论数据的权利属性，应该从数据的生产、采集、存储、加工、分析和服务的具

---

① 《民法典》第 127 条规定："法律对数据、网络虚拟财产的保护有规定的，依照其规定。"

② 许可：《数据权属：经济学与法学的双重视角》，《电子知识产权》2018 年第 11 期，第 23 ~ 30 页。

③ 梅夏英：《数据的法律属性及其民法定位》，《中国社会科学》2016 年第 9 期，第 164 ~ 183 页。

体动态行为角度来考虑。① 这些学术观点都颇具启发，但是尚未形成系统性的学理通说，国家层面统一立法的法理基础尚不牢固。

（二）多部门之间的协调

数字经济的促进性立法涉及面极广，这主要有两个原因。第一，数字经济促进工作涉及财政、金融、人才、科技、土地、知识产权、能源等大量配套举措；第二，数字经济中的产业数字化关联大量工业、农业、服务业行业，可谓涉及千行百业。该背景下，数字经济立法中相关的职能部门就变得多样。以《广东省数字经济促进条例》为例，其中提及的职能部门就包括发展改革、工业和信息化、政务服务与数据管理、网信、通信管理、教育、科技、财政、人力资源社会保障、自然资源、交通运输、商务、文化和旅游、卫生健康、应急管理、统计、国有资产监督管理、市场监督管理、广电、医疗、金融、邮政管理、版权、农业农村等。这较大地提升了数字经济立法中部门协调的难度，可能出现权责不清或者观点冲突的情况。此种情形下，如何判断相互冲突的部门利益之间的高低秩序并做出抉择，是立法起草者必须慎重对待的问题。②

（三）促进与规范的关系

当前中国数字经济正处于成长期，数字经济发展模式生机蓬勃，但也较为粗放。总体形势与改革开放初期制造业崛起的状态相似，即 30 多年前中国制造业的比较优势得益于劳动力、土地、能源、资源低成本供给以及放松的规制环境。而当前数字经济的蓬勃发展很大程度上也正是得益于中国相对宽松的发展环境以及数据资源的成本优势，但数字经济这种初始优势可能会面临可持续性的挑战。其核心矛盾就在于促进与规范的关系。数字经济属于新

---

① 时建中：《从数据行为角度考虑法治化的进程或路径》，《金融创新法律评论》2018 年第 1 辑，第 1～2 页。

② 曹瀚予：《地方立法起草过程中部门协调问题探析》，《山东社会科学》2018 年第 7 期，第 188 页。

生事物，本应持开放包容的态度，以推动数字经济发展。但这并不意味着放松监管。如果无法坚守底线，将会带来安全等方面的严重风险，最终损害数字经济的健康发展。如何平衡促进与规范、发展与安全之间的关系，如何防止“一抓就死、一放就乱”的悖论，是数字经济立法中要解决的一大难点问题。

（四）创新与稳定的关系

数字经济的本质是以大数据、云计算、人工智能、区块链等新技术引领经济的数字化转型。以互联网为代表的新一代信息技术在消费和生产领域的渗透催生了新产业、新模式和新业态，带动数字经济不断创新，成为中国经济发展的新动能。数字经济时代，工业互联网、平台经济、直播电商、远程医疗等新业态、新模式不断涌现，并与传统产业、社会生活加速融合。这些既是快速成长的新动能，也给传统的管理理念、手段等带来挑战。这本质上反映了创新和稳定的辩证关系。创新要求打破常规，出乎意料，具有一定的超前性，而稳定追求可预期的社会运行，具有一定的滞后性。数字经济的又一难点就在于如何在鼓励数字经济创新的同时兼顾稳定，不能为了实现创新而破坏法治的稳定秩序，也不能僵化地强调形式法治和稳定，阻碍了创新。

三　各地数字经济促进立法的经验

（一）妥善利用地方立法权限

数字经济市场主体迫切需要界定数据权属，在法律尚未有明确规定的情况下，各地先行先试，在各自立法权限的范围内尽可能地对数据财产权益保护制度予以探索，激励市场主体投身数字经济建设的大潮。这些探索经验值得其他地方立法甚至是中央立法参考。

例如2020年7月，《深圳经济特区数据条例（征求意见稿）》发布，率先探索数据权，拟立法规定个人数据权归属个人主体所有，公共数据权归国家所有。不过上述规定引发了较大的争议，最终在2021年7月6日正式公布的《深圳经济特区数据条例》中将表述修改为:“自然人对个人数据享有法律、行政法规及本条例规定的人格权益。”“自然人、法人和非法人组织对其合法处理数据形成的数据产品和服务享有法律、行政法规及本条例规定的财产权益。”① 可以看出,相较征求意见稿,《深圳经济特区数据条例》删除了数据权等相关内容,这是因为目前学界对于数据权属问题暂未达成一致,法律层面也未有原则性规定,难以通过地方性立法(即使是权限较为特殊的经济特区条例)创设“数据权”这一新的权利类型。不过“个人数据具有人格属性”这一观点已经取得普遍共识,② 过往的司法判例也认可了“企业对其投入大量智力劳动成果形成的数据产品和服务具有财产性权益”。③ 基于以上认识,《深圳经济特区数据条例》最终选择在立法中采纳“数据权益”这一相对保守的表述。

2019 年 9 月 20 日,浙江省也曾经在《浙江省数字经济促进条例(草案)(征求意见稿)》第 21 条中明确规定“数据权益”,将依法获取的各类数据经过处理无法识别特定个人且不能复原的,不视为个人信息,可以交易、交换或者以其他方式开发利用。在依法获取的各类数据基础上开发的数据衍生产品等财产权益受法律保护,法律、法规另有规定的除外。④ 但是在最终稿中这一条被删除,这就凸显出地方立法在进行数据权属界定时的难度。

2021 年公布的《广东省数字经济促进条例》的一个核心成果,就是对

---

① 《深圳经济特区数据条例》第 3 条第 1 款规定:“自然人对个人数据享有法律、行政法规及本条例规定的人格权益。”第 4 条第 1 款规定:“自然人、法人和非法人组织对其合法处理数据形成的数据产品和服务享有法律、行政法规及本条例规定的财产权益。但是,不得危害国家安全和公共利益,不得损害他人的合法权益。”

② 李爱君:《论数据权利归属与取得》,《西北工业大学学报》(社会科学版)2020 年第 1 期,第 89 ~ 97 页。

③ 安柯颖:《个人数据安全的法律保护模式——从数据确权的视角切入》,《法学论坛》2021 年第 3 期,第 60 ~ 61 页。

④ 《浙江省数字经济促进条例(草案)(征求意见稿)》第 21 条规定:“依法获取的各类数据经过处理无法识别特定个人且不能复原的,不视为个人信息,可以交易、交换或者以其他方式开发利用。在依法获取的各类数据基础上开发的数据衍生产品等财产权益受法律保护,法律、法规另有规定的除外。”

数据开发成果的财产权益予以法律保护，规定市场主体可以享有其依法获取的数据资源所开发利用的成果的财产权益，并可以在法律规定的条件之下探索交易模式等。这就给企业开发数据、挖掘数据、分析数据提供更好的数据价值化，提供了非常良好的经济激励，利用市场机制更好地发展数字经济。①《广东省数字经济促进条例》表述中放弃“数据财产权”概念，而表述为“财产权益”，其原因是“数据财产权”的表述可能涉及民事基本制度因此触碰法律保留的界限，而“财产权益”的表达更为柔性，强调的是在现有法律框架下对各种财产权和财产性利益的保护。

（二）促进多部门协调与配合

从现有立法经验来看，可以从以下三个方面加强多部门协调与配合。

其一，人大牵头进行立法，协调有关部门。立法是宪法赋予人大及其常委会的一项重要职权。党的十八届四中全会决定提出，健全有立法权的人大主导立法工作的体制机制，立法法也对人大主导立法工作作出了具体规定。在长期的立法实践中，人大及其常委会注重在立法全过程和各关键环节充分发挥好主导作用。如广州市数字经济立法正是由广州市人大常委会预算工委牵头，协调相关部门，取得了较好的成效。②

其二，在条例中强化各级人民政府的整体监督作用。如《广东省数字经济促进条例》第70条明确规定，“县级以上人民政府应当定期对本级数字经济发展情况进行评估，并对下一级人民政府数字经济发展情况开展监督检查”。③ 通过县级以上人民政府对本级和下一级政府的监督，可以在一定

① 《广东省数字经济促进条例》第40条第1款规定：“自然人、法人和非法人组织对依法获取的数据资源开发利用的成果，所产生的财产权益受法律保护，并可以依法交易。法律另有规定或者当事人另有约定的除外。”

② 广州市人大常委会预算工委：《周建军出席〈广州数字经济促进条例〉起草工作会议》，载广州市人大网，https://www.rd.gz.cn/rdlz/lfgz/content/post_212812.html，最后访问时间：2021年9月10日。

③ 《广东省数字经济促进条例》第70条规定：“县级以上人民政府应当定期对本级数字经济发展情况进行评估，并对下一级人民政府数字经济发展情况开展监督检查。数字经济发展情况评估可以委托第三方机构开展，并向社会公布。”

程度上促进数字经济立法在不同部门的落实。

其三，通过调研、征求意见等方式，充分保证立法过程中各个部门的参与度。数字经济立法过程中，地方人大及其常委会提前介入立法的调研、论证、会商、起草等工作，实行关口前移、预热在先，并保证相关部门的参与度，广泛征求社会公众意见，有助于人大掌握数字经济立法存在的突出矛盾和主要问题，增加立法机构的前瞻性和主动性，减少或杜绝数字经济法规草案的盲目性，以有效整合立法资源，节省立法成本，提高立法质量和效率。① 通过各个部门的参与，让其充分反馈意见，也可以提高立法的可接受度和可执行性，有助于立法的落实。

（三）厘清促进与规范的关系

地方现有的数字经济立法，主要以促进为主，这可以从各地数字经济立法的名称看出，例如《广东省数字经济促进条例》《浙江省数字经济促进条例》《广州市数字经济促进条例》等。实践中，这些立法基本都是采取促进型立法形式，首要目的是促进，有利于促进的多写，而规制性的东西慎写。如《广东省数字经济促进条例》在立法过程中的一个重要思路就是“促进性先立、限制性慎立、新兴性缓立”。②

而在规范性的内容上，数字经济促进立法主要援引上位法或者其他规范性的单行法。数字经济规范性内容采取援引而不制定的原因是：其一，规范性的内容大部分需要较高的立法权限，可能超越地方立法的范围；其二，数字经济领域中的规范性规定较为丰富，散见于各种单行法，难以在促进条例中穷尽。

① 何书堂、白志国：《健全科学高效的立法工作协调机制》，《河北日报》2017 年 8 月 22 日，第 12 版。

② 广东省人民代表大会常务委员会：《李玉妹主持召开〈广东省数字经济促进条例〉立法工作部门及专家座谈会》，载广东省人大网，http：//www.gdrd.cn/xwdt/202104/t20210408_183453.html，最后访问时间：2021 年 9 月 10 日。

（四）厘清创新与稳定的关系

地方立法在创新与法治稳定性之间实现平衡的重要机制就是容错免责与包容审慎监管两大制度。容错免责的对象既包括市场主体，也包括行政机关。容错免责的主要原因在于创新难免存在风险，为了鼓励创新，应当对创新的风险进行妥善分配，而不是由创新者一律承担。因此当创新的风险转换为不利结果时，对于创新者予以一定免责。

但在法治社会和法治政府中，这种免责不是绝对的，是有条件的，《广州市数字经济促进条例（草案）》第 90 条的规定可以作为一个很好的参考："市、区人民政府及有关部门、事业单位工作人员推进数字经济发展过程中出现失误或者偏差，未达到预期效果，同时符合下列条件的，不承担责任，不做负面评价，在绩效考核、评先评优、职务晋升、职称评聘和表彰奖励等方面不受影响：（一）决策和实施程序未违反法律法规的强制性规定的；（二）法律法规没有明确规定但符合国家、省和市有关数字经济发展的工作部署，主动改革创新的；（三）未造成重大损失的；（四）主动采取措施有效避免损失扩大、挽回损失或者积极消除不良影响的；（五）相关人员履行了勤勉尽责义务且未谋取非法利益的；（六）未恶意串通，损害公共利益和他人合法权益的。"

而包容审慎监管主要是针对市场主体而言。"包容"就是对数字经济的新业态、新模式予以包容，不是一上来就"管死"，而是保留"观察期"，给予一定发展空间；而"审慎"则是强调包容并不是忽视，仍然需要积极监管，严守底线。这些底线包括法律的强制规定、国家安全、公民基本权利保护等。地方数字经济条例在条文的设定上大多体现了包容审慎原则，在给予市场主体创新空间的同时又重点强化省、市、县三级政府及有关部门的职责，推动政府发挥"有形之手"的力量促进数字经济发展。可以说给政府定了"任务表"，让市场主体吃了"定心丸"。①

① 姚瑶、孟健：《〈广东省数字经济促进条例〉9 月 1 日起施行　立法破解数字产业"成长的烦恼"》，《南方日报》2021 年 9 月 1 日，第 A3 版。该观点源自广东省立法咨询专家、广东外语外贸大学法学院教授朱最新。

四　地方数字经济促进立法经验对北京的启示

（一）北京数字经济发展特色

北京市数字经济总体发展态势好，根据2021年4月25日中国信通院发布的《中国数字经济发展白皮书（2021年）》，2020年北京市的数字经济规模超过1万亿元，占GDP比重达到55.9%，位列全国首位。数字产业化规模超过1000亿元，占GDP比重超过15%，产业数字化占GDP比重超过30%。[①] 北京数字经济发展也凸显出如下特色。

第一，北京数字经济主要面向高精尖领域推进数字产业化创新发展。北京市软件和信息服务业2020年实现营业收入15677.4亿元，占全国的19.2%，居全国首位。云计算、大数据、人工智能、区块链等数字经济相关技术支撑产业发展水平领跑全国。

第二，北京数字经济面向经济高质量发展推进产业数字化创新发展，包括工业数字化、服务业数字化和农业数字化。北京市尤为注重推动工业互联网发展，东方国信、用友、航天云网三家公司的工业互联网平台入选2020年跨行业建设工业互联网标识解析国家顶级节点（北京），并且接入二级节点和标识注册跨领域工业互联网平台。

第三，北京数字经济针对智慧城市建设推进数字化治理创新发展。北京市积极推进全市数据共享和公共服务系统入云工作，同时制定发布了数字经济创新发展、数据跨境流动安全管理试点、数字贸易试验区、大数据交易所等政策，立足自由贸易试验区的发展情况，开展高水平数字经济和数字贸易先行先试改革，探索建设北京国际大数据交易所。[②]

---

① 中国信通院：《中国数字经济发展白皮书（2021年）》，载澎湃网，https：//m.thepaper.cn/baijiahao_12413514，最后访问时间：2021年9月10日。

② 魏贝、周振松：《赛智时代：各省市数字经济发展标杆研究》，载“赛智时代”官方公众号网站，https：//mp.weixin.qq.com/s/HZReXplJn-dMS77-uriltA，最后访问时间：2021年9月10日。

（二）北京数字经济立法必要性

北京市数字经济发展时间早、潜力大、基础好，汇聚了一大批从事数字经济的龙头企业和高端人才。北京未来想要建设数字经济、数字贸易的先行先试区和示范区，成为全球数字经济的标杆城市，就要立足发展优势，积极构建数字经济新生态，加速数字产业化和产业数字化进程，同时推动前瞻性数字经济立法。北京数字经济立法的必要性主要体现在以下四个方面。

第一，通过立法明确制度，吸引市场主体投入。数字经济作为新经济形态，北京市通过强化顶层设计，加快数字经济立法进程和制度构建，有利于激发市场活力，吸引更多的市场主体投身于数字经济建设，从而不断提高中国数字经济产业链竞争力和现代化水平，筑牢数字经济发展的坚实基础。①

第二，通过立法明确发展方向，提供指引。促进条例的重点是促进，而往什么方向促进就是数字经济促进条例要解决的重要议题。北京市通过数字经济地方立法，可以明确本地数字经济的发展方向，体现立法的指引功能。

第三，通过立法平衡相互冲突的价值。数字经济以创新为核心驱动，在创新过程中就会产生天然价值冲突。在法律层面，价值是多维度的，而不同维度间就可能出现冲突。北京市通过立法可以尽可能平衡促进与规范、创新与稳定、先进与平等、便利与安全这几组价值冲突。

第四，通过立法解决实践中的痛点难点。数字经济立法的痛难点之一就是对数据财产权益的保护，北京市通过立法可以对数据产品、数据成果的财产权益予以法律保护，在法律规定的条件之下探索交易模式等。数字经济立法的又一痛难点是保障措施，即通过哪些措施切实促进数字经济的发展，这些都亟待通过立法来明确和落实。

（三）北京数字经济促进立法的启示

参考中国各地的数字经济立法重难点和经验，北京的数字经济立法应该

---

① 文君、庄芮：《明确数字经济发展着力点》，《经济日报》2021年1月27日，第10版。

从以下几个方面把握方向。

（1）组织机制上，可以考虑采用人大牵头、部门参与、广泛调研的形式。建议由人大牵头主导并提前介入数字经济的立法工作，权衡各方主体的诉求和利益，协调相关部门积极参与，广泛调研和公开征求公众意见，邀请各行各业专家进行论证咨询，提高数字经济立法的针对性和可行性。

（2）价值选择上，平衡几组冲突，提供信息无障碍等核心条款。

第一，平衡好促进和规范的价值理念冲突。在地方数字经济促进立法中，促进是主体，规范是保障。建议北京市的数字经济立法采取促进型的立法模式。

第二，平衡好创新和稳定的价值理念冲突。北京市的数字经济立法建议秉持鼓励创新、包容审慎、容错免责的价值理念。本着促进创新的立法理念去鼓励数字经济发展，营造更加开放包容的法治环境，为数字经济发展预留创新空间。同时筑牢数字经济的监管防线，树立包容审慎的监管理念，实行分类监管、精确监管、科技监管、智能监管，建立以信用为基础的数字经济市场监管机制，探索符合数字产品、服务、技术、模式发展趋势的监管制度。① 对涉及违反法律强制规定的行为，坚决严守安全底线，采取严厉监管措施予以依法打击。

第三，平衡好先进与平等的价值理念冲突。随着数字经济的推进，越来越多的服务逐渐依赖网络平台，特别是依赖移动互联网客户端。这带来的第一项挑战便是那些没有智能手机、无法便利使用网络或者是不懂得使用这些技术工具的人群成为技术弱势群体。他们无法享受数字经济带来的便利，甚至可能构成反向歧视，形成一道“数字鸿沟”。② 在数字经济立法过程中，要明确不能只管发展不管保障，不能只考虑先进不考虑平等，不能只考虑经济不考虑人民的实际获得感。故建议北京市参考兄弟省市关于信息无障碍的

① 杨佩卿：《数字经济的价值、发展重点及政策供给》，《西安交通大学学报》（社会科学版）2020 年第 2 期，第 65 页。

② 马颜昕：《数字政府：变革与法治》，中国人民大学出版社，2021，第 39 ~ 40 页。

条款，为技术弱势人群提供一个底线保障。[①]

（3）具体制度上，在数据财产权益等焦点条款上，可以参考现有立法经验，结合北京实际情况展开探索。保持数字经济发展速度，需要主动顺应和引领新一轮数字经济革命浪潮，对痛点难点问题予以关注和探索，追踪数字经济技术和产业发展的最新动态，分析研判总体态势和风险隐患，及时通过法律手段针对性地解决数字经济发展面临的问题和风险。如针对数据问题，建议北京市参考现有立法经验，在其立法权限的范围内去解决数据权属、技术风险、法律责任等一系列数字经济焦点问题，为全国各地提供有益借鉴。

① 《广东省数字经济促进条例》第68条规定：“县级以上人民政府及有关部门应当推进信息无障碍建设，坚持创新智能化服务与改进传统服务并行。鼓励针对老年人、残疾人等运用智能技术困难的群体的出行、就医、消费、文娱、办事等，提供适用的智能化产品和服务，帮助其共享数字生活。”

B.11
通用科技监管沙盒报告

毕洪海　母安琪*

摘　要：　监管沙盒是监管科技创新的一种手段，能够为具有破坏性和众多风险的科技创新提供安全的测试环境和监管实验区。监管沙盒制度最先起源于金融科技领域，现在有向更多的科学技术领域扩大的趋势，代表性的就是自动驾驶汽车领域。科技创新给传统监管手段所带来的挑战是研究提出通用科技监管沙盒的重要背景，不仅在监管理念层面需要适应性的转变，同时也需要进一步明确通用科技监管沙盒的基本框架。就通用科技监管沙盒的具体内容而言，除了在宏观层面上确立包容审慎监管的原则与合法性的限制外，还需要就监管主体、监管豁免的额范围、利害相关方、沙盒的准入和退出机制、消费者保护、豁免条款和时限以及沙盒的监管和评估等内容加以明确。在前述研究的基础上，本报告提出应当进一步明确通用科技监管沙盒的规范体系，形成以《科学技术进步法》为引领，"通用科技监管沙盒条例"以及"分领域的实施办法"为主要框架的层级体系。

关键词：　科技监管　监管沙盒　自动驾驶汽车　通用监管沙盒

---

* 毕洪海，北京航空航天大学法学院副教授，主要研究方向为行政法学；母安琪，北京航空航天大学硕士研究生。

监管沙盒是监管科技创新的一种手段，能够为具有破坏性和众多风险的科技创新提供安全的测试环境和监管实验区，相较于直接向市场推广，申请进入监管沙盒可以降低创新成本、减少监管的不确定性以及在试验过程中建立起适当的消费者保护措施，[①] 是监管者在无法有效预测和评估科技创新风险时采用的一种暂时性或过渡性的监管策略。监管机构当局、自律组织等主体可以依据相关法律法规经特定程序允许科技创新产品和服务在特定范围内和特定条件下试推出和试运行，并相应开展试验性的监督和管理。因此，作为试验性监管的主要方式，监管沙盒制度能够有效地平衡科技创新与技术风险，增加科技发展带来的实体经济福利与消费者福利。

当前，监管沙盒已经在全球范围内得到重视，包括英国、美国、新加坡、中国香港等在内的国家（地区）都已经在金融科技等监管领域展开实践，[②] 并且已经逐渐扩展到更多领域当中。2019 年 12 月 5 日，中国人民银行发布《中国人民银行启动金融科技创新监督试点工作》，在中国人民银行指导支持下，北京市在全国率先启动金融科技创新监管试点，探索构建包容审慎的中国版“监管沙盒”，目前的试点范围已经扩大到上海、深圳、广州等多个地区。同时，随着包容审慎监管理念的确立，在更多的领域中拓展和适用监管沙盒的做法也逐渐展开，最典型的就是无人驾驶汽车领域。

本报告旨在梳理监管沙盒的起源以及新科技监管的要求对传统监管模式所带来的规制模式的挑战，从当前金融科技、自动驾驶有关试验性规制的制度实践中总结共同的规范框架，探讨在科技监管领域内引入通用监管沙盒制度所需要遵循的一般原则和所面临的关键问题等。

---

① 陈伟：《监管沙盒退出机制的国际经验及本土化研究》，《南方金融》2020 年第 12 期，第 46 页。

② See CFPB, Policy on the Compliance Assistance SandboxR. 2019; FCA, Regulatory SandboxR. 2015; MAS, Fintech Regulatory Sandbox GuidelinesR. 2016; Hong Kong Monetary Authority, Fintech Supervisory Sandbox.

一 监管沙盒的通用框架：基于试验性规制实践的一般性经验

监管沙盒概念最初来源于计算机领域的一种安全防护技术——沙盒（sandbox）。沙盒原指一个装满沙子可供人随意书写或构建模型的盒子，因此不论结果如何都可以轻易被消除而不会留下任何痕迹。英国金融行为管理局将沙盒理念运用于金融监管领域，于2015年11月首创监管沙盒的制度实践。自英国金融行为管理局将沙盒概念延伸至金融监管领域后，监管沙盒被世界各国金融监管机构广泛用于金融领域，现在监管沙盒的制度实践已经扩展到全世界范围的主要国家。其他行业的监管机构看到沙盒在促进创新和竞争方面的潜力后，也在各自的领域试验这种监管模式。① 这种扩展最为典型的是在车辆自动驾驶领域。除此以外，2019年英国国家健康数据研究所在一个与患者数据和预测健康状况有关的项目中采用了监管沙盒。哥伦比亚为了能让更多人访问电信基础设施，为国内电信公司推出了监管沙盒；而美国犹他州司法体系实施了自己的监管沙箱法律服务，尝试放宽创新性法律服务的行为准则和限制，让更多犹他州人更容易获得司法救助，且价格更实惠。② 而在试验的基础上，美国犹他州率先在全国范围内推出了通用的监管沙盒制度。

（一）金融科技领域监管沙盒制度的先声

英国金融行为管理局首创监管沙盒制度，根据英国金融行为管理局的定义，监管沙盒（regulatory sandbox）是一个安全的空间，企业可以在其中测试其创新产品、服务、商业模式和支付机制，而不会导致其立即遭受违反现

① 〔美〕迪诺·希莫纳斯：《数字时代的法治问题——沙箱监管》，https：//mp. weixin. qq. com/s/MaPdDlJ2xXvFsxdcEhV3JQ，最后访问时间：2021年7月17日。

② 〔美〕迪诺·希莫纳斯：《数字时代的法治问题——沙箱监管》，https：//mp. weixin. qq. com/s/MaPdDlJ2xXvFsxdcEhV3JQ，最后访问时间：2021年7月17日。

有法规下的监管后果，即在另一个维度的监管空间中，对金融新创企业面临的监管障碍予以豁免。①

根据英国金融行为管理局的监管实践经验，② 监管沙盒的运作分为以下三个步骤：首先，通过个别指导、豁免等服务为经过授权批准的企业提供“虚拟安全空间”，可以保障其在监管较为宽松、自由的环境下为真实消费者提供新型产品及服务，从而激励创新，减少金融创新投入市场的成本和时间；其次，监管沙盒的示范效应为沙盒中的企业增信，使其获得更多资金支持；最后，通过事前约定退出机制让未通过沙盒测试的企业退出市场，同时让通过沙盒测试的企业进入市场，可以保护投资者权益，做好风险防范。从监管沙盒积攒的丰富经验归纳监管沙盒的准入情形与退出标准是构建监管沙盒通用框架的重点所在。

在构成元素上，监管沙盒由监管机构、沙盒企业、沙盒产品、沙盒方案和沙盒市场五大元素构成。其中，核心是“沙盒市场”，相对于真实市场，沙盒市场是一个有限市场，即监管机构与测试企业协商确定的用以测试沙盒产品功能和风险，对消费者数量和资质加以限定的市场。沙盒市场为金融创新提供了一个具有一定空间和时间界限的“安全空间”，允许沙盒企业在“安全空间”内对其拟向市场推广的金融创新产品或服务进行小范围的测试。基于该“安全空间”的性质不同，监管沙盒实践可以分为三种不同的模式。第一种是授权沙盒，授权沙盒所提供的安全空间是真实存在的交易市场，凡是想要进入监管沙盒的金融创新企业都需要先申请并获得授权与批准。在授权沙盒下，风险外溢的可能性更高，因此需要监管机构审慎监管，确保进入沙盒的创新企业实施的所有的活动都在监管沙盒下进行，一旦触及沙盒的监管边界就会被踢出沙盒，从而使得风险被有效地控制在一定范围内，即使出现问题也能得到合理的控制与解决。第二种是虚拟沙盒，虚拟沙

---

① FCA, Regulatory Sandbox, at https://www.fca.org.uk/firms/innovation/regulatory - sandbox (visited on Jun. 20. 2021).

② FCA, Regulatory Sandbox, at https://www.fca.org.uk/firms/innovation/regulatory - sandbox (visited on Jun. 20. 2021).

盒是行业自行搭建的测试环境，测试企业邀请消费者和其他企业进入虚拟测试环境，基于公共数据集对测试产品进行数据模拟，避免进入真实市场。第三种是沙盒保护伞，沙盒保护伞是专门针对非营利性质公司而设立的。金融创新者无须申请授权并且符合授权要求，只需要通过考察解决方案，沙盒保护伞公司就可以评估该公司能否成为代理人，即使是未经批准的金融创新者，只要满足要求便可以成为沙盒保护伞公司委派的代理人，在保护伞的庇护下提供服务。与授权沙盒相比，后两种监管沙盒模式与真实市场隔离，引发的风险较低，监管机构所发挥的作用限于对企业进行开发支持与指导，故并不需要对其进行详细规制。而授权沙盒与真实市场相连，若无详细的制度进行控制与约束，极易发生风险外溢，因此，厘清监管豁免的范围是归纳监管沙盒制度通用框架的另一重点所在。监管机构通过确定监管豁免的范围，将沙盒带来的风险控制在可以接受的范围内。

（二）更多的监管沙盒：从金融到科技领域的扩展

监管沙盒是规制机构所创设的一个安全空间，市场主体可以在其中测试其新兴产品、服务、商业模式等，而不会遭受违反现有法规的监管后果。① 借助监管沙盒的设置，规制机构能够通过降低制度壁垒和测试成本来促进创新，同时也能够将风险控制在沙盒之中，确保消费者不会受到负面影响。② 在诸如人工智能等新兴科技领域引入试验性规制的要点包括：（1）由规制主体综合已有信息和知识，展开风险评估，若不存在可能引发灾难性后果的风险和其他严重、不可恢复的风险，则允许开展试验性研究与应用；（2）创建监管沙盒或其他实验环境，预先设定事故与责任规则；（3）对试验进行过程性管控，确保风险不会外溢；（4）根据所获数据、技术发展情况，对相

① 张红：《监管沙盒及与我国行政法体系的兼容》，《浙江学刊》2018 年第 1 期。相关讨论还可参见朱娟《区块链金融消费者权益保护：实验性规制的路径》，《南京社会科学》2018 年第 12 期。

② Erik Vermeulen, Mark Fenwick, Wulf A. Kaal, "Regulation Tomorrow: What Happens when Technology is Faster than the Law?" *American University Business Law Review*, Vol. 6, No. 3, 2017, pp. 591 –592.

关规则进行评估调整；（5）在条件成熟时形成正式规范。[①]

从目前的实践来看，中国自动驾驶测试规则带有鲜明的试验性规制特点，多地的测试管理办法多为“试行”立法，并在较短时间内结合技术发展情况进行持续更新。例如，北京市相关部门早在2017年12月发布了《北京市自动驾驶车辆道路测试管理实施细则（试行）》，随后根据行业与技术发展情况，在2018年和2019年两次修订了该细则，2019年的修订中增加了载人载物测试和编队测试等新的测试项目。下面将重点考察人工智能领域尤其是自动驾驶汽车领域内监管沙盒的制度实践。

1. 自动驾驶对传统规制结构的创新与挑战

在自动驾驶汽车出现之前，中国已经建立了相对成熟的汽车工业规制体系，但立基于前智能化时代的规制体系，在组织形态、手段方法、目标策略等方面均难以适应人工智能应用所提出的挑战。

（1）组织形态上：以部门为中心的分隔式组织形式不敷应用

传统上，一级政府内部通常按照行政事务类型划分为多个部门，各部门相对独立地完成职责范围内的事务。这种典型的科层制组织模式在功能主义和法治主义层面均有其意义。在功能主义层面，其可视作韦伯理性官僚制下“专业分工、层级节制”思路的产物，旨在通过行政内部的功能分化来实现行政分工的细腻化、专业化、技术化。[②] 在法治主义层面，各部门的功能分化能够防止权力过于集中，实现行政内部的分工和制约。然而，人工智能的风险具有高度的复合性，这使得防范风险的任务可能超出单一部门的职责和能力范围，导致以部门为中心的分隔式组织体系难以为继。这在自动驾驶汽车的规制中表现得尤为明显。

为了保障汽车的安全性和可用性，中国对传统汽车采取严格的许可制，规制体系将相对复杂的事务拆分为了多阶段的事务。从法定任务的分配上

---

① 关于人工智能试验性规制的讨论还可参见郭传凯《人工智能风险规制的困境与出路》，《法学论坛》2019年第6期。但本报告并不同意该文对合作规制和回应型规制的批评，试验性规制对于合作规制和回应型规制的关系应该是补充性的而非替代性的。

② 宋华琳：《建构政府部门协调的行政法理》，《中国法律评论》2015年第2期。

看，处于规制流程前端的工信部门主要依照技术标准对企业及其汽车设计参数进行把关，颁发生产许可与车型许可；处于后端的公安交管部门和交通运输部门则主要负责汽车使用过程的合法性保障，通过驾驶人员许可等制度控制汽车使用环节的风险。面向汽车使用环节的公安交管、交通运输等部门无须提前介入规制体系，不参与生产许可与车型许可的发放。因为在该阶段，未投入流通的汽车不进入社会道路，不会发生公安交管部门法定职权范围内的道路交通安全问题，更不会涉及交通运输管理部门职权范围内的查处非法营运等问题。在这种“条条分割”的分段规制当中，各主管部门的职权范围相对固定和清晰，法定任务的分配符合行政部门的专业分工，也有利于明确激励和问责的边界。

然而，从自动驾驶的实践来看，传统的分段式规制体系已经无法适应自动驾驶汽车的规制需要。按照《汽车产业发展政策》的要求，行政机关要对道路机动车辆的设计、制造、认证、注册、检验、缺陷管理、维修保养、报废回收等环节进行管理，[①] 但对自动驾驶汽车而言，这些环节不再是先行后续的线性关系，而呈现出前后一体、混合交融的样态。在量产之前，为了保证车辆能够在复杂的场景下正常运行，需要对自动驾驶功能进行反复的测试和调校，以验证其可靠性与协调性。但与传统汽车多在封闭场地进行研发测试不同，自动驾驶汽车的决策系统基于机器学习而形成，需要大量数据来完善算法，这意味着虚拟仿真测试和封闭场地测试无法满足需要，而需要开放条件更为复杂的真实道路。然而，允许车辆进入社会道路，就意味着技术未定型、安全风险未可知的自动驾驶汽车提前进入社会生活领域，可能带来道路交通安全风险。对这一风险的规制显然已经超出了工信部门的职责范围。随着自动驾驶的进一步发展，规制任务融合与行政部门分工之间的矛盾将更为突出。如前所言，自动驾驶汽车的网联化发展趋势意味着其存在一定的网络安全风险，这毫无疑问将涉及网络安全主管部门的职责；而自动驾驶

① 参见《汽车产业发展政策》第18条：“制定《道路机动车辆管理条例》。政府职能部门依据《条例》对道路机动车辆的设计、制造、认证、注册、检验、缺陷管理、维修保养、报废回收等环节进行管理。管理要做到责权分明、程序公开、操作方便、易于社会监督。”

对于高精度数字地图的依赖,[①] 则使得测绘等部门也牵涉其中。

面对这一问题，实践的应对方式是建立多部门共管的机制。《智能网联汽车道路测试管理规范（试行)》由工信部、公安部、交通运输部联合印发，并明确规定测试主管部门为工信、公安交管和交通部门三家。[②] 地方规范则大多提出成立联席工作小组或委员会推进测试工作。如北京市由市交通委牵头，与市公安交管局、市经济和信息化局共同成立了北京市自动驾驶测试管理联席工作小组。这一模式可通过常态化的协作打破“各管一段”的壁垒，但内部也存在着如何协调和平衡不同部门规制目标的问题。从法定任务出发，公安交管部门自然相对更侧重道路安全，工信部门、商务部门等则会相对侧重产业发展。如何在规制结构内部兼顾不同的规制目标，实现最优规制策略，还需要进一步探索。

（2）行为方式上：技术标准规制模式遭到挑战

在对传统汽车行业的规制中，主要规制对象为汽车产品，规制目标为保障产品的安全性，主要规制工具是技术标准。这一经典的行政权运行模式主要关注三个环节：事前制定规则和标准、事中监督相关主体的合规情况、事后对违法主体实施法律制裁。[③] 设定可靠的标准通常是核心环节，在标准确定后，企业和规制机关的主要任务是保证产品符合该标准。因此这一模式通常也被总结为“技术标准规制模式”（technology-based regulation），其逻辑可概括为“政府只需决定最佳技术是什么，然后要求所有企业都服从就行了”。[④] 一般来说，与设计型号具备一致性的汽车在投放市场时性能已经固定，不会发生根本性改变。汽车折旧、损耗所带来的性能变化不被纳入规制

① Harry Surden, Mary-Anne Williams, “Technological Opacity, Predictability, and Self-Driving Cars”, *Cardozo Law Review*, Vol. 38, 2016, pp. 138 – 140.

② 参见《智能网联汽车道路测试管理规范（试行)》第 4 条：“省、市级政府相关主管部门可以根据当地实际情况，依据本规范制定实施细则，具体组织开展智能网联汽车道路测试工作。本规范所称省、市级政府相关主管部门，包括各省、自治区、直辖市及计划单列市、新疆生产建设兵团工业和信息化主管部门、公安机关交通管理部门和交通运输主管部门。”

③ 〔英〕科林·斯科特：《规制、治理与法律：前沿问题研究》，安永康译，宋华琳校，清华大学出版社，2018，第 67 页。

④ 谭冰霖：《环境规制的反身法路向》，《中外法学》2016 年第 6 期。

结构的射程范围，而是由消费者自主选择维修保养来解决。

该模式是典型的“命令—控制”式规制，其中最重要的前提是“政府需要决定何为最佳技术”，从而制定颁布标准。标准越发透明、清晰、固定，就越有助于其实现。正是由于传统标准所代表的行政规则所具有的概括性和决断性，① 有学者将法律规则的特点归结为“深度不学习”，并认为以“深度不学习”来化约社会复杂性是传统法律的重要运行机制。② 然而，自动驾驶汽车等智能产品的技术特征使其根本区别于传统规制模式下的规制对象，这使得依靠客观、统一的技术标准来进行规范将面临诸多挑战和障碍。

首先，面对不断发展更新和充满不确定性的技术，规制机关可能不具备充足的知识来寻求何为“最佳”，其中最为关键的环节是掌握完备的信息。人工智能风险复杂且难以量化，技术发展路径也尚不清晰，这掏空了制定技术标准的信息基础。另外，人工智能风险的复合性意味着制定标准所需的信息可能是复杂和跨领域的，这也将加剧信息供给不足的问题。

其次，统一的标准可能影响人工智能产品的个别化特性。如前所言，目前自动驾驶汽车所采用的机器学习算法并非在简单执行程序员事先编写的规则，而是在大量数据的基础上，通过算法的自主分析和学习来形成新的决策模型。也即，自动驾驶汽车的决策系统可能随着汽车的使用持续更新。而技术标准通常具有与一般法规范相似的特点，即追求稳定、明确、客观、可预见，这使得通过颁布统一标准来实现合规的思路存在障碍。即便有可能通过标准来统一算法，也会在另一个侧面制约自动驾驶算法个别化路径的形成，抹杀机器学习后生成的驾驶偏好，影响算法的更新和算力的提升。换句话说，机器学习形成的决策可能是超出人类预期的更优决策，事先进行控制型的约束则可能扼杀这一利好。

最后，狭义的技术标准主要关注产品技术层面的参数和性能，对道德伦

---

① 标准可视为行政规范的一个特殊类型，对社会生活发挥着重要的作用。参见宋华琳《论技术标准的法律性质——从行政法规范体系角度的定位》，《行政法学研究》2008 年第 3 期。

② 余成峰：《法律的“死亡”：人工智能时代的法律功能危机》，《华东政法大学学报》2018 年第 2 期。

理问题不具备充分的回应能力。中国《标准化法》第 2 条规定，标准是指农业、工业、服务业以及社会事业等领域需要统一的技术要求。在面对“电车难题”等伦理问题时，这种技术要求很难给出伦理上正当的答案和统一可行的操作规则。德国联邦交通与数字基础设施部伦理委员会 2017 年颁布的自动驾驶伦理准则中就明确指出，“如何在两难境地中（Genuine dilemmatic decisions）进行抉择——如在不同生命间进行权衡——需要取决于实际和具体的情况，综合考虑各方难以被事先预测的行为。因此，这些决定无法被明确地标准化，也不可能被编成在伦理上不存疑的程序”。① 美国国家标准与技术研究院（National Institute of Standards and Technology，NIST）一份关于人工智能技术标准的计划则指出，信息技术的社会和道德考量还包括了技术性质及其可能产生的社会影响，单纯依靠技术标准并不能够解决人工智能所有的社会和道德问题。②

（3）规制策略上：科技发展与风险规制的潜在张力进一步凸显

当传统的规制组织形式与规制方法局限日彰时，科技发展与风险规制之间的潜在张力也进一步凸显，规制主体在制定策略、展开行动时可能陷入左右为难的境地。从本质上说，“风险是某种不可欲情形出现的可能性”。③ 也即风险规制中最重要的命题是，如何在多种不同类型的价值之间进行权衡和取舍，从而判断哪一个结果是更“不可欲”的。就人工智能这类新兴科技而言，严格限制其研发和应用可以最大限度防范风险，但同时也会抑制科技发展与产业活力，最终影响到社会福利。常被提及的一个例子是，美国通过合理设定知识产权、隐私保护等规则，使得硅谷的互联网公司享有更可预期的制度环境，从而鼓励了创新，并吸引了大量风险投资，互联网产业基于此

① Federal Ministry of Transport and Digital Infrastructure, Ethics Commission, Automated and Connected Driving, 2017. 06. 27.

② National Institute of Standards and Technology, “U. S. Leadership in AI: a Plan for Federal Engagement in Developing Technical Standards and Related Tools”, Submitted on August 9, 2019, pp. 12 – 13.

③ 〔英〕罗伯特·鲍德温、马丁·凯夫、马丁·洛奇编《牛津规制手册》，宋华琳等译，上海三联书店，2017，第 348 页。

而迅速发展。欧亚部分国家则因为严格的平台责任、僵化的知识产权规则和严格的隐私限制而制约了互联网产业的发展。① 相较于其他行业而言，人工智能的迭代更为迅速——尽管在开发初期需要大量的资本和智力投入，但作为人工智能核心的算法在更新时所需要的资源通常是数字的而非物理的。这意味着只要进行一次物理布局，就可以多次实现算法的更新和迭代，从而减少创新成本，缩短创新周期。在更短的创新周期下，过于严厉的规制政策可能导致新兴科技错过关键窗口期，彻底失去发展空间。然而，从另一个方面来说，倘若对科技风险的估计和应对不足，规制不够充分，则可能致使简单风险不断复杂化，引发社会恐慌与信任危机。与此同时，对科技风险介入过慢、回应不足可能致使新技术在危害尚未充分展现前“非法兴起”，与社会发生深度结合。当社会对新技术产生路径依赖时，开展有效规制的成本将会陡升。

需要注意的是，传统规制中诉诸民主的判断在人工智能语境下的作用较为有限。对于自动驾驶等新兴技术而言，公众的风险反应常处于反应不足与反应过度的境地中。一般而言，除非有可确证的重大利好，公众对于可能涉及生命、财产等重大法益的新技术接受度相对较低。社会心理学研究显示，面对无法完全理解和掌控的新技术，公众通常会表现出焦虑、排斥等心理状态。② 当出现新技术导致的恶性事故时，公众也可能会基于“体验—情感”模式状态下的“易得性启示”和“概率忽视”而出现过度反应和抵制。③ 然而，另一方面，由于人工智能应用可对人力形成替代，对使用者具有利好，当这种利好被媒体或其他渠道渲染和放大后，也可能使得公众低估风险，从而排斥强规制。这也即“风险框架的社会放大效应”，即媒介用于提

① Anupam Chander, “How Law Made Silicon Valley”, *Emory Law Journal*, Vol. 63, 2014, pp. 639 – 694.

② Christian Pieter Hoffmann, Christoph Lutz, Miriam Meckel, “Digital Natives or Digital Immigrants? The Impact of User Characteristics on Online Trust”, *Journal of Management Information Systems*, Vol. 31, no. 3, 2015, pp. 138 – 171.

③ 杨小敏、戚建刚：《风险最糟糕情景认知的角度》，载沈岿主编《风险规制与行政法新发展》，法律出版社，2013，第30～59页。

供信息和描述危险的方式影响着公众的风险认知，并随之产生政治社会经济影响。① 同时，人工智能会产生一定的“聚身化效应”。所谓聚身化效应，是指科技产品被设计成为人体器官功能的延伸，在使用过程中与人的感官、语言、思维逐渐发生融合。聚身化效应下，使用者的知识、观念、行为习惯会持续受到影响，人与技术的结合日趋紧密，乃至产生技术依赖，导致对技术的控制难以进行。② 可以看出，对于复杂的新兴技术风险，公众时常处于反应不足和反应过度的状态中，其态度需要慎重对待。

2. 自动驾驶汽车测试的监管沙盒制度

为了保证车辆能够在复杂的场景下正常运行，车企需要对自动驾驶功能进行大量、反复的测试和调校。对于行政机关而言，测试监管是检验研发成果、把关技术安全性的关键节点，同时也能在这一过程中积累规制经验，制定合理的规制策略。正因如此，世界各国均高度重视自动驾驶汽车的测试工作。从当前实践来看，中国对自动驾驶测试秉持了较为严格的管控立场，在测试驾驶人、测试路段、测试车辆等方面都设定了较高的要求。随着自动驾驶技术的进一步成熟，在确保风险可控的前提下，可根据自动驾驶汽车的不同应用场景，适当削减不必要的管制要求，为自动驾驶产业的发展创造良好的制度环境。

例如，中国部分地方的测试规则要求测试车辆必须配备人类驾驶员，并要保证人类驾驶员始终位于车辆驾驶座位上，以满足安全保障要求。实际上，对于低速测试的车辆，远程操作员完全可以完成这一任务，尤其是部分送货机器人本就并未设置人工驾驶位，坚持上述要求可能带来过多的技术负担。再如，部分测试规则要求测试汽车为新车，但实践中部分测试车辆是由已注册登记的车辆改装而成，无法满足这一需求。事实上，要求用新车试验的目的是保持测试车辆的良好车况，测试车辆只要满足各项技术要求亦可保

① 〔英〕罗伯特·鲍德温、马丁·凯夫、马丁·洛奇：《牛津规制手册》，宋华琳等译，上海三联书店，2017，第353页。

② 顾益、陶迎春：《扩展的行动者网络——解决科林格里奇困境的新路径》，《科学学研究》2014年第7期。

证车辆的安全。此外，目前路测中尚不包括高速道路、夜间道路的测试，导致自动驾驶汽车无法获得上述复杂场景下的学习数据，应当考虑在法律法规允许的情况下开放社会道路测试，并加快推进高速道路、夜间道路测试。

从世界范围内看，尽管各国的自动驾驶法律法规存在较大差异，但多数国家均在根据技术的成熟度放松不必要的管制要求。例如，大多数国家或地区起初均要求自动驾驶汽车测试必须有操作员，驾驶员（操作员）应坐在驾驶位，监督车辆安全行驶并负责紧急接管，但近年来美国加利福尼亚州等多个州已允许完全无人的自动驾驶汽车上路测试，日本警察厅 2017 年 6 月发布的《远程自动驾驶系统道路测试许可处理基准》也允许自动驾驶汽车在驾驶位无人的状态下上路测试。在测试道路上，美国的加利福尼亚州、亚利桑那州、得克萨斯州、俄亥俄州等州的立法态度相对开放和包容，允许自动驾驶进行公共道路测试，因此受到世界范围内诸多车企的欢迎，国内车企中也有部分前往美国进行测试。

监管沙盒制度引入车辆自动驾驶领域，可以为人工智能技术提供相对安全的测试空间，严格控制测试车辆的准入与退出，在促进科技创新的同时也可以最大限度防范风险外溢。

一方面，设计适合自动驾驶技术特点的准入制度与标准体系，满足风险控制和产业发展的双重目标。由于自动驾驶汽车采取了与传统汽车不同的设计理念，需要对准入制度进行调整以解决自动驾驶汽车技术所带来的新问题。一是回应自动驾驶汽车人机共生的新要求。传统上对人类驾驶的规制坚持主客体二分法，即分别对驾驶人和车辆实施准入。当机动车辆能够模仿人类自主驾驶之后，准入的对象将发生结构性改变：机动车驾驶人准入制度可能废止，机动车车辆准入的内容也将发生改变。二是回应创新驱动下的产业发展诉求。以自动驾驶汽车为代表的人工智能是国际竞争的新焦点、经济发展的新引擎、社会建设的新机遇，准入制度需要平衡成本和收益，避免抑制创新。自动驾驶汽车准入制度既要有效控制风险，又要有力推动产业发展，同时还需要定期对相关制度进行评估分析，做好对公众和产业相关方的解释工作。此外，为更好地平衡风险控制与产业发展之间的关系，国家应当从宏观原则层面制定准入规则，更精细、更具体、更体现差异化和创新趋势的规则则通过行业规范来实现。与此同时，还需要设定一套合理、透明的标准来权衡和量化自动驾驶汽车的能力。一是需要修改有关汽车准入标准，使之适应技术发展的要求。为此，有必要提取过去分别对驾驶人和车辆进行规制的公因式，把原来人车二分的技术标准和行为规范转换成为合二为一的技术化的行为标准。在具体操作方面，例如将一些可以被提前编程的规则，如“禁止就‘电车难题’进行价值权衡”“遵守驾驶路段的道路限速”等写入算法系统，从而充实自动驾驶系统的决策程序。二是标准的取得过程必须融合民主和理性的双重价值。既要考虑科学，以使得在制定准入标准时尽可能掌握更多的信息，并根据这些信息做出尽可能理性的专业判断；又要考虑民主，把准入标准的制定与整体的社会偏好以及社会对自动驾驶的信任程度结合起来。应当确立一系列有关自动驾驶风险评估的实体和程序要求，提高风险评估的客观性和中立性，以要求监管机关使用科学工具开展决策并保证决策理性；同时通过主动公开等程序建构打通信息交流的有效渠道，弥合专业人员与公众之间的价值分歧。

另一方面，自动驾驶事故的责任承担方式可以在产品责任的基础上设定适当的豁免条件并建立保险机制。根据业内普遍承认的标准，自动驾驶汽车视智能化、自动化程度可以分为 6 个等级：无自动化（L0）、驾驶支援（L1）、部分自动化（L2）、有条件自动化（L3）、高度自动化（L4）和完全自动化（L5）。L3 级别以下的自动驾驶技术主要提供辅助驾驶功能，驾控核心依然属于人类驾驶员，故其对现有的民事责任承担方式并未构成直接挑战，现有机动车责任基本可以适应实际需要。L4 及以上的自动驾驶技术属于高度自动驾驶，会对现有机动车责任的承担方式构成较大挑战，需要法律制度做出相应回应。

目前，围绕 L4 及以上的自动驾驶环境的责任设计形成了多种理论主张。绝大多数学者均认为继续适用传统侵权责任体系并不可行。因为自动驾驶汽车是对人类驾驶员作用的削减和替代，随着自动驾驶技术的发展，人类驾驶员的作用将会被极大减少甚至被削弱为零，通过衡量驾驶员的过错来确定责任不符合自动驾驶汽车发展的实际需要。另有一种观点主张通过实现自动驾驶系统的“人格化”来分配责任。在国际上，2016 年 2 月，美国高速公路管理局曾认可谷歌的自动驾驶系统可被视为“司机”；2016 年 5 月，欧盟议会法律事务委会也提交了一项动议，建议至少考虑将最先进的自动化机器人定位为“电子人”，并赋予其特定的权利和义务。但是，是否赋予自动驾驶汽车以法律上的人格，不仅涉及哲学上主体资格的判定，还在实操层面面临诸多问题，如因果关系链条复杂、算法公开成本高、机器难以实际担责等，短时间内不具备可行性。

从目前的研究来看，对于高阶自动驾驶，以产品责任为基础的追责方式是可选路径。但是，具有自主学习能力的自动驾驶汽车并非在被动执行程序员的预先命令，而是在不断学习和创建新的算法规则，这导致了行为和决策的不透明性和不可解释性。其直接结果是当自动驾驶汽车造成交通事故时，很难查明事故原因。因此，能否直接适用传统产品责任依然存在一定争论。有主张认为，传统产品责任法仍然可以适用，但需要结合新的技术环境进行解释。这种主张可能忽视了自动驾驶技术的复杂性，高估了法院判断技术问题的能力。在自动驾驶事故中，查明原因需要对汽车的硬软件系统进行全面排查，责任主体可能涉及硬件生产商、算法设计者、维修者等多个主体，事实与法律关系极为复杂。即便采用这一方案，也需要行政部门介入事故调查，以调查结论作为民事责任认定的依据。但如何建设行政机关这方面的专业能力，也是巨大的挑战。数年前，美国就曾经发生过丰田汽车软件问题导致事故责任认定的难题。当时美国高速公路管理局不得不借助美国宇航局的专业能力来进行认定。另一种主张认为，在自动驾驶环境下，产品是否存在“缺陷”难以证明。为了保护受害者，应当对生产者课以更为严格的无过错责任。但在这种责任体系下，自动驾驶汽车的开发者面临巨大的、难以预测的成本，不利于激励创新。即使采纳这一归责方式，也应当同步推出相应的保险和赔偿基金制度，保证生产者能够控制、分散相应的风险。当然，相应的保险或者基金赔付范围、赔付标准等问题还需妥善设计。还有一种主张认为，自动驾驶技术极具革命性，为了“补贴”创新，在部分适用原有产品责任的基础上，有必要给予自动驾驶技术的开发者一定的责任豁免。但是，从公平和社会稳定角度出发，这种责任豁免机制的建立需要满足两个基本前提：其一，对于自动驾驶技术建立有严格的政府规制体系，只有合规的技术才能豁免责任；其二，对于受害者的损失有其他补救方案。例如，在药品致害领域，由于政府建立有严格的新药上市许可制度，同时受害者可以通过国家的医疗保障体系和救助体系获得补救，因此给予合规的药品责任豁免就不至于发生大的社会问题。在自动驾驶领域，这两个前提如何满足，仍然需要系统地设计。

总体而言，随着高度自动驾驶技术的日趋成熟并商业化，在坚持以产品端责任为基础来建构自动驾驶汽车责任规则的时候，也要同时认识到产品责任在保护消费者利益的实践中时常导致生产者利益与消费者利益失衡，容易为生产者的生产创造力附设过重的负担，也反过来使得消费者失去享受新产品的机会。可以考虑为自动驾驶技术的开发者设置一定的责任豁免，当然同时也要通过完善保险责任来进一步弥补受害者的损失，实现社会公平。

二　通用科技监管沙盒的治理理念：基于法律和科技伦理的视角

鉴于监管沙盒在本土化过程中尚待解决的法律依据缺乏、监管角色缺位、风险防控不完善等问题，作为通用模式的监管沙盒应当坚持合作治理的监管科技范式，采取法律与科技伦理的治理手段，同时将监管沙盒制度纳入法制化、规范化的框架中。

（一）监管科技范式：基于合作治理的监管沙盒

监管沙盒是合作主义监管范式一种有益的实践探索。监管沙盒作为一种基于政府对企业的“有限度信任”的试错监管机制，通过激发科技企业的自我合规意愿，搭建监管者与被监管者之间的沟通路径，从而达成监管目标。这种监管模式为科技创新提供了一个具有试错容忍度的安全空间，使其在刚性的规则和柔性的原则之间、科技创新与风险防控之间寻找到一种动态的平衡。

“合作监管”的核心理念是“合作治理”，即政府、市场、社会（个人）等合作主体基于“特定的互惠目标，并在自主、平等的基础上开展合作的新型社会治理方式”。[①] 合作治理的核心价值在于合作各方的地位平等、责任共担和秩序共建，只有这样才能突破长期以来政府主导的治理模式的诸多弊端，实现具有实质意义的、长久的合作治理。合作治理范式下的监管沙盒制度一方面要求监管机构与沙盒企业的协商对话，增强合作治理本身的透明性，尤其是针对企业提出意见的反馈，监管机构不仅要和具体企业单线反馈沟通，也要将对企业提出意见的反馈意见向全社会公开，接受全社会的监督。只有这样，才能在增强合作治理制度对政府的约束力的同时也约束企业的行为，促进合作治理有效健康开展。另一方面，合作治理强调法律责任的合理分配，当出现风险外溢情况时，监管机构与沙盒企业应当各自承担自己的法律责任。

（二）合作治理范式下的责任承担

监管沙盒制度虽然是试验性规制，但由于沙盒市场与真实市场相关联，且通过沙盒测试的产品会进入真实市场，故监管沙盒制度仍然无法消除一切潜在的风险，按照以下所述建立合作治理范式下的责任承担制度，需要明确一旦发生风险外溢情况，监管机关是否需要承担责任，监管机关和沙盒企业分别应当在多大程度上承担责任。

首先，对于监管机关来说，其应当承担担保责任。理由是行政机关对监管沙盒实验进行过程性管控，监督和保证企业切实实现行政任务，例如在自动驾驶车辆道路测试领域，行政机关需监督自动驾驶汽车的强制自我证明、强制保险等任务。所以，行政机关承担的责任限于担保责任。

其次，对于沙盒企业来说，沙盒企业负法定侵权责任。正如前述，监管

① 张康之：《合作治理是社会治理变革的归宿》，《社会科学研究》2012 年第 3 期，第 35 页。

沙盒不能豁免沙盒企业的侵权责任。《北京市关于加快推进自动驾驶车辆道路测试有关工作的指导意见（试行）》明确指出，如果测试车辆在测试期间发生事故，按照现行道路交通安全法及相关规定进行处理，并由测试驾驶员承担相关法律责任。也就是说，作为新业态的企业，应当遵守试验性监管的要求，如因实验侵犯消费者、公民的合法权利，则受损的公民有权通过民事法律途径要求企业承担法定侵权责任。

（三）监管沙盒的科技伦理治理

科技并非价值中立活动而是具有价值负载，这意味着，国家不仅要专注于促进科技创新，也要确保负责任的科技研发与应用，避免造成对人类价值不可恢复的伤害。因此，“科技伦理”应当被纳入政策议程的核心。“科技伦理治理机制”通过对技术发展进行持续性的伦理反思，增强社会对快速发展科技的掌控能力。这种伦理反思体现在两个方面：在科技创新过程中，对科技发展状态与伦理影响进行持续的阶段性审视，将“何为好的科技理念”纳入科技产品设计中；在厘清技术事实现状的基础上，反思科技创新与应用引发的伦理问题，构想解决伦理冲突的方案或提炼共识性伦理准则。

1. 适应性治理与软法规制

“伦理治理”意味着，伦理不仅要作为个体层面道德反思的指引，更要成为社会层面有约束力的治理架构，规范相应的科技研发活动。伦理治理机制体现出的模式特征为“适应性治理”与“软法规制”，这与前述法律“前端规制”“责任威慑”的规制方式形成鲜明对比。

适应性治理强调治理体系的设定从一开始就期待、预见、回应变化，通过积极监测客观环境的变化，及时调整治理方案匹配新的监督需求。这与试验性监管的理念不谋而合，从一定意义上讲，监管沙盒就是适应性治理的典型载体。一个完整的科技伦理治理体系从科技创新初期阶段、发展阶段到应用阶段，通过持续性伦理评估与伦理讨论、伦理共识提炼，预见、回应新兴科技发展带来的新的社会问题。预见与回应问题，包括确保科技发展符合社会伦理规范，以及通过及时调和伦理冲突的方式维系并增进公众的技术信任。因此，适应性治理对监管沙盒的运作过程提出了科技伦理方面的要求，在沙盒的准入标准上，要确保沙盒产品符合社会伦理规范，对于某些人体克隆、基因改写的项目，禁止其申请沙盒测试；在沙盒的测试过程中，需要组建科技伦理委员会对沙盒产品进行持续性科技伦理动态评估；如果在持续性科技伦理动态评估的过程中该沙盒产品被评估为有强烈的伦理风险，那么该沙盒产品将会被强制退出沙盒测试，只有当沙盒产品同时符合科技伦理的要求，才能够成功进入真实市场。

软法规制以原则性指引为基础，强调在具体情境中进行原则的申辩与审视。伦理冲突的解决、伦理共识的达成，依赖于在具体情境中以抽象原则为指引，结合技术的客观风险与效益、技术应用者的主观状态进行具体判定。软法规制要求把伦理原则作为一项软法运用在监管沙盒之中，强化伦理原则的地位。监管沙盒的运作一方面要符合包容审慎监管原则的要求，另一方面还要符合伦理原则的要求。

2. 以行政引导为主，构建伦理商谈秩序

在监管沙盒的科技伦理治理方面，鉴于中国已成立综合性的科技伦理委员会，故可以行政引导方式探索式地构建科技伦理商谈秩序，引领沙盒产品整体向善发展并及时解决科技伦理冲突。

科技伦理委员会主导的伦理商谈程序，应当实现三个秩序目标。第一，反思性目标，通过辩论的方式明晰各方价值主张的基础与逻辑；第二，认知性目标，监管部门与公众对技术发展带来的伦理问题形成清晰、全面、实时的认知，在具备理性客观认知的前提下开展价值交流；第三，规划性目标，对科技发展方向与结果进行预测，将“向善价值”理念注入沙盒产品设计中。这三个目标的实现，有赖于通过行政引导的方式建立以下治理工具：基于伦理商议会议撰写科技伦理报告，应当建立多主体（技术专家、伦理学家、科技企业、消费者）的对话机制，并设定有序的伦理辩论程序；向公众传播科技伦理报告，并通过多方媒介向公众展示报告中的技术事实与各种伦理主张的逻辑、伦理共识达成的方式，实现对公众开展科技伦理教育的目的；通过设定技术“现实审查”与“伦理问题清单”的方式，防止伦理主张成为过于脱离技术现实的伦理幻想；发展“试验性”治理模式，将技术产品置于相对封闭的实验环境中，观测技术与环境交互过程呈现的伦理问题，并进行实时调试追踪变化，进而加强对科技发展现实及其伦理问题的认识，并完善伦理嵌入技术产品的方式。

三 通用科技监管沙盒的具体内容

从境外国家和地区的金融科技监管沙盒实践与以自动驾驶汽车为代表的人工智能领域监管沙盒实践看，推行监管沙盒的做法主要是：给予监管沙盒参与机构适度的监管豁免，明确参加监管沙盒的准入标准与退出机制，事先确定测试方法，加强消费者权益保护，建立完善的信息披露制度等。其中，监管豁免属于法律责任承担方面，涉及与现行法律法规的衔接问题。而其余部分内容属于监管沙盒具体制度设计，如前文所述，建立合理的准入标准与退出机制是防范风险外溢的核心；同时，需要加强消费者的权益保护，包括但不限于强制要求沙盒企业披露相关信息等；由于测试方法作为监管沙盒的操作指南，依赖于沙盒项目的具体内容，具有高度的技术性，不同领域的监管沙盒所确定的测试方法具有较大差异，无法归纳出一般性的经验，故不宜进行抽象总结。因此，结合中国现实需要，归纳监管沙盒的普适性框架，建议遵循如下路径：第一，宏观层面，完善顶层设计、确立监管沙盒的目标与原则、明确监管主体、理顺监管分工与合作；第二，微观层面，建立健全沙盒项目准入机制与退出机制、构建全流程的消费者权益保护机制、对监管沙盒予以必要的法律授权与监管豁免。在监管沙盒普适性框架的指导下，可以从单个科技创新领域开始先行先试，积累经验，进而逐步建立起完善的监管沙盒体系，为中国科技创新领域的发展“保驾护航”。

（一）宏观层面：整体目标和监管原则

1. 整体目标

监管沙盒是监管者为履行促进科技创新、保护消费者权益职能而制定的一种适应性监管政策，其本质上是一个“安全空间”，在这个安全空间内，科技新创企业可以测试其创新的产品、服务、商业模式和营销方式，而不用在相关活动碰到问题时立即受到监管规则的约束。监管者在以保护消费者权益、严防风险外溢的前提下，通过主动合理地放宽监管规定，豁免科技创新的规则障碍，鼓励更多的创新方案积极主动地由想法变成现实，实现科技创新与有效管控风险的双赢局面。

2. 包容审慎的监管原则

如前文所述，包容审慎监管原则是中国政府针对新业态监管的公共政策，也是一项新的行政法原则。包容审慎监管原则首先要求监管机关对科技创新进行审慎中的包容，站在促进创新的角度实施监管，不能让新技术因为缺乏包容的监管而无从发展，更不能将新技术“一棍子打死”。

包容创新包含三个层次要求：其一，鼓励创新，即监管方向是鼓励创新；其二，保护创新，即监管结果是让新事物获得生存和发展的空间，“不能杀死创新”是包容创新的最基本要求，也是从监管结果上对监管划出的一条底线；其三，宽容创新，即监管标准要容忍创新过程中出现的不足，一般而言，新事物在发展初期，总会出现这样或那样的不足，甚至在一些方面劣于传统事物，这属于创新中的正常现象，在这种情况下，对产业实施规制不能僵化地套用传统行业的规制标准，否则破坏性创新技术催生的新兴行业可能因为严格规制而无法生存。①

其次，包容审慎监管原则强调监管机关对科技创新进行包容中的审慎，也即审慎监管。审慎监管包含以下四个方面内容：其一，辅助性原则，即监管机关不宜过早通过行政干预解决新技术存在的问题，对新技术发展初期存在的问题不妨“先看一看”，首先寄希望于科技创新技术自身通过市场竞争和行业自律解决问题；其二，试验性原则，指审慎监管要首先选择对新事物采取试验性监管方式，通过试验性监管积累足够信息再实行正式监管，这是

① 张效羽：《行政法视野下互联网新业态包容审慎监管原则研究》，《电子政务》2020 年第 8 期，第 72 页。

因为新技术带来的风险具有不确定性，政府往往对此缺乏足够信息和预见性，采取试验性监管的策略是必要的；其三，比例原则，比例原则是指行政权虽有法律上的依据，但必须选择使相对人利益受到限制或损害最小的方式来行使，并且使其对相对人个人利益造成的损害与所追求的行政目的或所要实现的公共利益相适应，比例原则要求政府在对新技术实施监管时，应当充分评估监管对新技术的负面作用和监管带来的正面作用，当有多种监管方案时，应选择对新技术负面作用最小的监管方案，当只有一种监管方案时，也应当做到监管对新技术的负面作用小于正面作用；其四，科学性原则，科学监管是指政府在对新技术实施监管时，要充分尊重新技术的客观规律，应当按照新技术自身的特点实施监管，不能将传统监管模式简单地套用到新技术监管中。

最后，包容审慎监管原则要求有效监管。有效监管的核心要义是严守安全底线。审慎并不等于不监管，包容也并非降低监管的要求，恰恰是监管手段创新的要求，要在包容创新过程中，不断完善事中事后监管。[①] 有效监管还应当守住法律底线。新创企业也必须遵守法律的基本规定，创新不是违反法律的挡箭牌。有效监管同时要求守住系统性风险底线。系统性风险是指能够对政治经济和社会安全造成不可接受损害的可能性。新技术在发展过程中如产生系统性风险，政府应当积极进行干预，第一时间遏制系统性风险，防止不可接受的政治经济和社会损害发生。[②]

3. 合法性的限制以及明确性和平等的原则

监管沙盒的实施也要符受合法性要求的约束，并且符合明确和公平等法治层面的价值。就此而言，试验性条款需要满足若干宪法层面上的价值，这些价值主要是法治方面的要求。这意味着试验性条款的设计和应用必须遵守合法性的限制、明确性原则和平等原则。

① 张友连、胡洁林：《论法治营商环境中的“包容审慎”监管——基于〈优化营商环境条例〉的分析》，《浙江工业大学学报》（社会科学版）2020 年第 3 期，第 268 页。

② 张效羽：《行政法视野下互联网新业态包容审慎监管原则研究》，《电子政务》2020 年第 8 期，第 74 页。

（1）合法性的限制。根据合法性的限制，行政机关的行为必须有法律的依据，没有法律的依据则禁止从事相关的活动。试验性条款通常会赋予行政机关裁量甚至是判断的空间。这对于监管沙盒而言尤为重要，因为这会起到检验未经试验的创新的作用，从而立法机关以及其他机关可以从中学习。但是应该指出的是，所涉及的事项越重要，试验性条款的规制密度要求就应当越高。

（2）明确性的原则。明确性原则起到的是确保政府行为的可预测性，有效地限制行政机关的权力，并且使得法院能够进行有效的控制。与此同时，试验性条款允许采取新的进路，采取以前没有采取的方法，而没有立法机关才能够充分预测其结果，因而试验性条款就有必要保持足够的开放。

（3）平等原则。根据法理和宪法上的一般平等原则，平等的基本权利要求规制平等对待当事人，除非不同当事人之间的差别能够证立不平等的对待。试验性条款的理由就至少可以作为暂时性的差别对待的客观理由，前提是遵守比例原则。这种不平等对待的客观理由可以是“有限的试验以便为未来的立法规定收集看法”。以此来看，试验性的条款就不违反一般平等原则。在影响基本权利的试验性条款的情况下，还必须依据比例原则，考察基本权利的权重是否超过通过试验获取信息的目标。

就监管沙盒的指挥与控制而言，必须特别关注这些原则。当涉及以非歧视和透明的方式选择监管沙盒的参与者的时候，也就是说类似公共采购程序，这一点就是尤其重要的。例如，如果希望参与监管沙盒的人数超过了限制，那么试验就变成了一种稀缺资源，而该稀缺资源的分配就必须根据基本法的平等原则加以决定。

（二）微观层面：具体制度与监管沙盒的设计

1. 监管主体

监管沙盒制度在监管主体设置上一方面要基于实现创新、监管和消费者权益保护动态平衡的目标，另一方面要在包容审慎监管原则的指导下进行总体规划。根据其他国家或地区监管沙盒主体设置的实践经验，中国学界对于监管主体的设置已经达成探索大方向的共识，即积极探索在分业监管基础上的综合监管举措，前瞻性地设计监管框架，充分发挥行业协会的自律作用。①

监管沙盒探索综合监管的顶层设计，在监管主体上有两条路径：一是在分工明确的基础上加强各监管主体之间的协调；② 二是成立统一的监管主体。③ 同前文所述，科技创新带来的风险具有高度复合性且难以预测，这体现在组织形态上：以部门为中心的分隔式组织形式不敷应用。以人工智能为例，人工智能的风险具有高度的复合性，这使得防范风险的任务可能超出单一部门的职责和能力范围，导致以部门为中心的分隔式组织体系难以为继，这在自动驾驶汽车的规制中表现得尤为明显。④ 实践的应对方式是建立多部门共管的机制，例如北京市由市交通委牵头，与市公安交管局、市经济和信息化局共同成立了北京市自动驾驶测试管理联席工作小组。这种机制与监管主体的第一条规制路径相似，也即成立联席小组或者工作小组，在分工明确的基础上加强各监管主体之间的协调。至于监管主体的第二条路径，欧洲议会也曾经提出过成立专门机构（a european agency）进行规制的主张。⑤ 但目前来看，这一想法短时间内在中国尚难以落地。因为人工智能和自动驾驶

① 王炳文：《中国版监管沙盒的反思：国际经验与本土实践》，《华北金融》2021 年第 5 期，第 21 页。

② 有学者提出确立二元制结构，一方面为银监会、保监会、证监会（现银监会和保监会已合并为银保监会）分别对各自监管的正规金融机构实施监管沙盒，另一方面省级地方金融管理部门可对本省行政区域内的准金融机构实施监管沙盒。参见李有星、柯达《我国监管沙盒的法律制度构建研究》，《金融监管研究》2017 年第 10 期。

③ 有学者建议，在国务院金融稳定发展委员会下设专司监管沙盒计划的金融科技创新中心，国务院金融稳定发展委员会负责发展规划、政策制定和政策协调，金融科技创新中心作为具体执行者来实施、规范和评估创新项目。参见胡滨、郑联盛《监管沙盒：理论框架与国际经验》，中国金融出版社，2020，第 22～23 页。与之类似，有学者提出由国务院金融稳定发展委员会下设的金融创新与发展委员会担当实施管理沙盒的责任。参见张旭鹏《域外沙盒监管经验与我国沙盒构建的可能路径》，载廖理、朱慈蕴主编《清华金融法律评论》（第 3 卷第 1 辑），法律出版社，2019，第 173 页。

④ 具体可参考本报告第二部分第二节的相关内容。

⑤ European Parliament Report with Recommendations to the Commission on Civil Law Rules on Robotics（A8－0005/2017），27. 1. 2017.

的技术发展远未定型，新兴技术与传统技术的交叉领域甚多，无法准确清晰厘清边界，过早成立专门机构反有可能造成规制主体的叠床架屋。

2. 监管豁免的范围

根据前文对监管沙盒一般理论的介绍，监管沙盒本质上是一个豁免机制，沙盒企业能够在违反现有法律法规的情况下避免接受法律的制裁。然而，行政机关是否有权利豁免特定产品或服务？行政机关可以在多大程度上豁免特定产品或服务？这些问题的回答关系到通用监管沙盒制度建构的法律保障问题。

世界各国对监管豁免的范围都有着严格的限制。例如，英国金融行为管理局为监管沙盒设定了三种监管工具。第一种工具是无强制执法行动承诺函，也即由监管者承诺，沙盒企业只要在其所要求的章程内测试即不会存在被其追责的风险；第二种工具是个别指引，也即由监管者为被监管者提供法律解释的服务；第三种工具就是豁免，也即在监管者的权限内为沙盒内的金融新创企业豁免部分规则。就此，英国金融行为管理局明确规定豁免是有限制的，一方面豁免需要依法展开，受豁免的企业仍不能抵触英国的《2000年金融服务和市场法案》中对监管放弃权的规定及欧盟的立法要求，也即不能违反一般法律要求如虚假陈述等；另一方面，主管部门的豁免需在其权限范围内。在新加坡，监管豁免需要新加坡金融管理局提供法规支援以及在新加坡金融管理局被法律授权的范围内进行。结合国际经验，在包容审慎监管原则的指导下，中国监管沙盒的豁免范围应当同时满足以下两个标准。

第一是形式标准。根据包容审慎监管原则，监管豁免主要是对新业态不符合行政机关制定和颁布的监管合规规定进行包容，而不是放任新业态违反有关正当行为规则的基本法律。如果新业态违反了国家宪法和基本法律秩序，则不能被豁免；如果仅违反行政监管规范，则可以被豁免。因此，形式标准要求监管豁免的程度不能超出宪法和基本法律秩序所设定的框架。通常来说，豁免不能免除刑事责任方面的内容，也不能免除对消费者的损失或者损害承担的民事责任。

第二是实质标准。实质标准应当采取“社会危害性”的判断标准，监管豁免不能达到“明显不当”的程度，监管豁免的范围应该限于新业态没有社会危害性或者社会危害性很小。因此监管豁免其中就必然蕴含着豁免可能对消费者或一般公民所带来的安全、健康或福利等方面的风险与豁免可能带来的竞争与创新之间的权衡。

3. 利害相关方的参与

由于监管沙盒存在内生性问题，为提高最终评估结果的公正性与准确性，整个监管过程需要多方配合参与。因此，需要开放性地运行监管沙盒，引入多元主体参与，充分发挥综合监管平台的作用。这里首先需要确定监管沙盒的利害关系人的构造，并且根据其在监管沙盒方面的利益确定其所发挥的作用，在不同的主体之间形成合作的网络。大体而言，监管沙盒的利害关系人可以分为四种情形。（1）核心利害关系人。核心利害关系人是就监管沙盒具有决定权的个人或组织。核心利害关系人是对于监管沙盒的实施具有自身独立的利益，为了在所有的利害关系人之间建立一种可靠的信任关系，有必要在他们当中形成一种开放和常规的对话。（2）积极参与者。积极参与者在监管沙盒中发挥着重要作用，他们为监管沙盒的实施或者满足监管要求提供服务或者产品。积极参与者应当在早期就介入监管沙盒，并且随后不断得到信息方面的更新。（3）偶尔的参与者。偶尔的参与者可以是正在测试的技术或者商业模式的实际用户，他们可以作为关键机构的敲门砖和积极的支持者。他们能够影响监管沙盒在公众中的形象并且促进或者是阻碍监管沙盒的实施。偶尔的参与者也应当得到及时的报告，有必要的话需要单独加以沟通。（4）周边环境。周边环境是指受到监管沙盒间接影响的所有人，包括居民、商业界的人士等。在特别敏感的问题领域中，例如自动驾驶汽车的路测等，将周边环境纳入考虑是非常必要的。因为对于监管沙盒的成功而言，越早地获得公众的接受越好。就此而言，应当以开放和透明的方式通知个别团体或者一般大众，而且可能的话参与到决定和过程当中。由于监管沙盒的各个利害关系人之间既有共同的目标，也有不同的目标，所以监管沙盒要想良好地运作，有必要从一开始就设定具有约束力的共同目标以及具体的研究目标，并且以书面形式将这些目标确定下来。

在监管沙盒的具体运作当中，应设立多方主体能够参与进来的机制，从准入、测试、评估环节去衡量是否足够开放，充分考虑可能涉及的利益主体，引入能够为相关环节提供建议的外部主体。譬如，可能存在监管主体懂规则但是由于不了解终端消费者而不能评判是不是真创新，测试项目主体懂技术但是由于不适应规则而无法调适项目，消费者知道需求但是由于不了解技术而不懂风险等问题。为解决各主体存在的问题，很有必要以开放的态度引入更多的外部力量。如果监管的项目专员仅与测试项目的技术人员沟通，那么可能会片面地理解测试项目，造成评估结果的偏差。为避免这种情况，不但要考虑相关利益主体的诉求，还需要引入外部主体以辅助测试，在各个环节都应以开放性原则来审视，多维度地进行通盘考虑。①

4. 沙盒的准入机制

监管沙盒的具体设计主要包括三方面内容：准入机制、退出机制与消费者权益保护。项目准入机制是项目进入监管沙盒的第一步。在中国科技创新项目蓬勃发展的背景下，沙盒市场能够容纳的沙盒项目数远远低于希望进行沙盒测试的沙盒项目数。在供小于求的前提下，科学设计准入门槛是中国监管沙盒设计需要考虑的第一个问题。从实践来看，监管沙盒的准入机制包括准入主体和项目特征两个方面。现有资料中，准入主体的具体要求仍较模糊。主要原因是监管对象的范围尚未界定，因此只能对监管沙盒的准入主体进行概括性描述，也即通常情况下，监管部门以公司业务经营范围、实质创新、消费者权益、沙盒需求、背景研究等标准筛选申请进入沙盒的企业，即要求申请企业提交包含测试持续时间、关键里程碑、风险分析、对客户潜在风险的调查、度量指标和退出计划在内的测试计划书予以审核，通过后则获得授权进入沙盒实验。

项目特征是测试企业能否进入沙盒市场的前提性条件。根据各国实践经验，② 申请进入沙盒市场的项目应当具备以下三个特征。一是要求申请进入

① 张龙：《自由贸易试验区实施监管沙盒的可行性与制度设计》，《华东理工大学学报》（社会科学版）2021 年第 3 期，第 145 页。

② See FCA, Regulatory SandboxR. 2015; RBI, Enabling Framework for Regulatory SandboxR. 2019.

沙盒的新产品和服务必须具有原创性，即市场上没有可替代的类似产品。二是要求科技创新业务必须能真正提升消费者福利，不可为了创新而创新。三是要求申请项目必须对现有法律法规存在突破需要。

5. 沙盒的退出机制

监管沙盒测试的时限性决定了退出机制存在的必然性，退出机制应当包含如何退出、退出评估及不同退出方式对应的退出结果。监管沙盒有五种退出方式。第一，申请延期：进入沙盒测试的要求为具有技术革新性的方案，其测试具有较大的不确定性，如果在规定的期限内未完成测试，沙盒企业可以提出正当理由申请延期测试。第二，勒令退出：沙盒测试中，沙盒机构发现测试产品具有较大缺陷或风险等情况存在，可以随时终止测试，要求沙盒企业退出。第三，主动退出：沙盒测试中，沙盒企业可以基于自身需求，主动向沙盒机构申请提前退出沙盒。上述三种退出方式的共性在于在沙盒测试期内着手退出或提交申请。第四，成功退出：测试期结束，沙盒企业提交报告，沙盒机构对整个测试实施评估。若沙盒机构对该测试项目结果满意，可以根据沙盒工具的不同（授予限制性牌照、出示无异议函等），以为沙盒企业更改授予牌照条件等便利方式帮助沙盒产品向真正市场推广。第五，惩罚退出：若沙盒机构对测试结果表示不满意，则可能实施一定的惩罚措施，如撤销持牌机构的原有牌照，沙盒企业存在“恶意”的，沙盒机构可以对该企业采取限制性措施。①

对于监管沙盒退出制度设计而言，应当对这五种退出方式设计不同的适用事由、审查和程序性规定，对沙盒企业的退出进行适当的引导。申请延期方面，需要规定申请的期限以及正当的理由，期限可以借鉴国际经验规定为沙盒测试期限届满前的一个月，正当理由可以体现为两个方面：一是申请延期的必要性，二是延期后弥补缺陷、完善产品进而完成测试的可能性。勒令退出方面，应当赋予沙盒机构在其认为沙盒企业存在恶意或重大过失，或测

① 陈伟：《监管沙盒退出机制的国际经验及本土化研究》，《南方金融》2020 年第 12 期，第 46 页。

试具有难以弥补的缺陷等事由的情况下，随时终止沙盒测试，并施加限制性措施的权力，如取消持牌机构的牌照等。主动退出则需要规定沙盒企业的提前通知义务。[①] 当然，同时需要规定沙盒企业退出时履行完毕对消费者的义务，并由沙盒机构进行监督评估。不同于强调创新性与普惠性的准入制度，随着沙盒测试的运行和结束，退出机制更关注产品在测试过程的风险暴露和测试结果，故而各国的沙盒制度在退出标准上要求企业满足普惠性与合规性要件。测试结果同时满足三项条件时，新方案才能成功退出沙盒并向市场推广：一是沙盒项目符合准入时确定的功能预期；二是沙盒项目必须满足当下的法律和监管要求；三是退出前已经建立起了完善的消费者保护措施。

6. 消费者保护

消费者保护制度涉及科技创新产品投入市场后的消费者合法权益的维护，不仅是监管沙盒成功退出的要件之一，还是监管沙盒制度的核心之一。科学的监管沙盒制度应当涵盖事前、事中、事后全流程的消费者权益保护机制。考虑到尚未正式投放市场的科技创新产品或服务可能给消费者带来一定的损害，与监管沙盒测试相关的消费者保护机制较一般的消费者保护机制更为严格。监管部门有责任向投资者、消费者披露参与测试的项目信息，只有在了解项目相关信息后，投资者才能够决定是否继续与测试企业交易。在参加测试前，申请企业和机构应选择合格消费者，即自愿参加、具有一定的风险承受能力、能够配合完成测试活动的消费者。同时，参与沙盒测试的项目作为创新产品必然存在不确定性风险，因此监管部门在审核企业资格的过程中应当尽量选取资产多、信誉好、抗击风险能力强的企业，尽可能降低投资过程中产生的技术风险。[②] 在测试过程中，应当充分保护消费者的知情权、自主选择权和隐私权。测试企业和机构应以显著方式提醒消费者其所接受的产品和服务正处于测试之中，确保消费者充分了解相关内容。在测试完成后，测试企业和机构要充分保护交易过程中获取的消费者数据的安全，避免

① 陈伟：《监管沙盒退出机制的国际经验及本土化研究》，《南方金融》2020 年第 12 期，第 51 页。

② 于文菊：《新加坡“监管沙盒”对我国启示》，《青海金融》2017 年第 11 期，第 48 页。

发生信息泄露事件。此外，监管机构要督促参与测试的企业和机构通过设立风险准备金、损害赔偿基金，确保消费者在遭受损失时能够得到及时、足额赔偿；构建多元化的纠纷处置机制，包括畅通消费者意见和建议反馈机制、测试企业和机构内部纠纷处理机制、外部非诉讼调解机制等。[①]

7. 豁免条款和时限

监管沙盒的豁免条款会通过减免规则适用的形式允许公共或者私人主体进行试验，因此监管沙盒的豁免或暂停条款的前提都是，现有规则会使得试验很难或者不可能进行，因此才有豁免或者暂停的必要。就类型而言，豁免或者暂停主要有四种形式。（1）豁免禁止性的规定。豁免禁止性的规定授权行政机关偏离通常所规定的法律和规制。（2）豁免所要求的授权。在豁免所要求的授权的情形，立法机关会免掉所需要的授权，连同通常所要求的证明文件，以便能够进行试验。减少或者免除在这种情况下通常要求的各种繁文缛节，能够促进和鼓励试验。但是这并不意味着免除试验本身所要进行的报告要求。（3）免除提交证明文件或采用特定设备的要求。（4）总括性的条款。监管沙盒的豁免条款也可以设计成总括性的条款，从而允许减免程序和权限方面的规定。这样的条款并不会涉及具体的情形，但是会为更具体的豁免规定提供空间，即提供行政机关更大的裁量空间。

如果进行了豁免，那么通常要对试验条款或所设想的测试设定时限。立法机关可以选择若干种方式规定时限。（1）试验条款本身具有预先设定的时间表或“有效期”：选择一个具体的时间，直到根据试验结果通过的规制生效。（2）就测试阶段规定一个抽象的时限。援引试验允许持续时间最长的月数或者年数。（3）试验条款只是为试验期规定一个笼统的时限。不援引具体的有效期或固定的时限，只是笼统地（可能由具体的当局）规定时限。

适当的时限是由于试验的性质、研究的目标以及必要的行政程序所决定

---

① 李昊：《监管沙盒的国际实践、效果分析及我国推行的路径选择》，《南方金融》2019 年第 7 期，第 9 页。

的。重要的是所选择的时限要为有效的代表性的试验提供足够的时间。与此同时，时间不应当过长，因而在事实上允许试验过长甚至变成永久性的，有违监管沙盒的目的。有些试验性条款还允许随后延长时限。为了增加最初测试阶段的灵活程度，选择延长较短的试验条款是比较有帮助的。

8. 监管和评估

最重要的是要确立谁负责进行监管沙盒的监管和引导。通常来说，决定监管沙盒的行政机关在这一方面发挥着核心作用。评估指的是比较和分析相关的数据、信息、发现以及监管沙盒的效果，是监管和引导中的一个核心组成部分。就监管沙盒在多大程度上实现了目标，评估应该提供适当的、透明的和客观的信息，应当向合作伙伴提供他们所要求的信息。在有的情形下，相关的试验条款还会要求科学的评估。如果在监管沙盒中发生了严重的事件，需要提前确定某些程序和责任，例如暂停或是微调监管沙盒。

评估的核心出发点是各方利害关系人所共同确定的监管沙盒的目标。而为了衡量这些目标在多大程度上得到了实现，就有必要获得充分的指标。在评估时，各方利害关系人有必要共同合作以便明确监管沙盒的哪些数据已经存在，可以由利害关系人提供或者进一步收集。在此情形下，负责监管的机关可以通过规定条件或额外的规则，要求沙盒的参与者或研究机构提供报告，内容可以包括例如投诉的数量、安全事件、损害、因为减少拥堵所减少的排放和节约的资源，或者其他与公共行政有关的信息。当然，收集、处理和分析数据以及准备研究报告的方法应当予以明确规定，并且必须遵守数据保护的规则。

数据除了提交给行政机关并且在其他利害关系人之间分享以外，由于在监管沙盒的情况下，公众的接受具有非常重要的作用，所有也有必要明确界定与公众的沟通责任和方法。

在许多情形下，尤其是在大规模和更加复杂的项目中，有必要委托独立的第三方进行评估工作，以便利用第三方的方法技巧和经验。外部评估还可以确定监管沙盒参与者的策略性行为，从而从立法机关的学者的角度改善所发现的事实的外部有效性。

四　确立通用科技监管沙盒的规范基础

监管沙盒本土化的过程中尚存在许多挑战，其中，缺少明确的法律授权与充足的规范基础是建立通用科技监管沙盒所需要解决的首要问题。只有完善顶层设计，将监管沙盒制度纳入整个法律体系当中，才能充分发挥监管沙盒的作用，促进科技创新与平衡技术风险。因此，有必要通过《科学技术进步法》的修订，将通用监管沙盒的规定纳入其中，给予监管沙盒制度充足的法律依据与授权，从而明确监管沙盒的法律地位，使得监管沙盒制度从一项政策导向建议、行政法新兴原则上升为法律制度。这不仅有利于促进监管沙盒的本土化实践，还能够从法律层面对监管沙盒制度进行科学规制，从而达到促进科技创新、防范技术风险的最终目的。

当然，由于《科学技术进步法》是一部宏观政策法，它将国家的科技发展战略提升为基本法律原则，而规范性的特点表现得比较弱，多为较为宏观的政策性的基本原则与制度框架，这些基本原则与制度必须依靠具体的条例或细则方可实施。因此，在未来《科学技术进步法》修订中，主要应当进一步明确对监管沙盒制度发展的原则和政策导向，除此之外，尚需要行政机关根据科技领域的特点，制定关于科技通用监管沙盒的一般性框架。

2022 年 1 月 1 日起施行的新《科学技术进步法》第 35 条已经初步引入了监管沙盒的理念。第 35 条规定："国家鼓励新技术应用，按照包容审慎原则，推动开展新技术、新产品、新服务、新模式应用试验，为新技术、新产品应用创造条件。"但是该条的位置在第三章"应用研究与成果转化"，考虑到包容审慎监管在整个监管体系中的位置，未来建议将该原则的地位提高到总则中的位置，规定"国家鼓励新技术的开发和应用，按照包容审慎原则，推动开展新技术、新产品、新服务、新模式应用试验，为新技术新产品应用创造条件。国家应当定期对科技监管方面的法律和制度进行评估，科技创新企业和研究机构也可以提出豁免或者暂行有碍科技创新的意见和建议。"从而不仅在原则上确立包容审慎监管的重要地位，同时还应当就阻碍科技创新的法律和制度进行定期评估和清理，并且接受来自科技行业和研究机构的建议。

与此同时，监管沙盒制度除了原则性的规定以外，其具体实施还需要结合各个行业领域加以具体的规定。因此除了《科学技术进步法》外，还有必要制定科技领域的“通用科技监管沙盒条例”，同时辅之以各个具体行业领域的实施办法或者实施细则，从而形成《科学技术进步法》+“通用科技监管沙盒条例”+“分领域的实施办法”的规范体系。除此以外，还应当将诸如《政府采购法》《行政许可法》《政府信息公开条例》等与监管沙盒的实施有关的法律，根据鼓励创新和包容审慎监管的原则进行修订。

B.12
地方行政复议体制改革评估报告（2021）

曹鎏 李月*

摘 要：2020年是地方行政复议体制改革的重要推进期。以相对集中行政复议体制和行政复议委员会为核心的改革路径在地方全面铺开。有效解决职责配置分散等制约行政复议良性发展的深层次体制机制问题，充分发挥行政复议实质性化解行政争议优势，是本次体制改革的直接动因。从地方改革的年度进展来看，相对集中复议体制模式、行政复议委员会、信息化规范化专业化改革整体推进，同时也体现出一定的区域差异。在行政复议法修订的关键时期，深入推进行政复议体制改革需要修法从价值理念、目标方向、内容举措等维度做出充分回应。

关键词：相对集中行政复议体制 行政复议委员会 主渠道 实质性化解争议

一 中国行政复议体制改革的发展演进

中国行政复议体制改革的演进历程反映了不同发展时期行政复议制度在

---

* 曹鎏，中国政法大学法治政府研究院教授，主要研究方向为行政法与行政诉讼法、监察法等；李月，中国政法大学宪法与行政法学专业博士研究生，主要研究方向为行政法与行政诉讼法。

法治国家建设进程中的定位及其使命。自1990年《行政复议条例》正式开启中国行政复议制度统一立法时代以来，中国行政复议体制改革历程可以划分为三个阶段。

（一）行政复议体制改革的酝酿期（1990～2007年）

1990年国务院出台行政法规《行政复议条例》，结束了行政复议分散立法状况。作为中国第一部行政复议统一立法，该条例确立了中国行政复议管辖的最初规则，[①] 即地方各级人民政府为被申请人的案件，原则上由上一级人民政府管辖。例外情形是，省级人民政府实行自我管辖。针对县级以上地方各级人民政府工作部门为被申请人的案件，原则上由上一级主管部门管辖。例外情形有两种：一是被申请人上一级没有相应主管部门或者法律、法规规定由人民政府管辖的案件，由同级人民政府担任行政复议机关；二是国务院部门实行自我管辖。依据《行政复议条例》确立的管辖规则，原则上实行“条条管辖”模式，“条块管辖”和“自我管辖”作为例外情形补充适用。1994年《行政复议条例》修订，对管辖规则做了调整，将“条条管辖”为原则变更为“条块管辖”为原则，即以政府部门为被申请人案件的双重管辖规则，首次赋予人民政府对此类案件的普遍管辖权。[②] 依照修订后的管辖规则，针对县级以上地方各级人民政府工作部门的行为申请复议的案件，同级人民政府和上一级主管部门均享有管辖权。1999年《中华人民共和国行政复议法》（以下简称《行政复议法》）发布，在沿用《行政复议条例》（1994年修订）的基础上，进一步规定了垂直管理部门和国家安全机关“条条管辖”的例外情况。[③] 随后《行政复议法》历经2009年、2017年两次修订，均保留了有关行政复议管辖规则的规定。2007年《中华人民共和国行政复议法实施条例》在《行政复议法》的基础上，对管辖规则作出补

① 《行政复议条例》第11～12条。

② 《行政复议条例》（1994年修订）第11～12条。

③ 《行政复议法》第12～13条。

充规定。[①] 具体内容涉及两个以上国务院部门共同作出行政行为案件、省以下垂直领导部门作出行政行为案件、自然资源确权案件的管辖权规定，是对《行政复议法》确立的管辖规则的细化与完善。

从这一时期中国复议制度发展来看，以地方各级人民政府为被申请人案件的管辖规则较为稳定。中国行政复议体制管辖规则的变动主要集中在以地方各级人民政府工作部门为被申请人的案件，经历了原则上由上一级主管部门管辖到双重管辖的规则转变。这一时期中国对行政复议体制的探索，实际上也伴随着复议实践的逐渐深入以及学术界对于复议理论的广泛讨论，尤其在对复议性质、功能和定位等基础问题的认识方面，应当说，对复议管辖规则的调整起到了正向促进作用。行政复议管辖规则的制度演进过程，反映出立法者希冀通过不断优化复议权配置，在打造最优复议体制机制方面所做的努力，这实际上也为中国复议体制改革的启动夯实了制度基础和实践积累。

（二）行政复议体制改革的试点期（2008～2019年）

行政复议体制改革正式拉开序幕，始于2008年的试点探索。2008年，国务院原法制办发布《国务院法制办公室关于在部分省、直辖市开展行政复议委员会试点工作的通知》，在八个省（直辖市）率先开展行政复议委员会试点工作。[②] 这次试点的核心目标是，在试点地区对相对集中行政复议权、行政复议委员会和行政复议运行机制进行初步探索。2013年，党的十八届三中全会通过《中共中央关于全面深化改革若干重大问题的决定》，明确要求“改革行政复议体制，健全行政复议案件审理机制，纠正违法或不当行政行为”。2013年，第十二届全国人大常委会第六次会议审议通过《全国人民代表大会常务委员会执法检查组关于检查〈中华人民共和国行政复议法〉实施情况的报告》，要求“总结各地相对集中复议权试点经验，合理确定复议受理机关，研究整合复议资源、提高复议效率，进一步完善行政复

---

① 《行政复议法实施条例》第23～25条。

② 开展行政复议改革试点的八个省（直辖市）分别是：北京、黑龙江、江苏、山东、河南、广东、海南和贵州。

议体制”。2017 年，国务院原法制办在报送国务院的《关于行政复议服务“放管服”改革情况的报告》中提出，“加快推进地方行政复议体制改革，落实党的十八届三中全会关于改革行政复议体制的要求，探索集中行政复议权，实行地方政府‘一个窗口对外’，适应‘放管服’改革发展趋势要求”。

与此同时，健全行政复议体制机制作为完善多元矛盾纠纷化解机制的重要环节，逐渐成为中国攻坚法治政府建设的重要着力点。2010 年，国务院发布《国务院关于加强法治政府建设的意见》，明确提出要“探索开展相对集中行政复议审理工作，进行行政复议委员会试点”。2015 年，中共中央、国务院印发的《法治政府建设实施纲要（2015—2020 年）》中提出要“改革行政复议体制，积极探索整合地方行政复议职责”。2019 年，中央依法治国办发布《市县法治政府建设示范指标体系（2019 年版）》，将行政复议体制改革的落实情况作为法治政府建设评估的重要考核点。①

这一时期，在国家层面对行政复议体制改革作出一系列重要部署基础上，地方展开了积极探索，在因地制宜方面表现出一定的差异性。以行政复议管辖体制为例，试点阶段各地的探索主要集中于三种模式。一是全部集中行政复议体制。此模式下，原来属于政府各部门的行政复议职权统一交由政府集中行使，如山东省济宁市。② 二是相对集中行政复议体制。此模式下，除实行垂直领导的行政机关、税务和国家安全机关外，原来属于政府各部门的行政复议职权统一交由政府集中行使，如浙江省义乌市。③ 三是不集中行

① 《市县法治政府建设示范指标体系（2019 年版）》三级指标 87 项中的一个考核点为：行政复议体制机制健全，积极推进行政复议职责有效整合。

② 济宁市于 2011 年 4 月 1 日起，实现了 51 个市级部门行政复议职权的全部集中，构建了一级政府只设一个行政复议机构的复议体制。行政复议职权高度集中之后，市政府工作部门、派出机关均不再行使行政复议权。尤为值得关注的是，实行双重领导和垂直领导的市政府工作部门，都统一将行政复议职权合并至市政府。

③ 2015 年，义乌市行政复议局成立。除海关、金融、国税、外汇管理等实行垂直领导的行政机关和国家安全机关以外，义乌市政府各部门的行政复议职能统一由义乌市政府行使，具体由行政复议局负责集中受理、集中审查。参见王万华《行政复议法的修改与完善研究——以实质性解决行政争议为视角》，中国政法大学出版社，2020，第 57 页。方宜圣、陈枭窈：《行政复议体制改革“义乌模式”思考》，《行政法学研究》2016 年第 5 期，第 87 页。

政复议体制。此模式下，行政复议职权依旧分散设置于县级以上各级人民政府及其组成部门、工作部门中。实行这种模式的机关基本延续了现行《行政复议法》及相关法律文件对行政复议体制的规定，如北京市、上海市等。再以行政复议委员会为例，试点阶段各地的探索主要集中于两种模式。一是议事咨询型，委员会的表决结果仅仅作为行政复议机关的参考意见，如北京市。① 二是议决型，委员会的审议意见直接作为行政机关作出行政复议决定的依据，如哈尔滨市。②

改革试点时期，各地的探索积累了丰富的实践经验，同时也暴露出进一步需要解决的问题。例如，行政复议委员会在试点阶段存在基层专家不足、政府主导复议案件的审理和议决、外部专家参与案件审理的积极性不高等问题，导致复议委员会在吸纳和化解行政争议方面的效果没有达到预期目标。③ 各地改革能否深入推进、攻坚克难，亟须对试点成效进行总结，改革目标及其实现路径的统一化、明确化亦显得十分必要。

（三）行政复议体制改革的全面推进期（2020年至今）

2020 年是中国行政复议体制改革的重要转折点，国家层面首次明确了改革的具体措施，并且在全国范围内全面铺开。2 月 5 日，中央全面依法治国委员会第三次会议审议通过了《行政复议体制改革方案》，要求通过整合地方行政复议职责、健全配套工作机制、充分发挥行政复议监督功能、加强对行政复议工作的保障和监督等改革方式，有效解决制约行政复议工作发展的深层次体制机制问题。《行政复议体制改革方案》是地方行政复议体制改

---

① 北京市行政复议委员会负责审理行政复议案件、指导市行政复议制度建设工作，并且负责审议市政府重大疑难行政复议案件和研究北京市行政复议工作中的重大问题等。参见《北京市人民政府办公厅关于设立北京市人民政府行政复议委员会的通知》（京政办发〔2007〕58 号）。

② 哈尔滨市人民政府行政复议委员会履行市人民政府受理的行政复议案件的议决职责，委员会的议决意见由行政复议委员会办公室负责落实。参见《哈尔滨市行政复议规定》（哈尔滨市人民政府令第 186 号）。

③ 马怀德、李策：《行政复议委员会的检讨与改革》，《法学评论》（双月刊）2021 年第 4 期，第 15 页。

革的基本依据，首次在国家层面为改革工作的全方位落实提供了明确的指导思想和具体措施。11 月 24 日，司法部发布《行政复议法（修订）（征求意见稿)》（简称《征求意见稿》），行政复议体制改革工作迎来新的发展契机。《征求意见稿》作为对改革的制度回应，对现行行政复议管辖体制进行了大幅度修改。原则上，取消地方政府部门的复议职责；特殊情形下，保留国务院部门以及实行“条条管辖”体制的地方政府部门的管辖权限。①

2021 年“十四五”开局，为适应当前国家治理能力高速提升的目标任务和有效解决转型时期矛盾纠纷的现实需求，党的十九届五中全会提出了“构建源头防控、排查梳理、纠纷化解、应急处置的社会矛盾综合治理机制”的新部署。与此同时，新时代“枫桥经验”视域下的“诉源治理”和“多元解纷”被赋予多重理论内涵。② 在这样的背景下，行政复议承担的化解行政争议主渠道的功能愈加突出。③ 党和国家持续深入推进行政复议体制改革落实落地，以相对集中行政复议体制为核心的改革力度空前。1 月 10 日，中共中央印发《法治中国建设规划（2020—2025 年)》，其中明确强调推进行政复议体制改革、整合行政复议职权对加强行政复议工作的决定性地位。3 月 11 日，全国人民代表大会发布《中华人民共和国国民经济和社会发展第十四个五年规划和二〇三五年远景目标纲要》，提出要“推进行政复议体制改革”，明确了未来一段时期内行政复议体制改革对于全面推进依法治国的关键作用。8 月 11 日，中共中央、国务院印发《法治政府建设实施纲要（2021—2025 年)》，提出“全面深化行政复议体制改革，整合地方行政复议职责，按照事编匹配、优化节约、按需调剂的原则，合理调配编制资

---

① 司法部：《关于〈中华人民共和国行政复议法（修订）（征求意见稿)〉的说明》，载中华人民共和国司法部中国政府法制信息网，http：//www. moj. gov. cn/news/content/2020 - 11/24/zlk_ 3260478. html，最后访问时间：2021 年 10 月 3 日。

② 潘剑锋、牛正浩：《新时代“枫桥经验”视域下的社会化协同执行机制——基于 J 省法院的实证研究》，《东岳论丛》2021 年第 3 期，第 173 ~ 174 页。

③ 《关于〈中华人民共和国行政复议法（修订）（征求意见稿)〉的说明》，载中华人民共和国司法部中国政府法制信息网，http：//zqyj. chinalaw. gov. cn/readmore? listType = 1&id = 4060，最后访问时间：2021 年 10 月 3 日。

源”的要求，并对“2022年年底前基本形成公正权威、统一高效的行政复议体制”做出了整体部署。8月27日，《市县法治政府建设示范指标体系（2021年版）》正式发布，其中行政复议体制改革的推进力度，作为《市县法治政府建设示范指标体系（2021年版）》第82项三级指标，成为中央依法治国办对法治政府建设示范创建城市法治政府水平的重要考核点。

二　主渠道目标导向下地方行政复议体制改革的动因阐释

发挥行政复议的主渠道作用，一方面要求行政复议能够吸收大量行政争议并体现为量化标准，另一方面要求进入行政复议程序的行政争议能够得到实质性化解。[①] 现行行政复议体制下，行政复议的质效与主渠道目标之间还存在一定张力，这是促使行政复议体制改革的直接动因。

（一）复议资源配置不合理

现行行政复议管辖体制下，呈现出“多机关、多窗口”的局面，复议职权分散模式影响了行政复议效能的有效发挥。从中国的实践情况来看，行政复议资源难以满足改革前多权力主体的复议格局，以行政复议工作力量配置不足为主要矛盾点。人员配备问题的源头在于，行政复议工作力量配置先天不足。1999年《行政复议法》第3条明确了行政复议机关负责法制工作的机构具体办理行政复议事项，这一规定适用至今。[②] 由负责法制工作的机构处理行政复议事务，符合“精简统一效能”的原则，但是由于未充分考虑其履行行政复议职责的需要，地方行政复议机构不健全依旧构成显性问题。以2013年的数据为例，约38.2%的县级政府没有设立法制机构或者只挂牌无编制，平均每个县级政府专职行政复议人员不到1人，人员素质、经

① 曹鎏：《如何理解行政复议的“主渠道”作用》，《学习时报》2021年9月15日，第2版。
② 根据1999年《行政复议法》第3条、《行政复议法》（2017修正）第3条、《中华人民共和国行政复议法实施条例》第2条。

费保障、办公场所等普遍不能满足办理行政复议案件的需要。①

2018 年 3 月，中共中央发布《深化党和国家机构改革方案》，政府法制机构并入司法行政部门，新组建的司法行政部门虽然设有行政复议机构，但改革后行政复议资源分散且机构人员力量不足等问题凸显。以上海市为例，2017 年的统计数据显示，全市共有复议机关 121 家、专职复议人员 152 人，平均每个复议机关配备 1.26 名专职复议人员。② 机构改革后，截至 2019 年 8 月，全市共有复议机关 96 家、复议人员（含兼职人员）150 余人，平均每个复议机关配备约 1.56 名复议人员（含兼职人员）。③ 尽管上海市行政复议机关数量的缩减带来行政复议权限在一定程度上的集中，但是专职复议人员的数量呈现出缩减的现象，复议人员的办案压力并未得到缓解。实践中，地方复议机关"无人办案"或者"无案可办"等问题同时存在。改革行政复议体制，以管辖权规则调整为突破口，不断优化复议资源配置，应当成为缓解当前复议资源碎片化困境的重要着力点。

（二）申请人难以就地就近解决矛盾纠纷，矛盾纠纷未能实现"不上交"

按照现行法律规定，除实行垂直领导的行政机关和国家安全机关，申请人不服县级以上地方各级人民政府工作部门的行为，可以选择向上一级主管部门申请行政复议。④ 从近年的实践来看，也出现了新问题。一是容易使矛盾上移。申请人到上一级部门复议，实际上是为责任上移、矛盾上交提供了制度通道。二是由于上一级部门大多和申请人处在异地，申请人进行复议的

① 王胜俊：《全国人民代表大会常务委员会执法检查组关于检查〈中华人民共和国行政复议法〉实施情况的报告》，载中国人大网，http：//www. npc. gov. cn/zgrdw/npc/xinwen/2013 - 12/24/content_ 1819964. htm，最后访问时间：2021 年 10 月 4 日。

② 中国法学会行政法学研究会、中国政法大学法治政府研究院编《行政复议法实施二十周年研究报告》，中国法制出版社，2019，第 149 页。

③ 中国法学会行政法学研究会、中国政法大学法治政府研究院编《行政复议法实施二十周年研究报告》，中国法制出版社，2019，第 140 页。

④ 根据《行政复议法》（2017 年修订）第 12 条。

成本会相应增加，不符合便民、为民的原则。① 三是实质性解决纠纷的效果不佳。一般情况下，矛盾纠纷往往涉及多个地方政府部门的行为，利益关系复杂，仅依靠某一个上级部门的力量很难有效解决当事人的实际利益诉求。四是申请人难以一次性找准行政复议机关。正如有学者所言，行政复议机关林立，"多头共管"的现象十分普遍，而且上下级政府部门在职责权限方面存在不对应之处，直接找上级部门复议可能导致找不准、找不到、找不对的现象。②

（三）行政复议监督职能的实效有较大提升空间

行政复议管辖体制以行政领导关系为基础，是层级监督在行政复议领域的具体制度设计。③ 地方人民政府对所属各工作部门进行监督，具有足够的组织法依据。根据《中华人民共和国宪法》（以下简称《宪法》）的规定，县级以上地方各级人民政府与所属各工作部门、下级人民政府之间是领导和被领导关系。④ 根据《中华人民共和国地方各级人民代表大会和地方各级人民政府组织法》（以下简称《地方组织法》）的规定，县级以上地方政府各工作部门受上级人民政府主管部门的业务指导或者领导。⑤ 实践中，除了实行垂直领导的部门外，上下级地方政府部门之间主要是业务指导关系，不同于上级政府与所属各工作部门之间单纯的领导关系。基于此，地方政府通过复议监督所属部门，改变或者撤销部门的决定，《宪法》和《地方组织法》上的依据更加充分。

与此同时，行政复议监督依法行政的功能亦难以有效发挥。行政复议的

---

① 刘恒、陆艳：《我国行政复议条条管辖制度之缺陷分析》，《法学研究》2004 年第 2 期，第 156 页。

② 刘莘、陈悦：《行政复议制度改革成效与进路分析——行政复议制度调研报告》，《行政法学研究》2016 年第 5 期，第 54 ~ 55 页。

③ 马怀德：《论我国行政复议管辖体制的完善——〈行政复议法（征求意见稿）〉第 30 ~ 34 条评介》，《法学》2021 年第 5 期，第 21 页。

④ 根据《宪法》第 108 条、《地方组织法》第 55 条、第 59 条。

⑤ 根据《地方组织法》第 83 条。

优势源自行政复议机关所特有的行政监督权，充分利用行政复议这种行政性的优势，能够便捷、高效、低成本地实现行政争议的彻底化解。[①] 但是，现行行政复议管辖体制下，行政复议监督职能尚未充分体现其实效性。一是现行行政复议管辖体制一定程度上削弱了地方政府通过复议对下级机关进行层级监督的力度。申请人对复议机关享有选择权，意味着地方政府无法通过复议案件全面了解并监督所属部门的行政执法活动，不利于发挥地方政府在监督下级部门依法行政、推进法治政府建设方面的主导作用。二是上级人民政府主管部门难以通过复议实现对下级部门的有效监督。一些业务工作联系紧密的领域，下级部门在作出行政行为时，往往向上级部门事先请示、沟通。[②] 在这种情形下，上级主管部门就有了“自己审自己”之嫌。三是有管辖权的复议机关之间可能因为权力交叉而无法形成监督合力。正如有学者所言，诸多机关都拥有行政复议管辖权，各个机关之间可能相互推诿扯皮而导致案件最终无人受理，严重影响了行政复议的内部监督功能。[③]

三　地方复议体制改革的目标及其要求

根据《行政复议体制改革方案》，行政复议体制改革旨在通过构建统一、科学的行政复议体制，完善规范、高效的行政复议工作机制，建设公正、权威的中国特色行政复议制度。

其中整合地方行政复议职责，是本次行政复议体制改革的核心内容。在总结试点阶段经验的基础上，改革方案明确了实行相对集中行政复议体制的改革方向，涉及以下四个方面。一是在全国范围内实行相对集中行政复议管辖。具体来说，除国家垂直管理的机关外，县级以上地方人民政府一级只保

---

① 徐运凯：《论新时代行政复议的功能定位及其评价体系》，《行政法学研究》2019 年第 6 期，第 29～30 页。

② 袁曙宏：《变革社会中的行政法制》，法律出版社，2002，第 312 页。

③ 湛中乐：《论我国〈行政复议法〉修改的若干问题》，《行政法学研究》2013 年第 1 期，第 32 页。

留一个行政复议机关，统一管辖相关复议案件，并以本级人民政府名义作出行政复议决定。行政复议机关内设行政复议机构，由司法行政部门依法办理相关事项。[①] 二是健全配套工作机制。要加强行政复议工作规范化建设，探索建立相关政府部门、专家学者参与的行政复议咨询委员会，运用全国行政复议工作平台等手段加强行政复议工作信息化建设，加强行政复议宣传工作。三是充分发挥行政复议监督功能。强化行政复议倒逼依法行政、推进法治政府建设的监督作用。要加强行政复议对行政行为所依据的规定的审查力度，建立对行政复议决定及行政复议意见书、建议书执行情况的监督机制，将行政复议工作开展情况作为法治政府建设的重要指标，健全行政复议工作情况报告、通报、抄告、指导监督制度。四是加强对行政复议工作的保障和监督。合理调配编制资源，加强复议工作人员专业化、职业化建设。加强对行政复议机构及其工作人员的监督，在行政复议工作中全面落实行政执法责任制，坚决排除对行政复议工作的干预，确保行政复议权在法治轨道上公正有效行使。

基于此，有效解决职责配置分散等制约行政复议工作发展的深层次体制机制问题，是本次改革的问题导向，通过体制改革促进主渠道目标实现是着力点，构建整体政府理念下的相对集中行政权的行政复议模式是突破口。其中实现公正复议是体制改革的核心理念，便民为民是体制改革的基本宗旨，确保复议机构的中立性、超脱性、专业性是体制改革的主要方向。通过改革打造集中统一、权威公正的行政复议体制，充分体现行政复议实质性化解行政争议的优势，从而将行政复议打造成为多元矛盾纠纷化解机制中维护公民、法人和其他组织合法权益的主渠道，构成当前改革的核心意旨。

四　地方复议体制改革的年度进展

为系统观测地方行政复议体制改革的落实情况，本报告对22个省份/城

---

① 根据《行政复议体制改革方案》（中法委发〔2020〕5号）。

市/地区的行政复议体制改革实施方案进行了观测。[①] 为实现观测对象的全面性、行政复议改革推进工作的代表性，本报告采取行政机关类型化的方式选取观测样本，涉及不同层级的人民政府和新疆生产建设兵团。此外，考虑到区域差异性，本报告对东西南北中部地区的行政复议体制改革均有兼顾。为实现观测结果的科学性，观测对象均采取随机抽取的方式确定。总体来看，本报告的观测对象共涉及 14 个省级人民政府、4 个直辖市人民政府、3 个地级市人民政府和新疆生产建设兵团。观测内容包括实质内容和形式内容两个层次。实质内容主要涉及行政复议权集中的类型及运行模式，行政复议委员会的名称、定位、权限、组织形式及工作模式，规范化改革的具体举措，行政复议监督功能的推进情况，对复议工作的保障和监督力度等。形式内容主要涉及行政复议体制改革方案的印发主体、印发时间等。

（一）各地对行政复议模式的探索

通过观测，各地在改革推进过程中，对行政复议体制的探索主要形成了以下两种模式。

1. 行政复议委员会或者行政复议办公室模式

大多数地区采取了行政复议委员会或者行政复议办公室模式，前者如辽宁、河南等，后者如广西、山东、广东等。通常情况下，由地方人民政府司法行政部门代表本级人民政府依法办理行政复议事项，由本级司法行政部门相关处（科）室承担行政复议工作职责。行政复议机构主要负责依法办理本级人民政府行政复议事项、组织办理本级人民政府行政应诉事项、指导监督下级行政复议机构的行政复议和行政应诉工作等。上述机构以同级人民政府行政复议委员会或者行政复议办公室名义开展工作。这种模式的优点在于，最大限度在现有机构框架内行使相对集中行政复议职权，改革的推进速

① 本报告的 22 个观测对象分别为：四川省、贵州省、黑龙江省、江苏省、山东省、江西省、辽宁省、福建省、青海省、陕西省、云南省、广东省、新疆维吾尔自治区、广西壮族自治区；重庆市、北京市、天津市、上海市；3 个地级市：广东省珠海市、江苏省昆山市、江苏省常州市；新疆生产建设兵团。

度快、落实难度低。

2. 行政复议局模式

行政复议局模式早在中国行政复议体制改革的试点期已经出现。2015年，全国首家行政复议局在义乌市挂牌成立，经历了部分地区试点、省政府试点后，2017年在浙江省内全面铺开。[①] 改革进入全面推进期之后，行政复议局模式在更多的地区推行。例如，2021年6月，上海市委、市政府办公厅印发《上海市行政复议体制改革实施方案》，明确各区司法局加挂区行政复议局。再如，昆山市在整合行政复议职责的基础上，探索实行行政复议局模式。按照昆山市行政复议体制改革实施方案的规定，在市司法局加挂“行政复议局”牌子，承担市政府行政复议机构职能，市司法局相关科室具体承担行政复议工作职责。

（二）各地对行政复议委员会的探索情况

《行政复议体制改革方案》中明确指出，行政复议咨询委员会是健全配套工作机制的重要一环，职能是为重大、疑难、复杂的案件提供咨询意见，组织形式是由政府主导、相关政府部门和专家学者参与。从上述法规范来看，目前中国确立了行政复议委员会的议事咨询型功能。从行政复议体制改革的实践推进情况来看，各地普遍成立了行政复议委员会。但是，有关行政复议委员会的功能定位、组织形式和运行机制，各地的探索实践之间体现出了较大的差别。总体来看，主要形成了两类行政复议委员会的探索模式：议事咨询型模式和议决型模式。两者的主要区别在于委员会是否享有对案件的议决权，这直接决定了其在行政复议机关中的性质和在案审程序中的定位。

1. 议事咨询型模式

议事咨询型模式下的行政复议咨询委员会，其在案件审理后的表决结果并不必然形成最终复议决定，仅作为行政复议机关的参考意见。从组织形式

① 曹鎏：《中国特色行政复议制度的嬗变与演进》，法律出版社，2020，第52页。

来看，行政复议咨询委员会的组成明确、统一，即内部主导下的外部参与。通常情况下由政府主导、相关政府部门和外部人员参与：政府、相关政府部门和复议机构有关负责人担任主任、常务副主任委员、副主任委员，学者、律师等专业人员担任委员。大多数省份和地区将行政复议委员会定位为咨询机构，例如四川省、江苏省、黑龙江省、浙江省等。

2. 议决型模式

议决型模式下的行政复议委员会，其表决结果对案件最终决定产生直接影响。在《行政复议体制改革方案》对行政复议咨询委员会做出明确要求的背景下，实行议决型模式地区的共同特点是，同时设置行政复议咨询委员会和行政复议委员会。一般情形下，行政复议委员会的职责为：研究本级政府行政复议工作重大问题，审理重大、疑难、复杂的行政复议案件，由行政复议办公室负责日常工作。保留行政复议委员会议决职能的地区如山东省、江西省、辽宁省、广西壮族自治区、重庆市等。

值得注意的是，具体到机构组成和运行模式，议决型行政复议委员会内部又可以分为单一行政复议委员会和行政复议议事组织两种。实行行政复议议事组织模式的地区如广西壮族自治区，其组建了包括行政复议委员会、行政复议案件审理办公会、行政复议案件审理评议组和行政复议咨询委员会在内的行政复议议事组织。① 其中，前三个组织对案件具有审理和议决权。广西审理行政复议案件采取评议制，由行政复议案件审理评议组进行评议。经评议未形成一致意见或者被认定属于重大、疑难、复杂案件的，由案件主办人按程序提请行政复议案件审理办公会审理。经办公会讨论未形成一致意见的，由行政复议办公室按程序提请行政复议委员会审理。行政复议办公室根据行政复议委员会的决定作出最终行政复议决定。由此可见，广西壮族自治区人民政府设立的行政复议委员会被定位为行政复议案件的最高办案组织，仅负责审理前置程序中未能形成一致意见或者重大、疑难、复杂的行政复议案件。

① 根据《广西壮族自治区行政复议体制改革实施方案》（桂法委发〔2020〕10 号）。

（三）各地对行政复议“三化”改革的探索情况

“三化”改革是行政复议体制改革中的重要一环。“三化”改革，具体指行政复议的信息化、规范化、专业化改革。

1. 行政复议信息化改革情况

信息化改革背景下，“智慧复议”“阳光复议”的特征明显，主要体现为网上听证、网上公开等。部分地区进一步探索网上提交证据、网上质证、网上答辩、网上公开的全流程一体化“智慧复议”改革。① 具体到公开程度层面，各地的改革举措之间存在一定差异。例如，山东省实行全面公开的原则。《山东省贯彻落实〈行政复议体制改革方案〉若干措施》规定，2021年底前全省生效行政复议法律文书实现网上公开。珠海市实行有条件公开原则。行政复议决定书实现网上公开的前提条件是申请人自愿。②

与此同时，部分地区积极探索建立区域化的智慧复议平台，搭建中央与地方“掌上复议”双系统运行机制。例如，深圳市司法局行政复议处将行政复议功能嵌入已经运行多年的“i深圳”App中，开设“i深圳 - 行政复议申请”专栏，公民申请复议不受工休时、节假日、地域或者疫情防控等特殊情况限制，受理时限可压缩至半小时。此外，深圳市智慧复议平台实现了远程视频庭审、远程视频会议全程后台录像存储、科技法庭笔录过程语音转文字、在线进行电子签名等。在疫情防控常态化的现时背景下，“掌上复议”极大提高了复议案件的办理质效。③

2. 行政复议规范化改革情况

行政复议规范化，是指将行政复议活动中存在一致性内容的领域和程序进行统一的共性化处理。2011年，国务院原法制办公室行政复议司发布《关于进一步加强行政复议工作规范化建设的实施意见》，从案件受理、审理、决定、指导监督、基础性工作、保障性建设、组织领导七个方面对行政

---

① 根据《山东省贯彻落实〈行政复议体制改革方案〉若干措施》（鲁法委发〔2020〕7号）。

② 根据《珠海市行政复议体制改革实施方案》（珠法治委〔2021〕1号）。

③ 《深圳行政复议开通网上申请和网上听证》，《深圳特区报》2021年4月7日，第A5版。

复议规范化改革提出了指导意见。在充分吸收改革试点时期阶段性成果的基础上，《行政复议体制改革方案》进一步对规范化提出了具体的要求，尤其强调工作流程和改革成效。[①] 2021 年，《法治政府建设实施纲要（2021—2025 年）》提出，全面推进行政复议规范化建设的目标在于，不断提高行政复议机关的办案质量和效率。[②] 体制改革在全国范围内整体性推进之后，各地对规范化改革的探索进一步深入。

在案件受理阶段，各地主要以便民、为民为主要原则深化改革。例如，珠海市除了设立专门的行政复议案件受理室（窗口）统一受理本级政府管辖的行政复议案件外，进一步打破各级行政复议机关之间受理案件的壁垒，目的在于逐步实现行政复议市、区、镇（街）三级“全城通办”。[③] 再如，山东省建立了行政复议案件受理“负面清单”制度，降低受案门槛，进一步贯彻落实“应收尽收”的原则。[④]

在案件审理及结案阶段，各地主要通过以下三种方式来提高行政复议审理质效。一是增强办案透明度。例如，珠海市重视行政复议案件开庭审理模式，对重大、复杂、疑难的案件组织当事人调查、质证。此外，以行政复议决定种类为划分标准，分别适用不同的结案方式。[⑤] 二是健全案件繁简分流制度。例如，福建省强调对事实清楚、权利义务关系明确、案情简单、争议不大的案件适用简易程序办理。[⑥] 三是强调纠纷的实质性化解。例如，重庆市探索建立行政复议调解组织和调解工作平台，充分发挥行政复议机关和人民调解组织的职能作用。[⑦]

3. 行政复议专业化改革情况

各地主要从以下两个角度，提升行政复议人员队伍建设的规范化程度。

---

① 根据《行政复议体制改革方案》（中法委发〔2020〕5 号）。

② 《法治政府建设实施纲要（2021—2025 年）》提出：全面推进行政复议规范化、专业化、信息化建设，不断提高办案质量和效率。

③ 根据《珠海市行政复议体制改革实施方案》（珠法治委〔2021〕1 号）。

④ 根据《山东省贯彻落实〈行政复议体制改革方案〉若干措施》（鲁法委发〔2020〕7 号）。

⑤ 根据《珠海市行政复议体制改革实施方案》（珠法治委〔2021〕1 号）。

⑥ 根据《福建省行政复议体制改革实施方案》（闽委法〔2021〕3 号）。

⑦ 根据《重庆市行政复议体制改革实施方案》（渝委法〔2021〕5 号）。

一是人、岗、事匹配。按照“事编匹配、优化节约、按需调剂”的原则，最大限度使得行政复议机关的人员配备与工作实际相适应。例如，江苏省要求配齐配强行政复议工作人员，确保一般行政复议案件由 2 名以上专职办案人员办理，重大、复杂、疑难案件不少于 3 人办理。① 二是提高行政复议工作人员的专业化和职业化水平。通常表现为：对初次从事行政复议工作的人员提出专业水平要求，对培养、选拔行政复议工作领导人员提出政治、业务、责任、纪律、作风等要求，加强行政复议人员能力培训、考核和管理。例如，辽宁省将“有较高行政复议能力水平的人员充实到行政复议机构”明确写入改革方案。②

此外，部分地区在改革过程中探索出了一批具有特色的人才队伍管理制度。例如，黑龙江省、辽宁省、福建省、北京市等地大力推行行政复议辅助人员制度。行政复议机构通过政府购买服务等形式按照一定比例配备行政复议辅助人员，以提升案件审理质效。其中，黑龙江省、辽宁省进一步对辅助人员作出办案禁止规定，保障行政复议案件必须由专职办案人员办理。③ 山东省进一步通过提级管辖制度，对专职人员办理案件进行规范。不能保障 2 名行政复议专职办案人员的行政复议机构，暂停其行政复议管辖权和审理权，由上级行政复议机关提级管辖，并通过情况通报、问题约谈等手段，督促被提级管辖行政复议机构限期整改。④ 再如，四川省规定了人员动态补充机制，确保本级人民政府行政复议机构的人员配备与工作实际相适应。⑤ 辽宁省在全省范围内探索建立行政复议人员工作资格证管理制度，既提升人员管理的规范化，又提升行政复议人员的荣誉感、使命感、责任感。⑥ 福建省建立了专门化的行政复议案件档案管理制度，为行政复议工作配备档案室和

① 根据《江苏省贯彻落实〈行政复议体制改革方案〉的实施意见》（苏委法〔2021〕4 号）。

② 根据《辽宁省深化行政复议体制改革实施方案》（辽法委发〔2021〕4 号）。

③ 根据《黑龙江行政复议体制改革实施方案》（黑法委发〔2021〕2 号）、《辽宁省深化行政复议体制改革实施方案》（辽法委发〔2021〕4 号）。

④ 根据《山东省贯彻落实〈行政复议体制改革方案〉若干措施》（鲁法委发〔2020〕7 号）。

⑤ 根据《四川省行政复议体制改革实施方案》（川法委发〔2021〕5 号）。

⑥ 根据《辽宁省深化行政复议体制改革实施方案》（辽法委发〔2021〕4 号）。

专门的档案管理人员，建立完善的档案归档、借阅、当事人阅卷等工作流程。①

五　行政复议法修改对复议改革回应的最优方案

切实发挥法治对改革的保障作用，这是《行政复议法》修改对复议体制改革“保驾护航”的使命所在。理想状态下的修法回应，应当是通过完善相关制度设计，聚焦并凸显实质性解决行政争议的目标导向，推动解决行政争议主渠道目标的实现。②

（一）行政复议体制改革的价值追求与主要突破点

通过对制度建设的改良再造，将行政复议打造成为化解行政争议的主渠道，是对复议体制进行重构和完善的逻辑起点，这应当立足于行政复议自身，使其在体制、机制和制度方面的变革能够确保其得以发挥出化解行政争议的天然优势。③ 鉴于此，改革应当主要从以下两个层面实现突破。

一方面，探索使行政复议吸纳绝大多数行政争议的实现路径。案件数量上的过滤是行政复议充分发挥行政诉讼“过滤器”作用的必要前提。④ 使大量行政争议进入行政复议渠道，主要涉及行政复议范围的进一步扩大，并且提高公民、法人或者其他组织申请行政复议的便利性。改革应当贯彻“对行政争议应收尽收”的目标，加强对行政主体的监督。从行政行为的层面来看，一是正面扩大行政复议的受案范围，二是完善行政复议受案范围的“负面清单”，明确排除受理事项。让行政复议充分介入各类型行政争议，

① 根据《福建省行政复议体制改革实施方案》（闽委法〔2021〕3 号）。

② 徐运凯：《行政复议法修改对实质性解决行政争议的回应》，《法学》2021 年第 6 期，第 30 ~ 31 页。

③ 曹鎏、冯健：《行政复议“双被告”制度的困境与变革》，《中外法学》2019 年第 5 期，第 1233 页。

④ 曹鎏：《作为化解行政争议主渠道的行政复议：功能反思及路径优化》，《中国法学》2020 年第 2 期，第 168 页。

涵盖行政管理的各个领域。[①] 从行政规范性文件的层面来看，应当扩大附带性审查的范围。与此同时，在确立复议管辖体制时，必须遵循方便行政相对人申请行政复议的原则。[②] 深入推进行政复议权的相对集中模式，方便当事人找准复议机关，就地、就近提出复议申请。加强行政复议工作信息化建设，运用智能平台等方式，高效、便捷提出复议申请。完善行政复议宣传工作机制，增强公民、法人和其他组织对行政复议的关注度和认可度。

另一方面，探索通过复议实质性化解行政争议的实现路径。在推动相对集中行政复议权体制改革的基础上，要通过建立政府主导、专家参与的行政复议委员会增强案件审理的中立性、专业性，破解部门利益保护和“自己审自己”的难题。专家参与审案后形成的行政复议委员会决议，虽然是咨询效力，但是具有约束力，应当建立保障机制确保复议委员会审案不流于形式。探索建立案件繁简分流、快速高效办理的工作机制。对于案情简单、争议不大的案件，适用简易程序办理。将调解、和解原则贯穿行政复议全过程，坚持调解优先，切实有效化解矛盾纠纷。加强对行政复议工作的保障和监督，优化行政复议与行政诉讼的衔接机制。

（二）深入推进行政复议体制改革仍需解决的困境难题

《行政复议体制改革方案》发布以来，地方行政复议体制改革成效显著，但仍然暴露出需要进一步解决的问题。在改革和修法的重要机遇期，应当通过制度完善实现两者的整体联动，确保改革在法治轨道上有效运行，同时修法也能及时回应改革的需求并反映改革成果。从修法的角度来看，需要在改革推进过程中重点解决以下两个方面的问题。

一方面，体制改革的精细化布局。一是司法行政部门面临自我管辖的公正性困境和特殊案件的专业性难题。不能作自己案件的法官，是自然正义原则的基本要求。[③] 从自我管辖的公正性困境来看，在相对集中行政复议管辖

① 徐运凯：《推进行政争议依法有效化解》，《学习时报》2020 年 9 月 9 日，第 2 版。

② 石佑启、杨勇萍编著《行政复议法新论》，北京大学出版社，2007，第 105 页。

③ 〔英〕威廉·韦德：《行政法》，徐炳等译，中国大百科全书出版社，1997，第 95 页。

体制下，申请人对司法行政部门作出的行政行为不服的，面临“自己审自己”之困境。此外，从特殊案件的专业性难题来看，行政复议机关缺乏处理某些领域案件的专长。正如有学者所言，实行相对集中复议管辖后，一级政府在处理以政府部门为被申请人的复议案件时，可能会存在经验缺乏和专业性不足的问题。[①] 二是改革有关垂直管理部门的完善措施尚不健全。相对集中行政复议体制是本次改革中的核心内容，但是仅关涉除垂直管理以外的部门。相较而言，改革对垂直管理部门行政复议管辖体制的完善措施较少，尚待进一步探索。

另一方面，机构、事编、人员的合理化困局。一是基层复议机关面临工作人员难以充足的现实难题。改革推进的实践表明，行政复议机构中的人岗匹配问题有待解决。更进一步，在从事行政复议工作的人员中，具有专业素养的人员比例不高。正如有学者所言，不少复议工作人员没有受过正规的法学教育，不具备相应的专业知识和业务能力，直接影响复议案件的审理质量。[②] 这一问题在基层行政复议机关中体现得尤为明显。二是部分地区面临无法挂牌与事编难以匹配的困局。按照“事编匹配”的原则强化队伍建设的组织保障，科学设置内设机构，从根本上解决“案多人少”的矛盾，是确保行政复议体制改革达到实效的内在要求。[③] 然而，在推动改革的进程中，机构挂牌不畅和事编不匹配的难题仍然存在。

（三）主渠道目标导向下修法的最优方案

行政复议法的修订以实现主渠道目标为基本遵循。[④] 充分回应体制改革

① 刘莘、陈悦：《行政复议制度改革成效与进路分析——行政复议制度调研报告》，《行政法学研究》2016 年第 5 期，第 57 页；刘赫喆：《集中行政复议权的可行性分析——以山东省为例》，《山东社会科学》2018 年第 5 期，第 134 页。

② 王万华：《〈行政复议法〉修改的几个重大问题》，《行政法学研究》2011 年第 4 期，第 82 页；沙金：《行政复议法修改及其司法化改革》，《内蒙古社会科学》（汉文版）2015 年第 6 期，第 83 页。

③ 赵大程：《提高行政复议公信力　开创新时代行政复议行政应诉工作新局面》，《中国司法》2019 年第 10 期，第 17 页。

④ 曹鎏：《中国特色行政复议制度的嬗变与演进》，法律出版社，2020，第 99 页。

的现实需求，以行政复议权集中行使为基础探寻改革的完善举措，是修法的基本面向。本报告认为，修法应当从以下四个方面对改革做出回应。

一是允许地方开展相对集中复议体制的因地制宜探索。如上所述，各地在改革推进过程中主要形成了行政复议委员会或行政复议办公室和行政复议局两类模式。为各地行政复议体制的理想模式提供制度供给，是修法对改革进行回应的首要任务。可能的立法进路是，在全国范围内实行统一的行政复议体制，同时在机制创新方面应当允许地方适度的探索空间。对于前者而言，需要立足于改革的价值追求与具体目标，综合考虑制度规范化后的实效性，在对改革进行全面评估的基础上审慎确定。与此同时，修法需要破解垂直管理部门精细化改革的体制困局，为特殊领域行政复议机关受理行政复议案件探寻最优路径。除此之外，修法还需要消除相对集中复议体制改革带来的管辖弊端，解决司法行政部门面临的自我审判困境和审判能力专业化不足的难题。

二是促进行政复议决定的专业性、中立性、权威性。行政复议委员会的组成形式、运行和监督机制、与复议机关和行政复议机构的关系等因素，将决定行政复议委员会的功能能否有效发挥，进而影响行政复议的公信力。改革实践中，议事咨询型和议决型行政复议委员会具有本质性不同，地方具体采用何种模式，应当结合地方实际情况，充分考量相对集中复议体制运行模式、前期行政复议委员会试点探索累积的基础以及机制创新可能性等因素。与此同时，应当系统设置行政复议委员会运行的保障机制和追责机制，既确保行政复议委员会的咨询意见对案件审理能够切实发挥作用，又构建起一套权责相应的运行机制，有效解决其职责履行与对等监督问题。①

三是推进行政复议能力的高质量发展。深入推进行政复议信息化、规范化和专业化发展，为体制改革健全配套工作机制，是修法回应现实需求的应有之义。在推动信息化制度建设层面，修法应当着力于互联网时代“透明

① 曹鎏：《将行政复议打造成为化解行政争议主渠道的必由之路》，《中国司法》2019 年第 10 期，第 58 页。

复议”在全国范围内的分级、分区、分期落实，同时在法规范中体现复议大数据对法治政府建设的反哺作用。在推动规范化制度建设层面，修法应当侧重于强调行政复议审理流程的动态化、系统化和复议文书的格式化，同时对办公场所、硬件设施、物质保障等领域的标准化建设作出规定。在推动专业化制度建设层面，修法应当以打造高素质专业队伍为目标，突出未来一段时期内行政复议人员的行业化要求，具体包括初任复议工作人员的选拔与培训、高素质专业复议队伍的监督与考核、复议辅助人员的招录与管理等内容。①

四是实现改革的差异化、进阶化推进目标。修法应当通过一系列制度设置，尽快推动以相对集中行政复议权为核心的体制改革在全国范围内广泛铺开。实践中，地方行政复议体制改革的推进主要分为两个步骤，首先是部署改革措施，其次是实践落实推进。后者通常情况下又分为两步，首先是省级政府先行先试，其次是市县政府逐步推进。例如，《陕西省行政复议体制改革实施方案》规定，省人民政府行政复议机构从 2021 年 7 月 1 日起按新的体制运行，市、县级人民政府行政复议机构从 2022 年 1 月 1 日起按新的体制运行。体制改革推行的步骤繁、难度大。基于此，要充分考虑行政复议权集中过程中增加机构、编制时间表与修法进程同步推进，改革过程中案件移交、工作移交、人员移交等过渡期改革与修法如何良好衔接，更进一步，要从人员配置、资源保障、领导责任与主体责任等方面，在修法中有针对性地体现对不同地域、不同层级、不同领域行政复议机关推进改革的差异化考量。

① 曹鎏：《中国特色行政复议制度的嬗变与演进》，法律出版社，2020，第 99 页。

B.13
论妇女权益保障类检察公益诉讼机制之构建

刘 艺*

摘 要： 拓展公益诉讼案件案件范围不仅仅是十九届四中全会的决议内容，也是公益诉讼检察部门近几年的重点工作。通过实证分析检察机关办理的特定群体权益保障类公益诉讼案件可知，这类检察公益诉讼与传统“五大领域”的检察公益诉讼存在公益类型不同、以民事诉讼为主，行政公益诉讼多以诉前程序为主等特点。文章以妇女权益保障类检察公益诉讼为切入点，重点分析了这类诉讼所保护的利益之社会性、公共性和秩序性特征；剖析了妇女权益保障保护机制在立法、执法等方面存在的困境，论证了构建妇女权益保障类检察公益诉讼机制的必要性，最后指出构建妇女权益保障类检察公益诉讼的可行路径。

关键词： 特定群体权益保障 特定群体权益保障类检察公益诉讼 妇女权益保障类检察公益诉讼 行政公益诉讼 民事公益诉讼

2019年10月，党的十九届四中全会决议提出要“拓展公益诉讼案件范围”。2021年6月，中共中央印发《中共中央关于加强新时代检察机关法律监督工作的意见》（下称《意见》），明确提出探索办理安全生产、公共卫生、妇女及

---

* 刘艺，中国政法大学法治政府研究院教授，主要研究方向为行政法基础理论、行政程序制度、社会行政法、行政检察理论。

残疾人权益保护、个人信息保护、文物和文化遗产保护等领域公益损害案件。美国的公民诉讼从兴起之初就以保护边缘群体、弱势群体为目标，即当立法、行政执法正义无法实现时，受歧视的边缘群体、弱势群体求助于司法，通过司法裁判实现矫正正义。中国已经建立起多元的妇女权益保障体系。检察机关介入妇女权益保障领域，特别是运用公益诉讼制度来保障妇女权益的优势所在还缺乏共识。中国有学者提出中国检察公益诉讼有补充行政执法不足的功能，① 从司法实践来看，检察机关办理特定群体权益保障类公益诉讼案件时很少提起诉讼，多是借助社会治理类检察建议对违法行政行为进行检察监督来督促相关监管主体履职而已，很难实现补充执法的功效。可见，中国公益司法救济机制并不具有美国司法作为执法第二支柱之功能，加上中国民事诉讼、行政诉讼都未设置高额诉讼奖励激励机制，提起公益诉讼的主体较美国公民诉讼的诉讼主体有很大的不同。因此，借助美国经验让检察公益诉讼机制突兀地介入包含妇女权益等特定群体权益保障领域的实践活动一直广受各方质疑。

一　妇女权益保障类检察公益诉讼理论基础——中国特定群体权益的公益特征

追根溯源，要论证特定群体保障类检察公益诉讼的合理性需要回到制度“初心”。中国特色检察公益诉讼制度的基础在于确定公益的形态和保护范围，因为不同的公益形态决定了谁适合提起公益诉讼。② 通常认为，中国检察公益诉讼保护的是国家利益和很难通过私人诉讼来保护的分散性社会公共利益。中国是联合国《经济、社会及文化权利国际公约》《消除对妇女一切形式歧视公约》的缔约国。中国《宪法》保护特定主体的基本权利，③ 2004年修宪时还增加了“国家尊重和保障人权”的规定。具体到妇女权益，中

① 巩固：《环境民事公益诉讼性质定位省思》，《法学研究》2019年第3期。

② 刘艺：《准确理解和把握公益、诉讼、试点概念的内涵》，《检察日报》2015年10月23日，第3版。

③ 《宪法》第48条等。

国保护妇女的选举权与被选举权、政治表达自由、参政权[①]、监督权[②]、请求权[③]、妇女享有与男子平等的文化教育权利[④]、婚姻家庭权利、劳动与社会保障权益[⑤]以及传统的人身权、财产权利等权益。宪法基本权利保护有三个层次的内涵：尊重（消极地不侵犯）、实现（积极地促成）和救济（切实地救济）。因此，除了尊重，实现与救济也是国家在基本权利保障领域的义务。具体而言，对特定群体权益的保障要求国家积极作为，创造各种条件促进基本权利的实现，要求国家在特定群体基本权利受到侵犯时能够提供切实有效的救济。特定群体的划分标准多样，庶类繁矣，总会挂一漏万。因此，《妇女权益保障法》《未成年人保护法》《残疾人保障法》等特定群体类的统一立法虽然意图包罗万象、穷尽所有，但还是会遗漏重要的内容。中国特定群体权益保障的义务主体分散、保护手段乏力，特定主体权益保障机制一直存在权益实现与救济两个层面的制度性困境。而中国特色检察公益诉讼制度兼具救济具体实损公益与维护客观法律秩序两大功能。从实践案例来看，特定群体权益保障类检察公益诉讼通常是在保护特定主体的个人权益也是在保障群体性利益。回溯《宪法》文本，2004 年修宪在征收、征用条款中提出了“公共利益”的表述，但未对其进行明确界定。中国《宪法》文本中除“公共利益”表述之外，还有“社会秩序”、“国家安全”、“国家的、社会的、集体的利益”以及“祖国的安全、荣誉和利益的行为”等相关表述。[⑥]《民事诉讼法》第 58 条规定的“公共利益”虽然文本上指向社会公共利益，但理论上并不排除这类公益与个人利益、集体利益、国家利益的关联性。中国检察机关保护的“公益”可以包含客观秩序、国家安全、祖国的安全及荣誉和利益以及国家的、社会的、集体的利益等。因此，妇联、残联

---

① 《妇女权益保障法》第 9 条，第 10 条第 2 款、第 3 款。
② 《妇女权益保障法》第 14 条。
③ 《反家庭暴力法》第 13 条。
④ 《妇女权益保障法》第 15 条。
⑤ 参见《女职工劳动特别保护规定》《就业促进法》《劳动法》《劳动合同法》等。
⑥ 韩大元：《宪法文本中“公共利益”的规范分析》，《法学论坛》2005 年第 1 期。

等社会组织对于检察机关介入特定群体权益保障领域持积极、主动的态度。[①] 而检察机关为了提升在国家治理体系中的影响力，也积极拓展特定群体权益保障类检察公益诉讼的范围。

然而，特定群体权益毕竟是个体权益的集合体。对个体权益的保障首先应借助传统的救济手段。检察机关介入特定群体权益保障领域的顺序仍然是补充性、辅助性的。结合《宪法》第 134 条的规定，检察公益诉讼是检察机关履行法律监督职能的一种方式或手段。因此本报告认为检察机关介入妇女权益等特定群体权益保障领域并非一定需要提起公益诉讼。检察机关应该在其他保障手段未能或者不能保障妇女的群体性权益时，才有运用检察公益诉讼手段的必要性。具体到妇女的群体性权益主要表现在社会性、公共性和秩序性等方面。当妇女权益保障呈现出这些特征时，则说明对这类群体性权益的保障已经远远超出了个人权益的保障意义，更具有公法保障的必要性。这就构成了妇女权益保障类检察公益诉讼机制成立的理论基础。

（一）妇女权益的社会性

妇女权益虽然是个体性权益，但对其进行保障具有较强的社会属性，能增强社会成员之间的有机联结，从而维护社会集体共同情感。首先，家庭作为社会基本单位，充分保障妇女权益与维护婚姻家庭制度有密切的关联。在婚姻家庭中的妇女权益，对儿女、父母等家庭成员的权益影响十分深远。虽然中国地区经济、文化发展水平迥异，但妇女权益保障质效差异并不大。本报告对“中国裁判文书网”上 62822 件样本的统计发现，[②] 裁判文书中最早发生侵害妇女人身权利的司法案例是在 2001 年；在中国裁判文书网上收集到的强奸、强制猥亵、侮辱罪的案件在 2017 年达到最高，共 6908 条。而且，强奸、强制猥亵、侮辱妇女和拐卖、收买妇女的案件

---

① 《检察机关公益诉讼守护特殊群体权益》，载最高人民检察院官网，https：//www. spp. gov. cn/spp/zdgz/202103/t20210308_ 511556. shtml，最后访问时间：2021 年 10 月 6 日。

② 相关数据截至 2020 年 5 月。

仍广泛分布于东中西部地区，并未出现经济发达地区案件较少和经济落后地区案件较多的趋势。[①] 可见，随着经济发展，妇女权益保障质效并未同步得到提升。妇女对于家庭结构稳定的重要性不用多言，当妇女权益受到侵害，对于家庭其他成员的影响必然十分巨大。其次，妇女具体权益在社会生活中具有广泛体现。妇女权益与社会各方面紧密结合，妇女权益保障的问题需要在社会制度中加以解决。妇女个人在劳动和社会保障方面的权益，本质上关涉特定社会结构中系统性或者惯常性的行为模式对所有妇女的劳动和社会权益的侵害问题。以职场性骚扰案件为例。近年来该领域的案件数量呈现不断攀升的走势。自1994年通过的《湖北省实施〈中华人民共和国妇女权益保障法〉办法》首次在地方性法规中明确使用"性骚扰"语词后，2005年8月修正的《妇女权益保障法》成为首个明确使用"性骚扰"语词的全国性法律文本；[②] 2012年6月深圳市通过的《深圳经济特区性别平等促进条例》规定了职工遭受性骚扰后的救济途径；2020年5月28日通过的《民法典》第995条、第1010条[③]分别对性骚扰、侵权救济方式以及单位防治性骚扰的义务作出了规定。尤其是其中第1010条明确了用人单位防治性骚扰的责任，是一种公法性质的责任规范。但本报告在"中国裁判文书网"上收集2014年至2020年的以"劳动、人事争议"和"性骚扰"为关键词的案件数量，反而由2014年之前的个位数猛增至两位数。[④] 从犯罪社会学的角度进行观察，相关保障机制仍有待完善。

① 强奸、强制猥亵、性骚扰妇女的案件在东中西部地区的数量分别为17051件、10194件、7871件，拐卖、收买妇女的案件在东中西部地区的数量则分别为4387件、4444件、5237件。

② 谢海定：《性骚扰概念在中国法上的展开》，《法制与社会发展》2021年第1期。

③ 《民法典》第995条"人格权受到侵害的，受害人有权依照本法和其他法律的规定请求行为人承担民事责任。受害人的停止侵害、排除妨碍、消除危险、消除影响、恢复名誉、赔礼道歉请求权，不适用诉讼时效的规定。"第1010条"违背他人意愿，以言语、文字、图像、肢体行为等方式对他人实施性骚扰的，受害人有权依法请求行为人承担民事责任。机关、企业、学校等单位应当采取合理的预防、受理投诉、调查处置等措施，防止和制止利用职权、从属关系等实施性骚扰。"

④ 李曦、于宁：《用人单位应对职场性骚扰问题探究——以劳动争议案件审理为视角》，《中华女子学院学报》2020年第1期。

（二）妇女权益保障的公共性

妇女权益是妇女的个人权益，但其鲜明的群体性和公共性特征亦不可抹灭。《墨子》第十一篇《尚同上》中提到“是以一人则一义，二人则二义，十人则十义。其人兹众，其所谓义者亦兹众”。“公共”一词对应于英文单词“public”，其最初来源于希腊词语“pubes”和“konion”，其中“pubes”尤指人们超越自我关心或自我利益而关注和理解他人的利益，“konion”又源于“kom-ois”，意指关怀的“care with”。[①] 中国作为一个社会主义国家，历来重视公益保护，而且认为公益与个人利益具有高度的有机统一性。妇女权益的“公共性”价值一方面蕴含在“同类个体利益的集合中”。所谓“同类个体利益”是指那些不能占有和独享的集体特有利益。另一方面，妇女权益的“公共性”价值体现在个体妇女权益受损往往是系统性妇女权益侵害的表现，特别是在弱势妇女权益保护方面。例如当某个农村妇女的土地权益受侵害，通常伴随的是不确定多数个体的公共利益（自然村范围或者全乡、全县范围的农村妇女的土地权益）也受到侵害。从“中国裁判文书网”上抓取的涉及农村妇女土地权益的案例在样本总量中占据 29.7% 的比重。在城乡二元化的格局下，虽然农村妇女约占农村劳动力的 70%，是推动农村生产与发展的主力军，[②] 但农村妇女的合法权益却更易被侵害。比如有 70% 左右的“外嫁女”不能享受相关土地权益，28.6% 的妇女离婚后回到本村也不能享受相关的土地权益。[③] 全国维护妇女儿童权益协调组针对中国 12 个省市农村妇女权益状况的 6596 份调查问卷显示，经济来源成为农村妇女最为担心的三大问题之一。[④] 在本报告的统计数据中，“中国裁判文书网”

---

① 胡建淼、邢益精：《公共利益概念透析》，《法学》2004 年第 10 期。

② 《中国性别平等与妇女发展》白皮书，载国务院新闻办公室官网，http://www.scio.gov.cn/37236/38180/Document/1626709/1626709.htm，最后访问时间：2020 年 8 月 22 日。

③ 全国维护妇女儿童权益协调组：《全国农村妇女权益状况和维权需求调查报告》，《中国妇运》2007 年第 3 期。

④ 全国维护妇女儿童权益协调组：《全国农村妇女权益状况和维权需求调查报告》，《中国妇运》2007 年第 3 期。

上15.5%的农村妇女的独立继承权的案例、4.1%的丧偶儿媳继承权的案例同时涉及土地权益继承问题。土地在农村地区并不仅仅是一种生产资料或是资产，更是她们身份感、归属感的重要来源之一。从另一角度来看，需要进一步加强对妇女群体中的弱势群体之保障。比如农村妇女的财产权益、残疾妇女的劳动权益保障等。立法不仅要对特定群体进行系统性保护，更需要对特定群体里的弱势群体进行倾向性、加强性保护。所以，多增加一种保护机制，各方都乐见其成。像妇联等社会组织对于集体型和同类型的妇女权益保障问题本来可以行使维护职责以及提起代表人之诉或者集团诉讼，但相关组织目前对以诉权行使职责持消极甚至否定态度，主要是人员不足、能力欠缺、经费缺乏、与组织定位不吻合等方方面面的原因。而中国的第三人撤销诉讼和集团诉讼并不普遍。相反，公益诉讼的运行成本更低，质效也更高。若检察机关通过检察公益诉讼介入妇女权益保护，可以一定程度提升妇女权益保障的水平。

（三）妇女权益的秩序性

所谓法秩序是指“在社会共同体中由人的实然需求所型塑的应然规范”。[①] 在社会中，生活关系的准则或秩序，应探求人的本能需求。人的实然需求与法秩序的应然规范的互动供需，呈现出法秩序的应然规范是为了人的实然需求而存在。也就是说，法秩序是以人的自我实现为目的。[②] 但是，人性本身具有非理性的一面。由于资本主义民主本身的局限性，其秩序图景一直充斥着对政府的不信任与防范，整体来说是一种不和谐的秩序图景。与之相反，作为社会主义国家，中国始终维护和发展最广大人民的根本利益，社会主义中国的法秩序图景十分和谐。中国在和谐的法秩序背景下构建妇女权利保障机制。如《宪法》第48条规定“中华人民共和国妇女在政治的、

---

① 许育典：《法治国与教育行政：以人的自我实现为核心的教育法》，台湾高等教育出版社，2002，第27页。

② 许育典：《从权利救济宪法保障论公益诉讼制度》，载张仁善主编《南京大学法律评论》（第1期），2011，法律出版社。

经济的、文化的、社会的和家庭的生活等各方面享有同男子平等的权利”。该条规定将妇女权利放置在政治、经济、文化、社会和家庭等各种秩序之中，而且与男子权利相对等。《反家庭暴力法》开篇第1条就明确了立法目的，即“预防和制止家庭暴力，保护家庭成员的合法权益，维护平等、和睦、文明的家庭关系，促进家庭和谐、社会稳定”。根据立法者的解读，促进家庭和谐和社会稳定是反家庭暴力法几重目的中的最终目的。虽然该法对受害家庭成员进行个体意义上的权利保护，但原则上并不会凌驾于家庭成员与其他家庭成员之间关系的维护之上。立法者也指出反家庭暴力工作涉及家庭关系稳定，对一般的家庭暴力，对加害人还是以批评教育为主。[①] 可见，受传统道德指引，中国倡导的平等、和睦、文明家庭关系中“平等”虽然放在第一位，[②] 但当其与和睦、文明的价值相冲突时，会根据位序而不会全面充分维护家庭结构中的弱势群体权益。所以，特殊权益群体权益保障不能仅从个体权益的角度出发，还应将其权益保障放在特定秩序中才能实现“肯定行动”的目标。

另一方面，特定群体权益保障包含在客观秩序维护之中，当与客观秩序之间发生了冲突，只有运用维护双重目的的机制才能更好地保护特殊群体权益。仍以农村妇女的土地权益保障领域为例。基层组织对土地权益的分配是以“户”为单位进行的。而中国广大农村地区受重男轻女等观念的影响，无论是农村土地承包合同还是宅基地使用权属证书上的有权主体往往是男性户主，不标注女性的权益。一旦出现夫妻离婚或者女儿成年后外嫁的情形，妇女在家庭中所享有的财产权益就很难得到保障。妇女权益的属性在现行的各种法律秩序中一直存在定性模糊的问题。因法律倾向于对已婚女性（妇女）、孕期和哺乳期的妇女、未婚女性等以家庭而非个人等群体标准来规范个体的权利与义务，这样的规范方式让妇女并不完全拥

---

① 全国人大常委会法制工作委员会社会法室编著《中华人民共和国反家庭暴力法解读》，中国法制出版社，2016，第10页。

② 全国人大常委会法制工作委员会社会法室编著《中华人民共和国反家庭暴力法解读》，中国法制出版社，2016，第10页。

有对自己权益的控制权，通常只能在特定关系结构中确定自己的权益属性。这样的规范方式常常将妇女个人权益或者群体性利益消解在一般法律秩序之中。而在这样重心偏移的法律制度中，某个人或者某些群体的权益很难得到充分保障；而受到侵害的妇女并非仅仅是单独的个体，而可能是特定群体里的“所有的个体”。为了避免这样不公正的现象，2018 年新修订的《农村土地承包法》给出了相应的对策。为了充分保障农村妇女的土地权益，该法第 24 条第 2 款明确规定了“土地承包经营权证或者林权证等证书应当将具有土地承包经营权的全部家庭成员列入”。该规定要求将每位家庭成员以个体为单位列入权属证明中，以保障每个个体的权利。这样的规定从根本上保障在家庭关系中处于弱势地位的妇女权益。当然，妇女的婚姻家庭权益定位模糊而引发的司法争议并不少见，因此在现行民事侵权救济机制和行政主观诉讼机制中镶嵌入保障弱势群体的公益诉讼机制也有必要。

综上，妇女权益等特定群体权益具有公共性、客观性、秩序性等特征。因此，加强与完善妇女权益保障，特别是在权益实现与救济两个层面加强妇女权益保障机制，既可以推动客观法秩序与自我需求之间冲突的化解，也可以修复立法、执法等方面的机制不足。

二　构建妇女权益保障类检察公益诉讼机制的必要性——现有妇女权益保障机制的困境

（一）妇女权益保障的立法不健全

首先，由于妇女权益保障是镶嵌在特定法律秩序中，并根据不同的类别划分来保护的，难免会挂一漏万，即遗漏特定主体的特定权益保障问题。以妇女平等就业权为例，中国虽没有统一的反歧视法，但《宪法》《劳动法》《就业促进法》《残疾人保障法》《妇女权益保障法》等已建构了包括反就业性别歧视在内的法律保障框架，但性别歧视中是否包括对怀孕妇女的歧视并不明确。[1] 再如当夫妻已解除婚姻关系又不属于同居关系时，前夫再次向前妻实施暴力行为就无法适用《反家庭暴力法》中各项处置措施。[2] 虽然中国《反家庭暴力法》已采取了非常宽泛的家庭关系来保护被害人，但还是会遗漏如上所述的特定被害人的保护问题。其次，中国立法尚未完成对妇女权益保障的体系建构。以性骚扰防治体系与女性农民工健康权益保护体系为例。《民法典》建立了职业场所的性骚扰防治体系，却无法规范在公权机构中的性骚扰防治问题，因为公务员与公职机关之间是特殊权力关系，而非平等民事关系；再比如《妇女权益保障法》规定了妇女的“四期”保护义务，但很少有地方性法规会配套规定女性劳动者在不同劳动场景和不同劳动关系下的“四期”保护细则。最后，中国妇女权益法律多为倡导性法律，较少规定强制性义务；即便对责任主体课以强制性义务，也无相应罚责规定。

（二）妇女权益保障的执法体制之不足

妇女权益保障是中国特色社会法治秩序的主要内容之一。根据《中华人民共和国 2017 年国民经济和社会发展统计公报》，至 2017 年底，中国女性人口为 6.7871 亿，占年末总人口的 48.8%，比 2016 年增加 415 万。新中国成立以来中国女性人口持续增加。而妇女权益保障的任务繁重与专门的行政执法力量不足之间的矛盾在中国短期内是无法改变的。现行执法体制也存在诸多不足。

1. 妇女权益保障的协同机制有待完善

中国已建构了多层次、多方面、多元主体的妇女权益保障之网。《妇女权益保障法》第 6 条在规定“县级以上人民政府有关部门在各自的职责范围内做好妇女权益的保障工作”的同时，还在紧随其后的第 7 条中将妇联、工会、共产主义青年团等主体均纳入妇女权益保障主体的范畴之中。开展家

---

① 刘明辉、郭永红：《怀孕歧视现实亟待专门法律的规制》，《中华女子学院学报》2017 第 3 期。

② 金泽刚：《前夫假释才 8 天又伤妻，别因家暴就苛责正当防卫》，载澎拜新闻网，https://baijiahao.baidu.com/s?id=1675062801243879725&wfr=spider&for=pc，最后访问时间：2021 年 10 月 4 日。

庭美德宣传教育的义务主体囊括了国家、工会、共产主义青年团、妇联、残联乃至电视、报刊、网络以及学校、幼儿园等。反家庭暴力工作的参与主体，既有公、检、法等司法机关，又有民政、教育、卫生等政府有关行政部门，还要求各人民团体、社会组织、居（村）民委员会、企事业单位等社会各方面的参与、配合。① 虽然县级以上人民政府的妇女儿童工作委员会负责组织、协调、指导、督促有关部门做好反家庭暴力工作，但这个机构并无具体执法权，相关工作还是需要公安、民政、司法、教育、财政、卫生等部门及社会团体去承担。这种多部门合作工作机制或者联动机制为主的保障机制实际运行起来并不是十分顺畅。另外，各种相关行政执法部门普遍没有将特定群体保障工作视为本部门的主责、主业。当然，客观上这些行政职能部门的执法力量也存在严重不足。以妇女劳动权益保障为例，劳动监察机构是主要执法部门，但是，多数劳动监察部门存在人员配备不足、经费十分有限等问题。北京市海淀区共有 7 万余家企业，而工作在一线的劳动保障监察员只有23 名，平均每人要监察3000 多家企业，每年人均处理的案件都在2000 件以上。② 因此，劳动社会保障部门与妇联组织在妇女平等就业权保障问题上一直存在相互推诿，从而导致妇女平等就业权的保障陷入“真空”状态之中。可见，这种多层次、多主体的权益保障机制还需要加强执法协调与衔接。

2. 妇女权益保障的预防机制有待完善

现行妇女权益保障机制都呈现出提前介入的预防趋势。如《妇女权益保障法》第 46 条第 2 款和第 3 款、《女职工劳动保护特别规定》第 6 条至第 12 条和《反家庭暴力法》的专章都确立了预防为主，教育、矫治与惩处相结合的机制。比如《反家庭暴力法》规定，国家、工会、共产主义青年团、妇联、残联、学校和幼儿园等向公民普及反家暴知识和开展家庭美德宣传教育；要求县级以上人民政府有关部门等将“预防和制止家庭暴力”纳

① 全国人大常委会法制工作委员会社会法室编著《中华人民共和国反家庭暴力法解读》，中国法制出版社，2016，第 15 页。

② 刘德良、杨飞：《网络时代弱势群体的法律保护》，法律出版社，2013，第 77 页。

入业务培训和统计工作之中；乡镇人民政府、街道办事处开展家庭暴力风险评估、高危家庭摸排和矛盾纠纷排查；城乡基层群众性自治组织应当配合协助；[①] 社会工作服务机构开展心理健康咨询、家庭关系指导等服务。[②] 但据相关机构统计，从2016年3月1日至2020年2月28日《反家庭暴力法》实施四年间，监测到新闻媒体网站、各相关单位官方网站、公益机构网站及微博共发布反家暴信息只有非常微小的7401条。更值得注意的是信息数量在逐年大幅下降。第一个统计年度发布3227条，占四年总量的44%；到第四个统计年度仅为815条，占四年总量的11%，下降趋势显著。[③] 其中《反家庭暴力法》中所涉及的相关责任主体，包括8个政府部门（国务院妇儿工委、民政部、国家卫健委、司法部、公安部、教育部、最高人民法院、最高人民检察院）和3个群团组织（全国总工会、共青团中央、全国残联）在四年间共发布158条反家暴的信息，占监测范围内数据量的2%。加上全国妇联的178条，12个国家责任主体的信息总量也只占4.5%。而6～8家民间信息平台的总量则达到23%。但本报告查询到2020年8月1日至2020年9月1日女性人身权利方面舆情信息就有850930条；其中舆情数量发生最高点为8月25日，一天信息就有320702条。至少从各个承担预防职责的主体的网站上看，这些义务主体并没有对妇女权益保障给予充分的重视。而且宣传、教育、培训等预防措施终归“治标不治本”，很难“防患于未然”。

3. 妇女权益保障的处置机制有待完善

各类义务主体在面对妇女的投诉、反映、求助、报案时，受制于传统观念，不太愿意采取劝阻、带离、安置、起诉等强制手段来保护妇女权益。浙江省江干区公安分局对涉及家庭暴力的违法嫌疑人实行“一次告诫、二次

① 全国人大常委会法制工作委员会社会法室编著《中华人民共和国反家庭暴力法解读》，中国法制出版社，2016，第32～33页。

② 《反家庭暴力法》第9条。

③ 《我们走了多远？丨反家暴法实施监测简报－2019.11》，载为平网，http：//www.equality－beijing.org/newinfo.aspx？id＝77，最后访问时间：2021年11月29日。

传唤、三次拘留”三级惩防机制具有一定代表性。[①] 涉嫌家庭暴力行为需要经过三次报警，并达到一定侵害程度才可能被处以拘留以上的强制性制裁。这样的分类、分层处理展现出对于施暴行为很大的容忍度。但从制度的外部效果来看缺乏相应的威慑力。其次，受尊重被害人意见和保护当事人隐私等因素影响，各责任主体通常较少采取最有效的救济手段。比如相较于其他处置手段，公安机关采取的告诫手段最多。从省级执法数据看，山东省公安机关2018年发出的告诫书数量最多，2018年山东“110”报警服务平台每天接到涉及家庭暴力的报警约180个，出具家庭暴力告诫书约占家庭暴力报警数的10%。[②] 但是，告诫只是发挥预处理作用，而不能根本性杜绝家庭暴力。在山东德州的“方洋洋案”中，方洋洋因不能怀孕被丈夫、公婆虐待致死，其遭受丈夫、公婆的打、冻、饿、罚站等虐待行为持续半年之久。但在这半年的时间中，方洋洋所在的基层群众自治组织或任何一家社会工作服务机构都没能及时履行《反家庭暴力法》中规定的强制报告等处置义务。事后也无法依据《反家庭暴力法》规定的行政责任追究相关主体的责任。因为《反家庭暴力法》将强制报告的情形限定在只针对无民事行为能力人和限制民事行为能力人。[③]

（三）妇女权益保障的救济与监督机制有待完善

妇女权益的救济应分为公法与私法两个角度进行建构，而无论是公法渠

① 即公安机关根据家庭暴力案件的具体情节实行分类处理：对于首次实施家庭暴力且情节轻微的施暴人，对其予以批评、训诫，视情况对施暴者出具告诫书，讲清家暴行为的法律责任和相应后果，训诫其自觉避免事态升级，并通过与基层群众自治组织、妇联等建立联动机制，加强监督回访，确保施暴者不再实施家庭暴力；对于违反告诫书再次实施家庭暴力的施暴人，一律依法予以传唤审查；对第三次实施家庭暴力或存在持有凶器等情节的违法嫌疑人，依法采取拘留等行政处罚、刑事强制措施。

② 《我们走了多远？丨反家暴法实施监测简报－2019.11》，载为平网，http：//www.equality－beijing.org/newinfo.aspx? id＝77，最后访问时间：2019年11月29日。

③ 金泽刚：《方洋洋被虐致死案背后的家暴案件治理之痛》，《法治日报·法治周末》，http：//m.legalweekly.cn/fzsb/2020－11/26/content_8365660.html，最后访问时间：2021年11月30日。

道还是私法渠道当前都不太顺畅。针对妇女权益保障的救济机制，因适用条件非常严格、法律责任笼统、实践中操作难，受害人求助司法救济意愿不高。特别是“家暴”“歧视”等行为具有发生场所隐蔽、证据固定难、发生原因复杂等特征，受害人很难收集达到起诉标准的证据。本报告以“中国裁判文书网”为主要数据库、Alpha 为辅助数据库，以北京地区法院为检索区间，取“家暴”或“家庭暴力”为检索关键字所得判决书超过 400 份。通过逐份阅读筛选，最终获得有当事人遭受家暴陈述的 320 份判决书和 175 份人身安全保护令裁定。5 年 320 份判决书，年均仅 64 件。而同时段同地区 Alpha 数据库收入的判决书总数超过 102 万份，其中婚姻家事类案件判决书总数超过 19 万份。本报告对“中国裁判文书网”上公开的 2001 年至 2020 年的司法案例数据，用关键词匹配司法案例的形式，经过大数据筛选处理后，抽取匹配上“妇女权益保护－人身权利”的数据 62822 条。其中强奸、强制猥亵、性骚扰、侮辱的案件数量有 35179 条；组织、强迫、引诱、容留卖淫的案件数量有 14070 条；拐卖、收买被拐卖的妇女的案件数量 13573 条，分别占比 56%、22.4%、21.6%。可见，相关妇女权益救济的私法机制的质效并不高。

另外，对妇女权益保障机制的监督还存在体制性困境。以人身安全保护令为例。由人民法院以裁定书形式发布人身安全保护令，执行主体自然应是人民法院。但为了保证人身安全保护令得到遵守和执行，法律还规定公安机关以及居民委员会、村民委员会等组织协助执行。人民法院存在“执行难”不是什么秘密。而公安机关、居（村）民委员会的协助执行属于司法执行活动的协助行为，缺乏执行动力。人民法院与这些组织并没有领导关系，因此人身安全保护令较难获得协助执行，也缺乏对应的监督机制。据全国妇联信访统计，全国法院签发人身安全保护令的数量在逐年增加，其中 2016 年 687 份，2017 年 1469 份，2018 年 1589 份，2019 年则增加到 2004 份。[①] 但在“中国裁判文书网”上已公开的妇女婚姻家庭权益保护相关的司法案例

① 《反家暴法实施四周年情况》，载即墨政务网，http：//fl. jimo. gov. cn/n8399/200303111525687437. html，最后访问时间：2020 年 12 月 11］日。

数据显示，若以妇女婚姻家庭权益保护相关的案件数量为样本总量，其中家暴相关案件有168637件，占婚姻家庭权益保护类案件的92.8%，也远远高于反家暴法实施之后人民法院发布的人身保护令之总和。可见，即便像人身安全保护令这样的执法机制还需要在执行效力和监督机制方面进一步完善。①

三　妇女权益保障类检察公益诉讼案件的成案标准

中国检察机关一直是妇女权益保障的重要力量。中国《刑法》规定了强奸罪，强制猥亵、侮辱罪，组织、强迫、引诱、容留、介绍卖淫罪，拐卖妇女儿童罪，收买被拐卖的妇女儿童罪等罪名。如前所述本报告在“中国裁判文书网”所公开的2001年至2020年的司法案例数据中抽取匹配上“妇女权益保护-人身权利”的数据62822条，其中单单涉及妇女人身权益类的刑事法律文书就有35331份。刑事案件信息可以帮助检察机关发现妇女权益保障的义务主体违法或不作为的线索。刑事检察部门与行政检察部门（包括公益诉讼检察部门）还可与行政机关在信息共享、执法协调等方面发挥合作治理效能。行政检察部门介入之后，还可以依法监督行政执法机关是否正确实施法律，维护客观法律秩序。所以，检察机关介入特定群体权益保障并不一定都在办理公益诉讼案件。检察机关可以办理刑事案件，可以借助行政检察、未成年人检察等部门的力量监督妇女等特定群体权益保障的违法行政案件。比如家暴行为损害的通常是妇女的人身权益，这类权益具有高度属人性，很难归为社会公共利益。所以，检察公益诉讼机制很难将这类行为纳入受案范围。当然，这并不意味着检察机关对家暴防治束手无策。相反，检察机关仍可对反家暴领域的执法活动进行法律监督。比如针对公安机关不出警或者执法不力的情形，检察机关可以督促公安机关出具

① 《反家暴法实施5周年，最新司法大数据研究报告显示出这些特点》，载北京日报网站，https：//baijiahao. baidu. com/s? id = 1693080590201327799&wfr = spider&for = pc，最后访问时间：2021年10月4日。

告诫书、履行强制报告义务或者强制带离受害人等。针对人民法院裁定的人身安全保护令执行不力的情形，可以监督人民法院执行或者监督协作执行机关，如公安机关、村委会、居委会履行人身安全保护令的执行活动。行政检察部门、未成年人检察部门还可监督《反家庭暴力法》第 35 条规定的负有强制报告义务的学校、幼儿园、医疗机构、居委会、村委会等单位。但是，这些活动并非公益诉讼业务，而属于行政执法检察监督活动，应采取社会治理检察建议展开，而非诉前检察建议。

在检察公益诉讼方面，虽然检察公益诉讼深具治理特色，但是检察机关履行职责必须遵循法定司法程序。深具治理特色的检察公益诉讼可以分为诉前程序与诉讼程序。根据实践情况，检察机关当然可以主要借助诉前检察建议或者社会治理类检察建议开展特定群体权益保障专项活动。比如在“深化无障碍环境公益诉讼专项监督行动”中，重点监督出行、办事、文化等公共场所信息无障碍建设活动中存在的违反法律法规、不符合国家标准等问题。① 但是，妇女权益保障类检察公益诉讼案件的成案前提条件至少包含三个层次。第一，抽象条件。案件所涉利益具有公共性、客观性、秩序性等特征。这是检察权力机关介入保障的理论基础和宏观规范基础。第二，现实条件。现实条件需结合更加具体的法律规范和制度架构进行判断。立法正式确定中国检察公益诉讼制度的时间并不长，现行规范也并非固定不可以变更。但一项身处复杂环境中的新制度仍在动态探索过程中，即便要做突破性探索，也需要结合检察公益诉讼制度的架构进行谨慎分析。尤其是检察公益诉讼范围“等外等”的探索并非不受限制，而是要结合相关事项与现有体制、机制的契合度，以及预期的治理效果等情况进行综合研判。第三，具体条件。妇女权益保障的哪些领域、哪些行为更宜于开展检察公益诉讼探索，检察公益诉讼的哪些程序更利于保障妇女权益，还需从可操作性的层面进行分析。

---

① 范跃红、许梅、方芳：《为特殊群体办实事解难题/浙江杭州：深化无障碍环境公益诉讼专项监督行动》，《检察日报》2021 年 6 月 23 日，第 1 版。

（一）框定受损的公益具有群体性公益受损的特征

所谓公益诉讼案件，必须是不确定多数人或较大数量的个体都受到损害的情况下才启动办案程序。反观特定群体保障类检察公益诉讼实践，办案具体条件中受损公益必须具有群体性公益受损的特征，而非个体权益受损的特征。中国《宪法》规定的特定群体包括：妇女、儿童、老人和残疾人（包括残疾军人）、华侨以及疾病或者丧失劳动能力的群体。这些特定群体的权益涉及方方面面，受制于《行政诉讼法》的受案范围，只对其人身权、财产权益进行保护。比如农村妇女土地权利最易受村规民约侵害。要维护农村妇女的土地权利，需将村规民约纳入法治的轨道之中。农村妇女享有土地权利需以村民身份或者婚姻关系为前提，而村规民约则是认定村民身份的重要依据。村规民约并不属于正式的法律渊源，也不在司法审查的涵摄范围之内。但是中国《村民委员会组织法》第 27 条规定，“村民自治章程、村规民约以及村民会议或者村民代表会议的决定不得与宪法、法律、法规和国家的政策相抵触，不得有侵犯村民的人身权利、民主权利和合法财产权利的内容。村民自治章程、村规民约以及村民会议或者村民代表会议的决定违反前款规定的，由乡、民族乡、镇的人民政府责令改正”。因此，乡镇人民政府负有监督村规民约的职责。若乡镇人民政府不履行监督职责，检察机关则有权监督。若乡镇政府对实质含有歧视妇女条款的村规民约怠于履行监督职责或者违法备案这些村规民约，检察机关可以制发检察建议；或在乡镇人民政府不履行职责时，提起行政公益诉讼。

再比如根据《劳动法》的规定，县级以上劳动监察部门未对招聘广告或者招聘活动中存在损害妇女平等就业权利的行为进行查处，检察机关可以制发检察建议，告知行政机关履行监督职责，更正招聘简章，停止对平等就业权利的损害。但是，检察机关不应就当事人个人的投诉或者个人权益受损而办理公益诉讼案件。

（二）妇女权益保障类公益诉讼具体领域选择

结合《行政诉讼法》第25条第4款、《民事诉讼法》第58条的规定，妇女权益保障类公益诉讼应重点保障妇女文化教育权利、劳动和社会保障权、财产权、人权等权益。

在文化教育权利保障方面，《义务教育法》第5条第2款规定，“适龄儿童、少年的父母或其他法定监护人应当依法保证其按时入学接受并完成义务教育”。实际情况是女童的辍学率高于男童。依据《国务院办公厅关于进一步加强控辍保学提高义务教育巩固水平的通知》（国办发〔2017〕72号）中“将义务教育控辍保学工作纳入地方各级政府考核体系，作为对地方政府及其主要领导考核的重要指标”的规定，强调将女童的相应指标纳入考核体系。山东、陕西、云南等地的地方性法规已作出了相关规定。所以，除因疾病或者其他特殊情况经当地乡镇人民政府或者县级人民政府教育行政部门备案的以外，对不送适龄女性儿童少年入学的父母或者其他监护人，当地人民政府不采取有效措施的，检察机关可以进行行政行为检察监督，构成起诉条件时，可以提起公益诉讼。当学校录取学生时，对在非国家规定的特殊专业之外以性别为由拒绝录取女性或者提高对女性的录取标准的情形，则可以提起公益诉讼。

在劳动和社会保障方面，机关、企事业单位在招聘、晋职、晋级、评定专业技术职务等方面涉嫌性别歧视并侵害众多妇女权益时，可以提起检察公益诉讼。具体情形包括：用人单位在招录过程中，明确限定只录取男性或规定男性优先的录取条件，或者除询问受聘者个人基本信息外，还进一步询问女性求职者的婚育情况及意愿，再或者将妊娠测试作为入职体检项目或者将限制结婚、生育作为录用条件等情形。除此之外，因结婚、怀孕、产假、哺乳等情形，降低女职工的工资或辞退女职工、单方面解除劳动（聘用）合同或者服务协议的情形属于“差别影响”案件。检察机关可以根据投诉、举报的线索，针对企业长期存在“差别影响”的案件，责令劳动监察部门履行监督职责。若行政机关不履职，可以提起行政公益诉讼或者支持妇联等社会组织提起民事公益诉讼，切实保护妇女权益。

在财产权益保障方面，机关、企事业单位、基层群众自治组织在农村集体经济组织成员资格认定、土地承包经营、集体经济组织收益分配、土地征收或者征用安置补偿以及宅基地使用等方面，侵害妇女平等的财产权利，造成众多妇女权益受损时，可以提起公益诉讼。

在人格权保障方面，《民法典》《妇女权益保障法》等法律法规规定禁止违背妇女意愿实施性骚扰行为，也明确规定机关、企业、学校等单位应当采取措施预防和制止对妇女的性骚扰。若机关、企业、学校等单位未采取措施预防和制止对妇女的性骚扰行为，受害妇女有权向单位和有关机关投诉，也可以向人民法院提起民事诉讼。检察机关也可以根据刑事案件中移送的线索或者投诉、举报，对机关、企业、学校怠于履行职责的行为提起公益诉讼。

（三）妇女权益保障类检察公益诉讼案件的办案流序

以性骚扰案件为例。中国虽已通过立法对性骚扰问题作出规定，但仍仅是粗疏的要件列举式规定，既没有对性骚扰的类型作出区分，也没有对不同类型的性骚扰侵权行为规定相应的救济路径。立法之粗疏、空白，加之性骚扰案件的发生往往具有场所私密、证据难固定、易引发舆论争议等特点，导致一定数量的、实际发生的性骚扰案件并不会进入司法程序。即便进入诉讼程序，也多以证据不足原告败诉而告终。这一局面在《民法典》颁布后也不会有根本的扭转。因为《民法典》第1010条的用人单位防治性骚扰责任是公法责任。用人单位承担的防治责任不仅仅是基于对人格权的保障更是落实《宪法》平等保护的公法义务。县级以上人民政府人力资源社会保障行政部门的执法任务加重，导致执法力量不足的问题更加突出。作为补充型的救济机制，检察机关在办理这类公益诉讼案件时，需要遵循以下的办案流程。第一，线索收集。从举报、投诉等线索中发现那些反复被投诉的企事业单位或者劳动监察机关比较普遍地怠于履行职责时。第二，调查核实。对涉事单位的劳动规章制度中是否设单独章节规定，员工手册中是否详细规定了禁止职场性骚扰的可操作性规定等进行调查，以及劳动监察部门执法的情况。第三，审查结论。若用人单位确实未履行防止性骚扰的责任，损害了妇女的权益，可向劳动监察部门制发检察建议，也可支持妇女本人或者妇联、工会提起民事诉讼；而当劳动监察机关未能督促企事业单位开展防治职场性骚扰行为的宣传教育工作以及未能将相关责任列入公司规章制度和劳动合同条款时，检察机关也可以针对劳动监察部门提起行政公益诉讼。

B.14
行政协议裁判观点评述

林　华　高林皓　金　麟*

摘　要：在行政协议的相关案例中，人民法院以不同的裁判说理展现了不同的立场，揭示了法院在依法行政与契约严守、法律优位与法安定性等原则间的权衡，体现了行政协议案件的复杂性。行政协议的识别、行政协议无效认定、行政协议的单方变更与解除、行政协议的赔偿等问题，归根结底是行政法律规范与民事法律规范的适用问题，如何调和公私法适用是行政协议司法审查的核心。因此，以人民法院的裁判文书为分析样本，对行政协议案件的裁判观点进行归纳分析，不仅有助于行政协议的理论提升，而且有助于提升法院裁判质量，维护司法权威，具有重要的理论意义和实践意义。

关键词：行政协议　行政优益权　行政协议无效　国家赔偿

行政协议，又称行政合同、行政契约，是行政机关为了实现行政管理或者公共服务目标，与公民、法人或者其他组织协商订立的具有行政法上权利义务的协议。相较于传统高权行政行为，行政协议的典型特征在于其具有“合意性”，是行政机关与行政相对人达成合意的产物，体现了公众参与社

* 林华，中国政法大学法治政府研究院副教授，主要研究方向为行政法、互联网法、教育法；高林皓，中国政法大学法学院硕士研究生，主要研究方向为行政法；金麟，中国政法大学法学院硕士研究生，主要研究方向为行政法。

会治理的理念，推进了诚信政府、法治政府建设。

“司法机关是维护社会公平正义的最后一道防线。”① 行政机关与行政相对人就行政协议产生的争议最终要交由司法来解决。2014 年《中华人民共和国行政诉讼法》（以下简称“2014 年《行政诉讼法》”）将“行政机关不依法履行、未按照约定履行或者违法变更、解除政府特许经营协议、土地房屋征收补偿协议等协议”纳入行政诉讼受案范围。2015 年《最高人民法院关于适用〈中华人民共和国行政诉讼法〉若干问题的解释》（以下简称“2015 年《适用解释》”）对行政协议进行了规定。2019 年《最高人民法院关于审理行政协议案件若干问题的规定》（以下简称“《行政协议司法解释》”）发布，2021 年最高人民法院首次集中发布行政协议典型案例。一系列司法解释和裁判案例为行政协议司法审查构建了较为完整的框架体系，规则设计和制度建构有了长足进展，法治政府建设的引领作用进一步彰显。

随着审判实践不断深入与拓展，如何识别行政协议、如何认定行政协议无效、如何审查单方变更、解除行为和行政协议的赔偿等问题已然成为理论界和实务界关注的焦点问题。本报告以行政协议司法审查的整体图景为研究基础，以司法实践中的焦点问题为导向，重点关注具有典型意义的行政协议案件中所展现的司法裁判观点，探究《行政协议司法解释》施行后司法审查的实践发展与制度创新，以期为行政协议的理论研究和实务研究提供知识增量和经验指引。

一　行政协议司法审查的整体图景

截至 2021 年 7 月 13 日，在中国裁判文书网以“案由：行政案由”“理由：行政协议”“诉讼记录：行政协议”进行检索，共检索到 11671 篇裁判文书。

从时间维度上看，行政协议案件数量与日俱增（见图 1）。一方面，自

① 习近平：《习近平谈治国理政》（第二卷），外文出版社，2014，第 148 页。

2014年《行政诉讼法》生效后，人民法院审理行政协议案件首次具有了法律层面的依据，行政协议审判的探索实践不断发展。另一方面，随着中国全面深化改革不断推进，行政协议因其“合意性”备受行政机关和相对人青睐，逐渐成为社会治理的重要工具之一。与之而来的便是行政争议的多发，政府失信问题突出。①

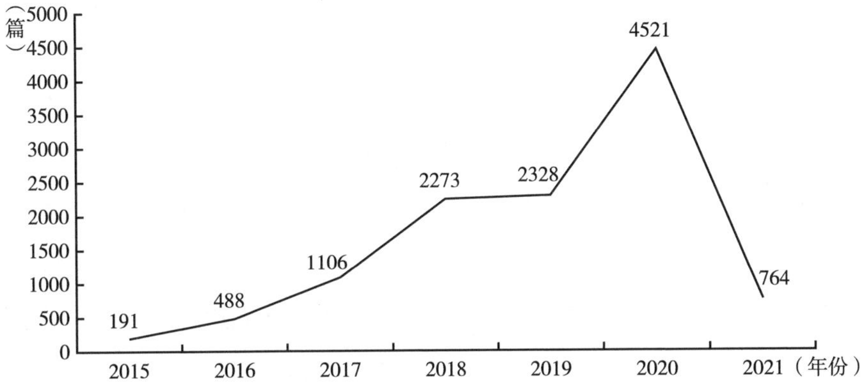

图1　历年行政协议案件数

数据来源：中国裁判文书网，案由为“理由：行政协议”“诉讼记录：行政协议”的裁判文书（2015年1月1日~2021年7月13日）。

从审级维度上看，中级人民法院以下的审判机关审理行政协议案件占比72.5%（见图2）。行政协议案件的审判压力主要集中在基层人民法院和中级人民法院，而高级人民法院和最高人民法院占比不到30%。具体而言，最先处理行政协议案件的是处于各市、县区的法官。行政协议案件的大量涌现，地方行政审判人员的严重不足，“案多人少”的局面已然形成，带来了巨大的挑战和冲击。

从判决维度上看，行政机关的总体胜诉率较高。但从年份来看，当前行政机关的胜诉率存在着由升到降的趋势（见图3）。这表明虽然政务诚信建

① 中国政法大学法治政府研究院编《中国法治政府评估报告（2020）》，社会科学文献出版社，2020，第242页。

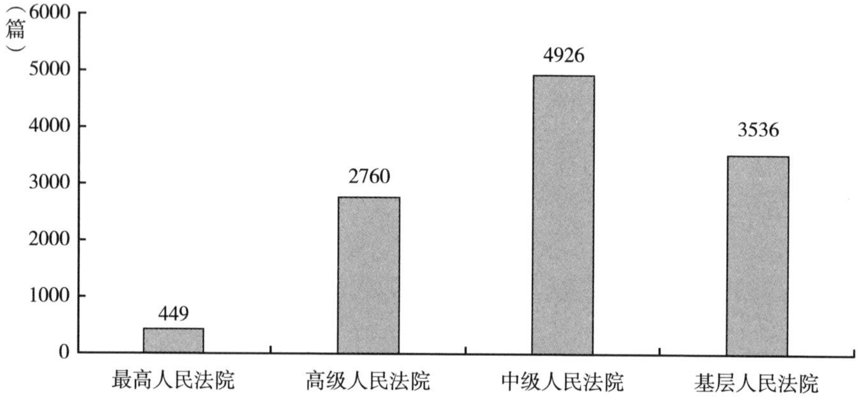

图 2　行政协议案件法院审理层级

数据来源：中国裁判文书网，案由为“理由：行政协议”“诉讼记录：行政协议”的裁判文书（2015 年 1 月 1 日 ~2021 年 7 月 13 日）。

设已然取得一定的成果，但是仍有改进空间，人民法院通过行政协议诉讼发挥审判职能，推动行政机关依法行政，仍大有可为。

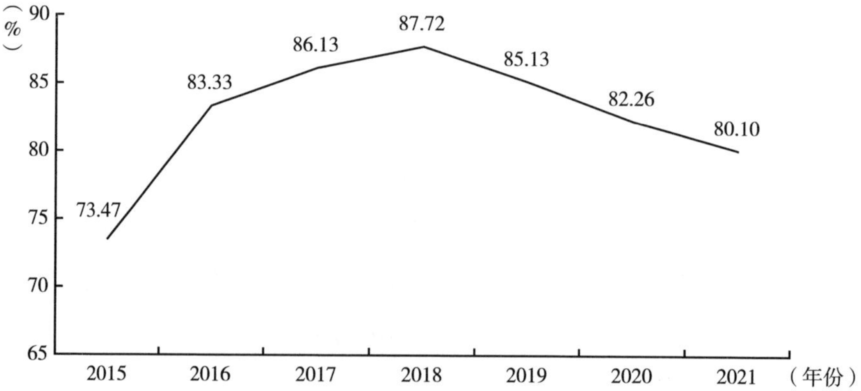

图 3　行政机关胜诉率

数据来源：中国裁判文书网，案由为“理由：行政协议”“诉讼记录：行政协议”的裁判文书（2015 年 1 月 1 日 ~2021 年 7 月 13 日）。

从裁判关键词来看，行政协议的界定、行政协议的效力、行政协议的履行为行政协议案件的主要争点。除去如“合”“拆”“本案争议”等与行政协议案件审判焦点关联性较弱的关键词，“合同”“强制性规定”“胁迫”

“欺诈”“变更”“公共利益”“合同无效”“协议无效”“恶意串通”“继续履行”“实际履行”“补救措施”“诚实信用”“赔偿损失”等关键词构成了行政协议案件审理的关键点（见图4）。从这些关键词的串联来看，“合同”“公共利益”为行政协议识别问题所涉及，“强制性规定”“胁迫”“欺诈”“合同无效”“协议无效”“恶意串通”又涉及行政协议无效的判定，“变更”“继续履行”“实际履行”“补救措施”“诚实信用”“赔偿损失”则涉及行政协议的履行问题，尤其是行政协议的单方变更、解除和责任问题。

图4　行政协议案件关键词云

数据来源：中国裁判文书网，案由为“理由：行政协议”“诉讼记录：行政协议”的裁判文书（2015年1月1日~2021年7月13日）。

二　行政协议识别的司法立场

行政协议的识别迄今仍未达成共识。[①] 正如学者所言，当前各个规范文本中的列举只是对社会生活中认同度较高的具体行政协议形态的罗列，只起到范例作用，不是归类作用。[②] 行政协议的识别标准，是行政协议案件的首

① 梁凤云：《行政协议的界定标准——以行政协议司法解释第1条规定为参照》，《行政法学研究》2020年第5期。

② 余凌云：《行政契约论》（第二版），中国人民大学出版社，2006，第147页。

要问题，其目的在于将行政协议同民事合同相界分。[①] 法律规范对行政协议的识别留出了空间，司法实践的填补能为行政协议的识别问题提供一个较为稳定的判定标准。

（一）行政协议的界定

1. 识别行政协议的学理争端

在原《中华人民共和国合同法》（以下简称原《合同法》）起草时，民法学者主张行政协议系特殊的民事合同，受原《合同法》调整。[②] 行政法学者比较一致的观点是，行政协议与民事合同存在实质性区别，只有区别处理，才能有利于争议解决。[③] 随着“行政协议”正式被纳入行政诉讼受案范围，行政协议的范围虽仍有争议，但是其概念本身的独立性毋庸置喙，行政协议的识别标准成为学者讨论的热点问题。有学者主张以缔约主体识别行政协议，只要是行政机关同行政相对人签订的协议，即行政协议，该主张又被称为“主体标准”。[④] 行政法学界的主流观点是“内容标准”，在“主体标准”的基础上，更为强调行政协议的实质特征。主要的观点大体分三类：一是主张行政协议不仅仅在内容上含有“行政法上的权利义务”，还在缔约目的上包括“行政管理或公共服务”等涉及公共利益的目标；[⑤] 二是认为“行政法上的权利义务”是行政协议的关键特征，行政协议的内容涉及对行政权的未来处分，涉及签订行政协议的行政机关和其他行政机关的未来处分；[⑥] 三是认

---

① 梁凤云：《行政协议司法解释讲义》，人民法院出版社，2020，第 4 页。

② 如梁慧星认为，国家通过行政机关对某些市场交易行为进行适度干预，即使通过合同的形式，不能使这些市场交易关系变成所谓的“行政合同”。梁慧星：《中国统一合同法的起草》，载梁慧星主编《民商法论丛》（第 9 卷），法律出版社，1998，第 29 ~ 30 页。

③ 如江必新认为，行政合同的实际应用愈发广泛，其难为私法原理和规范调整的事实也愈发明显。江必新：《中国行政合同法律制度：体系、内容及其构建》，《中外法学》2012 年第 6 期。

④ 陈无风：《行政协议诉讼：现状与展望》，《清华法学》2015 年第 4 期。

⑤ 沈福俊：《司法解释中行政协议定义论析——以改造“法定职责范围内”的表述为中心》，《法学》2017 年第 10 期。

⑥ 余凌云：《行政协议的判断标准——以“亚鹏公司案”为分析样本的展开》，《比较法研究》2019 年第 3 期。

为"公权力的作用"是行政协议与民事合同区别的核心标准。①

梳理上述三种观点，可见其概念辐射内涵依次递减（见图5）。从概念谱系来看，三种观点在职权性标准和公务性标准之间分布，前者认为行政协议的识别主要看协议内容是否为具体行政职权的契约化，后者则认为行政协议的识别主要关注协议内容的公益性，凡是行政机关履行行政职责的协议均是行政协议。② 由此可见，学界对行政协议识别问题的主要争议点在于能否突破职权性标准，如果能，其突破的限度应当如何设定。

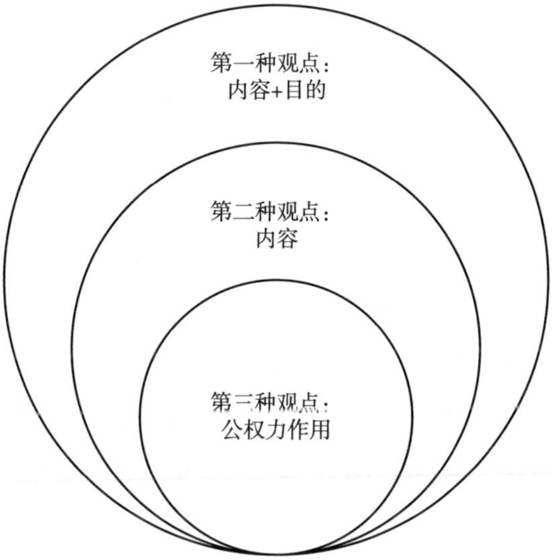

图5　三种观点的概念延伸

2. 识别行政协议的司法立场

在司法实践中，最高人民法院对行政协议的识别形成了两个标准：一是"形式标准"，行政协议必须发生在具有行政职权的机关和组织及其工作人

① 如于立深认为，通过"公权力的作用"这一识别标准，可以将含有公共权力、公共任务目的、公共财物等因素之一的合同形态纳入行政诉讼渠道。于立深：《行政协议司法判断的核心标准：公权力的作用》，《行政法学研究》2017年第2期。

② 宋华琳、郭一君：《行政协议识别标准的再探讨》，《西北大学学报》（哲学社会科学版）2021年第3期。

员与公民、法人或者其他组织之间；二是“实质标准”，行政协议的标的及内容是行政法上的权利义务。[①] 这两个标准亦为各高级人民法院、中级人民法院和基层人民法院在审理行政协议案件时所采用。[②]

（1）“形式标准”作为否定性标准。“形式标准”对应行政协议的主体要素，当缔约主体不适格时，人民法院可以依据“形式标准”作出否定性判断。如在“白某诉内蒙古自治区清水河县人民政府行政复议决定案”中，最高人民法院认为，虽然涉案合同约定了房屋拆迁安置补偿事项，但协议当事人巨东公司并非行政机关，也没有证据证明巨东公司是接受委托从事拆迁行为，故本案难以认定该合同属于行政协议。[③]

若案涉协议符合“形式标准”，那么需要进一步审查其是否符合“实质标准”。从“实质标准”的构成来看，需要法官在审查时结合具体情况进一步研判。

（2）“实质标准”作为肯定性标准。在典型案例“大英县永佳纸业有限公司诉四川省大英县人民政府不履行行政协议案”中，最高人民法院认为，“行政法上的权利义务可以从以下三方面进行判断：一为是否行使行政职权、履行行政职责；二为是否为实现公共利益或者行政管理目标；三为在协议里或者法律上是否规定了行政机关的优益权”。[④] 其中第一个判断要素为本质要素，第二个、第三个判断要素为辅助要素，若案涉协议符合本质要素，案涉协议即行政协议；若无法判断案涉协议是否符合本质要素，则可依

① 最高人民法院行政裁定书（2017）最高法行申195号和最高人民法院行政裁定书（2018）最高法行再1号。

② 陕西省高级人民法院行政裁定书（2020）陕行终499号，辽宁省高级人民法院行政裁定书（2019）辽行终531号，南昌铁路运输中级法院行政判决书（2020）赣71行终70号，湖南省怀化市中级人民法院行政判决书（2020）湘12行初60号，贵州省黔西县人民法院行政判决书（2020）黔0522行初214号等。

③ 最高人民法院行政裁定书（2016）最高法行申2008号。该标准在“孙鹏涛与北京市东城区人民政府城市规划复议纠纷再审案”中亦得到重申，最高人民法院认为，“取得房屋拆迁许可证的非行政机关作为拆迁人与被拆迁人签订的拆迁补偿安置协议，并非行政协议，而是民事协议，由此协议产生的纠纷是民事纠纷，不能申请行政复议，不可提起行政诉讼”。参见最高人民法院行政裁定书（2017）最高法行申5311号。

④ 最高人民法院行政裁定书（2017）最高法行申195号。

据辅助要素进行判断。[①]

从最高人民法院对实质标准的要素建构来看，实质标准的本质要素“行使行政职权、履行行政职责”在“职权性标准”和“公务性标准”之间摇摆，其辅助要素亦同，可见最高人民法院突破了学理上的“职务性标准”识别行政协议，但是其限度又同“公务性标准”相区别，避免行政协议的概念泛化。

（二）行政协议的类型

1. 法定分类及《行政协议司法解释》新增类型

2014年《行政诉讼法》未对行政协议进行界定，仅规定行政协议属于行政诉讼受案范围。2015年《适用解释》第11条第2款作出了部分规定：其一，将“土地房屋征收补偿协议”扩张至“土地、房屋等征收征用补偿协议”，在范围上从“土地房屋”延展至“土地、房屋等”，在方式上从“征收”扩展至“征收征用”，进一步保障相对人的其他财产性权利；其二，明确“等协议”为“其他行政协议”，即对“等协议”作“等外等”解释。至于“其他行政协议”如何认定，一方面通过行政协议的要素标准进行识别，另一方面从法律规范的明示列举中发现。

除《行政诉讼法》对行政协议的种类进行明示外，一些地方政府规章也对行政协议的种类进行了列举。如《江苏省行政程序规定》第77条第2款规定了八类行政协议。[②] 在司法解释中，《行政协议司法解释》第2条新增三类行政协议，至于未在司法解释中列举，但是在规章中已然规定的行政协议的司法实践并不成熟，故而未作为有名协议进行列举。[③]

---

① 最高人民法院行政裁定书（2017）最高法行申195号。

② 《江苏省行政程序规定》第77条第2款：“行政合同主要适用于下列事项：（一）政府特许经营；（二）国有自然资源使用权出让；（三）国有资产承包经营、出售或者租赁；（四）征收、征用补偿；（五）政府采购；（六）政策信贷；（七）行政机关委托的科研、咨询；（八）法律、法规、规章规定可以订立行政合同的其他事项。”

③ 杨科雄、郭雪：《行政协议法律制度的理论与实践》，中国法制出版社，2021，第109页。

2. 国有土地使用权出让协议的性质界定

国有土地使用权出让协议作为典型的国有自然资源使用权出让协议，尽管部分地方的政府规章已经明确其行政协议属性，但是司法实践对于其性质界定仍是观点不一。在审判实践中，国有土地使用权出让协议有时作为民事合同进行审理，如“湖南省民昌实业有限公司与广州南沙开发区国土资源和规划局建设用地使用权纠纷再审案”,①“长春泰恒房屋开发有限公司与长春市规划和自然资源局国有土地使用权出让合同纠纷案”。② 有时候也作为行政协议进行审理，如“寿县锦兰房地产开发有限责任公司诉寿县人民政府等国有土地使用权出让案”,③“湖南省衡阳县西渡镇蒸阳社区里生居民小组诉湖南省衡阳县人民政府国有土地使用权出让及行政赔偿案”。④ 有部分人民法院认为该协议是民事案件，尽管已经以行政案由受理。⑤ 由此可见，对于国有土地使用权出让合同是否纳入行政协议范畴，司法实务同部分地方的行政立法存在不一致之处。但从审判案件数据上看，国有土地使用权出让合同在民事审判中占比极低，同行政审判相关案件数相比，也较低。以2018 年为例，全国民商事案件为 1643. 8 万件，该类案件为 772 件，同行政审判一审程序的 25 万件相比，也是较少的。⑥

国有土地使用权出让协议应当归类于行政协议。理由有五。

其一，国有土地使用权出让协议归类于行政协议符合体系解释的要求。

① 最高人民法院民事裁定书（2016）最高法民申 2365 号。

② 最高人民法院民事裁定书（2019）最高法民再 246 号。

③ 最高人民法院行政裁定书（2017）最高法行申 3257 号。

④ 最高人民法院行政裁定书（2016）最高法行申 3240 号。

⑤ 如在“张某某与青岛市国土资源和房屋管理局国有土地使用权出让合同纠纷上诉案”中，青岛市中级人民法院认为，“本案诉请涉及国有土地使用权合同纠纷，不属行政诉讼的审查范围”。故裁定撤销一审判决，驳回原告起诉。参见山东省青岛市中级人民法院行政裁定书（2011）青行终字第 84 号。又如在“河北森海投资管理有限公司、河北萃海房地产开发有限公司蔚县分公司资源行政管理：其他（资源）”一案中，张家口市中级人民法院认为“《最高人民法院关于审理行政协议案件若干问题的规定》第二条规定了行政协议的范围，该条并未将国有建设用地使用权出让合同纠纷明确纳入行政诉讼受案范围”，故裁定驳回上诉。参见河北省张家口市中级人民法院行政裁定书（2020）冀 07 行终 95 号。

⑥ 梁凤云：《行政协议司法解释讲义》，人民法院出版社，2020，第 27 ~28 页。

《行政诉讼法》第 25 条第 4 款[①]对检察机关提起诉讼作出了规定，其中行政机关违法行使职权的情形中包括“国有土地使用权出让纠纷”。由此可见，国有土地使用权出让纠纷属于行政诉讼受案范围，国有土地使用权出让协议系《行政诉讼法》第 12 条第 1 款第 11 项规定的“等协议”。

其二，国有土地使用权出让协议符合《行政协议司法解释》第 1 条确定的四要素。从主体要素看，协议主体分别为行政机关和行政相对人；从目的要素来看，签订国有土地使用权出让协议的目的系行政机关对国有资源的出让，属于行政管理或者公共服务的目标；从意思要素来看，协议是协商订立的；从内容要素来看，行政机关往往具有行政优益权。[②]

其三，根据《中华人民共和国宪法》第 10 条的规定，土地在国有自然资源的概念射程之内，根据文义解释，国有土地使用权即国有自然资源使用权的一种。据《行政协议司法解释》起草者的解释，列举矿业权而未直接列举国有土地使用权，是因为民事审判部门还在执行相关司法解释，故而折中考虑，以“矿业权出让协议等国有自然资源使用权出让协议”代替“国有土地使用权出让协议等国有自然资源使用权出让协议”的表述。[③]

其四，行政机关和司法机关均承认其行政协议性质。《湖南省行政程序规定》第 93 条等政府规章将“国有土地出让”纳入行政协议的范畴。[④] 最高人民法院在“萍乡市亚鹏房地产开发有限公司诉萍乡市国土资源局行政协议案”中明确案涉国有土地使用权出让合同属于行政协议。2018 年 7 月

① 《行政诉讼法》第 25 条第 4 款：“人民检察院在履行职责中发现生态环境和资源保护、食品药品安全、国有财产保护、国有土地使用权出让等领域负有监督管理职责的行政机关违法行使职权或者不作为，致使国家利益或者社会公共利益受到侵害的，应当向行政机关提出检察建议，督促其依法履行职责。行政机关不依法履行职责的，人民检察院依法向人民法院提起诉讼。”

② 如《城市房地产管理法》第 20 条明确，在特殊情况下，根据社会公共利益的需要，国有土地使用权可以依照法律程序提前收回。

③ 梁凤云：《行政协议司法解释讲义》，人民法院出版社，2020，第 32 ~ 33 页。

④ 《湖南省行政程序规定》第 93 条规定了七项行政协议：“行政合同主要适用于下列事项：（一）政府特许经营；（二）国有土地使用权出让；（三）国有资产承包经营、出售或者出租；（四）政府采购；（五）政策信贷；（六）行政机关委托的科研、咨询；（七）法律、法规、规章规定可以订立行政合同的其他事项。”

23日发布的《最高人民法院第一巡回法庭关于行政审判法律适用若干问题的会议纪要》也指出，国有土地使用权出让协议是最典型的行政协议，应当属于行政诉讼受案范围。

其五，将国有土地使用权出让协议纳入行政协议范畴，有利于推进诉源治理，实现争议的实质性化解。行政协议涉及合法性审查的问题，需要进行全面审查，将协议所涉及的征收拆迁和补偿安置等行政程序纳入审查范围，而不是通过民事诉讼仅对协议本身进行合约性审查。从形塑诚信政府的角度看，行政诉讼属于外部监督，通过行政审判，强化公法约束，有利于推进诚信政府建设。

三　行政协议无效的司法审查

行政协议无效是行政协议效力制度中最核心的问题，任何行政协议案件都需要先对行政协议的效力予以判断。学理上，研究者相继提出了“行政优先说”①“民事准用说”②“统一说”③“混合契约说”④“公因式提取+列举说”⑤等多种理论框架，从不同的角度分析无效行政协议认定。学理上的争执不休反映出无效行政协议的法律适用仍处于一种变幻莫测的模糊地带，司法裁判中法官的审理思路可以为行政协议无效问题提供一个研究与反思的现实基础。

（一）行政协议无效法律适用的实践表现

梳理当前实践中的裁判观点，可以总结出“顺序并用模式”、“简单并用模式”、“行政标准单独模式”与“民事标准单独模式”四种典型的法律适用模式。

---

① 江必新：《行政协议的司法审查》，《人民司法》（应用）2016年第34期。

② 陈无风：《行政协议诉讼：现状与展望》，《清华法学》2015年第4期。

③ 韩思阳：《无效行政协议审查规则的统一化——兼评〈行政协议解释〉》，《法学杂志》2020年第10期。

④ 余凌云：《论行政协议无效》，《政治与法律》2020年第11期。

⑤ 王敬波：《司法认定无效行政协议的标准》，《中国法学》2019年第3期。

1. 简单并用模式

简单并用模式是指法院不区分先后顺序和效力差别，同时适用行政法律规范和民事法律规范审查行政协议的效力的审查模式。在“喻某某诉襄阳市人民政府行政协议纠纷再审案”（简称“喻某某案”）中，最高人民法院认为，“一、二审法院忽略行政协议的行政行为属性，存有不足之处”，“既要适用行政诉讼法关于无效行政行为的规定，同时也要适用民事法律规范中关于认定合同无效的规定”。[①] 本案中法官的观点认为，行政、民事两类法律规范在使用顺序和法律效力上不存在区别，两者可以同等适用审查协议效力。这种同时援引行政法律规范和民事法律规范判断行政协议效力的审查方法，是“简单并用模式”的最直观体现。[②] “简单并用模式”在法理上较易理解。行政协议因其兼具行政性与合意性，行政法律规范和民事法律规范各具不同的规范内涵，难以相互替代或涵盖，均具有独立适用的必要性，这是“简单并用模式”的正当性基础。

2. 顺序并用模式

顺序并用模式是指法院有顺序地适用行政法律规范和民事法律规范，有意识地优先适用一类法律规范后，再适用另一类法律规范进行审查，这两类法律规范通常具有不同的法律效力。“顺序并用模式”是对“简单并用模式”的进一步深化，除了在形式上同时适用两类法律规范外，还要具体考量价值导向、信赖保护、公共利益等实质性因素，对行政和民事规范区分适用。

从形式逻辑的角度分析，两类不同规范的排列顺序共有两种，即“民－行模式”和“行－民模式”。在司法实践中，“顺序并用模式”亦可以再划分为“民事优先模式”和“行政优先模式”两种子类型。例如，在

---

① 最高人民法院行政裁定书（2018）最高法行申 191 号。

② 又如在“杨某某诉云南省昌宁县人民政府其他行政协议纠纷再审案”中，最高人民法院亦采取该方法，同时适用《行政诉讼法》第 75 条和原《合同法》第 54 条审查行政协议效力，未对这两类规范的适用顺序和法律效力进行区分。参见最高人民法院行政裁定书（2019）最高法行申 1968 号。

"徐某某诉安丘市人民政府房屋补偿安置协议案"中，法院优先适用原《民法总则》第 143 条规定，审查该协议是否属于双方真实的意思表述以判断民事法律行为的效力，认定争议条款并非被告真实意思表示属于无效后，进而再适用《行政诉讼法》第 75 条与原《合同法》第 54 条的规定判断行政协议效力。[①] 这种审查模式优先适用民法规范判断民事法律行为的效力情况，在这之后再判断协议本身的效力，民事法律规范显然具有优先性，可以称之为"民事优先模式"。与此相对，"行政优先模式"则要求优先考虑行政行为无效规则，再审慎适用民事合同无效规则。在"安丘市人民政府与潍坊讯驰置业发展有限公司行政协议再审案"中，法院明确表示判断行政协议的效力应当优先适用无效行政行为的规定，脱离行政协议的行政行为属性，仅适用民事合同无效条款否认合同效力，既阻碍行政协议的功能发挥，也不利于信赖利益的保护。[②] 法院在本案中不仅认为应当优先适用行政法规范，而且认为单独援用民事法律规范不足以认定行政协议无效，在两类规范中区分先后顺序与效力区别，可以称之为"行政优先模式"。这两类优先模式如何适用并无明确的标准，司法实践中也难以梳理出通行的规则，其更多要求法官在具体案件中价值判断和利益衡量，具有一定的灵活性。

3. 行政标准单独模式

行政标准单独模式是指法院仅适用行政法规范中无效行政行为的规定对涉案协议的效力进行审查，没有提及民法规范中的合同效力问题。例如，在"尹某某诉瓦房店市政府确认拆迁补偿协议无效再审案"中，法院适用《行政诉讼法》第 75 条和 2015 年《适用解释》第 99 条的规定，逐项审查行政协议是否存在重大且明显违法的情形，最终判断行政协议合法有效。[③] 法院并未讨论涉案协议是否存在民事合同无效的情形。这种审查模式混淆了行政协议与行政行为之间的界限，忽视了行政协议可能存在双方意思表示不真实、损害公共利益等合同无效的情况。法院将建立在双方合意基础上的行政

---

① 山东省潍坊市中级人民法院行政判决书（2018）鲁 07 行初 92 号。

② 最高人民法院行政裁定书（2017）最高法行申 7679 号。

③ 最高人民法院行政裁定书（2018）最高法行申 9884 号。

协议当作普通的单方行政行为审查，抹杀了行政协议的存在价值。

4. 民事标准单独模式

民事标准单独模式是指法院在审查行政协议时仅适用民事法律规范，没有涉及无效行政行为的问题，且认为行政协议只要具备民法中无效合同的情形即为无效行政协议。在“哈某某与河北省河间市人民政府行政协议再审审查与审判监督行政裁定书”中，法院仅适用了原《合同法》第 54 条的规定审查了行政协议效力，并未提及涉案行政协议是否符合《行政诉讼法》第 75 条的行政行为无效的规定。[①] 在“宁海县辛岭橡塑五金厂诉宁海县人民政府、宁海县人民政府跃龙街道办事处房屋拆迁安置补偿协议案”中，法院亦是仅适用《合同法》第 54 条第 1 款的规定即认定行政协议无效，没有对行政协议的行政性问题、违反民法规范是否能直接导致行政协议无效的问题做出进一步讨论。上文所述的“喻庆年案”同样存在片面适用民法规范的问题。从理论上讲，行政协议固然建立在双方合意的基础之上，但本质上仍然具有行政性，协议只不过是行政机关履行职责的方式，其作为公权力行政的属性并未改变。[②]

（二）行政协议无效法律适用的模式选择

在法律层面，中国尚未明确行政协议的无效标准，仅在《行政协议司法解释》中根据行政协议的“行政性”与“合意性”的特点，结合《行政诉讼法》中行政行为无效和民事法律中民事合同无效的规范作出了规定。[③] 从行政协议“行政性”与“合意性”共存的特征与《行政协议司法解释》的规范意旨来看，行政法律规范和民事法律规范都存在适用的正当性与必要性。故“行政标准单独模式”和“民事标准单独模式”存在忽视行政协议

---

① 最高人民法院行政裁定书（2018）最高法行申 5937 号。

② 王敬波：《司法认定无效行政协议的标准》，《中国法学》2019 年第 3 期。

③ 《最高人民法院关于审理行政协议案件若干问题的规定》第 12 条：“行政协议存在行政诉讼法第七十五条规定的重大且明显违法情形的，人民法院应当确认行政协议无效。人民法院可以适用民事法律规范确认行政协议无效。行政协议无效的原因在一审法庭辩论终结前消除的，人民法院可以确认行政协议有效。”

本质特征、评价不充分和限缩相对人权利等问题，亦不符合当前司法解释的规定，在司法裁判中应当予以避免。

据此，值得深入分析讨论的是“简单并用模式”和“顺序并用模式”两者之间的优劣和选择问题，即行政法律规范和民事法律规范是否具有效力上的区分和适用上的先后顺序。而对这一问题的探讨，有必要诉诸行政协议的本质特征和法律规范的解释。

有学者认为，从当前规定的“应当”和“可以”的表述看，以上两个规则的地位是并列的，面临冲突时，重大且明显违法规则优先。① 当私法契约无效规则与行政行为无效规则发生冲突时，应当优先适用行政行为的相关规则。② 在民事法律规范的适用问题上，立法机关的释义中明确应当优先适用有关法律法规或规章的特别规定，没有特别规定的适用合同法。③ 从主观解释的角度看，立法机关的释义显然为行政法律规范和民事法律规范之间划分了适用顺序。因此，在上述四个审理模式中，应当采用“顺序并用模式”中的“行政优先模式”，在认定行政协议无效时，人民法院应当优先适用重大且明显违法规则，进而再适用民事法律规范审查。此外，行政协议中出现民事合同无效标准未必导致协议无效，仍需结合实际情况进行利益衡量。

四　行政协议单方变更、解除的司法审查

行政机关基于公共利益的需要，在履行协议的过程中享有一定的特权。④ 此种特权又被称为行政优益权，其内容包括指导与监督权、直接强制执行权、制裁权、单方变更与解除权、解释权等。⑤ 其中，行政机关的单方变更、解除权是行政优益权的集中体现。

---

① 杨科雄、郭雪：《行政协议法律制度的理论与实践》，中国法制出版社，2021，第 156 页。
② 步兵：《论行政契约之效力状态》，《法学评论》2006 年第 4 期。
③ 全国人大常委会法制工作委员会行政法室编《中华人民共和国行政诉讼法解读》，中国法制出版社，2014，第 45 页。
④ 王名扬：《法国行政法》，北京大学出版社，2016，第 151 页。
⑤ 余凌云：《行政法讲义》（第三版），清华大学出版社，2019，第 303 ~ 305 页。

（一）行政机关单方变更、解除权的学理阐释

在《行政诉讼法》修改之前，行政机关的单方变更、解除权已经存在于行政规章之中。[①] 有学者认为，行政机关单方变更、解除权侧重于行政协议的“行政性”，同传统高权行政行为存在极高的相似度。[②] 司法裁判对此也持认可态度，比如在“田某某诉武汉市江夏区人民政府行政协议案”中，最高人民法院认为行政机关单方变更、解除协议与传统的单方行政行为并无不同。[③]《行政协议司法解释》承袭前述逻辑，其第 11 条明确法院对于行政机关单方解除行政协议的行为应当按照《行政诉讼法》第 70 条进行合法性审查。

（二）法院审查单方变更、解除行为的实践样态

单方变更、解除行为同传统高权行政行为存在一定的相似性，但在行政协议诉讼中，法院对单方变更、解除行为的审查，除却以客观法秩序为依据外，还需要兼顾行政协议中的合意性法律关系。[④]

1. 对单方变更、解除协议必要性的审查

2015 年《适用解释》第 15 条第 3 款[⑤]规定了行政协议的补偿条款。从

① 如 2011 年通过的《山东省行政程序规定》第 105 条第 2 款规定：“行政合同在履行过程中，出现严重损害国家利益或者公共利益的重大情形，行政机关有权变更或者解除合同；由此给对方当事人造成损失的，应当予以补偿。”2013 年通过的《西安市行政程序规定》第 92 条第 2 款规定，“公民、法人或者其他组织违约，没有必要由其继续履行行政合同的，行政机关可以单方解除行政合同，但应当及时通知当事人，并说明理由。”

② 例如，国家行政机关的意思表示具有公定力，相对一方当事人受这种公定力的拘束，同时，行政机关有权依照法律和政策的规定，单方面地变更或终止合同。行政机关享有的这种变更、解除权，是行政协议行政性的体现，也是行政协议区分民事合同的重要标准。参见周伟《论行政合同》，《法学杂志》1989 年第 3 期；熊勇先《论行政机关变更、解除权的行使规则——基于司法裁判立场的考察》，《政治与法律》2020 年第 12 期。

③ 最高人民法院行政裁定书（2017）最高法行申 7758 号。

④ 陈天昊：《行政协议诉讼制度的构造与完善——从“行为说”和“关系说”的争论切入》，《行政法学研究》2020 年第 5 期。

⑤ 《最高人民法院关于适用〈中华人民共和国行政诉讼法〉若干问题的解释》第 15 条第 3 款：“被告因公共利益需要或者其他法定理由单方变更、解除协议，给原告造成损失的，判决被告予以补偿。”

“补偿”的责任规定来看，行政机关因公共利益需要或者其他法定理由单方变更、解除协议应获得合法性评价。然而“公共利益”和“其他法定理由”在规范逻辑上存在不同的解读路径。[①]《行政协议司法解释》第16条舍弃了“其他法定理由”的表述，明确了在“可能出现严重损害国家利益、社会公共利益的情形”下，行政机关可以单方变更、解除行政协议。如行政协议解释参考案例“寿光中石油昆仑燃气有限公司诉寿光市人民政府解除特许经营协议案”中，原告燃气公司自2011年特许经营协议签订之后，直至2015年仍未按照协议约定完成燃气项目开工，影响区域内居民日常使用天然气，致使相关经营区域供气目的无法实现，被告寿光市人民政府多次催促无果后，收回部分经营区域的燃气特许经营权，山东省高级人民法院认为，案涉协议解除的法定条件成就，被告寿光市人民政府的行为并无不当。[②]

行政协议除却“行政性”外，还具备“合意性”，行政机关单方变更、解除行政协议具备“行政权力”和“协议权利”的双重面向，对其行使必要性审查不仅适用《行政诉讼法》等传统高权行政行为的审查规则，还可准用《民法典》的合同变更、解除规则。《行政协议司法解释》第27条第2款[③]规定了民事法律规范的参照适用。《民法典》第562条第2款[④]规定了合同的解除，《民法典》第563条第1款规定了当事人可以解除合同的情形，此外，《民法典》规定了部分特殊合同的法定解除权，如租赁合同等。在“贵州省关岭布依族苗族自治县人民政府与唐某某房屋征收补偿纠纷案”中，最高人民法院认可了行政机关在不能行使行政优益权单方变更、解除行

① 如“事实上的公共利益需要及法定理由”“涵摄公共利益的规章以上的法定理由”“含公共利益的所有法定理由”等解释进路。参见沈广明《行政协议单方变更或解除权行使条件的司法认定》，《行政法学研究》2018年第3期。

② 山东省高级人民法院行政判决书（2017）鲁行终191号。

③《最高人民法院关于审理行政协议案件若干问题的规定》第27条第2款：“人民法院审理行政协议案件，可以参照适用民事法律规范关于民事合同的相关规定。”

④《民法典》第562条第2款：“当事人可以约定一方解除合同的事由。解除合同的事由发生时，解除权人可以解除合同。”

政协议的情形下，因正当理由需要，可以非基于行政优益权行使单方变更权，此种变更情形类似于民事合同中的特定情形，考虑到行政机关无法通过行政诉讼进行救济以及行政机关无法作为原告，故而赋予行政机关可以不经申请法院行使单方变更权。①

需要进一步讨论的是合同解除权利和行政优益权力的审查顺序问题。在“湖北草本工房饮料有限公司诉荆州经济技术开发区管理委员会等行政协议纠纷案”（以下简称“湖北草本工房案”）中，湖北省高级人民法院认为草本工房公司已构成违约，荆州开发区管委会单方解除与湖北草本工房饮料有限公司所签订的行政协议，是行使行政优益权的行为。② 然而，一方面认定行政相对人存在违约行为，另一方面肯定被告的单方解除行为是在行使行政优益权，存在戕害行政协议合意基础的风险，最高人民法院在再审裁定中指出，在协议相对人违约导致不能实现合同目的时，行政机关不必行使行政优益权，可以依据原《合同法》的规定或合同的规定采取措施。③ 故当案涉行政协议所约定的权利义务体系能够实现协议目的，维护国家利益和社会公共利益时，行政机关应依据协议约定变更、解除。

2. 对单方变更、解除协议行为合法性的审查

针对单方变更、解除协议行为本身的合法性审查须在完成前述必要性审查之后为之，问题在于，对于单方变更、解除行为，是否需要根据不同的权源属性采取不同的审查强度？在“湖北草本工房案”中，最高人民法院指出，本案中单方解除行政协议并非基于行政优益权，而是在原《合同法》规定和合同约定的框架内行使解除权利。根据原《合同法》第 96 条第 1 款（《民法典》第 565 条第 1 款④）规定，当事人可以主张解除合同。同时案涉

① 最高人民法院行政裁定书（2018）最高法行申 8980 号。

② 湖北省高级人民法院行政判决书（2016）鄂行终 684 号。

③ 最高人民法院行政裁定书（2017）最高法行申 3564 号。

④ 《民法典》第 565 条第 1 款：“当事人一方依法主张解除合同的，应当通知对方。合同自通知到达对方时解除；通知载明债务人在一定期限内不履行债务则合同自动解除，债务人在该期限内未履行债务的，合同自通知载明的期限届满时解除。对方对解除合同有异议的，任何一方当事人均可以请求人民法院或者仲裁机构确认解除行为的效力。”

招商项目投资合同及补充合同中并未约定一方在解除合同之前要听取对方的陈述和申辩，故而不属于程序违法。[①] 由此可见，若基于合同约定变更、解除协议，则侧重于合约性审查，兼顾合法性审查；若基于行政优益权变更、解除协议，则侧重于合法性审查。

五　行政协议赔偿责任的司法认定

行政协议是行政机关履行行政管理职能和提供公共服务的重要方式，必然要受到责任行政原则的调整。《行政协议司法解释》第 19 条、第 20 条对行政机关的赔偿责任作出了规定，但在司法实践中仍然存在法律适用上的疑问，具体表现为如何在行政协议赔偿案件中适用民事法律规范的问题。

（一）行政协议赔偿案件的法律适用

1. 结合适用模式

结合适用模式是民事规范在行政协议赔偿诉讼中适用程度最高的处理模式。在此类裁判文书的释法说理中，国家赔偿和民事赔偿处于同等地位，均可直接适用于行政协议案件。例如，在“刘某某、定远县人民政府乡政府再审审查与审判监督案”中，法院通过适用原《合同法》第 97 条规定，认为当事人有权要求赔偿损失。[②] 在“广东普天投资集团有限公司诉广东省茂名市茂南区人民政府案”中，法院认为“此种基于《合同法》和合同约定形成的行政机关违约责任以至赔偿责任，与行政机关因行政行为违法而产生的国家赔偿责任并不完全相同。一审法院认为因不存在被确认违法或无效的行政行为，认定普天公司提出行政赔偿请求缺乏依据，属于错误理解行政协议案件中违约赔偿责任与行政行为违法案件中违法赔偿责任。二审法院认为

---

① 最高人民法院行政裁定书（2017）最高法行申 3564 号。

② 最高人民法院行政裁定书（2017）最高法行申 7069 号。

案涉经济损失赔偿纠纷应循民事诉讼途径解决，更是与其认定案涉协议系行政协议的裁判结论自相矛盾”。“普天公司有权依据《解除协议》的约定和《合同法》等规定，诉请违约方承担包括投资本金利息与已支付费用损失等在内的违约赔偿责任。”①

有学者认为，行政机关的某种解除合同行为既是一种违约行为，同时又是一种行政违法行为；既违反了行政管理法律规范，也违反了民事法律规范。② 因此，在赔偿中纳入间接损失具有合理之处。间接损失计算标准是相对于直接损失计算标准而言的，法院在审理中认为行政机关仅赔偿直接损失无法实现弥补行政相对人损失的作用，将导致极为不公正的结果，难以保护行政相对人合法利益。因此，法院通过适用民事法律规范的方式，将一部分不属于直接损失的间接损失纳入行政协议赔偿，实际上是将一部分预期利益纳入赔偿范围。“鄂州市泓元置业发展有限公司、湖北省葛店经济技术开发区管理委员会经贸行政管理再审审查与审判监督案”中，法院认为行政协议的公益性质不能免除行政机关的违约赔偿责任，只赔偿再审申请人的直接损失属于认定有误。③ 正是结合适用模式的典型体现。

2. 参照适用模式

民事赔偿参照模式是指法院在适用《国家赔偿法》之后，若发现司法裁判将导致极为不公正的结果，可以通过“参照”民事法律规范的方式对行政协议赔偿进行“矫正”，使得赔偿能够弥补行政相对人的实际损失。在“刘某甲、刘某乙诉潍坊高新区管委会未按照约定履行土地出让协议案”中，法院认为行政协议案件属于行政案件，在法律适用上应当优先适用行政实体和行政诉讼法律规范，而不是既可以适用行政法律规范，又可以适用民事法律规范。民事法律规范只能作为审理行政协议案件的补充规则。④ 在本案中，最高人民法院明确认定行政协议赔偿案件中行政法律规范没有规定

---

① 最高人民法院行政裁定书（2020）最高法行再360号。

② 张向东：《论行政协议合法性审查与合约性审查的关系》，《江苏社会科学》2020年第2期。

③ 最高人民法院行政裁定书（2018）最高法行申154号。

④ 最高人民法院行政裁定书（2020）最高法行申5229号。

的，在不与行政法基本原则相抵触的情况下，人民法院可以补充适用民事法律规范。再比如，在“王某诉长春汽车经济技术开发区管理委员会征收补偿协议案”中，最高人民法院认为，国家赔偿中的利息损失是指银行的存款利息，但是近年来房价上涨，仅赔偿银行存款利息不足以弥补损失。因此，一、二审参照民事法律的相关规定赔偿同期贷款利息是正确的。①

在适用《国家赔偿法》的情况下，仅直接损失能够得到赔偿。理论上，“直接损失”一般是指实际损失，包括已经发生的财产损失和必将发生的可得利益损失。直接损失计算标准是指法院在行政协议赔偿案件中，仅要求行政机关赔偿行政相对人的直接损失，对于预期利益等间接损失不予赔偿。但是，在这种计算标准下得出的赔偿数额远远低于相同情况下的民事合同违约的赔偿数额，难以保障行政相对人利益，也不利于督促行政机关依法行政。法院在尊重现有法律规定的前提下，参照民事法律规范适当调整赔偿数额，具有现实中的合理性和必要性。

（二）行政协议赔偿案件法律适用模式评析

行政协议司法解释对如何进行赔偿没有明确规定。上述司法裁判中体现的两种模式之间的分歧，实际上是在行政协议无约定时，法院应当参照《国家赔偿法》还是参照民事法律规范的相关规定处理赔偿问题。法律适用问题直接决定行政机关的赔偿范围，对协议相对人利益保护具有直接且具体的影响，是行政协议制度是否良好运行的核心问题。

行政协议虽然具有“合意性”，但其本质上仍然是行政机关行使职权的方式，目的是“行政管理和公共服务”，与纯粹以市场为导向的民事合同存在较大差别。根据《国家赔偿法》第 2 条规定，国家机关和国家机关工作人行使职权造成损害的，受害人有依照该法取得国家赔偿的权利。因此，行政协议作为行政机关行使职权的方式，仍然应当依照《国家赔偿法》请求赔偿，不宜直接适用民事法律规范确定赔偿范围或计算赔偿数额，否则会造

① 最高人民法院行政裁定书（2016）最高法行申 1611 号。

成一方面承认行政协议，另一方面又否定行政协议时行使行政职权的方式的自相矛盾。

但是，行政协议如果仅适用《国家赔偿法》的规定，其赔偿数额将会明显少于民事合同的赔偿，这也是行政协议遭受民法学者批评的问题之一。而且在行政协议案件中，部分行政机关利用在行政协议中的特权，使行政相对人遭受重大损失，即使赔偿，也是按照国家赔偿标准的低水平赔偿。[①] 相反，若是完全按照民法的民事违约责任来处理，会增加国家财政的负担。正如学者所言，行政协议具有“行政性”和“公益性”，不能完全采用民事合同赔偿的标准，而是应当在综合考虑的基础上参照适用民事法律规范。[②]

理论上，行政协议应当更加强调行政相对人的利益保护，赔偿数额应当高于，至少不应低于民事诉讼的标准。最高人民法院也认为，行政协议原则上应适用民事法律规范，但也要注意“行政性”与“公益性”的一面，不能完全采用民事合同赔偿的标准。[③] 在具体适用民法之前，必须证成民法规范在行政协议中的准用既属可能也有必要。[④] 基于当前实体法的规定与国家财政的实际承受能力，上述目标难以通过法律解释的方式实现，需要在制度设计上进行进一步调整。因此，在行政协议赔偿案件中，如果存在约定的定金或违约金，应当按照约定的标准计算，并且可以直接适用《民法典》及司法解释的有关规定；如果不存在上述约定，应当依照《国家赔偿法》的标准计算行政相对人的直接损失，并且参照不与《国家赔偿法》相冲突的民事法律规范，适当上调赔偿数额，以求能在当前法律框架体系内最大限度地维护协议相对人的合法权益。

① 杨科雄、郭雪：《行政协议法律制度的理论与实践》，中国法制出版社，2021，第219页。

② 江必新、梁凤云：《最高人民法院新行政诉讼法司法解释理解与适用》，中国法制出版社，2015，第164~165页。

③ 最高人民法院行政审判庭编著《最高人民法院关于审理行政协议案件若干问题的规定理解与适用》，人民法院出版社，2020，第226页。

④ 王春蕾：《行政协议准用民法的逻辑证成》，《行政法学研究》2021年第4期。

结　语

司法裁判中有关行政协议的司法审查问题归根结底是一个法律适用问题，人民法院在解决行政协议的识别、无效认定、单方变更解除、赔偿等争议时都绕不开在公法和私法两者之间的选择。正如学者所言，行政协议是具有行政属性的协议，行政协议中的“行政”是一种契约行政，又区别于传统的高权行政。[①] 基于行政管理和公共服务的缔约目的决定了公法规范的适用必然性，而协商手段与意思自治则意味着私法规范在行政协议中具有广阔的适用余地。调和公私法规范在行政协议案件中的适用，便成为破解司法裁判中行政协议难题的“钥匙”。

问题的关键并非在于“从理论到理论”的空泛的概念辨析，而是如何实现争议的实质化解决。行政诉讼作为纠纷解决方式，具有包容性与唯一性。包容性体现于行政诉讼中可以适用民事法律规范，乃至通过行政附带民事诉讼的方式一体化解决争议；唯一性体现为行政协议中涉及行政权力行使的争议只能通过行政诉讼的方式解决，民事诉讼或仲裁不具有相应的管辖权，导致因“超出民事裁判的范畴”驳回起诉，或者“案结事不了”的困境。因此，在行政协议问题上，应当坚持在行政诉讼的框架下，采用行政法准用民法的模式，以争议的实质化、一体化解决为判断标准解决行政协议的法律适用难题。

① 麻锦亮：《纠缠在行政性与协议性之间的行政协议》，《中国法律评论》2017 年第 1 期。

B.15

北京市“十三五”时期法治政府建设回顾与“十四五”时期法治政府建设展望

孔祥稳　钟　蕊*

摘　要：“十三五”时期，北京市积极落实党中央、国务院关于法治政府建设的决策部署，在加强重点领域立法、优化营商环境、深化综合行政执法体制改革、提升基层治理能力、规范重大行政决策、强化政务公开、完善行政争议处理方式、坚持依法防疫等方面取得了重要成绩。“十四五”期间，北京市应当在习近平法治思想的指导下，以《法治政府建设实施纲要（2021—2025年）》为指引，围绕“四个中心”定位和法治中国“首善之区”的目标，从强化依法行政的组织领导、构建更加完备的依法行政制度体系、推进法治化营商环境建设、深入推进基层行政执法体制改革、推进严格规范公正文明执法、完善行政复议体制机制、加强数字法治政府建设等方面积极推进新时期法治政府建设。

关键词：“十四五”　法治政府建设　依法行政　首善之区

* 孔祥稳，对外经济贸易大学法学院院长助理、助理教授，主要研究方向为行政法、政府规制、网络法；钟蕊，对外经济贸易大学法学院硕士研究生，主要研究方向为行政法。

法治政府建设是推进全面依法治国的重点任务和主体工程，也是国家治理体系和治理能力现代化的重要支撑。“十三五”时期，北京市人民政府坚持以习近平新时代中国特色社会主义思想为指导，积极贯彻落实《法治政府建设实施纲要（2015—2020 年）》，扎实推进依法行政各项工作，法治政府建设取得了积极成效。“十四五”时期，我国已迈入各类法治规划引领法治建设的新阶段[①]应当在习近平法治思想的指导下，以《法治中国建设规划（2020—2025 年）》《法治政府建设实施纲要（2021—2025 年）》《法治社会建设实施纲要（2020—2025 年）》等重要法治规划为指引，结合首都实际，不断推动法治政府建设向纵深发展。

一 “十三五”时期北京市法治政府建设的主要成就

（一）加强重点领域立法，持续完善依法行政制度体系

“治国无其法则乱，守法而不变则衰。”科学完备、统一权威的法律规范体系，是建设中国特色社会主义法治体系的制度基础。[②] 为建设更加完善的依法行政制度体系，北京市在“十三五”时期持续强化重点领域立法，制定并实施了一批重要的地方性法规和规章，既为政府依法行使职权提供了有效的制度供给，同时也实现了立法体制机制的更新和完善。

1. 出台《北京市小规模食品生产经营管理规定》《北京市街道办事处条例》等多部地方性法规，为健全政府治理体系提供保障

“十三五”时期，北京市人大及其常委会共出台了 31 部地方性法规（见表 1）。这些地方性法规涉及国家机构组织建设、公共卫生、生态环境保护、基层治理等多个领域，其中多数内容与法治政府建设紧密相关。

---

① 马怀德：《迈向“规划”时代的法治中国建设》，《中国法学》2021 年第 3 期。

② 马怀德：《坚持建设中国特色社会主义法治体系》，《旗帜》2021 年第 1 期。

表1　北京市2015～2020年颁布实施的地方性法规汇总（现行有效）

所涉领域	地方性法规名称	颁布日期	施行日期
国家机构组织建设	北京市人民代表大会常务委员会组成人员守则	2020－12－25	2020－12－25
	北京市人民代表大会常务委员会讨论、决定重大事项的规定	2017－12－01	2017－12－01
	北京市预算审查监督条例	2016－12－29	2017－03－01
公共卫生和医疗	北京市突发公共卫生事件应急条例	2020－09－25	2020－09－25
	北京市中医药条例	2020－11－27	2021－05－01
	北京市院前医疗急救服务条例	2016－07－22	2017－03－01
	北京市医院安全秩序管理规定	2020－06－05	2020－7－01
生态环境	北京市危险废物污染环境防治条例	2020－06－05	2020－09－01
	北京市野生动物保护管理条例	2020－04－24	2020－06－01
	北京市机动车和非道路移动机械排放污染防治条例	2020－01－17	2020－05－01
	北京市水土保持条例	2015－05－29	2016－01－01
	北京市气象灾害防御条例	2018－11－23	2019－01－01
基层治理	北京市物业管理条例	2020－03－27	2020－05－01
	北京市街道办事处条例	2019－11－27	2020－01－01
	北京市城乡规划条例	2019－03－29	2019－04－28
民生保障	北京市旅游条例	2017－05－26	2017－08－01
	北京市全民健身条例	2017－01－20	2017－03－01
	北京市居家养老服务条例	2015－01－29	2015－05－01
社会治理	北京市文明行为促进条例	2020－04－24	2020－06－01
	北京市宗教事务条例	2020－07－30	2020－11－01
	北京市查处非法客运若干规定	2018－05－31	2018－07－01
	北京市非机动车管理条例	2018－09－28	2018－11－01
	北京市机动车停车条例	2018－03－30	2018－05－01
	北京市建设工程质量条例	2015－09－25	2016－01－01
	北京市小规模食品生产经营管理规定	2018－12－27	2019－07－01
经济建设与科技文化发展	北京市优化营商环境条例	2020－03－27	2020－04－28
	北京市统计条例	2015－11－27	2016－01－01
	北京市促进科技成果转化条例	2019－11－27	2020－01－01
	北京市非物质文化遗产条例	2019－01－20	2019－06－01
其他	北京市司法鉴定管理条例	2020－09－25	2021－01－01
	北京市实施《中华人民共和国工会法》办法	2015－11－27	2016－01－01

数据来源：北京市人民代表大会常务委员会网站，http：//www. bjrd. gov. cn/search/fggz，最后访问时间：2021年10月21日。

从表1的内容可以看出，北京市人大及其常委会在“十三五”时期制定发布的地方性法规主要集中在公共卫生、生态环境、基层治理、民生保障、社会治理等重点领域，充分体现出北京作为首都和超大型城市所面对的特殊问题。上述立法成果既覆盖了突发公共卫生事件应对、优化营商环境等重大命题，同时也着力解决小规模食品生产经营、机动车停车等社会治理中的突出问题，为规范政府依法行政、完善依法行政制度体系提供了坚实的立法保障。

在上述立法成果中，不乏制度创新和亮点。如在社会公共安全领域，北京市结合新冠肺炎疫情防控的经验和需要，制定出台《北京市突发公共卫生事件应急条例》，率先优化公共卫生应急管理体系，有效预防、控制和应对突发公共卫生事件，充分规范行政机关在紧急状态下的行政权力行使。在基层治理领域，《北京市街道办事处条例》是北京立足于首都城市战略定位，立足基层服务管理，深化街道管理体制改革过程中的具体成果，对行政组织法的发展具有重要探索意义。在社会治理领域，《北京市小规模食品生产经营管理规定》是北京市结合上位法的规定和本地区小规模食品生产经营活动的特点而制定的地方性立法。该规定一方面对小作坊、小餐饮店和小食杂店实施严格监督管理，以保障公众身体健康和生命安全；另一方面也通过政府政策引导、资金扶持等措施，鼓励和支持小规模食品生产经营者改进生产经营条件和工艺技术，促进小规模食品生产行业的健康发展。

2. 出台《北京市实施〈规章制定程序条例〉若干规定》等政府规章，引领法治政府建设工作向前推进

北京市政府在“十三五”时期制定实施的现行有效政府规章共计16部（见表2），这些规章主要集中在社会治理、特定行业监管、民生保障、社会纠纷化解等领域，有效规范和引领了北京市各级行政机关深入推进依法行政，有效开展社会治理。

表2　北京市2015～2020年颁布实施的政府规章汇总（现行有效）

所涉领域	规章名称	颁布日期	施行日期
社会治理与行业监管	北京市小客车数量调控暂行规定	2020－12－07	2021－01－01
	北京市禁止违法建设若干规定	2020－10－30	2020－11－15
	北京市建筑垃圾处置管理规定	2020－08－07	2020－10－01
	北京市公共场所外语标识管理规定	2020－03－18	2020－07－01
	北京市公共信用信息管理办法	2018－03－08	2018－05－01
	北京市生产经营单位安全生产主体责任规定	2019－07－15	2019－07－15
	北京市农业机械安全监督管理规定	2018－02－22	2018－04－01
民生保障与社会纠纷解决	北京市行政调解办法	2015－07－09	2015－09－01
	北京市社会救助实施办法	2018－06－07	2018－07－01
	北京市实施《居住证暂行条例》办法	2016－08－11	2016－10－01
	北京市促进慈善事业若干规定	2019－12－04	2020－01－01
科技文化	北京市科学技术奖励办法	2019－08－12	2019－08－18
财税审计	北京市内部审计规定	2019－12－04	2020－01－01
	北京市税收征收保障办法	2016－08－10	2016－09－01
行政立法和行政规范性文件	北京市实施《规章制定程序条例》若干规定	2019－11－21	2020－01－01
	北京市行政规范性文件备案规定	2016－06－06	2016－07－01

数据来源：北京市政府政务公开栏，http：//www. beijing. gov. cn/zhengce/zfwj/zfwj2016/szfl/，最后访问时间：2021年10月21日。

结合表2的梳理可以看出，北京市政府在“十三五”时期制定颁布的规章呈现出以下三个方面的特点。

其一，与北京市人大及其常委会的立法议程具有内在同构性，政府规章的主要关注领域也集中于社会治理、民生等领域，旨在回应北京作为超大型城市的治理需要。这在一定程度上体现出北京市注重以法律制度确保社会治理有效性的立法思路。其二，北京市政府及时根据上位法的立、改、废、释情况，调整完善地方政府规章，有效确保了法制的统一性。例如，北京市根据《规章制定程序条例》的修订情况，及时制定出台了《北京市实施〈规章制定程序条例〉若干规定》，规定了公开征求意见、立法后评估、立法项目论证等制度，进一步优化了规章制定的体制机制。事实上，中国近年来各领域改革推进迅速，新的法律规范和制度陆续出台。这要求各级政府在制定发布新的立法性文件的同时，也必须注重对既有文件的清理和更新，以提高法规范与其调整对象之间的契合度，避免或者减少失效与滞后的规范性文件对相对人合法权益造成侵害。[①] “十三五”时期，北京市政府对涉及机构改革、“放管服”改革、民法典实施等领域的规章和规范性文件进行了全面清理，[②] 有效保障了法制统一。其三，结合社会发展和治理需要，积极进行前沿领域的制度探索。例如，在社会信用体系尚无国家统一立法的前提下，各地均通过地方立法做出探索，北京市政府也制定出台了《北京市公共信用信息管理办法》，对行政机关归集、公布和使用公用信用信息的行为进行了规范。

（二）深化“放管服”改革，持续优化营商环境

“十三五”时期，党中央、国务院把转变政府职能作为全面深化改革的重要组成部分，大力推进简政放权、放管结合、优化服务，深化行政审批制度改革，改善营商环境，取得了显著成效。北京市深入落实上述精神，在国务院《优化营商环境条例》的基础上，结合本市实际情况，陆续出台优化营商环境的调度举措，制定颁布专门的《北京市优化营商环境条例》，用法治思维和法治方式推进改革，在法治轨道上持续优化营商环境。

“放管服”改革的本质是全面清理政府现有职能，从激发市场主体活力的角度出发，厘清政府、市场和社会的关系，实现政府职能的法定化。[③] 在简政放权的过程中，通过权力清单清晰界定行政机关的职权，将有助于职权法定原则的贯彻。[④] 同时，简政放权的目的是使政府更好地履行职责，而不是做“甩手掌柜”，放弃必要的监管与服务。[⑤] 为此应加强事中事后监管，

① 郭清梅：《完善清理行政规范性文件制度研究》，《河南财经政法大学学报》2021 年第 1 期。

② 北京市政府网站，http：//www. beijing. gov. cn/gongkai/fzzfjsbg/szf/，最后访问时间：2021 年 9 月 24 日。

③ 马怀德：《“放管服”改革促进法治政府建设》，《光明日报》2016 年 6 月 20 日。

④ 成协中：《“放管服”改革的行政法意义及其完善》，《行政管理改革》2020 年第 1 期。

⑤ 关保英：《行政主体法外设定行政权力研究》，《当代法学》2016 年第 6 期。

注重发挥新型监管工具的作用，优化监管体制机制。① 此外，“放管服”改革还应注重提升公共服务的质量，通过采取多元方式提供公共服务、扩大服务范围来提升公民的满意度，因为公共服务质量直接反映了公民在“放管服”改革过程中的获得感、满意度，是判断“放管服”改革实效的最重要指标。②

在上述思路指导下，“十三五”时期，北京市深入推进“放管服”改革的主要制度举措包括以下几点。其一，在简政放权方面，对所有涉企经营许可事项实行全覆盖清单管理。按照直接取消审批、审批改为备案、实行告知承诺、优化审批服务四种方式，对涉企经营许可事项推行“证照分离”改革。③ 其二，在放管结合方面，推行“双随机、一公开”的监管方式，建立企业信用风险分类指数，探索开展差异化监管和包容审慎监管。④ 其三，在优化政务服务方面，建立政务服务“好差评”制度提高政务服务水平，⑤ 推动不动产登记智能办理，加快政务服务数据共享，推动政务服务标准化建设等。⑥

为以法治方式更好固定改革成果，北京市制定出台了《北京市优化营商环境条例》。条例在以上举措的基础上进一步深化和拓展了优化营商环境的核心制度安排：一是建立优化营商环境社会监督员制度，确保第一时间发现营商环境问题，聚焦社会群众意见建议；二是建立健全公共资源交易平台体系，实行公共资源交易目录管理，依法公开公共资源交易的规则、流程、结果、监管和信用等信息，促进市场主体在市场经济活动中的权利平等、机

① 王湘军：《国家治理现代化视域下“放管服”改革研究——基于5省区6地的实地调研》，《行政法学研究》2018年第4期。

② 成协中：《“放管服”改革的行政法意义及其完善》，《行政管理改革》2020年第1期。

③ 《北京市关于深化“证照分离”改革进一步激发市场主体发展活力的工作方案》（京审改办发〔2021〕5号）。

④ 《北京市人民政府办公厅关于印发〈北京市新一轮深化“放管服”改革优化营商环境重点任务〉的通知》（京政办发〔2019〕19号）。

⑤ 《关于建立政务服务“好差评”制度提高政务服务水平的实施意见》（京政服发〔2019〕34号）。

⑥ 《北京市人民政府办公厅关于印发〈北京市新一轮深化“放管服”改革优化营商环境重点任务〉的通知》（京政办发〔2019〕19号）。

会平等、规则平等；三是明确告知承诺制度实施的范围，除直接涉及国家安全、公共安全和人民群众生命健康等行业、领域，推行政务服务事项办理告知承诺制，提升行政审批效率；四是推行以信用为基础的分级分类监管制度，对信用较好、风险较低的市场主体减少检查比例和频次，对违法失信、风险较高的市场主体提高检查比例和频次，对新产业新业态实行包容审慎监管，引导其健康规范发展。①

（三）深化综合行政执法体制改革，促进执法力量配置合理化

综合执法改革是行政执法体制改革的重要内容，是理顺执法体制、提升行政效率、节约行政资源的关键举措。按照 2018 年《深化党和国家机构改革方案》的部署，综合执法体制改革的指导思想是“根据不同层级政府的事权和职能，按照减少层次、整合队伍、提高效率的原则，大幅减少执法队伍种类，合理配置执法力量。一个部门设有多支执法队伍的，原则上整合为一支队伍。推动整合同一领域或相近领域执法队伍，实行综合设置”。

根据这一主要原则，北京市政府在“十三五”时期出台了《北京市人民政府关于进一步相对集中城市管理领域部分行政处罚权的决定》（京政发〔2017〕32 号）、《北京市深化综合行政执法改革实施方案》、《北京市人民政府关于向街道办事处和乡镇人民政府下放部分行政执法职权并实行综合执法的决定》（京政发〔2020〕9 号）、《北京市人民政府关于进一步相对集中相关领域行政处罚权的决定》（京政发〔2020〕20 号）等规定，从以下几个方面推进了综合行政执法体制改革：第一，在同一部门内部整合执法队伍，如在国土规划、住房城乡建设等领域推进部门内综合执法；第二，在同一领域和相近领域整合执法队伍，如在农业、文化、市场监管、生态环境保护、交通运输等领域组建综合执法队伍；第三，在特殊领域和特殊地区推进跨部门综合执法，如在教育、民族宗教领域和重点站区推进跨部门综合执法。

① 参见《北京市优化营商环境条例》。

（四）开创“街乡吹哨、部门报到”管理体制，提升基层治理能力

党的十九大报告强调要推动社会治理重心向基层下移。从行政管理体制上看，北京市采取的是两级执法、三级管理模式，将需要提供普遍服务管理的职责赋予了市、区（县）、乡镇三级，将需要专业技能的执法权集中在市、区（县）两级，这容易导致“看得见的管不了，管得了的看不见”的问题。[①]“街乡吹哨、部门报到”正是北京市打破层级划分和管理体制壁垒，推动“重心下移”的重要实践成果，是基层治理的新路径探索。

“吹哨报到”改革源自基层，北京市平谷区金海湖镇为根治金矿盗采多年屡禁不止的难题，创造性地提出了“下级吹哨、上级部门报到”的治理方案，探索了乡镇发现盗采线索及时上报，各相关执法部门30分钟内赶到现场综合执法的机制，通过赋予乡镇发现问题时的指挥调度权，实现上下级的联动。[②]“街乡吹哨、部门报到”机制赋予基层对部门的考核权和召集权，背后的实质是基层治理的“重心下移”和行政权力的“条块重构”。[③]在前期探索的基础上，北京市于2019年制定了《北京市街道办事处条例》，明确规定街道办事处应当坚持党建引领“街乡吹哨、部门报到”，赋予街道办事处统筹协调、指挥调度区人民政府工作部门及其派出机构、承担公共服务职能的企业事业单位等具体职权，并规定市、区人民政府应优化资源配置，整合基层的审批、服务、执法等方面力量，加大财力向街道办事处倾斜力度等，进一步以法律形式巩固基层改革实践成果，推动治理重心下移。“街乡吹哨、部门报到”的制度改革是在超大型城市的复杂治理需求面前，通过

---

① 张莉：《“条块协同”破解基层执法难题——北京市平谷区“吹哨报到”三协同执法机制探析》，《中国司法》2020年第5期。

② 中央组织部组织二局：《北京市党建引领“街乡吹哨、部门报到”改革情况的调研报告》，载中国组织人事报新闻网，http：//www. zuzhirenshi. com/showinfo/17493f66 - fac9 - 4e7b - 814f - becd021b189f，最后访问时间：2021年12月30日。

③ 金国坤：《基层行政执法体制改革与〈行政处罚法〉的修改》，《行政法学研究》2020年第2期。

重塑政府间条块关系优化行政权力的尝试。从实践来看，其取得了积极的效果，所积累的经验对于行政权力“在地化”问题凸显的直辖市、大型城市具有重要借鉴意义。

（五）推出“接诉即办”工作机制，推动超大城市基层治理创新

“接诉即办”是“吹哨报到”机制的延伸和发展，是北京市继“吹哨报到”之后所部署的又一基层治理创新举措，其本质是强调对群众需求的快速、有效响应。为巩固这一基层治理改革成果，确保重大改革于法有据，北京市于2021年9月出台《北京市接诉即办工作条例》，内容涵盖“接诉即办”制度的功能定位、制度内涵、工作体系和工作流程、考评制度等方面，旨在及时回应群众急难愁盼问题，充分发挥保障公众参与社会治理和公共政策制定的功能。①

“接诉即办”机制是“以人民为中心”理念的直接体现。让公众掌握“吹哨”权，将发现问题以及监督交给人民群众，消除了“人民诉求”与“政府为民服务”之间的隔膜，让“接诉即办”成为“服务型政府”建设的推手和固化的机制。② 同时“接诉即办”也是北京市在推动超大城市基层治理创新过程中形成的有益经验，以政务热线系统改变超大城市基层治理过程中的服务低效、沟通不畅、信息无法及时掌握等治理难题。仅2019年上半年数据统计，12345共受理市民来电304.9万件，直派街乡镇43.1万件，解决率从39.8%上升到53.9%，群众满意率从60.3%上升到72.9%。12345接到的群众表扬电话7130件，与2018年同期相比增加了65.6%。③ 通过“接诉即办”机制，将群众问题放在产生问题的基层环境中解决，做到从源头解决群众诉求，充分发挥基层治理效能。

---

① 《〈北京市接诉即办工作条例〉解读》，载北京市政府网站，http://www.beijing.gov.cn/zhengce/zcjd/202109/t20210926_2501787.html，最后访问时间：2021年11月21日。

② 杨积堂：《“接诉即办”：基层社会治理的机制革新与效能驱动》，《北京联合大学学报》（人文社会科学版）2021年第2期。

③ 王海燕：《畅通服务群众“最后一公里”》，《北京日报》2019年7月29日，第3版。

（六）严格规范重大行政决策，提升依法、科学、民主决策水平

规范重大行政决策是实现权力监督和制约的关键。① 2019 年通过的《重大行政决策程序暂行条例》对重大行政决策的概念进行了界定，把公众参与、专家论证、风险评估、合法性审查、集体讨论决定确定为重大行政决策的法定程序，明确了重大行政决策启动、公布、执行、调整的相关要求，并规定对重大行政决策实行终身问责。为落实上述制度，更好规范重大行政决策，北京市各区分别制定了相应规则，如《东城区重大行政决策程序实施细则》《北京市西城区人民政府重大行政决策程序暂行规定》《顺义区重大行政决策程序暂行规定》《平谷区人民政府重大行政决策程序规定》《北京市延庆区重大行政决策程序实施细则》《通州区重大行政决策程序实施细则（试行）》《石景山区重大行政决策程序暂行规定（试行）》等，以推进本区重大行政决策的法治化。

除《重大行政决策程序暂行条例》所规定的法定程序外，北京市在规范重大行政决策上增加了许多重要制度。例如，各区根据实际情况，制定了重大行政决策目录，旨在贯彻《重大行政决策程序暂行条例》第 3 条的规定，根据各区职责范围以及实际情况，确定决策事项。从理论上讲，“重大行政决策”概念及其外延都具有不确定性，确定某事项是否为重大事项的标准也不是单一的，必须根据地方经济和社会发展情况多角度衡量。② 由此，制定决策目录在一定程度上可以起到固定重大行政决策概念的作用。此外，各区也相应建立了重大行政决策档案管理制度，确保重大行政决策过程可控，并具备可问责性。

（七）强化政务公开，打造透明政府和阳光政府

北京市政府在“十三五”时期全面推行和强化政务公开。在中共中

① 马怀德：《完善权力监督制约关键在于决策法治化》，《中国党政干部论坛》2015 年第 3 期。

② 熊樟林：《重大行政决策概念证伪及其补正》，《中国法学》2015 年第 3 期。

央办公厅、国务院办公厅印发的《关于全面推进政务公开工作的意见》的基础上印发本市《关于全面推进政务公开工作的实施意见》（以下简称《实施意见》），明确从行政权力运行流程、管理服务过程、政务公开内容标准化、政府数据开放、政务参与、政务公开保障等方面推进政务公开。《实施意见》坚持“以公开为常态、不公开为例外”，确立了政务公开三步走的工作目标：在2016年以完善政务公开内容和方式为核心，以面向基层、面向群众为重点，深化政务公开制度建设，在2018年深化政务公开内容，强化政府发声，扩大公众参与，推进政务公开制度化、标准化、信息化建设，到2020年全面落实政务公开工作意见的各项要求，发挥政务公开提高政府工作透明度、推动政府职能转变等方面的重要作用。①

在贯彻落实《实施意见》的基础上，北京市重点开展了以下措施：开展覆盖全市各行业领域和市、区、街道（乡镇）三级的政务公开全清单编制工作，明确各行业各级政府公开的主体、内容、时限、方式等；加强各类重要领域信息公开，如“放管服”改革信息、民生保障信息、财政信息、重大决策、执法信息、城市精细化管理信息等；加强政策解读工作，建立市政府办公厅统筹协调、市相关部门具体落实、市属主要媒体支持配合的市政府重要会议深度解读机制；通过政务公开连民心、促公信，建设“政务公开惠民便民地图”，为民众提供教育、医疗、养老、保障房、政务服务等方面地图查询服务；推进“互联网+政务公开”，升级政务公开平台建设等。②通过政务公开促进服务型政府的进一步建设，监督政府履行法定公开义务，保障企业和群众的信息需求。

① 《中共北京市委办公厅　北京市人民政府办公厅印发〈关于全面推进政务公开工作的实施意见〉的通知》，载北京市政府网站，http://www.beijing.gov.cn/zhengce/zhengcefagui/201905/t20190522_59309.html，最后访问时间：2021年11月18日。

② 北京市政府网站，http://www.beijing.gov.cn/gongkai/fzzfjsbg/index.html，最后访问时间：2021年9月27日；参见《北京市2017年政务公开工作要点》（京政办发〔2017〕21号）、《北京市2018年政务公开工作要点》（京政办发〔2018〕19号）、《北京市2020年政务公开工作要点》（京政服发〔2020〕19号）。

（八）推进行政机关负责人出庭制度实施，推动行政争议有效解决

2014年《行政诉讼法》修订增加了行政机关负责人出庭应诉制度。《法治政府建设实施纲要（2015—2020年）》也明确要求健全行政机关出庭应诉制度。为行政机关负责人设置出庭应诉的作为义务，倒逼具有行政决断权的负责人从组织指挥、事项决策、命令监督的幕后走向诉讼对抗、争议协调、共识凝练的台前，通过法治实践提升行政机关负责人的法治思维和依法行政的能力，也促使传统封闭对抗型行政诉讼模式朝着开放合作的方向转换。①

但在实践中行政机关负责人出庭应诉制度并未达到预期效果，存在两个方面的突出问题：一是行政机关负责人以工作繁忙等各种理由拒绝依法出庭应诉，使该制度难以得到有效落实；二是虽出庭应诉，但行政机关负责人不发表诉讼意见，不积极参与庭审过程。以上两种现象均不利于行政纠纷的实质性化解，甚至进一步激化双方的矛盾纠纷。

为解决上述问题，北京市政府一方面强化行政机关负责人出庭应诉的制度建设，印发《北京市人民政府办公厅关于加强和改进行政应诉工作的实施意见》，与市高级人民法院建立行政诉讼、行政复议案件信息共享机制，将行政机关负责人出庭应诉、履行法院生效判决和裁定、研究落实司法建议书等情况纳入依法行政考核内容；② 另一方面积极探索应诉新模式，在各级法院推出“云法庭”的大背景下，行政机关负责人以“互联网出庭”的方式应诉，可有效节省诉讼成本，同时其他行政机关人员也可一起进入“云法庭”平台，参与线上旁听庭审，达到警醒示范效用。

在最高人民法院发布的行政机关负责人出庭应诉典型案例中，北京市东城区人民法院审理的“北京富宁经贸有限责任公司宁夏特产连锁超市诉北京市东城区市场监督管理局行政处罚决定及北京市东城区人民政府行政复议

---

① 喻少如：《功能主义视阈下的行政机关负责人出庭应诉制度》，《法学评论》2016年第5期。

② 北京市政府网站，http：//www. beijing. gov. cn/gongkai/fzzfjsbg/szf/202103/t20210330_2337155. html，最后访问时间：2021年9月27日。

一案”充分展示了行政机关负责人出庭应诉制度的效能。东城区副区长、东城区市场监管局局长作为行政机关负责人出庭应诉，与行政相对人面对面交流，实质性消除了隔阂和认识误区，达成了争议解决的共识。在庭审过程中，东城区副区长在最后陈述中表示：作为行政机关负责人出庭应诉，既是以实际行动落实法律义务，也体现了区政府努力优化营商环境的决心。东城区市场监管局局长表示：此次公开庭审是一次难得而生动的法制教育课，对规范食品行政执法起到了积极的引领作用，今后要避免机械执法，主动结合生产实际，确保罚责相当。①

（九）成立北京金融法院，推进金融行政审判体制改革

2021 年 1 月 22 日，第十三届全国人民代表大会常务委员会第二十五次会议通过《全国人民代表大会常务委员会关于设立北京金融法院的决定》，决定设立北京金融法院，实现金融案件的专门集中管辖。北京金融法院的管辖范围包括了应由北京市中级人民法院管辖的第一审金融民商事案件和应由北京市中级人民法院管辖的以金融监管机构为被告的第一审涉金融行政案件。

北京金融法院的设立不仅对金融领域的纠纷解决产生积极影响，也对行政审判体制的创新发展起到推动作用。传统的行政审判体制下，地方法院与当地行政区划对应设置，司法管辖区与行政管理区完全重合，地方法院赖以运转的人、财、物完全受制于地方政府，行政机关往往利用人事任免、物资分配等手段对法院、法官施加压力，导致行政审判无法发挥实质性监督功能。② 学术界也提出了关于重构行政审判体制的多种主张：一是在最高人民法院监督指导下设立相对独立的行政法院，专门负责行政审判工作；③ 二是

---

① 最高人民法院官网，http：//www. court. gov. cn/zixun－xiangqing－316121. html，最后访问时间：2021 年 11 月 21 日。

② 江必新：《中国行政审判体制改革研究——兼论我国行政法院体系构建的基础、依据及构想》，《行政法学研究》2013 年第 4 期。

③ 马怀德：《行政审判体制改革的目标：设立行政法院》，《法律适用》2013 年第 7 期。

采取跨行政区划法院管辖的模式；[①] 三是采用提级管辖模式，即所有一审行政案件由中级人民法院管辖，基层人民法院不设行政审判庭，不审理行政案件；[②] 四是设立最高人民法院和省高级人民法院的巡回法庭，解决当事人诉讼不便、基层法院拒绝受理应当受理的行政案件、执行机关拖延执行判决和行政机关抗拒执行的案件。[③] 实践中，地方各级人民法院对异地交叉管辖、提级管辖、相对集中管辖及跨行政区域管辖等模式进行了不断探索与尝试。北京金融法院的设立实现了一部分涉金融行政案件的集中管辖，这种专业、集中的行政审判体制一定程度上为未来更大范围的行政审判体制改革提供了经验和指引。

（十）坚持依法防疫，完善公共卫生应急法治保障体系

在新冠肺炎疫情防控中，习近平总书记多次强调，各级党委和政府要全面依法履行职责，坚持运用法治思维和法治方式开展疫情防控工作，在处置重大突发事件中推进法治政府建设，提高依法执政、依法行政水平。[④] “依法防疫”之所以如此重要，是因为行政应急行为与常态行政行为相比，具有更大的侵益可能性，因此必须对其加以有效的监督和约束，以恢复和维持公共权力与公民权利之间的良性互动关系。[⑤] 北京市政府在抗击新冠肺炎疫情的工作中，始终以习近平法治思想为指引，不断完善疫情防控的制度基础，确保在法治轨道上推进疫情防控各项工作。

在防疫制度建设上，北京市印发了《北京市人民政府关于进一步明确责任加强新型冠状病毒感染的肺炎预防控制工作的通知》（京政发〔2020〕

① 黄学贤、李凌云：《我国行政审判体制改革的理论、进展及走向》，《学习论坛》2020 年第 3 期。

② 姜明安：《行政诉讼法修改中的六大难题》，《法制日报》2011 年 11 月 30 日。

③ 马怀德：《司法改革与行政诉讼制度的完善》，《法律适用》2005 年第 8 期。

④ 习近平：《全面提高依法防控依法治理能力，健全国家公共卫生应急管理体系》，《求是》2020 年第 5 期。

⑤ 莫于川、莫非：《行政应急法治理念分析与制度创新——以新冠肺炎疫情防控中的行政应急行为争议为例》，《四川大学学报》（哲学社会科学版）2020 年第 4 期。

2号）、《北京市人民政府办公厅关于落实“四方责任”进一步加强重点人群、场所和单位新型冠状病毒感染的肺炎疫情防控工作的通知》（京政办发〔2020〕4号）等40多个涉疫文件，确保依法开展防疫工作。[①] 同时，北京市积极加强公共卫生应急法治保障体系建设，制定《北京市突发公共卫生事件应急条例》，为建设统一高效的公共卫生应急管理体系，预防、有效控制和应对突发公共卫生事件，进一步做好疫情防控工作提供制度支撑。

在防疫工作的开展上，北京市及时调整疫情防控执法权，强化涉疫行政执法协调监督，成立北京新冠肺炎疫情防控工作领导小组，制定疫情防控执法检查单，同时对联合发布的疫情防控通告进行严格的合法性审核；制发关于做好疫情防控期间行刑衔接工作的意见，汇总整理疫情防控法律法规和规范性文件，为一线执法依法有序开展疫情防控工作奠定坚实基础，[②] 严格规范行政机关依法行使行政权力，防止应急状态下权力的扩张和滥用。

二 “十四五”期间北京市法治政府建设面对的新格局

（一）以习近平法治思想为指导，贯彻落实《法治政府建设实施纲要（2021—2025年）》等重要法治规划

党的十八大以来，以习近平同志为核心的党中央在推进全面依法治国的伟大实践中，创造性地发展了中国特色社会主义法治理论，形成了习近平法治思想。习近平法治思想中的法治政府理论回应了我国法治政府建设的价值立场、建设路径、重点任务和未来发展方向等重大问题，明确提出了推动行政法律体系的完善、规范重大行政决策程序、坚持严格规范公正文明执法、

---

① 北京市政府网站，http：//www.beijing.gov.cn/gongkai/fzzfjsbg/szf/202103/t20210330_2337173.html，最后访问时间：2021年9月28日。

② 北京市政府网站，http：//www.beijing.gov.cn/gongkai/fzzfjsbg/sjbm/scszfj/202103/t20210330_2337258.html，最后访问时间：2021年9月28日。

深入推进放管服改革、构建多元纠纷解决体系、抓好法治政府建设中的“关键少数”等重点要求，构成了法治政府建设的根本遵循和行动指南。①

与此同时，在推进法治政府建设的历史进程中，中国充分借鉴国民经济建设中通过编制和实施国家规划来引领发展方向的成功做法，通过颁布法治规划来把握方向、明确目标、统合资源、部署举措，形成了具有中国特色的法治建设道路。“十四五”时期，《法治中国建设规划（2020—2025 年）》《法治社会建设实施纲要（2020—2025 年）》《法治政府建设实施纲要（2021—2025 年）》等重要法治规划陆续出台，法治建设呈现出新格局新特点。②其中，《法治政府建设实施纲要（2021—2025 年）》是在“法治政府建设是全面依法治国的重点任务和主体工程”这一定位下，立足把握新发展阶段、贯彻新发展理念、构建新发展格局的历史方位和时代背景，根据当前法治政府建设实际而制定，为法治政府建设提出了明确的“时间表”和“路线图”。与此同时，《法治中国建设规划（2020—2025 年）》作为总领性的法治规划，对法治中国建设作出了系统性部署，其中包含了大量的法治政府建设要求；《法治社会建设实施纲要（2020—2025 年）》作为推进法治社会建设的专门规划，在法治国家、法治政府、法治社会一体建设的大背景下，也对法治政府建设提出了实质性要求。上述规划应当成为“十四五”时期法治政府建设的主要遵循。

（二）对标“首善之区”目标，形成法治政府建设的“北京经验”

为全面贯彻落实《法治中国建设规划（2020—2025 年）》《法治社会建设实施纲要（2020—2025 年）》等重要法治规划的精神，中共北京市委于 2021 年 5 月制定发布了《北京市全面依法治市规划（2021—2025 年）》（以下简称《规划》）。《规划》在开篇即明确提出，要坚定不移走中国特色社会主义法治道路，全面推进法治中国首善之区建设，向着法治中国首善之区的

① 马怀德：《论习近平法治思想中的法治政府理论》，《政法论坛》2020 年第 6 期。

② 马怀德：《迈向“规划”时代的法治中国建设》，《中国法学》2021 年第 3 期。

目标不断前进。北京市法治政府建设的历史积淀和现实条件都相对较好，以法治中国首善之区作为建设目标，有利于明确方向、协同发力，高标准严要求推进法治政府建设。

在“十三五”时期，北京市的部分法治政府建设举措在一定程度上体现了“首善”要求，展现出标杆引领作用。如北京市着力推进的“接诉即办”“街乡吹哨、部门报到”等制度为超大城市的基层治理工作探索了重要经验。“十四五”时期，对标法治中国首善之区的目标，北京市法治政府建设应当在“首”和“善”上做出突破：一是突出“首”，即坚持法治政府建设的高标准、严要求，在制度建设上补短板、强弱项，集中力量解决法治政府建设中面临的深层次问题，以更加完善的法律制度规范行政权运行的全过程，同时要主动积极探索创新，以首创精神推进法治改革，形成更多可复制、可推广的法治政府建设“北京样本”“北京经验”；二是坚持“善”，即进一步提升法律制度的实效性，充分体现法治政府建设对社会发展和公众生产生活所带来的“法治红利”，增强社会公众的“获得感”和“满意度”。

（三）围绕“四个中心”定位，提供强有力的法治保障

2014 年 2 月，习近平总书记考察北京时，明确提出了北京的城市战略定位为全国政治中心、文化中心、国际交往中心、科技创新中心。《北京城市总体规划（2016 年—2035 年）》也明确提出，北京是全国政治中心、文化中心、国际交往中心、科技创新中心。城市的功能定位决定了城市规划建设和未来发展的主要方向，而城市的建设发展方向又将直接影响城市的治理方式和法治需求。“十四五”时期，北京市的法治政府建设必须深刻回应其城市定位，为首都核心功能的发挥提供坚实的法治保障。

聚焦全国政治中心建设，要求从国家治理体系和治理能力现代化的视角考虑首都的建设和管理问题，通过出台优化首都治理的相关法律制度，为首都充分发挥其政治功能提供制度保障。聚焦文化中心建设，要求北京市法治政府建设应当更加注重对文化产业的规范、引领：一方面要强化对历史文化遗产的法律保护，培育和促进文化产业发展，另一方面也要加强对文化市场

的规范，开展好文化市场综合执法工作。聚焦国际交往中心建设，要求北京市法治政府建设要更多考虑国内法治和涉外法治的统筹推进，深刻回应各领域国际交往的法治需求。聚焦科技创新中心建设，要求北京市法治政府建设要重视科技和创新的重要命题，不仅要充分利用现代科技改良行政权力运行的方式，同时也要建立适宜于新科技、新业态发展的监管体系，更好平衡创新与安全的价值，在鼓励科技发展的同时防控以数字技术为代表的科技创新的法治风险。

三 “十四五”时期北京市法治政府建设展望

（一）强化依法行政的组织领导，统筹推进依法行政

第一，坚持和强化党的领导。党的领导是推进全面依法治国、建设法治政府的根本保证。中共中央、国务院发布的《法治政府建设实施纲要（2021—2025年）》将“坚持党的全面领导，确保法治政府建设正确方向”作为主要原则之一。“十四五”时期，应当充分发挥市委全面依法治市委员会的统筹协调作用，确保法治政府建设平稳有序推进。

第二，加强行政机关负责人的法治意识。全面推进法治政府建设，增强行政机关依法行政能力，关键在于发挥行政机关负责人这一“关键少数”的积极作用。领导干部要带头依法办事，提升运用法治思维和法治方式的能力，领导干部的法治意识不能仅仅停留在口头上，更要落实到实际工作中，要加强对领导干部违法行为的责任追究，促使领导干部责任落到实处。①

第三，重视各区依法行政能力不均衡现象，提升基础薄弱地区依法行政能力。北京市各区各部门之间法治建设水平并不均衡，影响各地区之间的法治建设水平的因素是多样的，“地方的经济、政治、文化与地方法治政府建设的状况有密不可分的关系，既不可或缺，又相互促进。经济社会发展阶段

① 马怀德：《论习近平法治思想中的法治政府理论》，《政法论坛》2020年第6期。

作为基础性条件对地方政府的法治水平发挥重要作用”。[①] 改善各区法治建设不均衡现象，需根据各地区经济水平制定不同的法治建设实施策略。经济水平好的地区，具备成为法治建设先导区的可能性，应通过培育其成为法治政府建设的示范区，发挥示范引领作用；对于法治水平相对落后的地区，需要在市一级层面加大关注和投入，以外部督导促进其形成法治政府建设的内生机制。

第四，重视各层级政府法治政府建设水平的差异。行政机关依法行政能力水平逐级递减的根本原因在于各级机关推进依法行政工作的重视程度、投入力度逐级递减。因此要注意协调各部门和各区依法行政工作的衔接，加大基层人员力量、经费的投入力度，使其与职责任务相适应。同时要给予基层充分的法治建设激励，充分发掘内生动力，解决“上热下冷”问题。

（二）加快推进重点领域、新兴领域、涉外领域立法，构建更加完备的依法行政制度体系

第一，加强政府立法能力建设。北京市作为“首善之区”，其治理的有效性尤为重要。如何保障立法的及时性、系统性、针对性、有效性，提高立法质量和效率应是政府立法工作关注的重点。这要求行政机关要对首都社会变化发展具有敏锐的洞察力，针对新兴问题及社会治理需求的变化，及时制定出台相应立法，实现及时有效的制度供给。未来北京市政府应从决策能力、起草能力、协调能力、论证能力、审议能力等角度提升立法能力使立法紧贴首都发展实际，反映社会需求，促进首都发展，推进法治中国首善之区建设。

第二，继续推进重要领域、新兴领域、涉外领域立法。“十三五”期间，北京市在多个重点领域加强立法，取得一定成果。“十四五”期间应按照《法治政府建设实施纲要（2021—2025 年）》的要求，继续加强重点领域立法，如在社会治理领域，立足首都超大城市治理问题，优化治理模式等

---

① 王敬波：《我国法治政府建设地区差异的定量分析》，《法学研究》2017 年第 5 期。

层面加强地方立法；在政务服务领域，推动公共文化服务建设、数字政务公开平台建设等立法。应当继续加强新兴领域立法，如在市场监管领域推动新型监管方式的立法，在人工智能和大数据领域推动治理规则完善，以良法善治保障新业态新模式的健康发展。应当强化涉外领域立法，围绕促进中国（北京）自由贸易试验区的发展制定相应的外商投资、涉外人才培养等规范，以及为促进国际交流制定相应的国际语言环境建设规范。

（三）进一步优化法治化营商环境，开启首都优化营商环境新征程

2020年，北京市制定颁布了《北京市优化营商环境条例》，在市场环境、政务服务、监管执法、法治保障等方面进行了制度创新，在营造法治化营商环境层面取得了成效。“十四五”时期，应当在《北京市优化营商环境条例》的基础上，重点落实《北京市“十四五”时期优化营商环境规划》，在新的时期围绕贯彻新发展理念、构建新发展格局，打造稳定公平透明、可预期的法治化营商环境。

第一，提升政务服务水平。完善首问负责、一次告知、一窗受理、自助办理等制度。针对不同类型的企业或者个人的办理需求提供个性化服务，提升企业办理满意度；完善线上线下办理同步更新系统，避免企业办理事务时线上线下重复提交材料，增强线上线下一体化政务服务水平；加强政务服务工作人员的服务能力，提高服务意识。《北京市优化营商环境条例》在提升政务服务水平方面从综合窗口、统一平台等硬件设施方面进行了详细规定，但并未对服务工作人员提出资质要求，可借鉴《上海市优化营商环境条例》，对政务服务大厅的窗口服务力量配置和窗口工作人员业务培训提出相应要求。① 进一步推进行政审批“告知承诺制”等制度，加强行政机关内部的工作协调，减轻企业的办事压力，提高审批效率。②

---

① 成协中、陈刻勤：《北京市营商环境的立法、实践与评估》，《中国法治政府发展报告（2020）》，社会科学文献出版社。

② 成协中、陈刻勤：《北京市营商环境的立法、实践与评估》，《中国法治政府发展报告（2020）》，社会科学文献出版社。

第二，及时总结各区优化营商环境可复制可推广的经验做法，适时上升为法律法规制度。加强政企沟通，在制定修改规章、行政规范性文件过程中充分听取企业和行业协会商会意见；加强严格规范公正文明执法，统一监管标准，包容监管和审慎监管并存，进一步完善宽严相济的执法环境，依法执法，保障公民的合法权益。[①] 在深入推进《北京市优化营商环境条例》以及《北京市进一步优化营商环境更好服务市场主体实施方案》的基础上，不断创新举措，注重发挥市场和政府在营商环境中的不同职能作用，处理好市场、政府与社会之间的关系。

（四）重点推进基层行政执法体制改革

当前阶段，继续深化行政执法体制改革主要包括两个方面内容：一是进一步加强综合执法队伍建设，相对集中行使行政处罚权，解决行政机关之间多头执法问题；二是推动执法重心下移，取消和下放行政执法职权，加强基层治理建设。同时，还需统筹处理好区县综合执法队伍与乡镇综合执法的关系。

2021 年出台的新《行政处罚法》第 24 条明确赋予了街道办事处、乡镇行政执法主体资格，为区县级政府部门行政处罚权下放给街道乡镇行使提供了法律支撑。在此基础上，未来北京市政府应继续推进下放行政执法职权，组建街乡综合行政执法机构，逐步实现街乡层级的“一支队伍管执法”。但是，乡镇、街道在行使执法权时，始终面临着执法能力和执法规范化的拷问。因此，应当确保下放至街乡的执法权满足“基层管理迫切需要”和“能够有效承接”的条件。此外也要注重对街道办事处、乡镇人民政府行使下放职权的情况开展定期评估，充分考量经济、效率、效益、公正、公众满意度等多方面指标，[②] 确保地方真正能够有序行使下放的执法权。

在街道乡镇取得行政执法权的情况下，无须依赖上级部门支持即可独立

---

① 《法治政府建设实施纲要（2021—2025 年）》。

② 陈书笋：《行政执法绩效评估指标研究》，《社会科学》2014 年第 3 期。

执法。但行政执法权的下放可能无法完全涵盖街道乡镇的治理范围，在未取得授权但仍需要进行治理的情形下，需要召集上级部门进行执法。由此“街乡吹哨、部门报道”模式依然具有适用的空间。“十四五”时期应当对该机制进行持续优化：首先，在建立稳定赋权机制方面，“街乡吹哨”模式依赖于上级党委以及政府赋予街乡执法召集权，其有效性取决于上级党委和政府的重视程度以及本身意愿，如何保障赋权的稳定性仍需要探索；其次，因执法召集权并无实质约束力，街乡政府是否主动及时“吹哨”仍取决于其自身意愿，执法召集制如果仅仅注重自上而下的赋权而不响应社会对于政府的治理需求和外部监督的话，街乡政府就难以真正面向社会，① 如何激励街乡政府主动发现问题主动吹哨仍是需要思考完善的问题。

（五）以新《行政处罚法》的实施为契机，持续提升行政执法能力，推进严格规范公正文明执法

《法治政府建设实施纲要（2021—2025 年）》强调“着眼提高人民群众满意度，着力实现行政执法水平普遍提升，努力让人民群众在每一个执法行为中都能看到风清气正、从每一项执法决定中都能感受到公平正义”。要实现这一目标，需要结合新《行政处罚法》的具体内容，推进执法体制机制的完善，持续提升执法能力。

第一，在严格执法层面，新《行政处罚法》重点强化了行政机关实施不当行政处罚的法律责任，以加大责任力度倒逼行政机关依法执法，严格监督行政机关执法权。“十三五”时期，北京市政府积极落实综合执法改革，组建整合了多支综合执法总队，制定了多部有关集中、取消和下放行政处罚职权的规范性文件，但尚有一些问题需要解决：一是各个综合执法队伍各自具有的行政执法权限不够具体清晰，综合执法队伍整体上掌握的执法职权并未进行统计整合并对外公开；二是下级执法队伍的建设跟不上

① 吕普生、张梦慧：《执法召集制：“吹哨报到”机制如何使综合执法运转起来》，《河南社会科学》2021 年第 2 期。

上级执法职权的下放速度，有可能造成基层具有行政执法权限但无执法人员的尴尬情况，这些都可能影响执法效能的提升。针对以上问题，应当科学合理设计行政执法职权的下放及划转衔接工作，以权力清单和责任清单制度的实施全面厘清各行政执法主体的执法职权以及层级之间、部门之间的职责关系。

第二，在规范执法层面。新《行政处罚法》以第39、47、48、58条内容规定了行政执法公示制度、执法全过程记录制度、重大执法决定法制审核制度（简称行政执法“三项制度”），以法定形式严格规范行政执法过程。在“十四五”时期，北京市政府应在新《行政处罚法》条文内容的基础上制定相应的具体细则，针对行政执法过程的细节问题进行规定，诸如行政执法公示的标准、公示的范围、公示的方式，执法过程记录的标准、具体形式，明确重大执法决定内容等。同时也要注重信息化建设，推进行政执法信息服务平台建设，将行政执法案件数据收集汇总，搭建类案检索平台，建设行政执法综合管理监督信息系统，以规范执法行为。

第三，在公正执法层面。新《行政处罚法》第33条增加了“违法行为轻微并及时改正，没有造成危害后果的，不予行政处罚。初次违法且危害后果轻微并及时改正的，可以不予行政处罚。对当事人的违法行为依法不予行政处罚的，行政机关应当对当事人进行教育”等内容，彰显了行政处罚惩戒与教育相结合的功能。实践中，北京市文化市场综合执法总队率先制定了《北京市文化市场初次违法后果轻微行为不予行政处罚实施办法（试行）》，尝试从初次违法后果轻微行为的认定、初次违法后果轻微行为不予行政处罚清单、初次违法后果轻微行为不予行政处罚的具体实施等角度细化新《行政处罚法》第33条的规定，便于实际操作。未来应在先行先试的基础上，逐一推进其他领域制定出台具体实施办法。此外，也要注重创新优化行政执法方式。比如创新信用分级分类执法，减少对信用较好的行政相对人的干预；广泛运用说服教育、劝导示范、警示告诫、指导约谈等方式，以新型柔性的行政手段弥补传统行政强制手段的不足，努力做到宽严相济、法理相融，让执法既有力度又有温度。

第四，在文明执法层面。新《行政处罚法》多从执法人员自身出发，规范执法行为，要求执法人员遵守法定程序，尊重行政相对人。由此应更加重视提升执法人员的执法能力和自身素质。目前，北京市政府在行政执法层面尚存在执法资源分配不均匀、部分执法人员专业素养有待提升、各地区各部门执法水平不一等问题。未来应加大对执法人员的培训、指导、考核，提升执法人员的工作能力。同时优化行政资源的分配，加大执法人员、经费、资源等向基层一线倾斜的力度，合理高效分配行政执法资源。

（六）落实《行政复议体制改革方案》，发挥行政复议化解行政争议主渠道作用

行政复议是解决行政争议的重要制度。健全行政复议制度是推进国家治理体系和治理能力现代化的必然要求。《行政复议体制改革方案》要求“优化行政复议资源配置，推进相关法律法规修订工作，发挥行政复议公正高效、便民为民的制度优势和化解行政争议的主渠道作用”，明确了“整体部署、分步实施、地方先行”的改革步骤，要求各地方整合复议职责，实现县级以上一级地方政府只保留一个复议机关，由本级政府统一行使行政复议职责，政府各部门不再行使行政复议职责。基于以上要求和工作部署，北京市政府在深化行政复议体制改革进而发挥行政复议主渠道作用方面还需加强以下几个方面。

第一，在深化行政复议体制改革层面。各区应整合行政复议职责，确保区政府集中行政复议职责改革措施落实到位，实现区级行政复议工作由区政府行政复议机构“一个窗口对外”“一套流程办案”“一个标准裁判”，切实推进行政复议体制改革。① 各级政府应加快建立行政复议委员会，聘请行政复议委员会委员，为重大、疑难、复杂的案件提供咨询意见，健全优化行

① 《房山区关于落实〈北京市行政复议体制改革实施方案〉工作意见》，载北京市政府网站，http：//www. bjfsh. gov. cn/zhxw/fsdt/202106/t20210621_40020025. shtml，最后访问时间：2021 年 11 月 19 日。

政复议审理体制。

第二，在规范行政复议程序层面，应推进行政复议信息化、规范化、职业化建设，规范案件办理流程。“信息化”建设要求行政复议信息公开公示，效仿全国行政复议工作平台的建设，搭建北京市行政复议案件申请、受理等一站式行政复议工作平台，提升行政复议办案质量与效率，便于公众及时查询有关信息。“规范化”建设要求建立一套统一科学规范的行政复议工作体系，从行政复议申请、受理、审理到复议决定的作出和执行以及行政复议指导监督等整个过程都应有程序规范。“职业化”建设主要针对行政复议工作人员，要求工作人员具备专业知识、职业资格、法治素养等与其工作岗位相匹配的能力资格，致力于建设一批素质过硬、作风优良、专业能力强的职业化队伍。

第三，建立行政复议决定书以及行政复议意见书、建议书执行监督机制。实现个案监督纠错与倒逼依法行政的有机结合，落实行政复议决定书网上公开制度，增强行政复议的透明性、公开性、便民性。

（七）加强数字法治政府建设，推动政府适应智能化社会趋势

在互联网、大数据、云计算等技术手段高速发展的大趋势下，行政机关进行行政管理的方式也发生着巨大改变，其中最显著的特征表现为行政活动过程中人的直接参与比重下降，自动化技术和设备的利用大幅提升，政府治理模式持续向数字化、自动化和智能化转变。[①]《法治政府建设实施纲要（2021—2025 年）》明确提出“坚持运用互联网、大数据、人工智能等技术手段促进依法行政，着力实现政府治理信息化与法治化深度融合，优化革新政府治理流程和方式，大力提升法治政府建设数字化水平”。北京市作为“科技创新中心”，应当在“数字法治政府”的建设上先行先试。

① 展鹏贺：《行政活动方式的自动化趋向及其法律问题》，《中国法治政府发展报告（2019 年）》，社会科学文献出版社，2020。

首先，应当推进政务数据公开制度体系的建设。在《数据安全法》所设定的框架下，以《北京市“十四五”时期智慧城市发展行动纲要》[①] 为指引，加快制定具体配套实施细则，将建设政务数据公开制度体系纳入法治轨道。同时对政务数据公开的实践疑难问题作出探索，如保障政务数据公开的及时准确可靠性，政府数据公开中个人信息权益的保护等。

其次，应当充分利用“互联网+”技术推动政府治理方式智能化。传统的政府治理方式主要依靠内部层级制逐级传达信息，各部门之间分工进行从而形成政府治理条块分割、部门之间难以共享合作的碎片化治理格局，导致信息不畅通、运作效率低下且行政管理成本高昂。利用互联网领域的技术革新来创新行政管理方式，实现政府治理的智能化将是建设数字法治政府的重要目标。具体而言，行政主体可以“互联网+”平台为依托，有效整合各个政府部门的信息资源，[②] 同时利用自动化算法优化办事流程和行政管理体系。

最后，面对监管对象的智能化、复杂性等特点，要结合新技术新产业新业态的特点，调整完善法律规范和监管体系，探索实验型规制等“创新友好型”监管方式，对新产业和新业态给予更多的包容，避免监管措施的僵化。[③]

---

① 《北京市“十四五”时期智慧城市发展行动纲要》（京大数据发〔2021〕1 号）。

② 黄斌、阮英娇：《“互联网+”推进政府治理现代化的作用、目标与路径》，《西安财经大学学报》2021 年第 1 期。

③ 孔祥稳：《面向人工智能风险的行政规制革新——以自动驾驶汽车的行政规制为中心而展开》，《行政法学研究》2020 年第 4 期。

B.16
北京市行政法治的发展（2020~2021）

尹少成　王　海*

摘　要：　2020年，北京市的法治政府建设水平稳步提升，2021年，北京市的行政法治发展继续稳中求进。一年多来，围绕首善之区建设、京津冀协同发展等重大部署和战略，北京市在重点领域立法、疫情防控、营商改革以及管理体制改革方面成效显著，在促进行政争议解决、加强基层社会法治治理方面继续发挥首都特色。北京市的行政法治为绘就首善蓝图、惠及人民福祉和盘活区域发展贡献了重要力量。但是，北京市的行政法治还要在细微之处继续打磨，下一步要在增强立法执法本领、平衡区域部门法治建设和完善联动执法机制上继续发力，才能真正做到统筹兼顾，提升北京市行政法治的质效。

关键词：　北京　行政法治　法治政府　首都发展

2020年是全面建成小康社会和“十三五”规划的收官之年，是“三大攻坚战”的最后攻关之年、决胜之年，也是落实《法治政府建设实施纲要(2015—2020年)》的收官之年。这一年来，北京市在完善立法工作机制、深化行政体制改革、促进行政争议解决和推进基层依法治理等方面持续发力，始终秉持着紧扣中央决策部署和结合首都发展实际这两个维度合力实施

* 尹少成，首都经济贸易大学法学院副院长、副教授、博士生导师，主要研究方向为行政法、政府规制；王海，首都经济贸易大学法学院硕士研究生，主要研究方向为行政法。

的理念，提高了法治政府建设的质效，为北京市行政法治的发展积累了宝贵的经验。2021 年是中国共产党成立 100 周年，是贯彻落实习近平法治思想的开局之年，这为进一步强化对法治政府建设的统筹协调提出了新的任务和挑战，北京市在以上方面继续推进的同时，还兼顾新问题、新理念和新战略，为建设国际一流的和谐宜居之都提供法治保障。

一　2020年以来北京市行政法治建设主要成就

（一）完善立法工作机制，为首都治理体系和改革攻坚筑就法治保障

1. 紧扣中央决策部署，落实重点领域立法工作理念

2020 年，北京市人大以习近平新时代中国特色社会主义思想为指导，紧扣党中央决策部署及市委有关工作要求，围绕疫情防控、城市治理、高质量发展、生态环境、民生保障等重点领域，推进科学立法、民主立法、依法立法。北京市人大积极落实立法工作理念，制定并实施了《北京市物业管理条例》、《北京市优化营商环境条例》和《北京市危险废物污染环境防治条例》等地方性法规，修订了《北京市宗教事务条例》、《北京市促进中小企业发展条例》和《北京市志愿服务促进条例》等多部地方性法规，起草并审议了《北京市生态涵养区生态保护和绿色发展条例（草案）》等多部地方性法规的草案，启动了“北京市禁毒条例”、“北京市住房租赁条例”和“北京市大数据条例”等地方性法规的立法工作，此外还着手修订《北京市实施〈中华人民共和国突发事件应对法〉办法》等地方性法规。① 2021 年北京市人大在立法工作上毫不松懈，以首都发展为统领，紧紧围绕“十四五”规划确定的目标任务，进一步落实主动、担当、精准、有效的立法工作理念，因而已经形成了一批立法工作方面的优质成果和举措。其中，北京

---

① 《北京市人大常委会 2020 年立法工作计划》，载北京市人大常委会网站，http：//www. bjrd. gov. cn/zyfb/zdgz/lfgj/lfjh/202012/t20201222_ 2179266. html，最后访问时间：2021 年 9 月 19 日。

市人大制定并实施了《北京市地方金融监督管理条例》、《北京市禁毒条例》、《北京市反食品浪费规定》和《北京市接诉即办工作条例》等地方性法规，起草并审议了《北京中轴线文化遗产保护条例（草案）》等地方性法规的草案，修订了《北京市无障碍设施建设和管理条例》等地方性法规，并适时启动“北京市土壤污染防治条例”“北京市乡村振兴促进条例”等地方性法规的立法工作。①

从以上立法工作可以看出，北京市人大不仅能紧扣中央决策部署，对接中央和市委的立法工作安排，还能以首都经济和社会发展为导向，积极回应社会需求，这有利于更为全面地提升首都基层治理体系和治理能力现代化的水平。除此之外，我们也能看到北京市人大紧跟当年的立法工作计划，适时推进立法工作的各个方面，不仅“提效率”，一年多内已制定施行数十部法律，还能“抓质量”，对各项立法草案进行充分审议，对各项立法论证项目进行细致调研，对亟须调整的法规进行完善修订。这充分表明了北京市人大在立法工作上兼顾质量和效率，有意识地增强立法的针对性和系统性，在构建有效的治理体系、推动首都新发展和提供及时、有力、到位的法治保障方面“肯下苦功，能出细活”。

2. 统筹谋划立法方式，提升依法行政制度体系建设

2020年，北京市政府在立法工作上能够做到统筹谋划，一方面，深入落实习近平总书记在中央全面依法治国委员会第三次会议上的重要讲话精神，紧紧围绕党中央、国务院决策部署和市委、市政府中心工作全面展开立法工作；另一方面，北京市政府始终立足首都城市战略定位，着力做好服务依法防控新冠肺炎疫情、持续加强“四个中心”功能建设、提高“四个服务”水平等各方面的立法行动部署。2020年，北京市政府持续完善依法行政制度体系，先后提请市人大常委会审议了《北京市医院安全秩序管理规定》等14项法规草案，制定《北京市建筑垃圾处置管理规定》等4项规

① 《北京市人大常委会2021年立法工作计划》，载北京市人大常委会网站，http：//www.bjrd.gov.cn/zyfb/zdgz/lfgj/lfjh/202102/t20210210_ 2281987.html，最后访问时间：2021年9月19日。

章，废止《北京市组织机构代码管理办法》等11项规章，并对现行有效的208件规章和9698件行政规范性文件进行了全面清理。[①] 2021年，北京市政府在统筹谋划立法方式上又有了新的作为，善于通过“小切口”去解决实际问题，还采用“立法专班”的方式推进立足新发展阶段、贯彻新发展理念、构建新发展格局、推动高质量发展的城市治理、民生福祉和安全稳定等各方面的立法项目。目前，北京市政府已完成数十项地方性法规的草案，部分草案（如《北京市社会信用条例（草案）》）正在进行审议并征求社会公众意见，并且加紧修订和废止10部政府规章。此外，还适时提出立法项目共计22项，包括地方性法规草案11项、政府规章11项，政府各行政部门正在全力起草各项立法项目，同时，市司法局也在全面推进立法工作上的指导。[②]

北京市政府在立法工作上能够坚持从实际出发，有效解决实际问题。通过围绕建设国际一流的和谐宜居之都的发展目标，市政府深入研究本市经济社会发展呈现的新特点，在立法调研、草案起草和论证审查等过程中，科学设计、精心组织，不断增强立法工作的科学性、有效性和系统性。纵观市政府一年多来的立法工作，可以发现主要聚焦在全力服务依法防控新冠肺炎疫情、优化提升首都功能、推动高质量发展、提高超大城市治理水平、保障和改善民生以及加强政府自身建设六个方面，接下来，北京市政府将在促进首都经济高质量发展和提高城市精细化管理水平等方面贡献更大的力量，不断加强政府依法行政制度的体系建设。

3. 提高思想政治站位，形成立法质效攻坚改革格局

首先，不管是人大立法，还是政府立法，都让我们看到了北京市在立法工作上总是能够把提高思想政治站位摆在关键突出的位置，这也是首都立法工作先进性的原因所在。其次，立法工作关切治理能力改革，北京市能在立

① 北京市司法局门户网站“司法行政要闻”栏目，载北京市司法局门户网站，http：//sfj.beijing.gov.cn/sfj/sfdt/sfxzyw59/10962699/index.html，最后访问时间：2021年9月19日。

② 《北京市政府2021年立法工作计划》，载北京市政府门户网站，http：//www.beijing.gov.cn/zhengce/zhengcefagui/202104/t20210430_2380282.html，最后访问时间：2021年9月19日。

法工作上坚持人民主体地位，践行立法为民理念，综合运用座谈交流、走访调研、民意调查等方式，广泛听取各方面意见，让立法过程真正汇聚民意、吸纳民智，这也是首都立法工作民主性的原因所在。最后，不断提高立法的质量和效率，北京市加强重点领域、新兴领域立法，坚持立法决策和改革决策相衔接，立法主动适应改革和经济社会发展需要，积极发挥引导、推动、规范、保障改革的作用，确保重大改革于法有据，这也是首都立法工作科学性和系统性的原因所在。这些方面的立法工作和举措，正在使北京市形成坚持党委领导、人大主导、政府依托、各方参与的立法质效攻坚改革格局，为首都治理体系和改革攻坚提供了切实可行的法治保障。

（二）深化行政体制改革，为首都疫情防控和经济社会发展凝聚法治力量

1. 疫情防控凸显法治保障新常态

新型冠状病毒感染的肺炎疫情发生以来，党中央高度重视，习近平总书记作出一系列重要指示，为做好疫情防控工作指明了方向。北京作为首都，做好疫情防控工作意义重大，自疫情发生以来始终坚决贯彻落实习近平总书记的重要指示精神，切实加强党的领导，这为打赢疫情防控阻击战提供了坚强的政治保证。北京市委、市政府在疫情防控方面毫不松懈，坚持依法防控、依法决策，第一时间制发《北京市人民政府办公厅关于落实“四方责任”进一步加强重点人群、场所和单位新型冠状病毒感染的肺炎疫情防控工作的通知》等40多个涉疫文件，全部履行合法性审核程序，为疫情防控提供有力的法治保障。通过此次疫情，我们也认识到了加强公共卫生应急法治保障体系建设的重要性。因而，北京市积极推进《北京市突发公共卫生事件应急条例》等重点立法，为疫情防控提供制度支撑。疫情防控也为行政执法工作带来了新的问题，但北京市各行政部门能够针对疫情防控带来的问题做到妥善处置，及时调整疫情防控执法权，强化涉疫行政执法协调监督，确保相关决策和措施合法合规。

一年多来的疫情防控也让我们认识到了疫情防控工作的常态化，相关

的法治工作也应进入新常态。北京市政府自 2020 年 3 月以来，连续印发《关于全力做好疫情防控工作保障企业有序复工复产的若干措施》《关于支持中小微企业和个体工商户做好常态化疫情防控加快恢复发展的若干措施》等多个通知和政策文件。[①] 这也让我们看到了北京市在出台纾困惠企系列政策上的及时性和灵活性，为全力推动复工复产达产提供了常态化的法治保障。

2. 营商改革呈现法治建设新亮点

为贯彻党中央、国务院决策部署，扎实做好“六稳”工作，全面落实“六保”任务，持续深化“放管服”改革，加快打造市场化法治化国际化营商环境，更大激发市场主体活力，增强发展内生动力，为首都经济高质量发展持续注入新动能，2020 年 12 月 30 日，北京市政府印发了《北京市进一步优化营商环境更好服务市场主体实施方案》，这是 2017 年 9 月以来北京市第 4 次集中出台的一批优化营商环境改革举措，也被称为营商环境“4.0 版改革”。“4.0 版改革”继续坚持“以人民为中心”的发展思想，更加注重系统性、整体性和协同性，强化系统集成、协同高效，更加注重聚焦关键领域重大问题，破解体制机制障碍。总体上看，“4.0 版改革”从投资建设、外资外贸和监管执法等 7 大环境全面推进改革，提出了共计 277 项任务，改革覆盖面更广、系统性更强。此外，此次改革将积极推动监管执法环境更加规范，进一步统筹“双随机、一公开”和重点监管、信用监管等各种方式，统筹智慧监管、综合监管、社会共治等各种手段，实现全方位、高水平监管。[②] 2021 年 8 月，北京市政府又印发《北京市“十四五”时期优化营商环境规划》，如何更好地发挥《北京市优化营商环境条例》的作用，如何更好地完成北京等特大城市率先加大营商环境改革力度的时代任务，如何共享打造国际一流营商环境高地的丰硕成果，将是北京市“十四五”时期优化

① 《2020 年北京法治政府建设晒出成绩单》，《法治日报》2021 年 3 月 31 日，第 1 版。

② 北京市人民政府门户网站“政务公开”栏目，载北京市人民政府门户网站，http://www.beijing.gov.cn/zhengce/zcjd/202102/t20210201_2250826.html，最后访问时间：2021 年 9 月 19 日。

营商环境的核心任务。[①]

3. 管理创新推进政府职能新转变

2020 年 9 月 4 日，在 2020 年中国国际服务贸易交易会全球服务贸易峰会上，习近平总书记发表重要致辞，为北京如何确立新发展格局指明了方向。至此，北京肩负起同时建设国家服务业扩大开放综合示范区和中国（北京）自由贸易试验区的历史重任，全力打造改革开放的“北京样板”。以首善标准推进“两区”建设，不仅需要政策创新的突破，也要有相配套的管理制度保驾护航。为此，北京市发展改革委、市司法局等部门联合发布《北京市关于改革优化法律服务业发展环境若干措施》。这些措施将使外籍法律高端人才来华工作许可和居留许可“一窗受理、同时取证”，办理时间压缩至 7 个工作日。北京市还正探索将外国人工作许可证和工作类居留证件整合为工作居留许可。[②] 此外，北京经济技术开发区（简称“经开区”）也与天津经开区签署相关协议，正式建立了国家级经开区跨省通办工作机制。

与此同时，北京市委、市政府还组建了北京市重点站区管理委员会、北京大兴国际机场临空经济区联合管理委员会。其中，北京各重点站区是北京铁路交通对外的窗口，北京大兴国际机场临空经济区是国家服务业扩大开放综合示范区和中国（北京）自由贸易试验区的重要承载地，二者突出自身特色，统筹推进，将更好发挥出铁运枢纽和航空枢纽对城市发展的强大推动力。2021 年，北京继续对标国际先进规则和最佳实践，探索实施供地、融资、人才、技术、数据等要素配置的突破性政策，加紧建设国际商事仲裁中心。同时，开展跨境数据流动试点，打造国际信息产业和数字贸易港。

4. 执法下放彰显行政工作新布局

2020 年 3 月，北京市政府作出《关于由北京城市副中心管理委员会行使部分市级行政权力的决定》，这将更好地对接加快北京城市副中心建设的速度与进程，落实市委、市政府关于向副中心全面赋权的要求。首批赋权事

① 《全面建成与首都功能发展需求相一致的国际一流营商环境高地　北京“十四五”再推 356 项营商改革》，《北京日报》2021 年 9 月 9 日，第 1 版。

② 《北京“两区”建设法律服务支持措施发布》，《北京日报》2021 年 8 月 1 日，第 4 版。

项在发展改革、规划自然资源和城乡建设等相关领域赋予了副中心管委会一部分市级的职权，真正实现了“副中心的事副中心办”。[①] 2020 年 3 月，北京市政府又将 21 项行政执法权下放到基层，垃圾不分类等行为将由街道或乡镇直接处罚。[②] 北京市这样做，是基于对依法行政和法律适用相协调的充分把握，《北京市街道办事处条例》等相关法律法规已被制定、修改或废止，相关行政执法职权也应被更好地执行与衔接。

近年来，北京市行政执法职权下放的力度一直有增无减。2020 年 7 月 1 日起，市、区相关部门行使的 431 项行政执法职权下放至街道办事处和乡镇人民政府，并以其名义实行综合执法。之所以下放，是为了解决基层“看得见的管不了”的难题，确保权力“放得下、接得住、管得好”。未来，北京市将进一步推进取消和下放行政执法职权的相关工作，落实和彰显首都行政治理工作的新布局。

（三）促进行政争议解决，为首都涉“疏整促”和矛盾纠纷化解提供法治路径

1. 行政应诉工作继续履行服务保障任务

首都行政应诉工作在继续发挥促进行政争议实质解决作用的同时，还依法妥善化解涉“疏整促”、副中心建设、中轴线申遗等中心工作的矛盾纠纷，为首都发展提供服务保障。2020 年，北京市各级行政机关共发生一审行政应诉案件 7352 件，比 2019 年的 9906 件下降 25.8%。全年共审结一审行政应诉案件 6112 件，其中判决 3642 件，裁定 2374 件，调解 96 件。[③] 此外，首都行

---

① 《“副中心的事副中心办”市级赋权副中心事项正式生效》，载北京市人民政府门户网站，http://www.beijing.gov.cn/ywdt/zwzt/jjtz/hxyjsfq/202004/t20200421_1873605.html，最后访问时间：2021 年 9 月 20 日。

② 《21 项行政执法权将下放基层　垃圾不分类等行为将由街道乡镇直接处罚》，载北京市人民政府门户网站，http://www.beijing.gov.cn/ywdt/gzdt/202104/t20210417_2361516.html，最后访问时间：2021 年 9 月 20 日。

③ 《数说，2020 年首都行政应诉工作相关数据》，载北京市司法局官网，http://sfj.beijing.gov.cn/sfj/zwgk/zfxxgk81/zfxxgkml61/bmdt/10937705/index.html，最后访问时间：2021 年 9 月 20 日。

政应诉工作还产生了许多新的成效和亮点。一方面，创新探索行政应诉“云开庭”模式。为解决疫情防控要求和办案时限之间的矛盾，北京市各级行政机关积极配合法院，通过“云开庭”模式，采用原告、被告和法院三方远程在线方式，完成法庭调查、举证质证、辩论、调解等主要庭审活动，有效避免了因人员聚集引发疫情的风险，实现了疫情防控和案件办理“两不误”。另一方面，持续推动行政机关负责人出庭应诉。2020 年，北京市行政负责人出庭应诉 1161 次。在涉及重大公共利益、社会高度关注、可能引发群体性事件的案件中，行政机关负责人积极主动出庭。应诉机关负责人出庭不走形式，确保负责人出庭案件的典型意义和指导价值。

2. 行政复议工作努力发挥“主渠道”作用

新时期，北京市的行政复议工作走在了全国的前列，行政复议制度的功能定位日渐清晰。2020 年，北京市各级行政复议机关共收到行政复议申请 11311 件，较 2019 年的 10569 件提高 7.0%。受理 9503 件，受理率为 84.0%。行政复议案件申请量增多，行政诉讼案件则逐年减少，这充分说明了行政复议化解行政争议的天然优势逐渐显现，北京市各级行政复议机关应继续努力，将行政复议作为化解行政争议“主渠道”作用的能力彻底发挥和释放。[①] 2020 年，北京市各级行政复议机关严格落实疫情防控措施，及时调整行政复议申请方式。北京市司法局第一时间印发《关于做好应对新冠肺炎疫情期间全市行政复议工作的通知》，就做好疫情防控工作、保障申请人行政复议权利以及依法妥善办理案件提出要求，指导全市行政复议机关做好疫情期间行政复议工作。随着疫情防控形势向好，各级行政复议机关逐步恢复当面接待，依法接待行政复议申请人。此外，各级行政复议机关还充分发挥行政复议化解行政争议的“主渠道”作用，助力优化法治化营商环境。市市场监管局、市生态环境局等部门在处理行政复议案件过程中，切实加强涉及企业的行政复议案件办理工作，依法公正处理案件，重视听取企业意

① 曹鎏：《作为化解行政争议主渠道的行政复议：功能反思及路径优化》，《中国法学》2020 年第 2 期。

见，运用多种方式查明案件事实。行政复议机关在办理涉及企业行政复议案件过程中，加强案前和解及案中调解，促进了矛盾的实质性化解。

3. 行政调解工作积极呼应“民之所向”

北京市积极坚持和发展新时代“枫桥经验”，主动排查回应群众诉求，就地化解满足百姓需要。2020 年，全市各级行政机关共受理各类行政调解案件 825795 件（同比增长 28%），调解成功 323199 件，调解成功率为 39.1%。北京市各级政府已充分认识到行政调解工作是发挥行政机关的职能作用、及时化解社会矛盾的重要途径，是加强和创新社会管理、维护社会稳定的有效方式，是加强依法行政、推进民主法治建设的重要举措。例如，房山区政府领导区司法局组织全区 37 个行政单位和部门对行政调解职责清单进行梳理，共梳理出行政调解职责 48 条，包括区市场监管局市场行为纠纷类、房山公安分局治安纠纷类、区农业农村局农业生产纠纷类、区人力社保局劳动争议类等。同时，房山区各行政单位和部门还将在房山区人民法院的指导和监督下，协同建立覆盖全区的“一站式”司法确认工作体系，整合司法、行政、调解等资源，在劳动争议、征地拆迁等重点领域以及其他矛盾纠纷易发多发领域，扩大司法确认制度的适用范围，探索建立“一站式”纠纷解决服务平台，依法及时化解矛盾纠纷，提高非诉讼纠纷解决方式的效力和权威性，从而真正呼应“民之所向”。①

（四）推进基层依法治理，为首都基层建设和民政事业发展绘制法治篇章

1. 深入基层社会治理改革，幸福首都百姓生活

2020 年，北京市 12345 热线整合了 16 个区、36 个部门共计 52 条热线，开通了 15 个网络渠道。2020 年全年受理量突破 1103.94 万件，环比增长

① 《2020 年房山区共调处行政调解案件 1.3 万余件》，载北京市人民政府门户网站，http：//www.beijing.gov.cn/ywdt/gqrd/202101/t20210122_2229597.html，最后访问时间：2021 年 9 月 20 日。

55.24%，解决了304万个民生痛点问题。[①] 2021年初，北京市还首次发布2020年“接诉即办”年度报告，公布了“接诉即办”改革工作考评成绩排行榜。“接诉即办”是党建引领“街乡吹哨、部门报到”改革的深化延伸，是首都基层治理的改革创新，是落实以人民为中心的发展思想的生动实践。2020年10月，为进一步深化“接诉即办”改革，北京市委、市政府还印发了《北京市委、市政府关于进一步深化“接诉即办”改革工作的意见》，针对首都群众的高频问题和复杂疑难问题，提出了“主动治理、未诉先办”的要求；针对小区业主委员会和物业管理委员会等社区治理工作中的棘手问题，借鉴“回天有我”社会治理创新模式，调动社会组织、企业等多方力量，做到了“多元治理、共建共管”；针对在“接诉即办”工作中缺少的法律制度和法治思维，积极推动“接诉即办”立法，修订相关法规规章。《北京市接诉即办工作条例》已于2021年9月出台，补齐了基层治理改革的法规制度短板，为幸福首都百姓生活持续助力。

2. 推动北京精准普法工作，打造首都普法品牌

2020年北京市的普法工作能够做到科学研判，精准对接普法需求，充分围绕疫情防控和民法典进行展开。疫情防控期间，围绕传染病防治法、突发事件应对法等法律法规的宣传内容遍布线上线下，从而增强首都疫情防控普法工作的针对性和实效性。其中，在全国率先制发《关于加强守法普法坚决打赢疫情防控阻击战的通知》，根据疫情防控变化制发《关于进一步加强疫情防控和公共卫生普法工作的实施意见》，指导全市组织开展疫情防控主题普法宣传活动。2020年5月，自民法典颁布后，民法典学习宣传迅速被打造为普法工作新热点。北京市通过制发《关于加强〈中华人民共和国民法典〉学习宣传的实施意见》、组建北京市民法典讲师团、开设民法典空中课堂、制作播出民法典公益广告、组织民法典动漫微视频征集展播、开展民法典网上知识竞答活动等措施，形成整体合力。

① 《为基层减负赋能，促进社会治理良善》，载光明网，https：//theory. gmw. cn/2021 -01/24/content_ 34564590. htm，最后访问时间：2021年12月1日。

与此同时，北京市也不忘延续和传承传统普法工作，打造首都普法品牌。北京市继续加强“12·4”国家宪法日暨宪法宣传周的普法活动，国家宪法日宣传活动被中央电视台、法治日报等主流媒体广泛报道，收效显著。还将法律案例汇编成案例集，让老百姓进行“点单”，从而推动“以案释法”从有形到有效，达到了社会接纳效果与法治宣传效果的统一。北京市在普法工作中继续发现和培育典型，调动各方积极性，推进普法工作持续发展，努力打造首都普法品牌。

3. 整合公共法律服务资源，对接首都群众需求

2020 年首都公共法律服务工作成果显著，不仅积极整合公共法律服务资源，推进公共法律服务，还创新性地让实体、热线、网络三台融合，首次实现公共法律服务三级实体平台，达到全面化数据化管理。此外，北京市还不断创新，建立各种实体网络平台，依托协同调度平台录入数据。2021 年，北京继续大力扩展公共法律服务渠道，积极推动法律服务力量下沉，使法律服务供给能力能够稳步增强。随着公共法律服务资源的不断整合，相关法律服务渠道不断增加，首都群众的法律咨询需求更加旺盛。

二　北京市行政法治建设的未来发展趋势

（一）北京市行政法治发展的特点

1. 注重顶层设计，加强政治引领

2020 年 10 月，中国共产党第十九届中央委员会第五次全体会议在北京召开，全会审议通过了《中共中央关于制定国民经济和社会发展第十四个五年规划和二〇三五年远景目标的建议》，内容上既有党的十八大以来一以贯之的依法治国方略部署，又有新的法治战略举措。党中央的这一顶层设计在北京地方层面得到了积极回应，北京市委、市政府坚决贯彻落实五中全会的精神，以更加饱满热情、更加扎实行动，推动法治建设，履行好首都职责，更好地服务党和国家工作大局，确保“十四五”

开好局、起好步。更引人注目的是，2020 年 11 月，中国共产党历史上首次召开的中央全面依法治国工作会议，将习近平法治思想明确为全面依法治国的指导思想。北京市进一步领悟上级的会议精神和要求，在市委的组织下召开了全面依法治市工作会议，积极贯彻落实中央全面依法治国工作会议的精神，增强责任感使命感，以首善标准推动法治建设，奋力谱写法治中国首善之区建设新篇章。

北京市委、市政府不仅贯彻落实党中央的精神，还在行动上与党中央、国务院保持一致。围绕中央政府印发实施的《法治中国建设规划（2020—2025 年）》、《法治政府建设实施纲要（2021—2025 年）》和《法治社会建设实施纲要（2020—2025 年）》这“一规划两纲要”，北京市委、市政府先后印发了《2020 年推进法治政府建设工作要点》《2021 年推进法治政府建设工作要点》《北京市全面依法治市规划（2021—2025 年）》，为统筹谋划和协调推进法治中国首善之区建设明确了目标和方向。2021 年初，北京市政府还发布《北京市 2020 年法治政府建设年度情况报告》，在总结法治政府建设取得积极成效的同时，也明确了 2021 年法治政府建设工作的初步安排，并按照中央依法治国办的统一部署，持续深化行政体制机制改革，编制了市政府 2021 年立法工作计划，2021 年 11 月 26 日，《北京市法治政府建设实施意见（2021—2025 年）》发布，为提升各级政府依法行政能力予以政策指导。

2. 发挥首都特色，绘就首善蓝图

推动首都减量发展，提升首都治理能力和治理水平建设是目前北京行政法治工作的重要抓手。其实，“大城市病”、“首都功能烦冗”、“人口调控失灵”以及“人居环境不宜”一直是北京首都形象提升的阻碍。但是，北京市敢于直面这些阻碍，积极推进“疏解整治促提升”专项行动，将“首都特点”转换为“首都特色”，引领北京市行政法治的新标杆。在“疏解整治促提升”专项行动中，北京市政府持续强化市场化法治化保障，重点疏解非首都功能，促进减量发展，以高质量发展政策来引导，加强信息公开建设，稳定市场主体预期和信心。此外，还加快形成推动腾退空间利用、地下空间使用、村庄治理等重点难点问题解决的政策法规体系，配合做好住房租赁管理条例等立法工作；动态完善新增产业禁止限制目录，修订北京市居住公共服务设施配置指标、城市公有房屋管理规定；制定“双控四降”配套政策，完善出租房屋登记备案、城市道路公共设施管理等政策；研究将涉及疏解整治的严重违法失信企业、个人列入失信黑名单，依法依规采取联合惩戒措施。正是这一项项政策和举措，为首都的新发展格局奠定了重要的制度基础，为首都人民用法治绘就了一幅首善蓝图。

3. 回应公众需求，关切民生福祉

实现精治共治法治一直是北京城市精细化治理的重要目标，北京市政府善于从小事入手，从细微之处入手，在物业管理和垃圾分类这两件关键“小事”上发力，真正做到了回应公众需求。2020 年 5 月 1 日，《北京市物业管理条例》和《北京市生活垃圾管理条例》同时开始施行。施行一年多以来，共享共建美好家园的市民和相关部门为北京构建国际一流的和谐宜居之都交出了一份满意的答卷。《北京市生活垃圾管理条例》实施一年多来，全市居民垃圾分类“三率”大幅提升，知晓率达 98%、参与率达 90%、准确投放率维持在 85% 左右。家庭厨余垃圾分出量增长 11.6 倍，垃圾分类问题率下降约八成，快递全行业胶带用量减少 25% 以上。[①] 然而，这只是推进垃圾分类管理的起点，下一步北京市将在社区（村）开展入户回访，巩固提升市民家庭自主分类水平，在全国发挥引领示范作用。《北京市物业管理条例》实施一年多以来，同样硕果累累，街道（乡镇）、社区物业管理能力不断增强，居民参与积极性不断提高，党建引领社区治理机制基本形成。在市政府的带领下，破解了物业管理的重重难题，如针对“治理没人带头”，北京市加强党组织领导，注重党建引领；针对“业主自治困难”，北京市降低业主大会成立门槛，业委会可由物管会代位；针对“老旧小区失管”，北京市要求应急物业维持基本服务，并且支持社会资本参与改造；针对“服务价高量少”，北京市要求收费实行市场调节价，对服务内容列出项目清单

① 《新版〈北京市生活垃圾管理条例〉实施一年，居民垃圾分类准确投放率达 85%》，《北京日报》2021 年 4 月 29 日，第 3 版。

等。① 正是北京市委、市政府在对《北京市物业管理条例》立法上的细致入微和执法上的张弛有度，才使北京市的物业管理问题真正得到“破局”，真正关切首都人民的福祉，让北京城市基层治理面貌焕然一新。

4. 构建协同法治，盘活区域发展

从提出京津冀协同发展到现在，已是七年有余，北京市自觉把首都发展融入国家战略大局，始终抓住疏解非首都功能这个“牛鼻子”。同时，还积极发挥“一核”辐射带动作用，持续增强与津冀协同联动，用疏解非首都功能的“减法”，打造创新共同体的“加法”，发挥产业协作叠加效应的“乘法”，改革破除协调障碍的“除法”，彻底盘活京津冀区域的协调发展。在京津冀协同法治建设上，北京市丝毫没有松懈，一直致力于三地协同体制机制改革。2020 年，三地同步实施了“机动车和非道路移动机械排放污染防治条例”，作为落实京津冀协同发展战略的首个协同立法项目，三地在核心条款和关键措施中都保持了一致，为区域依法协同治理“移动源”污染提供了坚实保障。环境法治方面，三地深化执法联动机制并召开了京津冀生态环境执法联席会议，部署了《2020—2021 年京津冀生态环境执法联动重点工作》，为打赢污染防治攻坚战统筹执法工作力量。今后，除在交通、环境方面继续加强协同联动外，北京市将在京津冀协同法治上拓展新思路，开辟新领域，用协同法治的力量盘活京津冀区域发展，让北京城市副中心与雄安新区两翼齐飞，让京津冀协同战略布局从蓝图真正变为现实。

（二）北京市行政法治建设的问题及建议

一是统筹推进法治政府建设的立法执法本领有待进一步加强。从北京市委、市政府 2020 年的立法成果以及 2021 年的立法工作计划来看，北京市的立法进程确实达到了前所未有的速度，从启动立法项目到起草审议再到表决通过实施，立法上的衔接性也更为扎实。执法方面，北京市的综合执法能力也有了新的提升，在优化营商环境、推进行政执法信息服务平台建设方面也

① 《激活共治办好家门口的“关键小事”》，《北京日报》2021 年 4 月 28 日，第 3 版。

彰显了更高的执法效能。但是，对立法本领与执法本领的统筹推进能力还不是很强，“立法”功底确实能体现一个地区的法治政府建设能力，但是法规和规章被“加工”出来后，要真正用到实处，而不能在“立法”完成后就弃之不理或者只推进部分重点立法的适用。“执法”实效也确实能检验一个地区法治政府和法治社会建设的水平，但是“执法”也不是“唯命是从”，要从“执法”中体会法规和政策合不合适，能否经得起实践的检验，从而达到“溯源治理”的效果。目前，北京市应加强对立法执法本领的统筹能力，在行政法治建设的全局上提升衔接性和系统性，要让“立法”与“执法”做到互通互检，北京市的行政法治的发展水平才能有质的提升。

二是法治政府建设水平在区域和部门间有待进一步平衡。北京市能够以首善之区为目标，深入落实城市总体规划，切实提高城市精细化管理水平，也能全面推进乡村振兴，加快农业农村的现代化水平，做到在城乡一体化建设上的统筹推进。但是，法治政府建设的效果在城区与乡镇还是会呈现较为不平衡的现象，某些乡镇的依法行政基础工作较为薄弱，行政法治建设的思维意识还不够强，实际行动上还存在不足，这表明基层政府仍是法治政府建设的短板。对此，北京市应继续向市郊地区引入法律人才，并对优秀人才实施特惠政策，让法律人才参与法治乡镇的建设和治理，与基层村委会自治组织并肩发挥基层治理的作用。同时，市、区两级政府和行政部门要加大对部分乡镇政府依法行政工作的指导，让基层政府在法治政府建设的重视程度、投入力度和能力素质上有更好更快的提升。此外，部门与部门之间的法治建设水平也存在不平衡的局面，司法行政部门“涉法”事项更多，法治建设水平相对更高，而部分行政部门对法治政府建设却不是很重视，在遇到紧急事项时又会向司法行政部门“抱佛脚”，严重制约了法治政府建设的整体发展。对此，应加强市级行政机关内设法制机构的力量，加大各行政机关法治政府建设水平和本领的培训，以此来迎接未来更多行政法治工作的挑战。

三是机构改革后相关执法部门间的职责关系有待进一步理顺。2018 年的党政机构改革经过几年的实践，其成效得到了检验，在优化机构职能配置、整合各部门基础业务方面发挥了重要的作用。目前的市区两级政府机构改革确实让每个机构的内部职责更加强化，达到了“精简”“高效”的效果。但是，部分执法部门之间的职责关系还需进一步厘清，部门与部门之间执法不均衡的问题依然存在，部分领域人均执法量相对较低，在执法联动方面仍然会出现“扯皮”“推诿”等现象，“联合执法”的实际效果更多地为被动性，上令下效，日常检查主动发现问题能力不足。此外，全链条协同监管和组合适用法律的常态化机制还需进一步探索，联动执法的行政效能还需进一步提升。针对以上问题，各级行政部门应认真反省是否存在上述问题，提升主动执法的自觉性，更加主动地接受市人大、市政府以及市政协的法律监督、工作监督和民主监督。还要认真履行好行政执法协调与监督职责，推动综合执法与部门专业执法有机衔接。上级行政机关还应在日常的执法实践中积极探索，主动调研，厘出各单独部门、联合部门和综合部门的执法清单，并不断更新，推动监管执法能力继续稳步提升。

B.17

北京“两区”建设的法治保障：现状、挑战与完善建议

成协中　王　杰*

摘　要： 无法治则无善政，遵循法治化进路是北京“两区”建设的必然要求。当前，北京“两区”建设统一立法工作正在紧锣密鼓地进行，各级行政机关和部门纷纷出台了支持“两区”建设的专项工作方案，司法机关服务和保障“两区”建设的多项举措也在稳步发挥功效，一个涵盖立法、执法与司法的全方位法治保障体系正在建立。同时，法治保障体系也面临着“改革与法治的紧张关系需要进一步调和”“适应创新发展的知识产权全链条保护制度尚不健全”“营商环境需要进一步优化”“数字经济的法治保障尚不完善”等挑战。需要通过提升地方立法规范性、构建全链条知识产权保护体系、强化公平竞争审查、创新数字经济监管模式等方式加以进一步完善。

关键词： “两区”建设　改革与法治　知识产权保护　公平竞争　数字经济

为了在新时代继续坚定不移地推进改革开放，构建以国内大循环为主

---

* 成协中，中国政法大学法学院教授、博士生导师，主要研究方向为行政法学、营商环境研究；王杰，中国政法大学法学院博士研究生，主要研究方向为行政法。

体、国内国际双循环相互促进的新发展格局，习近平总书记在2020年9月4日举行的中国国际服务贸易交易会全球服务贸易峰会致辞中指出，“我们将支持北京打造国家服务业扩大开放综合示范区”，“设立以科技创新、服务业开放、数字经济为主要特征的自由贸易试验区”。[①] 随后，国务院相继批复《深化北京市新一轮服务业扩大开放综合试点建设国家服务业扩大开放综合示范区工作方案》与《中国（北京）自由贸易试验区总体方案》（以下简称“两区方案”）。由此，北京开启了进一步提升开放水平、构建新发展格局的征程，也为中国推动形成全面开放新格局提供了新的制度创新和改革实践平台。为了保障“两区”建设的顺利进行，我们应该高度重视法治护航“两区”建设的作用，精准把握“两区”建设的法治需求，构建涵盖鼓励科技创新、助力服务业开放、支持数字经济发展等多个层面的“全覆盖”法治保障体系，营造国际一流的法治化营商环境，助力北京建设既有中国特色，又符合首善之都定位，具有全球影响力的高水平国家服务业扩大开放综合示范区和自由贸易试验区。

一　北京“两区”建设的法治保障现状

无法治则无善政，遵循法治化进路是北京“两区”建设的必然要求。建立一个涵盖立法、执法以及司法的全方位法治保障体系，有利于引导北京持续发挥先发优势，加快对接国际规则，精准突破制约开放的体制机制障碍，为中国构建开放型经济新体制提供更多可复制和可推广的经验。

（一）各方合力为“两区”建设提供高品质的立法保障

全方位法治保障体系首先要求坚持立法先行，实现立法和改革相互衔接与促进的目标，做到重大改革于法有据，发挥立法的引领和推动作用，创新

① 习近平：《在2020年中国国际服务贸易交易会全球服务贸易峰会上的致辞》，《人民日报》2020年9月5日，第002版。

立法模式及法律机制，为北京“两区”建设提供有法可依的法治保障。

1. 坚持规划先行

北京市高度重视立法保障“两区”建设高质量发展的重要作用，在已有“两区方案”作为初步依据支撑的情况下，《北京市全面依法治市规划（2021—2025年）》明确提出要立足新发展阶段、贯彻新发展理念、构建新发展格局，加强涉及“两区”建设方面的地方立法工作，继续全面深化改革、优化营商环境、促进高质量发展和科技创新、推动建设现代化经济体系。

2. 全力推进专项立法进程

与此同时，由北京市商务局牵头抓总、各相关部门协调配合的地方性法规“中国（北京）自由贸易试验区条例”（以下简称“北京自贸区条例”），也被《市政府2021年立法工作计划》作为该年度力争完成的立法项目之一。而2021年4月9日召开的中国（北京）自由贸易试验区建设立法工作启动部署会，更是进一步确定了自贸区立法的具体工作机制，听取并通过了“北京自贸区条例”立法工作方案，以及自贸区立法的前期工作和下一步工作安排。

3. 广泛听取意见，做好立法调研

另外，为了进一步做好“两区”立法工作，2021年4月，在北京市人大常委会的牵头组织下，立法起草专班开展了拉练式调研，先后赴通州运河商务区等地，围绕“两区”立法听取了各相关部门的意见与建议。同时，为了更好地借鉴国内其他自贸区立法的先进经验，2021年5月，立法起草专班还专程赶赴江苏、广东、浙江三省，就省级层面和自贸区层面相关部门开展自贸试验建设及立法工作情况进行实地考察。2021年6月，立法起草专班又在朝阳区听取了多家外资企业关于北京“两区”建设政策需求方面的汇报，着重就优化营商环境、人才引进、企业所得税优惠、科技成果转化、知识产权保护、“两区”政策推介等内容进行了研讨。2021年7月，立法起草专班赴西城区开展了金融领域专题调研，就强化金融科技成果转化的立法支持、简化跨境业务的备案相关程序、搭建企业间交流平台、加强金融行业监管、完善各类配套政策等问题进行了座谈。

4. 探索灵活的立法形式

根据北京“两区”立法的具体工作安排，本次立法计划采取“自贸区条例 + 国家服务业扩大开放区建设决定”的模式，即制定“北京自贸区条例”和“北京市人民代表大会常务委员会关于促进国家服务业扩大开放综合示范区建设的决定”（以下简称“北京国家服务业扩大开放区建设决定”）。其中，2021 年 11 月 24 日，北京市十五届人大常委会第三十五次会议对《中国（北京）自由贸易试验区条例（草案）》进行了一审。同时，为了同步推进国家服务业扩大开放综合示范区建设工作，“北京国家服务业扩大开放区建设决定”的前期立法相关工作也在同一年度内完成，以为来年制定与通过该决定打下良好基础。这样的立法计划安排符合社会各界对于依法推进“两区”建设工作的期待，如北京市政协就在开展专题调研的情况下，提出了尽快制定“两区”建设工作条例的立法建议，以为北京“两区”建设工作的全面推进提供充足的法治支撑与保障。只不过，与北京“两区”立法具体工作安排稍有不同的是，市政协认为北京国家服务业扩大开放区建设工作的法律依据在层级上也应该是地方性法规。

综上，为了给北京“两区”建设营造良好的法治环境，北京市地方立法工作已经全面展开。这种地方立法先行的“两区”立法模式，立足于中国当前事权与立法权不相匹配的现状，可以在一定程度上缓解“两区”建设中改革与法治的冲突，值得赞赏与推广。

（二）大力推动“两区”建设执法规范化

与“两区”建设专门立法的进行时状态不同，北京市各级行政机关和部门在“两区方案”颁布施行之后，就立足自身工作实际，出台了支持推进“两区”建设的具体工作细则。这些细则往往以地方规范性文件或地方工作文件的方式存在，虽然文件的规范层级较低，并不属于中国《立法法》所指称的“法”，也不具备法律规范的效力，但在行政系统层级指挥监督权的作用下，上级行政机关制定的规范性文件或者工作文件仍然具有统一执法思路和行为的功效。因而，可以说北京“两区”建设工作具有一定的执法保障基础。

1. 多措并举助推释放科技创新活力

为了破除科技创新的体制机制障碍，充分释放科技创新活力，依法保护对于经济增长和社会进步具有突破和带动作用的各类科技成果，北京市推出多项举措，旨在解决科技创新环节的痛点与难点。例如，为了有效提升科技成果转化效率，《加快科技创新推动国家服务业扩大开放综合示范区和中国（北京）自由贸易试验区建设的工作方案》明确提出，要向部分区县下放高新技术企业认定专家评审权限，并在一定程度上简化评审程序。而对新型研发机构，无论是在人才引进方面，还是在职称评价方面，也都最大限度地赋予其自主权。同时，还要持续探索科技成果市场化赋权模式改革，不断优化使用、处置和收益的三权分配制度，试点赋予科研人员职务科技成果所有权或者长期使用权。另外，在科技创新资金保障方面，《北京市财政局“两区”建设工作方案》也提出，要优化公司型创投企业所得税、技术转让所得税和境外高端人才个人所得税，通过奖励、资助等多种经济性规制方式，支持创新创业的多维度发展。而在知识产权保护方面，《北京市知识产权局“两区”工作推进措施》也提出，要建立强有力的知识产权保护体系、深化知识产权金融服务、推进知识产权服务领域开放和服务流程优化。

2. 完善服务业扩大开放政策制度体系

为了打造一流的法治化营商环境，进一步便利国际贸易与投资，北京市同样采取了多项措施，提升服务业扩大开放过程中的产业竞争实力和风险防控能力。例如，《北京市专业服务领域“两区”建设工作方案》就围绕人才引进、资金支持、土地审批、数据流动四大要素，重点开展了推动国际职业资格认可、降低专业服务机构准入门槛、加强专业服务领域知识产权保护、加强涉外仲裁能力建设、推进服务业标准化建设、构建平台型专业服务体系、积极支持专业服务企业开展跨境“云服务”等工作。而在经济与贸易全球化的时代背景下，法律服务水平之于国家对外开放的意义也愈来愈强，为了有效降低法律服务的制度性交易成本，提升北京法律服务的国际化能力，北京市还专门颁布了旨在优化服务、共谋发展的改革法律服务业发展环境的若干措施。该措施虽然只有6条，却详细地规定了工作居留许可证整合、行政审批效率提升、推行证明告知承诺制、完善涉外法律人才储备库、打造纠纷解决优选地等诸多内容。

3. 推动数字经济产业高质量发展

为了实现数字经济产业的高质量发展，推动数字经济领域的高水平开放，充分释放外向型经济发展活力，建设具有全球影响力的数字经济先导区。北京市经信局的“两区”工作细则明确提出，要积极推动互联网信息领域开放，加快开展片区之间的跨境数据流动试点，以数据分类分级为突破口，加快推进数据的国内国际流通。其次，为了最大限度地发挥数据要素的价值，还要安全有序地推动政府数据与社会数据的开放和衔接，充分发挥市场主导数据流通与交易的决定性作用，推进数据资源的资产化改造。再次，要着重强调政府在数据利用产业中的地位与作用，通过发布数据流通交易指南等软法性规范，建立健全数据开放市场的交易规则和体系，打造以人工智能、数字金融、区块链为特色的丰富数据产业生态。最后，为了有效激发数字经济创新活力，科学预防数字寡头垄断行为，合理推进数字经济诚信制度建设，适当强化数字经济监管力度，北京市还要加快出台推动数字经济持续健康发展的地方性法规，以便及时提供充足的地方法治依据支撑。

（三）充分发挥审判职能，保障“两区”建设司法需求

服务和保障北京“两区”建设也是人民法院的重要职责与使命，人民法院应当把推动“两区”建设顺利开展作为自身的重要任务，找准司法服务保障“两区”建设的工作切口，充分发挥人民法院实质性化解矛盾纠纷、保障相对人合法权益、监督行政机关依法行政的功能定位，为“两区”建设提供坚强有力的司法保护屏障。

1. 强化重点领域的司法保护

作为中国司法审判权力行使的终极权威，最高人民法院率先就如何支持北京“两区”建设发表了意见。在经过一系列的调研考察、意见采集和理论研究之后，其结合当前司法审判运作的实际情况，于2021年3月制定了

《最高人民法院关于人民法院为北京市国家服务业扩大开放综合示范区、中国（北京）自由贸易试验区建设提供司法服务和保障的意见》（以下简称“《意见》”）。总共包括 26 个条文的《意见》，首先，紧密围绕北京“两区”建设工作的主要特征，要求北京市各级人民法院着重加强支持科技创新、扩大服务业开放、繁荣数字经济等领域的司法保护。其次，为了提升自贸区的知识产权司法保护水准，《意见》还提出要在部分重点园区设立知识产权巡回审判点，并逐步试点基层人民法院管辖计算机软件合同纠纷一审案件。另外，为了给首都创造一个安全稳定的法治环境，《意见》还强调北京地区各级人民法院必须加强诉源治理，学习“枫桥经验”，努力把矛盾化解在源头和基层，推动纠纷的实质性化解，维护司法的权威与公信。最后，为了充分发挥首都作为国际交往中心的功能定位，《意见》还特别指出要充分发挥北京涉外法治研究资源的丰富优势，推进北京国际交往中心功能建设，优化调整涉外商事案件集中管辖范围，加强国际商事纠纷一站式多元解纷中心建设。

2. 发布“两区”建设司法典型案例

除最高人民法院《意见》之外，北京市朝阳区人民法院也在 2021 年 7 月 21 日发布了服务和保障北京“两区”建设的十大典型案例。在“赵某某非法获取计算机信息系统数据案”中，法院认为，随着互联网时代的发展，数据已经成为一项极为重要的资源，人民法院在审理相关刑事案件时，要依法严厉打击相关违法犯罪行为，加强网络数据安全的刑事保护。法院的这一观点，无论是对“两区”建设中规范数据处理活动和保障数据安全，还是对促进数据开发利用与数据所有人权益保障，都具有相当积极的作用。而在“张某等诉 A 医院、B 医院、梁某、C 公司侵权责任纠纷案”中，为了充分发挥司法审判助力经济发展的社会治理功能，法院对于作为新兴业态的互联网医疗行业始终保持包容审慎的态度，既重视网络空间数字医疗行为所存在的行业风险，也推动数字医疗与实体经济的深度融合，为当前众多新兴产业的创新发展提供了司法保护的模板与典范。另外，在“某保险公司诉牟某等保险人代位求偿权纠纷案”中，法院指出，对贷款保证保险这一融资增信金融产品给予适当司法保护，使得保证保险发挥其优于传统担保方式的融资担保作用，进一步规范了履约保证保险制度，在引导、促进融资渠道及保险制度不断完善，推动“两区”建设中金融业创新规范发展方面发挥了典型示范作用。最后，在“王某等申请执行某投资公司保证合同纠纷案”中，法院指出，对于教育、医疗等“两区”建设中经常出现的高端服务型消费企业纠纷争议，以传统的查封、评估、拍卖等方式对争议财产进行处置变现，很可能导致财产贬值，进而无法最大限度地实现申请执行人的债权，不利于保障服务业市场发展活力，人民法院在执行中应当贯彻善意文明执行理念，在执行中采用灵活执行方式，保障商圈经济发展，推动商圈转型升级。

3. 推动金融审判体制机制改革

金融服务是北京“两区”建设的重点工程，而怎样营造一个运行轨迹规范、纠纷解决有道的金融司法秩序，就成为北京金融法院服务“两区”建设的核心工作议题。为此，北京金融法院专门发布了《关于为北京“两区”建设中金融领域改革创新提供司法服务和保障的若干举措》（以下简称“《若干举措》”），既着重强调持续推进金融法院本身正在试行的审判体制机制改革，破除日常金融审判活动中遇到的各类制度障碍与壁垒，不断提升金融系统法院的核心审判能力；又重点突出金融司法裁判支持与保障金融服务领域制度改革创新的作用，在共建、共治、共享的新时代背景下，为金融司法力量深度参与社会治理提供了方向指引。具体来看，《若干举措》一方面大胆回应“两区”建设过程中产生的金融改革创新需求，对那些名为金融创新、实为金融风险的金融违法违规行为进行严厉打击，对网络空间时代不断涌现的新型数据财产权益进行有序保护。另一方面《若干举措》在持续改革金融案件受理、举证、质询、判决等司法裁判要素之外，也积极强调多元纠纷解决机制之于金融领域定纷止争的重要意义，“分调裁审”改革、多部门定期联席会议、大数据研究分析小组等创新治理形式的出现，都标志着北京“两区”建设过程中的金融服务秩序将会走向多元共治的全新时代。

二　北京“两区”建设法治保障面临的挑战

无论是统一立法理念的提出，还是多部门执法方案的出台，抑或司法保障服务的跟进，都表明北京“两区”建设的法治保障体系正在密织。因而，有必要对“两区”建设面临的法律问题加以讨论与研究，真正助力“两区”建设工作的顺利开展。

（一）改革与法治之间存在一定张力

党的十八届四中全会明确要求“重大改革于法有据”，这有利于促进改革与立法关系进入良性互动层面。在此背景下，2015 年修改的《立法法》第 13 条规定：全国人民代表大会及其常务委员会可以根据改革发展的需要，决定就行政管理等领域的特定事项授权在一定期限内在部分地方暂时调整或者暂时停止适用法律的部分规定。授权暂停法律实施成为确保重大改革于法有据的重要方式。当下，在各种自贸区改革实践中，通过此种方式获得改革合法性，已成为一种普遍现象。最近如 2021 年 6 月 10 日，十三届全国人大常委会通过《关于授权上海市人民代表大会及其常务委员会制定浦东新区法规的决定》，为建立完善与支持浦东大胆试、大胆闯、自主改相适应的法治保障体系，推动浦东新区高水平改革开放，打造社会主义现代化建设引领区，全国人大常委会授权上海市人民代表大会及其常务委员会根据浦东改革创新实践需要，遵循宪法规定以及法律和行政法规基本原则，制定浦东新区法规，在浦东新区实施。

为了支持北京开展“两区”建设，“两区方案”规定了许多极具探索性、创新性与前瞻性的试点先行制度，内容不少涉及税收、金融和仲裁等国家事权。根据《立法法》第 8 条的规定，如果拟调整的事项涉及民事基本制度、基本经济制度、诉讼和仲裁制度等内容，就必须由全国人民代表大会及其常务委员会通过制定法律的形式来加以规范。根据“两区方案”的相关规定，如果“两区”建设过程中创设的某项先行先试措施，需要暂时停止实施现行相关法律法规的，就按照既有的规定程序办理。此处所谓的既有规定程序，通常是指采取一种“自上而下”的授权立法路径，遵循法律位阶由上及下的立法秩序原则，[①] 先由全国人大常委会对国务院进行授权，具体内容为暂停有关法律规定在自贸区内的适用，再由国务院根据全国人大常委会的授权，进一步发布暂停有关行政法规、部门规章以及国务院决定在自贸区内的适用。

目前北京市人大也正在大力推进“两区”立法工作，但考虑到改革措施的创新性要求和地方立法本身的局限性，单纯的地方立法难以完全满足“两区”建设的改革创新要求。在“两区方案”已经出台实施的情况下，北京的地方立法还需要在继承与超越的基础上，更好地发挥自身的引领与推动作用，而不能只是照搬照抄“两区方案”的各项内容，如此才能避免地方立法的千疮百孔与滞后僵化。[②] 同时，“先行先试”的政策语词表明“两区方案”具有极大的探索性，这与法律所要求的稳定性和规范性存在一定张力，如何使北京“两区”建设地方立法的立法方式和条文表述具有更强的适应性，既能满足试点与先行的地方工作要求，又能有效承接国家立法要求的规范性品质，应该成为“两区”建设立法下一步思考的重要问题。

（二）适应创新发展的知识产权全链条保护制度有待完善

知识产权又被称作智慧财产，保护知识产权意味着对人类智慧创造的尊重，也意味着社会进步拥有了源源不断的创新动力。域外国家和地区向来十分重视知识产权的保护，尤其是在近些年来的自由贸易区建设过程中。就北京“两区”建设而言，强化知识产权保护和运用的意义同样不言而喻。

在一个大数据、区块链和人工智能已经成为时代鲜明标签的背景下，不断加速的科技创新，带来了经济结构的转型和产业模式的变革，也不断冲击着中国旧有的知识产权保护体系。其一，科技创新催生了更多的知识产权密

---

① 程慧、张威：《中国自贸试验区法治建设展望》，《国际贸易》2017 年第 10 期，第 26 页。

② 丁伟：《〈中国（上海）自由贸易试验区条例〉立法透析》，《政法论坛》2015 年第 1 期，第 139 ~ 140 页。

集型产业，这些产业能够独立存在的一大原因，就是智慧财产拥有独具一格的核心竞争力，这就要求我们的知识产权保护体系必须对其予以更加全面与精准的保护。传统的知识产权保护模式不能很好地适配新兴业态的运作场景。其二，知识繁荣背景下的新兴业态，已经超越了传统的产业划分模式，一种强调无边界的多元融合产业形态正在冉冉兴起。这就要求我们的知识产权保护体系不能再拘泥于传统的部门法区分，而是要秉持一种整全性的保护观念，建立一个横跨不同部门法的全链条知识产权保护体系，以最大限度地适应新兴业态跨界融合的全新场景。[①] 其三，如果说知识产权赋予了新业态实质竞争力的话，那么大数据和人工智能就是新业态得以持续存在的重要技术保障。正是因为拥有了数据整合与算法推荐的独特功用后，新业态才能拥有区别于传统劳动密集型产业的核心优势。因而，如何加强对于此类新业态中核心技术的知识产权保护，也是当前需要回答的一项挑战。

（三）营商环境需要进一步优化

北京“两区”建设工作方案明确要求推动形成统一开放的市场体系，探索建立市场化、自由化、便利化的营商环境。这就要求作为监管者的政府在前端持续放权于市场，同时在事中事后阶段加强执法与监管。但是，如何处理好“放与管”这对矛盾命题，真正界定清楚政府与市场的边界关系，营造一个公平有序、竞争有度、监管有力的市场竞争环境，仍然需要继续寻找答案。

在北京市的“两区”建设中，个别领域的监管错位与监管越位的问题仍然存在。例如，不少平台存在着诸如“二选一”之类的典型竞争排除行为，阿里巴巴、腾讯与美团等企业连续被国家市场监管总局查处就是例证。如何对其认定与监管，不仅关系着互联网平台经济领域的秩序维护，更是影响着中国经济发展的未来走向。对于这些颠覆传统商业模式的互联网新兴业

---

① 来小鹏：《完善知识产权保护制度，为新业态护航》，《科技日报》2021 年 5 月 10 日，第 008 版。

态，政府还不能直接运用“命令控制型”的传统监管手段直接加以规制。[①]毕竟无法简单地将平台合并等同于传统的企业兼并，前者具有更大的特殊性，主要表现就是它们控制着海量的用户数据，能够在算法等人工智能技术的加持下，实施个性化的用户分类管理，悄无声息地扩大自己的影响范围。面对互联网平台经济的各种全新业态模式，如何打击数字寡头、释放市场竞争活力、维护互联网经济安全，如何消解互联网平台合并产生的反竞争效应，注定是未来经济监管的重要课题。

（四）数字经济的法治保障需进一步完善

打造数字经济试验区，创新数字经济发展环境，发展数字经济新业态，都是北京“两区”建设工作方案提出的明确目标。但是，作为数字经济发展动力的数字技术，正在不断突破与冲击传统法律规则构建的产业秩序，如何对其加以良好规制成为当下不得不思考的问题。

首先，数字经济的发展可能造成规则缺漏、放大侵权风险。深度发展的数字技术已经改变了传统商业活动的运作模式，“B to C”的商业模式正在被“C to C”的商业模式所取代。传统商业活动中的消费者可以通过借助数字技术所提供的平台，将自己的闲散资源直接与潜在需求对象进行交易，进而摇身变成传统商业活动中的经营者与生产者。这就决定了主要规制大型经营者的传统法律规则，无法适应“C to C”商业模式下的规制需要，以致出现法律规则的疏漏。而且，随着人工智能的不断发展，侵权人可以通过算法技术精准地为特定个体画像，并实施更具迷惑性和主体适配性的侵权活动，这无疑进一步放大了侵权风险。[②] 其次，现有法律体系难以完全应对基于数字技术展开的经济活动。基于数字技术展开的经济活动，更多强调市场主体之间的自我规制，如果直接适用不合时宜的传统法律规则加以监管，无疑又会造成规制冗余，增加企业合规负担的同时，也抑制了新业态经济的创新活

① 周文、刘少阳：《平台经济反垄断的政治经济学》，《管理学刊》2021 年第 2 期，第 6 ~ 7 页。

② 周文、刘少阳：《平台经济反垄断的政治经济学》，《管理学刊》2021 年第 2 期，第 6 ~ 7 页。

力。因而，在传统法律体系无法为新兴经济活动提供对应约束规则的情况下，既有经济规制体系只会愈发紊乱。最后，数据的权属和保护方式容易引发争议。数字技术的广泛应用，有利于数据价值的最大化开发，但也会带来数据权属争议与数据滥用等多重风险。如何通过全新的法律秩序设计，明确数据权属、数据采集、数据储存、数据使用与数据流通的保护规则，并在充分释放数据经济价值之时，妥善平衡数据法律关系中的各方利益，成为数字经济之于传统法律秩序的最大挑战。从整体上来看，现行法律体系对于数字经济的回应仍然不够清晰。北京要打造数字经济试验区，就需要为数字经济发展造成的前述挑战和风险提供更为完善的法治保障。

三　完善北京“两区”建设法治保障的对策建议

针对北京“两区”法治建设过程中的前述问题，未来应当通过如下措施加以进一步完善。

（一）综合运用多种法律机制为“两区”建设改革提供更充分的依据

在中国现有法律制度基础之上，如果想要实现“两区”建设法治创新之目标，就需要构建起与先行先试举措相互配套的规范体系，但如此做法又会存在一定的合法性风险。[①] 为此，有必要在《立法法》层面上进行适当完善。

1. 赋予地方立法机关更大自主空间

首先，应当在《立法法》的规范层面上赋予北京“两区”类似于民族自治地方或者经济特区的地位，直接授权北京市人民代表大会以制定地方性法规之方式变通适用相关法律法规。其次，为了保障上述授权行为的合法

① 沈国明：《法治创新：建设上海自贸区的基础要求》，《东方法学》2013 年第 6 期，第 124～125 页。

性，还必须扩充全国人大常委会的法律职能，使其可以直接对法律实施的状态进行调整。最后，在“两区”法治建设过程中，还需要进一步明确被授权主体就法律变通适用所发布的法律文件形式。

2. 提升“两区”立法保障的规范性与操作性

“两区”建设地方立法一方面应当体现出立法的引领性和前瞻性特征，充分结合“两区”建设实际情况，不断拓宽地方立法思路，摆脱传统立法思维的禁锢，解决立法滞后问题。另一方面也应当科学厘定条款内容，避免照搬照抄“两区”建设工作方案和其他政策性规定，要在准确解读政策的基础上，对既有政策方案中的核心思想进行系统梳理和概括，并通过法言法语的形式加以规范转换与塑成。具体而言，就是要从法律层面进行制度设计，及时总结先行先试的成功经验，将其提升固化为“两区”建设地方立法的内容，以最大限度地释放地方立法的空间，保障“两区”立法的规范性与可操作性。

3. 以法律解释填补立法空白

立法机关创制的规范成果想要发挥实际效力，离不开司法机关对其的解释与适用。毫无疑问，当前北京“两区”法治建设更多需要的是法律规范的供给。但，在一个全面保障“两区”建设的法律规范体系尚未建立起来之前，如何通过法律解释技术使得既有法律规范适应改革发展的实践，就成为当下法治体系创建的核心任务。① 虽然法律条文的书面文字是静态的，但其背后的规范意涵却是动态的。对于那些有碍“两区”建设法治创新的既有立法，人民法院应当充分运用法律解释技术，以语义解释、立法者目的解释、历史解释、比较解释、体系解释、客观目的解释等多种法律解释方法，在事实与规范之间来回穿梭，从而激活既有立法服务新生实践的规范动力。具体到“两区”法治建设，就是要高度重视公共政策作为法律渊源的地位，② 自觉将其融于日常释法说理过程之中，以公共政策的灵活能动补齐机

① 季卫东：《金融改革与“法律特区”——关于上海自贸区研究的一点刍议》，《东方法学》2014 年第 1 期，第 87 页。

② 陈金钊：《再论法律解释学》，《法学论坛》2004 年第 2 期，第 25 页。

械僵化法律的内在不足，最大限度地实现固化法律与多变社会之间的平衡，从而向公平正义的法治方向迈进。[①]

（二）强化知识产权全方位法治保护

为了加强“两区”建设过程中的知识产权保护，需要积极推动知识产权保护政策法规的落实，严厉打击侵犯知识产权的违法与犯罪行为，重点做好以下几个方面的工作。

1. 推动行政裁决制度在知识产权侵权纠纷案件中的应用

知识产权侵权纠纷具有数量大、细节精和专业性强的特征，如果仅仅依靠司法审判力量加以解决，无疑将会造成纠纷实质性化解的大量迟滞。相反，通过知识产权行政主管部门对民事侵权纠纷的介入，充分运用行政裁决制度高效便捷的特点，可以最快速、最专业、最彻底地解决大量知识产权侵权纠纷。[②] 北京“两区”法治建设应当充分发挥首都知识产权保护中心的作用，建立一个行政裁决与司法裁判协同并进的纠纷化解体系。

2. 构建全链条知识产权保护体系

不同于法律对于普通财产的结果型保护，知识产权自诞生伊始就需要法律加以确权保护，后续的流通、管理和服务等诸多环节亦是如此。因而，针对“两区”建设中的知识产权，我们需要构建起一套“从创造到消亡”的全链条保护体系，综合运用行政确权、行政执法、行政裁决与司法裁判等多元规制工具，携手行业自治，共同创造一个知识产权保护的规制网络空间。

3. 提升知识产权司法保护实效

在大力推动知识产权行政裁决制度之时，也不可忽视传统司法裁判之于知识产权侵权纠纷解决的积极功用。具体而言，就是要通过缩短知识产权案件审理周期，突出证据保全和行为保全的制度功能，强化审判、执行各环节

---

① 陈立斌：《法律与政策的统一正确实施是自贸区司法的首要理念》，《人民法院报》2014 年 5 月 28 日，第 05 版。

② 夏淑萍：《专利侵权纠纷行政裁决的程序协调及相关问题之解构——以苹果公司诉北京市知识产权局及其关联案件为例》，《知识产权》2017 年第 5 期，第 52 ~ 53 页。

的协同推进机制，完善知识产权举报投诉奖励制度，健全知识产权维权援助工作体系等一系列措施，从各方面增强知识产权司法保护的实际效果。[1] 充分发挥司法审判之于知识产权保护和科技创新的激励作用，不断促进科学技术的发展和经济产业的升级。

4. 提升跨国企业和主管部门应对涉外知识产权纠纷的能力

为了充分应对日益多发的涉外知识产权纠纷，无论是跨国企业，还是管辖地政府，都应该努力增强自身解决涉外知识产权纠纷的能力。对于跨国企业而言，需要熟知本国与目标国的涉外知识产权保护基本规则，建立企业自身的涉外知识产权战略规划，完善域外市场知识产权风险跟踪与预警，不断提升应对涉外知识产权纠纷的经验和能力。对于管辖地政府来讲，既需要平等对待涉外知识产权纠纷案件中的各方主体，也需要不断加强对于本国企业海外知识产权纠纷的应对指导，及时发布海外知识产权保护风险预警与典型案例动态。

（三）营造更加公平有序的市场竞争环境

1. 找准政府与市场的功能边界

“两区”建设过程中的人民政府要善于转变职能，认真找准政府和市场的功能边界。在那些市场机制能够有效调节或者行业组织能够自律管理的领域，政府应该降低自身的经济干预强度，通过更多放权于市场、放权于社会的方式，实现市场竞争公平有序环境的自由塑成。而在诸如互联网等新兴产业面前，秉持包容审慎监管态度之时，也不能出现政府监管的缺位与失位。相反，应该正视自身之于新兴业态持续健康发展的法律责任，不断充实监管执法的工具箱，强化公平竞争的刚性约束，建立数字平台滥用市场支配地位的认定标准，消减寡头平台一家独大的反竞争效应。

2. 坚持民事诉讼和行政执法均衡发力

北京“两区”建设涉及数量众多的高新科技企业，为了充分规避企业

① 穆向明：《知识产权“三权合一”改革中亟待破解的难题》，《人民论坛》2020 年第 2 期，第 116～117 页。

之间的垄断与反竞争行为，需要匹配相当数量的专业行政执法资源。但是，囿于财政能力，行政机关的执法队伍和执法能力都存在着巨大的缺口，以致其不得不把主要监管精力投到那些严重影响行业发展秩序的大案要案，而无暇顾及那些普遍存在于市场之中的中小企业反竞争行为。为了有效克服这一问题，有必要从行政执法之外寻找可行的替代解决方案。目前看来，私人执法会是一个不错的备选手段。所谓私人执法，就是指反垄断或者反不正当竞争法律关系中的当事人通过直接诉诸民事诉讼的方式解决争议，从而绕开行政执法的一种法律适用模式。这种执法模式盛行于英美法系国家，其优点在于无须产业政策制定和贸易保护等行政部门的介入，就可以直接通过约束力更强的司法裁判平息反垄断与反不正当竞争中的法律争议。具体到中国，可以效仿知识产权的双轨制保护模式，通过引入反垄断和反不正当竞争民事诉讼的方式，形成司法裁判与行政执法均衡发力的反垄断和反不正当竞争模式。①

3. 构建事中事后型市场监管体系

“放管服”的时代背景要求政府不断减少审批与许可事项，大幅降低市场准入门槛，以便让更多小微企业能够进入相关行业。但是，随着市场准入门槛的降低，势必会有更多的参差不齐的企业涌入其中，如果不在前端放权之后继续加强事中事后监管，公平有序的市场竞争环境也就无从建立。具体而言，需要做好以下几个方面的工作。其一，要严格落实“双随机、一公开”的新型市场监管工作机制，发挥随机抽查和结果公开的重要监管功能，加强不同监管执法部门的协调联动与工作衔接，实现“一次抽查、全面体检”的监管目标。② 其二，要高度重视信用监管之于公平有序市场竞争秩序创建的重要作用，依托全国企业信用信息公示系统，及时更新企业经营异常名录，加强信用监管信息的部门共享，签订联合惩戒备忘录，真正做到法治范围内的“一处违法、处处受限”。

---

① 黄勇、申耘宇：《论互联网反垄断民事诉讼的多重功能》，《法律适用》2014 年第 7 期，第 8 ~ 13 页。

② 卢超：《事中事后监管改革：理论、实践及反思》，《中外法学》2020 年第 3 期，第 792 页。

（四）健全数字政策法规体系，创新数字经济监管模式

1. 全面制定数字经济保护的各项法律规则

良好的法律规则体系是数字经济健康发展的必要前提。无论是信息的采集、储存与利用，还是数据的隐私保护与价值开发，都需要一个概念清晰、逻辑自洽、责任明确的法律规则体系。因而，有必要在国内全面制定相关方面的法律规范与政策体系，同时不断提升全球数字经济规则体系的建构话语权。

2. 鼓励数字服务贸易领域的制度创新

数字服务贸易是国家服务业扩大开放过程中需要重点关照的项目，无论是跨境交付与结算，还是境外消费，都需要通过数字技术的创新，重新设计跨境数据流动的程序与内容，提升数据保护能力，创造安全稳定的数字贸易制度。① 北京“两区”建设过程中，也需要依法进行数字服务贸易管理制度的创新，积极开展数据跨境流动安全管理试点工程，促进数字贸易监管依法合规。

3. 倡导轻触式监管理念，注重原则引导

无论是数字技术，还是由其催生的数字经济，对于当前的监管制度而言，都属于新生事物。对待此类新生事物，我们需要始终秉持包容审慎的规制态度，既给予其一定的规范约束，又保留一定的自由空间，最大限度地保持公权力的克制。为此，一方面可以借鉴域外国家或地区采用的实验性立法技术，倡导轻触式监管理念。② 另一方面可以更加倚重原则式立法的引领作用，以此克服数字技术迭代带来的规则不适应。③

4. 推动形成数字经济治理的多元格局

当代社会已经不再是国家命令臣民服从的时代了，面对极速更新的科学

---

① 彭岳：《数字贸易治理及其规制路径》，《比较法研究》2021 年第 4 期，第 158 页。

② 赵鹏：《数字技术的广泛应用与法律体系的变革》，《中国科技论坛》2018 年第 11 期，第 23 页。

③ 陈景辉：《原则、自由裁量与依法裁判》，《法学研究》2006 年第 5 期，第 122 页。

技术，政府既需要认识到自身规制能力的局限，也需要认识到专业社会主体参与数字经济治理的可能。无论是数字经济规则的制定，还是数字经济规则的执行，政府都应该主动寻求与被规制主体的协商合作，在合作规制的基础上，倡导社会自我规制。[①] 因此，无论是为了践行政治民主精神，还是为了节约社会治理成本，数字时代的社会治理模式，都应该从过往的单纯政府监管转变为未来的多元主体共治。

结 语

法治护航背景下的北京“两区”建设，是新时代继续深化改革开放的重要举措，也是彰显新形势下坚定不移扩大开放信心和决心的重要窗口。构建一个涵盖立法、执法与司法全方位法治保障体系，无疑是“两区”建设能够行稳致远的重要前提。但尚存在“改革与法治的紧张关系需要进一步调和”“适应创新发展的知识产权全链条保护制度尚不健全”“营商环境需要进一步优化”“数字经济的法治保障尚不完善”等难题，北京“两区”法治建设仍然任重而道远。未来需要针对实践中出现的诸多问题逐个突破，真正建立起护航“两区”建设的全面法治保障体系，发挥法治助力科技创新、服务业开放和数字经济的强大作用。

① 王名、蔡志鸿、王春婷：《社会共治：多元主体共同治理的实践探索与制度创新》，《中国行政管理》2014 年第 12 期，第 16 页。

B.18

北京市法治政府建设年度报告发布情况评估报告（2021）

王春蕾　于　昊*

摘　要：　法治政府建设年度报告，是法治政府年度建设情况的主要呈现载体，也是法治政府评估的重要对象。年度报告的质量和规范化程度，是中央法治督查和法治政府示范创建考察的关键性指标。北京市始终以建设中国首善之区为目标，以首善标准推动法治建设。北京市法治政府建设年度报告发布情况的评估体系由发布形式与报告内容两个一级指标及若干二级、三级指标构成。评估显示，2020年度北京市法治政府建设年度报告的总体规范化程度得到了显著提升。年度报告实现了百分百按时发布，发布渠道和发布机构统一化，体例格式逐步规范化，报告内容亮点纷呈。未来应进一步提升年度报告的重要性认识，明确并细化编写发布标准，打造年度报告的“北京样本”，统一年度报告的统计口径，加强对年度报告的监督和评价。

关键词：　法治政府建设　年度报告　法治政府评估

法治政府建设年度报告制度，是《法治政府建设实施纲要（2015—2020

* 王春蕾，中国政法大学法治政府研究院讲师，主要研究方向为行政法学、教育法学；于昊，中国政法大学法学院博士研究生，主要研究方向为行政法学。

年)》提出的一项重要改革措施。《法治政府建设实施纲要（2015—2020 年)》第 42 条明确规定，县级以上地方各级政府每年第一季度要向同级党委、人大常委会和上一级政府报告上一年度法治政府建设情况，政府部门每年第一季度要向本级政府和上一级政府有关部门报告上一年度法治政府建设情况，报告要通过报刊、政府网站等向社会公开。经由《法治政府建设与责任落实督察工作规定》《法治政府建设实施纲要（2021—2025 年)》的贯彻落实和深入推进，法治政府建设年度报告已然发展成为法治政府建设年度情况的最优评估对象。

北京市始终以建设中国首善之区为目标，以首善标准推动法治建设。北京市委、市政府积极贯彻落实中央要求，高度重视法治政府建设的各个环节，通过对法治政府建设年度报告等制度的实施，不断推动北京市法治政府建设的前进步伐。评估北京市法治政府建设年度报告的发布情况，不仅可以系统总结北京市过去一年法治政府建设取得的主要成就，而且有助于明确推进法治中国首善之区建设的发展方向。年度报告的质量和规范化程度，也是中央法治督查和全国法治政府示范创建考察的关键性指标，应予高度重视。

一　北京市法治政府建设年度报告发布的总体情况

一套科学有效的评价指标是开展法治政府评估的前提，而这套指标的设定和方法的选择都必须依据一定的理论预设，确保其具有扎实的理论支撑、符合相应的理论逻辑，而不是凭空臆想的。[①] 如果指标体系建立得不科学，对法治建设不但不能起到促进作用，甚至会造成误导。[②] 对北京市法治政府建设年度报告发布情况的评估同样需要一套清晰、科学的指标。

（一）评估对象

报告以“首都之窗”公开的 2020 年度北京市全部 16 区的区政府和 48 个市级政府部门的共计 64 份法治政府建设年度报告为评估对象。依据《法治政

① 吕艳滨：《法治评估方法论》，《中国社会科学报》2021 年 4 月 21 日，第 4 版。

② 朱景文：《论法治评估的类型化》，《中国社会科学》2015 年第 7 期。

府建设实施纲要（2015—2020年）》《法治政府建设与责任落实督察工作规定》《法治政府建设实施纲要（2021—2025年）》中关于法治政府建设的总体要求，结合北京市各区政府和市政府组成部门自身权限，制定了对应的评估指标，系统全面地评估了北京市法治政府建设年度报告的发布情况。

（二）评估方法

1. 指标设置依据

报告以《法治政府建设实施纲要（2015—2020年）》和《法治政府建设与责任落实督察工作规定》、《法治政府建设实施纲要（2021—2025年）》为主要遵循，并结合《法治政府建设实施纲要（2015—2020年）》确定的若干法治政府建设的重点环节，结合北京市各区政府和市政府组成部门的职能分工，设置了相应的评估指标。

其中，中央关于法治政府建设年度报告的专门要求主要有两个方面。

一是中央关于年度报告发布形式的要求。地方各级政府和县级以上政府部门应于每年4月1日前通过报刊、网站等新闻媒体向社会公开本机关法治政府建设年度报告，接受人民群众监督，是《法治政府建设与责任落实督察工作规定》第24条的明确规定。

二是中央关于年度报告内容的要求。依照《法治政府建设与责任落实督察工作规定》第25条的规定，法治政府建设年度报告应当包含以下五个方面：（1）上一年度推进法治政府建设的主要举措和成效；（2）上一年度推进法治政府建设存在的不足和原因；（3）上一年度党政主要责任人履行推进法治建设第一责任人职责和加强法治政府建设的有关情况；（4）下一年度推进法治政府建设的主要安排；（5）其他需要报告的情况等。

2. 指标具体内容和赋分方法

北京市法治政府建设年度报告发布情况的评估指标由发布形式与报告内容两个一级指标构成，总分共100分（见表1）。发布形式指标主要评估年度报告是否发布、是否在4月1日前按时发布、发布渠道是否符合要求，以及报告名称是否规范四个二级指标，共10分；报告内容指标则重点考察九个二级指标：报告翔实程度、政府职能依法全面履行、法治政府建设的组织领导、行政规范性文件、行政决策、行政执法、政务公开、监督与问责以及社会矛盾化解与行政争议解决。每个二级指标为 10 分，部分二级指标视情况设置了若干三级指标。

表 1　北京市法治政府建设年度报告评估指标体系

一级指标	二级指标	三级指标
发布形式(10 分)	是否发布(2 分)	
	是否在 4 月 1 日前按时发布(3 分)	
	发布渠道是否符合要求(3 分)	
	报告名称是否规范(2 分)	
报告内容(90 分)	报告翔实程度(10 分)	是否涵盖《法治政府建设与责任落实督察工作规定》的五个方面(5 分)
		报告字数(5 分)
	政府职能依法全面履行(10 分)	深化行政审批改革情况(3 分)
		政务服务水平(3 分)
		创新监管方式改革的情况(2 分)
		重大突发事件依法预防处置(2 分)
	法治政府建设的组织领导(10 分)	法治政府建设领导作用发挥情况(4 分)
		法治政府建设考核评价和督促检查工作落实情况(3 分)
		领导干部及公务员的法治思维培养(3 分)
	行政规范性文件(10 分)	行政规范性文件的合法性审核(4 分)
		行政规范性文件的报备(3 分)
		行政规范性文件的清理(3 分)
	行政决策(10 分)	重大行政决策合法性审查(4 分)
		重大行政决策风险评估和专家论证(3 分)
		重大行政决策公众参与(3 分)
	行政执法(10 分)	行政执法体制改革落实(5 分)
		完善执法制度及程序建设(5 分)
	政务公开(10 分)	
	监督与问责(10 分)	接受人大、政协监督的情况(5 分)
		行政诉讼情况(5 分)
	社会矛盾化解与行政争议解决(10 分)	加强行政复议工作的措施(5 分)
		促进调解工作的措施(5 分)

基于上述评估指标体系，报告对“首都之窗”公开的2020年度北京市全部16区的区政府和48个市级政府部门的64份法治政府建设年度报告进行了逐一评估。各个二级指标和三级指标分别赋分，汇总后即为该评估对象2020年法治政府建设年度报告的总得分。

首先，从评估指标的属性来看，大部分指标属于客观指标，判断上尽量以考察“是否”“有无”“多寡”“频率”等客观事实为标准；但也不可避免地包含了一部分以主观评价为主、难以量化的主观指标。相较于设计复杂、实施难度大的客观指标，主观指标无须依赖大量的数据资料采纳分析，其设计、编制和收集成本更低。① 两种指标有机结合，相互参照、相互比较、相互印证，使得北京市法治政府建设年度报告评估指标体系的科学性得到保证。

其次，在指标权重的赋值上，综合采纳了当前法治政府评估领域通行的德尔菲法、均分法和直接赋值法，对年度报告不同环节在法治政府建设整体中的作用进行区分和判定。当然，指标权重的赋值受到指标体系设计者自身的知识结构、思维习惯和利益考量等主观偏好的影响，仍然是一种有限理性。②

（三）评估结果

评估结果显示，首先，就发布形式指标而言，2020年度北京市全部16区的区政府和48个市级政府部门的发布形式指标均取得了较高得分，64个评估对象全部按照中央要求于2021年4月1日之前发布了上一年度的法治政府建设年度情况报告，且发布渠道和名称基本符合要求。③ 其次，就报告内容指标而言，64个评估对象发布的年度报告均涵盖了《法治政府建设与

---

① 王敬波：《地方法治政府评估的中国实践》，《中国法律评论》2017年第4期。

② 万方亮：《有限理性视角下法治评估的模式重构及逻辑遵循》，《行政法学研究》2020年第4期。

③ 首都之窗“政务公开－专题公开－法治政府建设年度报告”专栏，http：//www.beijing.gov.cn/gongkai/fzzfjsbg/index.html，最后访问时间：2021年7月28日。

责任落实督察工作规定》的五个方面，报告的体例较为完整；各区政府、各市级政府部门年度报告的翔实程度存在一定差距。相对而言，各区政府在法治政府建设的组织领导、行政执法这两个二级指标上取得了较高的分数；各市级政府部门平均得分较高的二级指标为政府职能依法全面履行、行政规范性文件与行政执法等。

二　北京市法治政府建设年度报告的主要亮点

2019 年之前，北京市部分区政府和市级政府部门存在未按时发布年度报告、发布渠道不统一、报告名称不一致、报告体例不规范等问题，制约了年度报告作用的发挥。自 2019 年《法治政府建设与责任落实督察工作规定》出台以来，北京市委、市政府认真落实中央要求，将法治政府建设年度情况报告纳入市委常委会和市政府常务会审议，北京市法治政府建设年度报告的总体规范化程度得到了显著提升。

（一）按时发布的比例达到百分百

评估显示，2021 年北京市 16 个区和 48 个市级政府部门均发布了法治政府建设年度报告，且 64 份报告均严格按照中央要求于 4 月 1 日前发布，实现了百分百按时发布。此前部分区政府和市级政府部门不发布年度报告、不按时发布年度报告的现象彻底消除。

（二）发布渠道和发布机构统一化

年度报告应当在网络上向公众公开，是《法治政府建设与责任落实督察工作规定》的刚性要求，但如何公开尚无统一规范。2021 年，北京市于市政府门户网站“首都之窗”设置了“政务公开—专题公开—法治政府建设年度报告”专栏，16 个区和 48 个市级政府部门的年度报告全部于该专栏发布，实现了年度报告发布渠道的统一，极大便利了公众获知法治政府建设相关信息，增强了信息发布的效果；同时，各区年度报告的发布机构明确为各区政府，改变了过去以区委办、区政府办、区司法局、依法治区办等机构名义发布报告的混乱局面，实现了年度报告发布机构的规范统一。

（三）体例格式逐步规范化

《法治政府建设与责任落实督察工作规定》第25条对法治政府建设年度报告的体例格式提出了要求。评估发现，2020年度北京市16个区和48个市级政府部门的法治政府建设年度报告，基本按照中央要求，较为系统地总结了年度法治政府建设的“主要举措和成效”“存在的不足和原因”“党政主要负责人履行法治建设第一责任人职责情况”“下一年度的主要安排”“其他需要报告的情况”五方面内容，特别是前四项内容实现了百分百全覆盖，年度报告的体例格式逐步规范化。

（四）报告内容亮点纷呈

1. 内容全面翔实

在各区政府发布的年度报告中，海淀区和昌平区的年度报告分别为9652字和8823字，非常详细地总结了该区2020年度法治政府建设的情况（各区报告字数见表2）。诚然，法治政府建设年度报告无须刻意追求字数多寡，年度报告的质量也不应完全以字数多少而论，但法治政府建设本身是一项内容丰富的系统性工程，内容的翔实程度是落实年度报告制度、确保报告规范性和权威性的重要方面。① 以昌平区为例，昌平区政府的年度报告详细披露了告知承诺制改革中“证照分离”、容缺受理等方面的具体数字，“全面实行市场主体登记告知承诺制，工商登记注册实现‘二十四证合一’和全程电子化，今年以来即时发照3.8万件，容缺受理778件，市场主体总量达14.3万户”；在行政执法体制改革方面，该区“完成10个相关部门1062项行政执法职权划转……区城管执法局等5个职权下放部门与22个镇街完

① 中国社会科学院法学研究所法治指数创新工程项目组：《“法治政府建设年度报告”发布情况第三方评估报告（2020）》，载李林、田禾主编《中国地方法治发展报告（2020）》，社会科学文献出版社，2020，第56页。

成行政执法事项交接”等，[①] 清晰地呈现了昌平区 2020 年度法治政府建设的具体进程。

表 2　北京市各区 2020 年度报告字数统计

单位：字

评估对象	报告字数	评估对象	报告字数
海淀区*	9652	怀柔区	2893
昌平区	8823	东城区	2887
密云区	8283	门头沟区	2868
朝阳区*	6090	房山区	2820
通州区	4562	顺义区	2815
延庆区	3075	大兴区	2360
平谷区	3068	丰台区	2306
石景山区	2946	西城区*	2251

注：* 为全国首批法治政府建设示范区。

数据来源：首都之窗“政务公开－专题公开－法治政府建设年度报告”专栏，http://www.beijing.gov.cn/gongkai/fzzfjsbg/index.html，最后访问时间：2021 年 7 月 28 日。

2. 形式客观生动

法治政府建设内涵丰富、体系庞大，更多地使用各类数据、实例、图片等形式，有助于客观生动地呈现年度法治政府建设取得的成就，增进公众对年度报告的理解。海淀区 2020 年法治政府建设年度情况即为一个突出的例证，该报告以大量数据生动地展现了一年来海淀区在依法全面履行政府职能、推进科学民主依法决策、坚持严格规范公正文明执法、大力营造法治化营商环境、有效化解各类社会矛盾纠纷等各方面的成效。在优化政务服务方面，海淀区率先实现 601 个区块链场景落地，其中 83 个场景实现全程网办，57 个场景实现“只跑一次”，117 个场景实现“减材提速”，2020 年度办件量共计 13432 件，实现 1136 个事项全程网上办结，提交材料平均压缩 40%

① 《北京市昌平区人民政府 2020 年法治政府建设年度情况报告》，首都之窗“政务公开－专题公开－法治政府建设年度报告”专栏，http://www.beijing.gov.cn/gongkai/fzzfjsbg/qzf/cpq/202103/t20210330_2336803.html，最后访问时间：2021 年 8 月 2 日。

以上；在发挥法律顾问作用方面，海淀区7家区政府法律顾问单位2020年度提供服务1184件次，包含参与区政府行政诉讼案件288件次、行政复议案件558件次、依法履职案件31件次等。①

在法治政府建设的若干重点环节，部分年度报告将以往的定性语言尽量转换为定量语言。例如，北京市人力资源和社会保障局发布的2020年法治政府建设年度情况报告，使用大量客观数据阐释了推进行政审批制度改革和推进“放管服”改革的具体成效。在行政审批制度改革领域，新增涉及农民工工资支付领域处罚职权11项，3项行政许可实行告知承诺制审批；在“放管服”改革领域，政务服务事项在2019年的基础上将申报材料、办理时限压缩了24%，梳理四级服务事项和权责清单共9类355项，系统内145项数据、系统外39项数据实现共享，发布专业技术人员考试电子合格通知书数据300余万等，可谓成绩斐然。② 北京市市场监督管理局的年度报告同样重视用数据客观展示“规章、规范性文件和其他政策措施公平审查”工作进展，2020年度对包含126件政府规章、715件市政府文件在内的2.5万件文件进行梳理和公平竞争审查，最终修改15件、废止10件。③ 这些客观生动的表述，使得“简政放权”的效果跃然纸上，民众一目了然，极大提高了公众参与监督法治政府建设的积极性和有效性，是推动公众有序参与法治政府建设的务实举措。

3. 发现问题与整改落实并重

法治政府建设应当及时总结反思、查缺补漏。“上一年度推进法治政府建设存在的不足和原因”“下一年度推进法治政府建设的主要安排”是《法

---

① 《北京市海淀区人民政府2020年法治政府建设年度情况报告》，首都之窗“政务公开－专题公开－法治政府建设年度报告”专栏，http://www.beijing.gov.cn/gongkai/fzzfjsbg/qzf/hdq/202103/t20210330_2336698.html，最后访问时间：2021年8月5日。

② 《北京市人力资源和社会保障局2020年法治政府建设年度情况报告》，首都之窗“政务公开－专题公开－法治政府建设年度报告”专栏，http://www.beijing.gov.cn/gongkai/fzzfjsbg/sjbm/srlzyshbzj/202103/t20210330_2336985.html，最后访问时间：2021年8月5日。

③ 《北京市市场监督管理局2020年法治政府建设年度情况报告》，首都之窗“政务公开－专题公开－法治政府建设年度报告”专栏，http://www.beijing.gov.cn/gongkai/fzzfjsbg/sjbm/sscjdglj/202103/t20210330_2337072.html，最后访问时间：2021年8月5日。

治政府建设与责任落实督察工作规定》中所规定的法治政府建设年度报告的必备要求，旨在通过总结反思发现问题，并将其作为下一年度整改落实的主要依据。法治政府建设年度报告应当勇于揭示“短板”，既不能重成就、轻问题，也不能泛泛而谈，“对依法行政重视不够”“运用法治思维法治方式解决问题的能力不足”“制度落实不到位”等表述显然缺乏深入的原因分析，也就无法提出有效的整改措施。认真发现问题并予以反思，有助于更加准确把握法治政府建设的发展方向，提出具有针对性的、符合地区或部门实际的分析思考，起到引领法治政府未来建设的实际作用。

以顺义区的年度情况报告为例，在总结成就基础上，该报告指出2020年顺义区法治政府建设存在的不足，并进行了相对深入的原因分析，据此提出行之有效的改进方案。例如，“对法治政府建设的重视程度有待进一步加强”，主要源自对法治政府建设认识不到位，部分机关和负责人没有认识到依法行政、法治政府建设是一项综合性、基础性、全局性的工作。因此，提高认识和重视程度，应当着重党委在法治政府建设领域的统筹协调作用，充分发挥党委在推进本地区法治政府建设中的领导作用，积极发挥区委全面依法治区委员会及各小组的统筹协调作用。“重大行政决策程序有待进一步规范”，反映出科学决策、民主决策机制尚待健全，因此未来应着眼于科学、民主、依法决策机制的完善，规范专家论证程序，增强论证的科学性、有效性，提升公众参与的深度，切实做好重大行政决策合法性审查工作。①

三　北京市法治政府建设年度报告的未来展望

法治政府建设年度报告的撰写和公布不仅是对某行政机关一定时间内法治政府建设的总结和对下一阶段工作的展望，也是公众了解、评价和监督法

① 《北京市顺义区人民政府2020年法治政府建设年度情况报告》，首都之窗“政务公开－专题公开－法治政府建设年度报告”专栏，http：//www. beijing. gov. cn/gongkai/fzzfjsbg/qzf/syq/202103/t20210330_ 2336799. html，最后访问时间：2021年8月10日。

治政府建设的“主渠道”。评估兼具深入评价分析法治发展状况，推进相关制度完善和实施的作用。[①] 评估显示，北京市法治政府建设年度报告的总体规范化程度近年来已经得到了显著提升，在此基础上应进一步完善年度报告制度，优化年度报告制度的实施效果。

（一）提升年度报告的重要性认识

法治政府建设年度报告是特定行政主体一定时间内法治政府建设工作的总结，有助于其深入贯彻法治政府建设的总体要求，明确法治政府建设的重点环节，同时厘清未来发展方向，理应受到重视。年度报告编写和发布的水平，也在相当程度上反映了法治政府建设的能力和意愿。北京市各区政府和各市级政府部门应进一步提升对年度报告的重要性认识，认真对待报告的编写和发布工作，以此为契机实现全面总结和解读法治政府建设进展、正面回应公众对法治政府建设的关切、深入剖析法治政府建设得失的目标。[②]《法治政府建设与责任落实督察工作规定》对年度报告的要求，应纳入各区政府常务会、各部门党组理论学习中心组会前学法内容，以年度报告制度落实促进各单位主要负责人切实履行推进法治政府建设第一责任人职责。

（二）明确并细化编写发布标准，打造年度报告的“北京样本”

《法治政府建设与责任落实督察工作规定》仅限于年度报告的原则性规定，哪些事项应当报告、报告到何种程度，实践中缺乏标准可资遵循。北京市如能率先制定编写发布标准，打造法治政府建设年度报告制度的“北京样本”，必将在全国范围内起到重要的引领作用，有力助推法治中国首善之区的建设。

---

① 吕艳滨：《国家治理现代化背景下的法治评估及其风险防范》，《探索与争鸣》2021 年第 8 期。

② 此前已有第三方评估指出，“提升各地各级政府部门对法治政府建设年度报告意义和重要性的认识，是做好报告编写发布的根本”。参见中国社会科学院法学研究所法治指数创新工程项目组《“法治政府建设年度报告”发布情况第三方评估报告（2019）》，载李林、田禾主编《中国地方法治发展报告（2019）》，社会科学文献出版社，2020，第 76 页。

建议从以下三个方面入手，着力打造年度报告的“北京样本”。

一是“内容标准化”，研究制定年度报告的编写模板，实现报告内容全面、无遗漏，模板应明确报告中必须体现的法治政府建设工作的重点内容，例如优化营商环境、政务服务、行政执法、规范性文件、行政复议等情况。对于各项应当报告的内容，即便该机关不具有相应职能（如综合执法改革使得行政执法权下放等）或当年未开展相关工作，也应当进行说明，涉及数据统计的内容应拟定统一的统计报表样式和要素。

二是“表述客观化”，借鉴“政府信息公开工作年度报告”的做法，改变当前以定性分析为主的行文方式，减少描述性语言，全面使用各类数据、实例，图文并茂，客观生动地展示自身工作进展和存在的问题。

三是“发布统一化”，统一年度报告的发布时间、发布渠道、发布主体和发布名称。当前年度报告的发布时间、发布渠道和发布机构已经基本实现了统一，未来应进一步统一年度报告的标题，更正部分机关目前使用的“法治政府建设年度情况报告”为“法治政府建设年度报告”，与中央的《法治政府建设与责任落实督察工作规定》保持一致。同时，建议各区政府发布的年度报告统一命名为“某某区法治政府建设年度报告”，较“某某区政府法治政府建设年度报告”更具规范性。

以“加强行政复议工作的措施”该三级指标为例，北京市应当明确并细化年度报告的编写和发布标准，年度报告模板中应尽量涵盖行政复议工作的年度受理量、办结量、纠错率、被复议量和被纠错量等数据（见表3），避免某项数据被遗漏，如果不存在相关数据则应进行理由说明。同时，借鉴通州区行政复议规范化建设入选首批全国法治政府建设示范项目的经验，阐释如何“充分发挥行政复议化解行政争议主渠道作用”。以通州区的年度报告为例，该报告不仅披露了行政复议相关数据——2020 年度“承办区政府行政复议案件 172 件，直接纠错 33 件，纠错率约为 23%”，“办理复议区政府案件 14 件，完成区政府征收及征补决定审核 8 件”，还对败诉案件进行了原因分析，指出败诉案件主要集中在拆迁拆违、专项行动等敏感领域；同时，通州区还充分重视发挥行政复议公开机制的作用，2020 年度公开复议决定156篇，典型案例37篇，年度报告3篇。①

《法治政府建设实施纲要（2021—2025年）》对法治政府建设提出了新的要求，北京市应以新纲要的贯彻落实为契机，通过明确并细化编写发布标准，将新的法治政府建设重点工作和要求融入日常工作中，聚焦首都法治建设的重点难点，推动法治中国首善之区建设不断取得新突破。

表3　北京市各区2020年度报告披露的“行政复议”数据

单位：件，%

评估对象	受理量	办结量	纠错率	被复议量	被纠错量
东城区	265	247	/	14	/
西城区	280	254	/	/	/
朝阳区	433	386	7.7	33	4
海淀区	558	548	5.5	/	/
丰台区	222	222	/	/	/
石景山区	113	/	16.8	/	/
门头沟区	24	22	/	/	/
房山区	237	/	/	/	/
通州区	172	/	23	14	/
顺义区	509	425	38	/	/
昌平区	338	124	/	/	/
大兴区	376	304	8.88	/	/
怀柔区	95	71	31	4	0
平谷区	/	129	29.31	/	/
密云区	153	135	20	5	/
延庆区	/	70	/	/	/

数据来源：首都之窗“政务公开－专题公开－法治政府建设年度报告”专栏，http://www.beijing.gov.cn/gongkai/fzzfjsbg/index.html，最后访问时间：2021年8月28日。

（三）统一年度报告的统计口径

评估发现，当前北京市各区、各市级部门的法治政府建设年度报告

① 《北京市通州区人民政府2020年法治政府建设年度情况报告》，首都之窗“政务公开－专题公开－法治政府建设年度报告”专栏，http://www.beijing.gov.cn/gongkai/fzzfjsbg/qzf/tzq/202103/t20210330_2336790.html，最后访问时间：2021年8月10日。

有时存在统计口径不一致的问题，这可能源自不同报告发布机构对法治政府建设具体内涵的不同理解，未来应逐步实现年度报告统计口径的统一。

以行政规范性文件情况的统计为例。一是应当统一同一项工作的定位。目前的年度报告中，有些市级政府部门将行政规范性文件归入行政决策，有的视为行政立法，有的则单列，未来应统一对行政规范性文件的属性界定，规范其在年度报告中的位置。二是统一年度报告的统计标准。年度报告模板应同时涵盖行政规范性文件的合法性审核数量、备案数量、清理情况（含废止数量）等具体数据，而不能仅作简单文字描述。此外，涉及统计术语的，应在年度报告中对专门用语的内涵和外延进行明确阐释，以便公众理解。

（四）加强对年度报告的监督、评价与研究

加强对法治政府建设年度报告制度的监督和评价，是未来进一步提升制度实施效果的重要抓手，是法治政府建设的一个重点环节，应当在法治政府的领导协调机制或者督察工作中得到充分重视，对于年度报告制度实施较差的区政府或市级政府部门应当予以相应的负面评价，必要时启动问责；同时应引入公众监督机制，对于公众普遍反映的有关法治政府建设年度报告存在的问题应及时解决。

加强对年度报告的监督和评价的途径主要包含：一是增设考核指标，将法治政府建设年度报告作为北京市各区和市直机关的依法行政考核指标，充分发挥考核指挥棒作用；二是引入公众评价机制，鼓励公众关注各区和各部门的法治政府建设年度报告，就其形式、内容和实施情况进行相应的评价；三是探索引入第三方评价机制，开展全市范围内的法治政府建设年度报告专项评审工作，通报评审结果，并形成问题及整改建议清单，第三方从更加专业的角度对法治政府建设年度报告的形式和内容进行评价，并得出相关的意见或者建议，推动法治政府建设年度报告制度更有效实施；四是加强对法治政府年度报告撰写标准、内容、格式等方面的标准化建设和研究，通过总结

相关的法治建设实践和法治政府年度报告的经验，坚持全面与特色相结合、客观与主观相结合、实用性与适用性相结合、可计量与可比较相结合等基本原则，[①] 充分考量年度报告应当具备的框架、内容和表达方式，提升法治政府建设年度报告的合理性。

① 张文显：《量化法治：从理论设计向制度实施迈进》，《检察日报》2019 年 12 月 28 日，第 3 版。

Abstract

2021 is the first year of the "14th Five-Year Plan" and the Second Centenary Plan. It is also the beginning of the new journey of building a modern socialist country in an all-round way. Since entering the "14th Five-Year Plan", our country's rule of law government has been guided by Xi Jinping's rule of law. It is advancing the codification of administrative laws, continuing to deepen the reform of "delegation, regulation, and service", comprehensively advancing strict, standardized, fair and civilized law enforcement, and improving the openness of government data. Significant achievements have been made in many aspects such as building a digital government. In 2021, the theoretical circle of administrative law will focus on the construction of a government under the rule of law, and continue to research in the fields of administrative procedure law, administrative behavior law, administrative organization law, and administrative dispute resolution, focusing on a series of hot issues, and the research system and research horizons continue to be broadened and enriched. At the level of national governance and administrative rule of law, the 2021 "China Construction Plan for the Rule of Law (2020 – 2025)" clearly proposes to "study and formulate an administrative procedure law", opening a new journey for the codification of administrative legislation in the new era. Digital government is deeply integrated with government governance, and the reform of "delegation, regulation, service" and the reform of the administrative examination and approval system has been continuously deepened. The reform and innovation of the system and mechanism of national-level development zone management agencies also put forward new requirements for legal positioning.

In the field of departmental administrative law, this report selects the themes of the rule of law in health and the rule of law in education for analysis. The development of the drug marketing license holder system has become a powerful driving force for the development of our country's pharmaceutical industry. The modernization of education by "ruling education according to law" has made the compilation of an education code an inevitable requirement for improving the education legal system and advancing the legalization of education. In the field of technological development and the rule of law, the promulgation of the "Personal Information Protection Law" puts forward new requirements for the collection and utilization of personal information under the digital transformation of administrative methods. The emerging legislation in the digital age and the improvement of the scientific and technological ethics governance mechanism have become important goals of the legalization of our country's scientific and technological governance. In terms of administrative dispute resolution, this report focuses on the evaluation of the reform of the local administrative reconsideration system, the establishment of a public interest litigation mechanism for the protection of women's rights and interests, and the comments on the opinions of the people's courts in cases related to administrative agreements. With regard to the construction of Beijing's rule of law government, this report focuses on the review and prospects of the construction of the rule of law government in Beijing during the "13th Five-Year Plan" and the "14th Five-Year Plan" period, and the development of Beijing's administrative rule of law and the construction of a rule of law government from 2020 to 2021. The release of the annual report was sorted out and summarized. It analyzes the remarkable results, the new problems and the new situation that Beijing has achieved in the development of the administrative rule of law.

Contents

I General Report

Abstract: During the "13th Five-Year Plan", the construction of government under the rule of law in China has made important achievements in many aspects, such as improving the administrative organization system, promoting the legalization of government functions and powers, perfecting the administrative legislation system and mechanism, deepening the "Decentralization Reform", and standardizing important administrative decision-making. Entering the "14th Five-Year Plan", the requirement of building government under the rule of law is more systematic, more effective, more balanced, and more intelligent. State organs at all levels should be guided by Xi Jinping Thought on the Rule of law, promoting the codification of administrative law, continuously deepening the "Decentralization Reform", improving supporting mechanism of the comprehensive administrative law enforcement reform, promoting strict regulation of fair and civilized enforcement, accelerating the process of social credit legislation, perfecting open government data top-level design and overall arrangement, speeding up the revision of "the administrative reconsideration law" and "the state compensation law", and promoting comprehensively construction of government under the rule of law.

Keywords: Law-based Administration; The Construction of Government Under the Rule of Law; The "14th Five-Year Plan"; Xi Jinping Thought on the Rule of Law

Ⅱ Thematic Reports

B.2 Review of Codifying Chinese Administrative Law in the New Era

Zhang Zhiyuan, *Ma Linkun* / 032

Abstract: In the new era, the choice of codifying administrative law in China can be classified into three categories: formulation of administrative procedure law, formulation of a unified administrative code, and formulation of general principles of administrative law. As far as the path to the codification of administrative procedures is concerned, after the legislative enthusiasm of "academic assistance + local experimentation" has receded, it has gradually declined. In terms of the path to the codification of the unified administrative law, there are six types: "administrative procedure law model", "administrative law general rule model", "general administrative law model", "administrative basic law model", "departmental administrative law model" and "mixed model". The pros and cons of the model are clear and difficult to weigh. In the case of the path to the codification of the general principles of administrative law, as its basic goals, basic principles, and style structure become clear, most scholars believe that it has strong scientific nature and operability, and is the best effective way to realize the codification of administrative law in the new era.

Keywords: Codification of Administrative Law; Administrative Procedure Law; Unified Administrative Code; General Principles of Administrative Law

Abstract: The key of digital government is the comprehensive innovations of government work activated by the digital technologies, which involve the changes of government modes, internal and external relations, administrative practice, administrative procedures, etc. In terms of internal administrative procedure, the governance of digital government has changed the governance structure and power relationship of traditional government. In terms of external administrative procedures, digital government has not only normalized administrative behaviors, but also greatly improved administrative efficiency, strengthened the democracy of administrative mechanisms, and facilitated public participation in government affairs. The development of digital government has also brought challenges to the rule of law of administrative procedures. For example, the focus on the value of efficiency has weakened the operation of internal procedure control mechanism to a certain extent. Some new procedural rules coordinating the development needs of digital government have not yet been established. Besides, the realization of procedural rights is still unbalanced. Therefore, it is necessary to further abide by the principle of due process and improve the corresponding systems concerning both internal and external procedures, ensuring the full implementation of the relevant procedural rights of the public.

Keywords: Digital Government; Administrative Procedures; Due Process; Implementation Mechanism

Abstract: The reform of administrative functions starts with delegation of powers, improvement of regulation, and promotion of public services, is an important component of the holistic approach to strengthening the rule of law in the country, in its government, and in society. The reform of administrative functions is based on administrative efficiency, service administration and conducts regulations by concurrent and ex post supervision, accommodative and prudential regulations, and big data regulation. Delegating power to the market, social subjects, and grass-roots government, centralizing the licensing and punishment powers play a vital role in streamline administration reform. During the reform process, new regulatory tools like random inspection and public release, regulatory interview, and credit regulation has pushed the reform of regulatory tools. In the context of digital government, the reform of administrative functions promotes the streamlining of administrative procedures by reducing unnecessary approval items and paralleling multi-stage administrative actions. The reform should comply with rule of law, the reform should on the basis of law, the law should actively adapt with the requirement of reform and development.

Keywords: Reform of Administrative Functions; Government Streamlining; Concurrent and Ex-post Supervision; Administration of Rule of Law

Abstract: With the deepening reform of administrative approval system in China, while the administrative approval items are decreasing year by year, the administrative filing items are increasing. As a relatively moderate approach, administrative filing is increasingly widely used in various fields in administrative management. Based on collecting information of the administrative filing by General Office of the State Council, with the addition of Beijing, Shanghai, Shenzhen and Chengdu, we have found out that the administrative filing nowadays in China is multifarious and disorderly, and many of administrative license are under the disguise of administrative filing. Moreover, the basis for setting administrative filing items is relatively low, and the procedures for which are not uniform, not to mention the setting of legal liabilities related to administrative filing is still in confusion. By reason of the foregoing, it is necessary to lay down a regulation on administrative filing. The government should consolidate the achievements of reform on administrative approval system and regard standardize implementation of administrative filing as the core goals. Simultaneously, sticking to the ideas of clarifying the relationship between government, market, and society. We suggest to formulate the Regulations on Administrative Filing, defining the administrative filing and its scope, clarifying the power to set administrative filing and the matters for setting administrative filing, regulating the implementing procedures for administrative filing, and reasonably set up legal liabilities.

Keywords: Administrative Filing; Administrative Approval System; Regulations on Administrative Filing

B.6 Integrity Inspection of the Legal Nature of National Development Zone Management Institutions

Zhang Li, Tian Yifu / 127

Abstract: The special feature of national development zones is that they have broken through the traditional path of setting up administrative institutions: from the central level, they are crowned with the high-level status of "national level" through the approval procedure of the State Council, and the Ministry of science and technology and the Ministry of commerce are respectively responsible for the centralized management of high-tech industrial development zones and economic and technological industrial development zones according to the authorization of the State Council; From the local level, based on territorial management, the development zone usually establishes management institutions according to the local laws and regulations issued by the Standing Committee of the provincial people's Congress. The Development Zone nominally performs administrative functions as an agency of the municipal government, and is authorized by the provincial and municipal governments to take economic functions as the main government functions. In addition, some development zones expand the scope of management by trusteeship administrative regions, develop land and implement social functions in the region. Therefore, the management organization of national development zones has formed a complex identity of direct management of central ministries and commissions and multiple governance systems across local multi-level governments. The existing legal concepts such as dispatched offices, dispatched offices and legally authorized organizations can not accurately locate the legal nature of the management organization of the development zone. At present, some local norms use the word "legal organization" to give the management organization of the development zone an appropriate legal positioning, which is not only in line with the actual legal state, but also does not violate the provisions of the superior law.

Keywords: National Development Zone; Management Organization; Legal Nature; Statutory Organization

B.7 Development of the Marketing Authorization Holder System

Abstract: After four years of piloting, Medicinal Product Administration Law of the People's Republic of China (2019 Revision) formally established a Marketing Authorization Holder System. Practice has proved that it is a powerful promoter of encouraging pharmaceutical innovation. As a drug review and approval system that has achieved good results internationally, the drug marketing authorization holder system has many advantages. However, because of its complete break of the previous "bundled" management model, it will pose challenges to the ability of license holders and the existing regulatory system, and there are certain institutional risks at this stage. To continue to promote the drug marketing license holder system, we should face up to the problems and establish corresponding supporting mechanisms in light of our country's actual conditions to promote the continuous development of our country's pharmaceutical industry.

Keywords: Marketing Authorization Holder System; Drug Research and Development Innovation; Drug Review and Approval System Reform

Abstract: Compiling the educational code is an inevitable requirement for perfecting the educational legal system and promoting the legalization of education. At present, codifying educational code is both necessary and feasible. Around the codification of the educational code, the theoretical circle has carried out relevant research and achieved preliminary results, which provides theoretical support for the codification. Combined with China's national conditions, the compilation of educational code should adopt the mode of unified legislation. On the basis of promoting the continuous improvement of special laws in the field of education, the unified education code should be gradually formed according to the idea of "establishing the general provisions first, then establishing the specific provisions, and finally integrating them", so as to provide institutional support and legal guarantee for the high-quality development of education in China.

Keywords: Educational Code; Legislative Model; Codex Style; The Legislative Path

Abstract: The digital information technology revolution represented by the

Internet, big data, and artificial intelligence has brought tremendous social changes, and the digital transformation of government governance. The transformation of digital administrative methods has exacerbated the inequality of information status between government and individuals in the "administration-citizen" information order, and citizens' personal information security is exposed to greater risks. Before the "Personal Information Protection Law" was promulgated, legislative regulations on the collection and use of personal information by administrative agencies showed decentralized and fragmented characteristics. Although there have been some standardized elements that uniformly regulate the collection and processing of personal information by digital administrative methods. It still belongs to the regulatory model of the pre-digital era, and it is far from meeting the needs of regulating the information processing activities of administrative agencies and protecting citizens' personal information under the transformation of digital administrative methods. After the "Personal Information Protection Law" was promulgated, a "general + special" regulatory model for the collection and use of personal information by administrative agencies has been established, and the regulations on the collection and use of personal information by administrative agencies have made considerable progress. At the same time, it should also be recognized that the current "Personal Information Protection Law" regulations governing the handling of personal information by administrative agencies still have some shortcomings such as over-principle and the "informed-consent" principle may become a formality. Space for further improvement. In digital administration, the protection of citizens' personal information under the structure of the "administration-citizen" relationship should jump out of the path of protection based solely on subjective rights, and instead construct a regulatory model for the collection and use of personal information by administrative agencies from the perspective of the country's objective protection obligations.

Keywords: Digital Administration; Personal Information Processing Regulations; Personal Information Protection Act; Information Order

B . 10 The Experience and Challenge of Local Digital Economy Promotion Legislation and Its Enlightenment to Beijing

Ma Yanxin, Dai Jiali / 209

Abstract: The digital economy is an important new economic form. Recently, local legislation has been used in many places to explore the institutional improvement of the digital economy promotion mechanism. By combing the current situation of digital economy legislation in various places and summarizing the key points and difficulties of legislation, we can sum up useful experience in organizational system construction, the definition of data ownership, the relationship between promotion and standardization, and the relationship between innovation and rule of law, which can provide reference for digital economy promotion legislation in Beijing and other places.

Keywords: Digital Economy; Local Legislation; Beijing Legislation

B . 11 Universal Technology Regulatory Sandbox Rcport

Bi Honghai, Mu Anqi / 228

Abstract: The regulatory sandbox is a means of supervising technological innovation, which can provide a safe testing environment and regulatory experimental area for technological innovations with destructive and numerous risks. The regulatory sandbox system first originated in the field of financial technology, and now there is a trend to expand to more scientific and technological fields, with the representative being the field of autonomous vehicles. The concern on challenges brought by technological innovation to traditional regulatory methods is an important background for proposing a universal tech regulatory sandbox. A universal tech regulatory sandbox not only requires adaptive changes at the level of regulatory conceptions, but also needs to further clarify the basic framework of a universal regulatory sandboxe. As far as the specific content of the universal tech regulatory sandbox is concerned, in addition to establishing the principle of prudential tolerance regulation and the limit of legality at the macro level, it is also necessary to establish the regulatory body, scope of regulatory exemptions, stakeholders, entry and exit mechanisms, consumer protection, exemption clauses and time limits, and sandbox supervision and evaluation. It is proposed that the normative system of the universal tech regulatory sandbox should have Science and Technology Progress Law as the leading statute, and a Universal Tech Regulatory Sandbox Regulation and the implementation measures by industrial as the main normative foundations of the system.

Keywords: Regulation of Technology; Regulatory Sandbox; Autonomous Vehicles; Universal Regulatory Sandbox

B.12 Report on the Reform of the Administrative Reconsideration System (2021)

Cao Liu, *Li Yue* / 261

Abstract: 2020 is an important period for the reform of the local administrative reconsideration system. The reforms centered on the relatively concentrated system of administrative reconsideration and the administrative reconsideration committee have been rolled out nationwide. Direct motives of the reforms are that effectively addressing the dispersed responsibilities and other in-depth problems which restrict the good development of administrative reconsideration, and giving full play to the advantages of administrative reconsideration in resolving administrative disputes substantively. From the perspective of the annual reform progress, these reforms, the relatively concentrated system of administrative reconsideration, the administrative reconsideration committee, the reforms of informatization, normalization and specialization, have been promoted comprehensively. Meanwhile, all of the reforms reflect regional differences. The Administrative Reconsideration Law is being revised. In the critical period, it's necessary to make a full response to the reforms of value, target and measure in the revision of the law.

Keywords: Relatively Concentrated System of Administrative Reconsideration; Administrative Reconsideration Committee; Main Channel; Substantive Solution of Administrative Disputes

B.13 On the Construction of Procuratorial Public Interest Litigation Mechanism for the Protection of Women's Rights and Interests *Liu Yi* / 283

Abstract: Expanding the scope of public interest litigation cases is not only the resolution of the Fourth Plenary Session of the 19th Central Committee, but also the key work of public interest litigation by procuratorial departments in recent years. Through empirical analysis of public interest litigation cases involving protection of specific groups' rights and interests handled by procuratorial organs, it can be seen that this kind of public interest litigation is different from the traditional public interest litigation in "five major areas", which is characterized by civil litigation, and administrative public interest litigation is mainly based on pre-litigation procedures. This paper selects the procuratorial public interest litigation of protecting women's rights and interests as the breakthrough point, and emphatically analyzes the social, public and orderly characteristics of the interests protected by this kind of litigation. This paper analyzes the difficulties existing in legislation and law enforcement of the protection mechanism of women's rights and interests, demonstrates the necessity of constructing the procuratorial public interest litigation mechanism of women's rights and interests protection, and finally points out the feasible path of constructing procuratorial public interest litigation of women's rights and interests protection.

Keywords: Protection of Specific Groups' Rights and Interests; Procuratorial Public Interest Litigation of Specific Groups' Rights and Interests; Procuratorial Public Interest Litigation of Women's Rights and Interests; Administrative Public Interest; Litigation and Civil Public Interest Litigation

B.14 Review of Administrative Agreement Judicial Case Opinion

Lin Hua, Gao Linhao and Jin Lin / 303

Abstract: In the relevant cases of administrative agreements, the people's court showed different positions based on different theories, reflects the important balance of the court between administration by law and strict contract adherence, legal superiority and legal stability, and reveals the complexity of administrative agreement cases. The identification of administrative agreement, the invalidation of administrative agreement, the unilateral change and termination of administrative agreement, the compensation of administrative agreement, in the final analysis, are the application of administrative legal norms and civil legal norms. How to reconcile the application of public and private law has become the core of the judicial judgment of administrative agreements. Therefore, the judgment documents of the people's court as the analysis samples and analysis of the judgment views of administrative agreement cases are not only conducive to the theoretical improvement, but also conducive to improve the quality of court judgment and maintain judicial authority, which is of great theoretical and practical significance.

Keywords: Administrative Agreement; Administrative Advantage Power; Administrative Agreement is Invalid; State Compensation

B.15 The Reviews on the "13th Five-Year Plan" and The Advice on the "14th Five-Year Plan" of The Construction of Beijing Municipal Government Under the Rule of Law

Kong Xiangwen, Zhong Rui / 327

Abstract: During the "13th Five-Year Plan" period, Beijing has actively implemented the decision and arrangements of the CPC Central Committee and the State Council on the construction of the rule of law government, and has made significant achievements in strengthening legislation in key areas, optimizing doing business environment, deepening the reform of the comprehensive administrative law enforcement system, enhancing the capacity for primary-level governance, regulating major administrative decision-making, strengthening the transparency in government affairs, improving the settlement of administrative disputes, and adhering to the law for epidemic prevention. During the "14th Five-Year Plan" period, under the guidance of Xi Jinping Thought on the Rule of Law, Beijing should take the Outline for the Implementation of the law-based Government (2021 −2025) as a guideline, and uphold the orientation of the "Four Centers" and the goal of the model city on rule of law. Beijing should actively promote the construction of the law-based government in the new era by strengthening the organizational leadership of administration according to law, building a more complete system of administration according to law, promoting the construction of rule of law business environment, furthering the reform of the administrative law enforcement system at the community level, promoting strict, standardized, fair and civilized law enforcement, improving the institutional mechanism of administrative review, and strengthening the construction of digital law-based government.

Keywords: The "14th Five-Year Plan"; The Construction of Government Under the Rule of Law; Law based Administration; The Most Philanthropic and Benevolent Community

Abstract: In 2020, the level of Beijing's rule of law government will be steadily improved, and in 2021, the development of administrative rule of law in Beijing will continue to make steady progress. Over the past year or so, around major deployments and strategies such as the construction of the first-best district and the coordinated development of Beijing, Tianjin and Hebei, Beijing has achieved remarkable results in legislation in key areas, epidemic prevention and control, business reform, and reform of the management system, and continues to play a capital role in promoting administrative dispute resolution and strengthening grassroots social rule of law governance. Beijing's administrative rule of law has contributed significantly to drawing the blueprint of the first good, benefiting people's welfare and revitalizing regional development. However, Beijing's administrative rule of law still needs to be polished in the smallest details, and the next step is to continue to make efforts in strengthening the legislative and law enforcement skills, balancing the regional sectoral rule of law construction and improving the joint law enforcement mechanism, so as to truly achieve a balanced approach and enhance the quality and effectiveness of Beijing's administrative rule of law.

Keywords: Beijing; Administrative Rule of Law; Rule of Law Government; Capital Development

Abstract: If there is no governance, there is no good governance. Following the legalization approach is an inevitable requirement for the construction of "two districts" in Beijing. At present, the unified legislation for the construction of the "two districts" in Beijing is in full swing. Administrative organs and departments at all levels have issued special work plans to support the construction of the "two districts". A number of measures taken by judicial organs to serve and ensure the construction of the "two districts" are also playing a steady role. A comprehensive rule of law guarantee system covering legislation, law enforcement and justice is being established. However, this unfinished legal guarantee system still faces such problems as "tension between reform and the rule of law", "the whole chain of intellectual property protection has not been opened up", "lack of a fair and orderly market competition environment", "impact of digital technology on the existing legal or". It needs to be further improved by improving the standardization of local legislation, building a whole chain intellectual property protection system, strengthening fair competition review and innovating the supervision mode of digital economy.

Keywords: "Two Districts" Construction; Reform and the Rule of Law; Intellectual Property Protection; Fair Competition; Digital Economy

B. 18 Evaluation Report on the Annual Report of the Construction of Beijing Law-based Government's Implementation (2021)

Abstract: The Annual Report on the Construction of Law-based Government reflects the yearly rule-of-law progress of the local municipalities, and therefore is the main subjects of the law-based government evaluation. The normalization of the annual report is the key element to be assessed both in the supervision by the state council and in the evaluation of model law-based government establishment. The People's government of Beijing Municipality aims at building into the Model City all along, criterion of which has been used to facilitate the rule-of-law construction. Release form and report content are the first class indexes of the evaluation system, which contains several second and third class of indexes. It is shown that the general normalization of the construction report has been improved markedly. The Annual Report has been released 100% on time, with unified release channels and agencies, and gradually standardized format, which contains lots of highlights. It is necessary to enhance the importance of Annual Report, clarify and refine the compilation and publication standards, create the "Beijing Sample" of annual reports, unify the statistical caliber of annual reports, and strengthen the supervision and evaluation of it.

Keywords: Construction of Law-based Government; Annual Report; Law-based Government Evaluation

皮 书

智库成果出版与传播平台

皮书定义

皮书是对中国与世界发展状况和热点问题进行年度监测，以专业的角度、专家的视野和实证研究方法，针对某一领域或区域现状与发展态势展开分析和预测，具备前沿性、原创性、实证性、连续性、时效性等特点的公开出版物，由一系列权威研究报告组成。

皮书作者

皮书系列报告作者以国内外一流研究机构、知名高校等重点智库的研究人员为主，多为相关领域一流专家学者，他们的观点代表了当下学界对中国与世界的现实和未来最高水平的解读与分析。截至2021年底，皮书研创机构逾千家，报告作者累计超过10万人。

皮书荣誉

皮书作为中国社会科学院基础理论研究与应用对策研究融合发展的代表性成果，不仅是哲学社会科学工作者服务中国特色社会主义现代化建设的重要成果，更是助力中国特色新型智库建设、构建中国特色哲学社会科学“三大体系”的重要平台。皮书系列先后被列入“十二五”“十三五”“十四五”时期国家重点出版物出版专项规划项目；2013~2022年，重点皮书列入中国社会科学院国家哲学社会科学创新工程项目。

权威报告·连续出版·独家资源

皮书数据库

ANNUAL REPORT(YEARBOOK) DATABASE

分析解读当下中国发展变迁的高端智库平台

所获荣誉

- 2020年，入选全国新闻出版深度融合发展创新案例
- 2019年，入选国家新闻出版署数字出版精品遴选推荐计划
- 2016年，入选“十三五”国家重点电子出版物出版规划骨干工程
- 2013年，荣获“中国出版政府奖·网络出版物奖”提名奖
- 连续多年荣获中国数字出版博览会“数字出版·优秀品牌”奖

皮书数据库

“社科数托邦”
微信公众号

成为会员

登录网址www.pishu.com.cn访问皮书数据库网站或下载皮书数据库APP，通过手机号码验证或邮箱验证即可成为皮书数据库会员。

会员福利

- 已注册用户购书后可免费获赠100元皮书数据库充值卡。刮开充值卡涂层获取充值密码，登录并进入“会员中心”—“在线充值”—“充值卡充值”，充值成功即可购买和查看数据库内容。
- 会员福利最终解释权归社会科学文献出版社所有。

数据库服务热线：400-008-6695
数据库服务QQ：2475522410
数据库服务邮箱：database@ssap.cn
图书销售热线：010-59367070/7028
图书服务QQ：1265056568
图书服务邮箱：duzhe@ssap.cn

社会科学文献出版社 SOCIAL SCIENCES ACADEMIC PRESS (CHINA) 皮书系列
卡号：691127387126
密码：

S 基本子库
UB DATABASE

中国社会发展数据库（下设 12 个专题子库）

紧扣人口、政治、外交、法律、教育、医疗卫生、资源环境等 12 个社会发展领域的前沿和热点，全面整合专业著作、智库报告、学术资讯、调研数据等类型资源，帮助用户追踪中国社会发展动态、研究社会发展战略与政策、了解社会热点问题、分析社会发展趋势。

中国经济发展数据库（下设 12 专题子库）

内容涵盖宏观经济、产业经济、工业经济、农业经济、财政金融、房地产经济、城市经济、商业贸易等12个重点经济领域，为把握经济运行态势、洞察经济发展规律、研判经济发展趋势、进行经济调控决策提供参考和依据。

中国行业发展数据库（下设 17 个专题子库）

以中国国民经济行业分类为依据，覆盖金融业、旅游业、交通运输业、能源矿产业、制造业等 100 多个行业，跟踪分析国民经济相关行业市场运行状况和政策导向，汇集行业发展前沿资讯，为投资、从业及各种经济决策提供理论支撑和实践指导。

中国区域发展数据库（下设 4 个专题子库）

对中国特定区域内的经济、社会、文化等领域现状与发展情况进行深度分析和预测，涉及省级行政区、城市群、城市、农村等不同维度，研究层级至县及县以下行政区，为学者研究地方经济社会宏观态势、经验模式、发展案例提供支撑，为地方政府决策提供参考。

中国文化传媒数据库（下设 18 个专题子库）

内容覆盖文化产业、新闻传播、电影娱乐、文学艺术、群众文化、图书情报等 18 个重点研究领域，聚焦文化传媒领域发展前沿、热点话题、行业实践，服务用户的教学科研、文化投资、企业规划等需要。

世界经济与国际关系数据库（下设 6 个专题子库）

整合世界经济、国际政治、世界文化与科技、全球性问题、国际组织与国际法、区域研究 6 大领域研究成果，对世界经济形势、国际形势进行连续性深度分析，对年度热点问题进行专题解读，为研判全球发展趋势提供事实和数据支持。

法律声明

“皮书系列”（含蓝皮书、绿皮书、黄皮书）之品牌由社会科学文献出版社最早使用并持续至今，现已被中国图书行业所熟知。“皮书系列”的相关商标已在国家商标管理部门商标局注册，包括但不限于LOGO（ ）、皮书、Pishu、经济蓝皮书、社会蓝皮书等。“皮书系列”图书的注册商标专用权及封面设计、版式设计的著作权均为社会科学文献出版社所有。未经社会科学文献出版社书面授权许可，任何使用与“皮书系列”图书注册商标、封面设计、版式设计相同或者近似的文字、图形或其组合的行为均系侵权行为。

经作者授权，本书的专有出版权及信息网络传播权等为社会科学文献出版社享有。未经社会科学文献出版社书面授权许可，任何就本书内容的复制、发行或以数字形式进行网络传播的行为均系侵权行为。

社会科学文献出版社将通过法律途径追究上述侵权行为的法律责任，维护自身合法权益。

欢迎社会各界人士对侵犯社会科学文献出版社上述权利的侵权行为进行举报。电话：010-59367121，电子邮箱：fawubu@ssap.cn。

社会科学文献出版社

BLUE BOOK

BLUE BOOK